1　砂漠からナイルの谷を見渡す風景

2　自然に保存された先王朝期の埋葬体

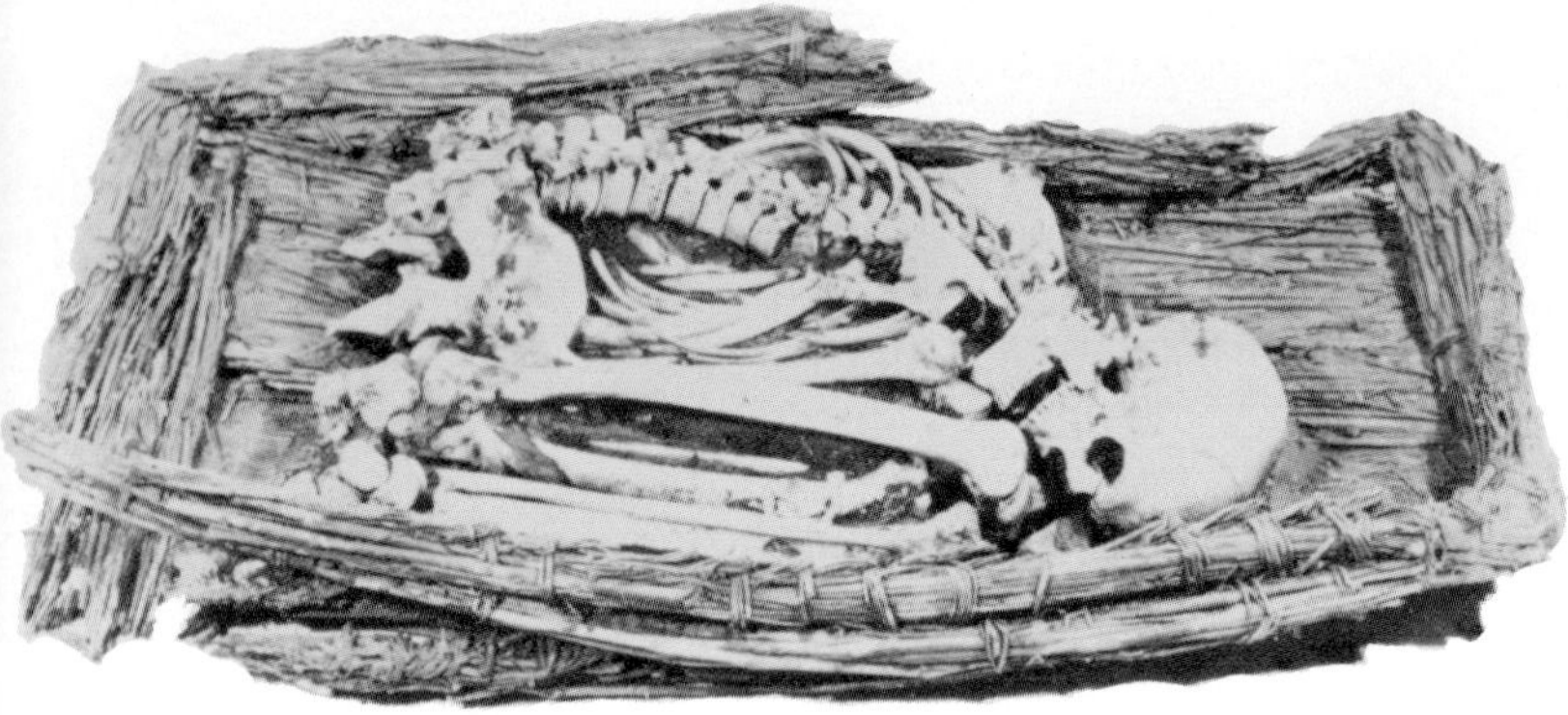

3　第１王朝の籠柩の中の埋葬体

4　ジェル王の墓から出た，リンネル布で包まれた腕．ブレスレットは原位置にある

5　第1王朝の王宮正面型マスタバ

6　第2王朝の墓における葬儀会食

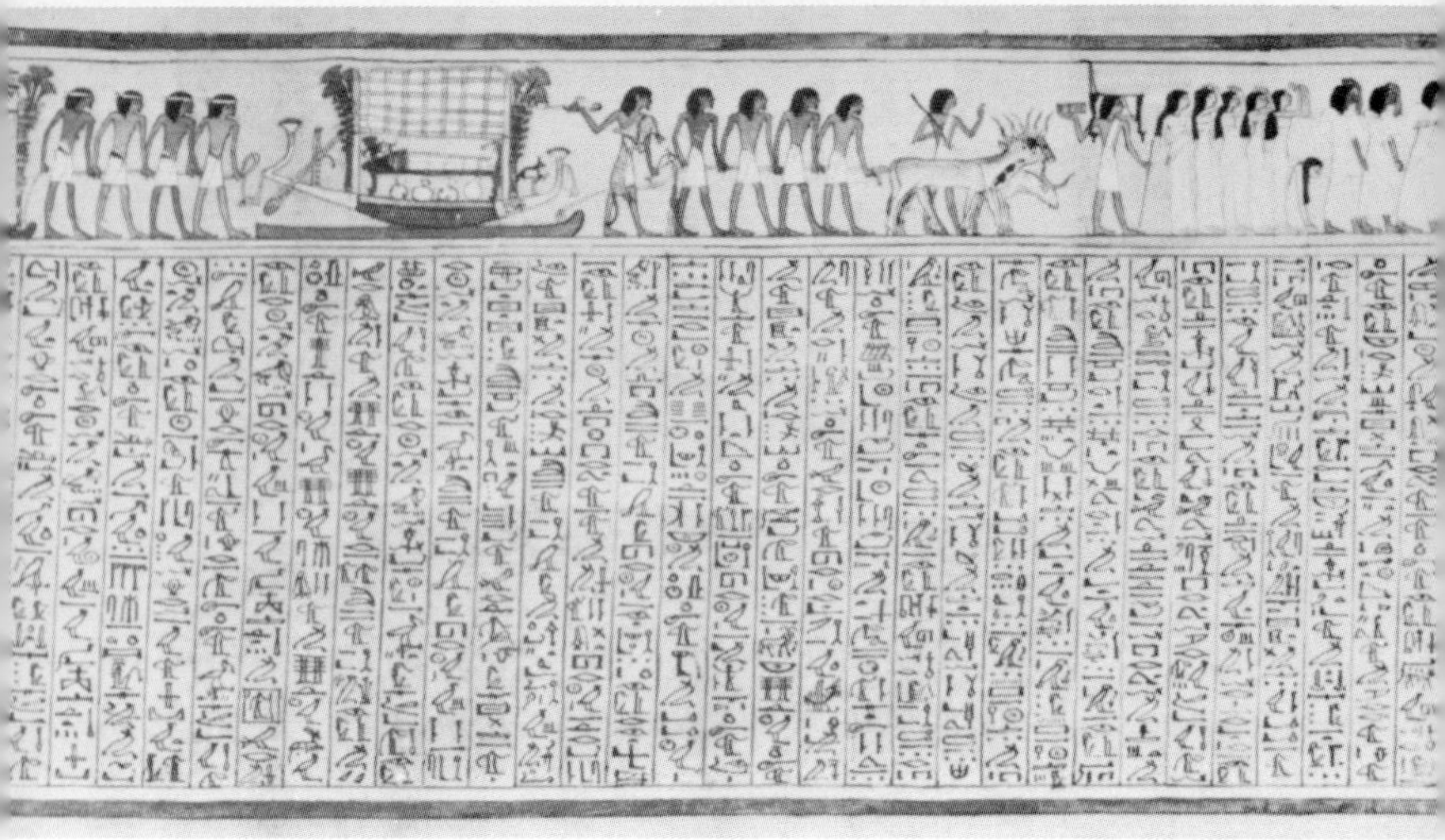

7　葬列図．第19王朝フネフェルの葬儀パピルスから

8　「開口の儀」の図．第19王朝フネフェルの葬儀パピルスから

9（右） 古王国時代の偽扉碑板の一例

10 第6王朝の祭司イディの
墓から出た銅製模型の一揃い

11 木に囲まれた池を描いた新王国時代の墓室画

12　パンとビールを作っている召使いの木製模型．第11王朝

14　第１王朝の墓の，穴をあけられた石灰岩の落し戸

13　王ラムセス六世の木製シャブチ像

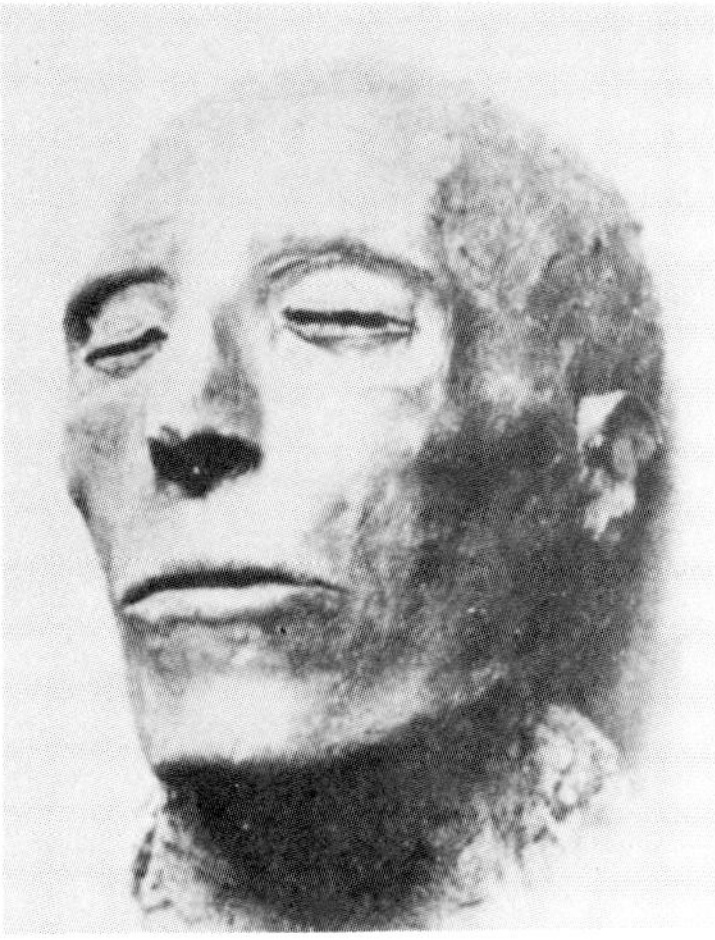

16　セティ一世のミイラの頭部

15　発見時の古王国時代の石棺．蓋は盗人によって楔をいれて開かれている

17　ホルスの四人の息子の護符像．第21王朝．

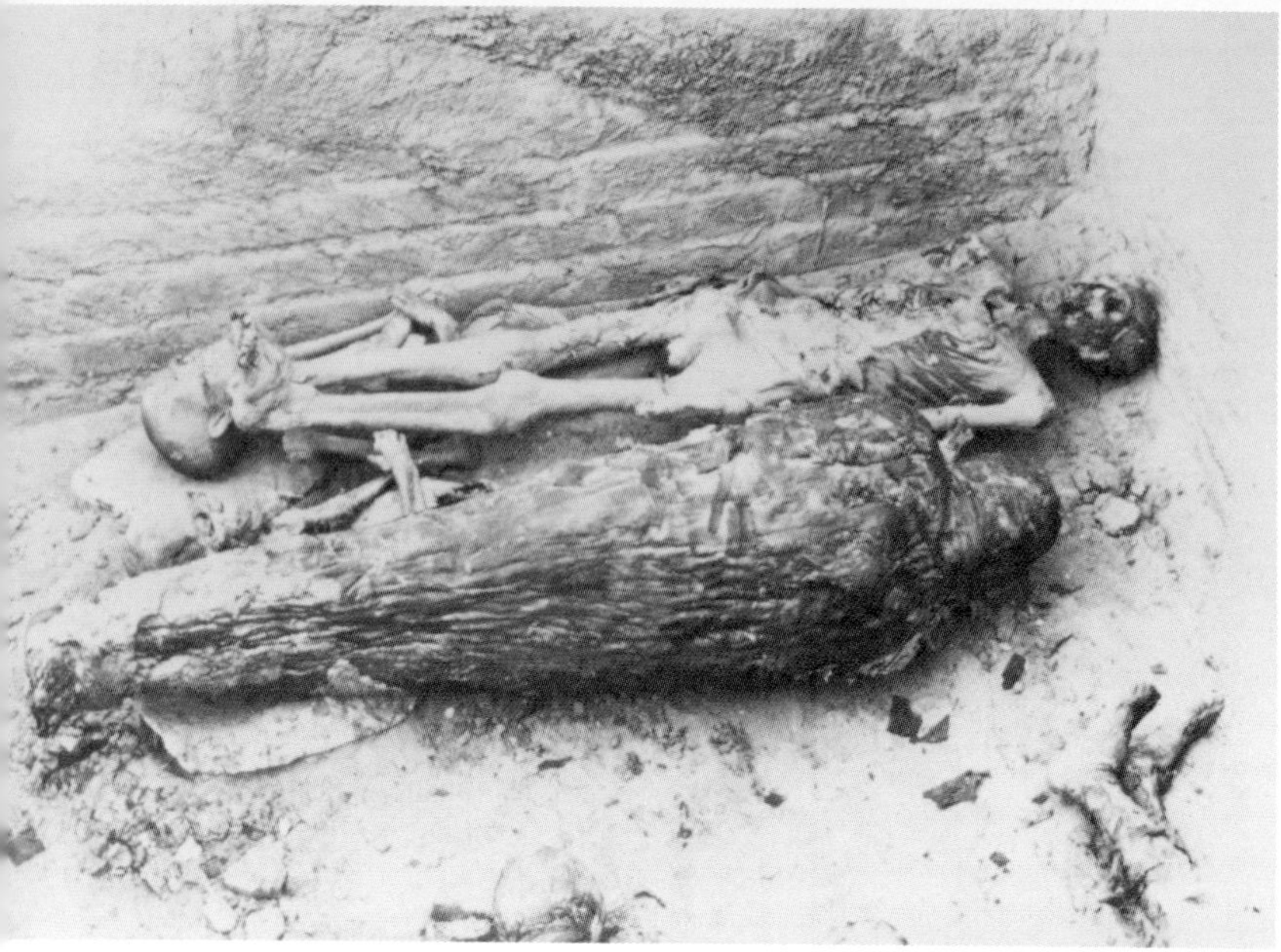

18　盗人が捨てたままのプトレマイオス期のミイラ

19　死者審判の図．第19王朝のアニの葬儀パピルスから

20　ローマ時代のミイラの入念な包帯巻き

21　「供物の畑」の図．第19王朝のアニの葬儀パピルスから

22　ネスホルパケレドのために銘刻された頭部用護符．プトレマイオス期

23　第18王朝の，アフメスのために銘刻された陶製カノプス壺

24　セニの木製柩．第12王朝

25　ヘヌトメヒトの内側と外側の鍍金した柩

26　チェントムテンゲブティウの人型柩．第21王朝

27　神格化された王アメンホテプ一世．第21王朝

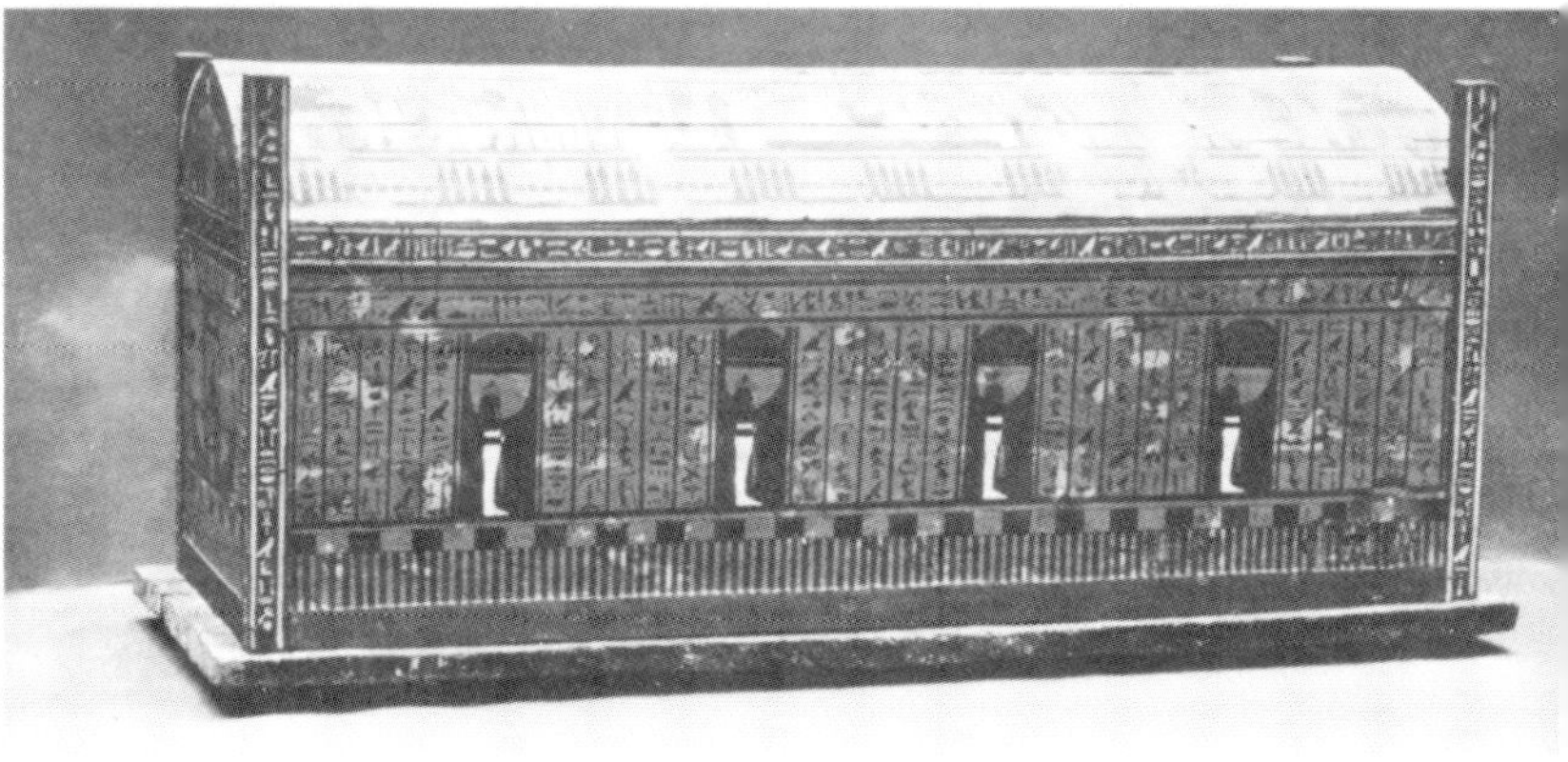

28　ホルの中高柩．第21王朝末期

30　ソテルの柩の蓋の女神ヌト．ローマ時代

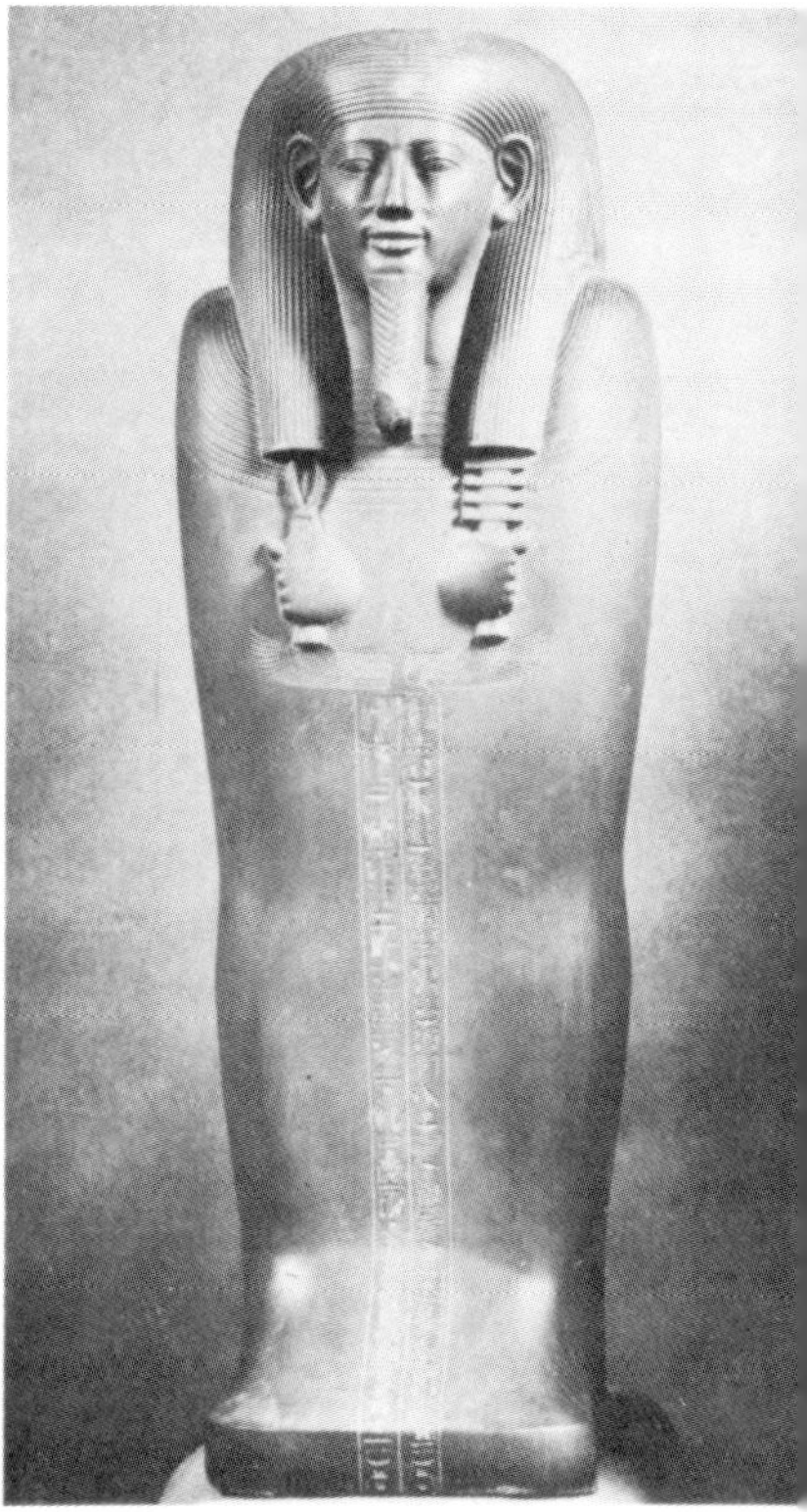

29　宰相シセベクの片岩製石棺．第26王朝

32　プトレマイオス六世の19年にブキス牡牛を埋葬したことを記した碑板

31　彩色蝋によるミイラの肖像．ローマ時代

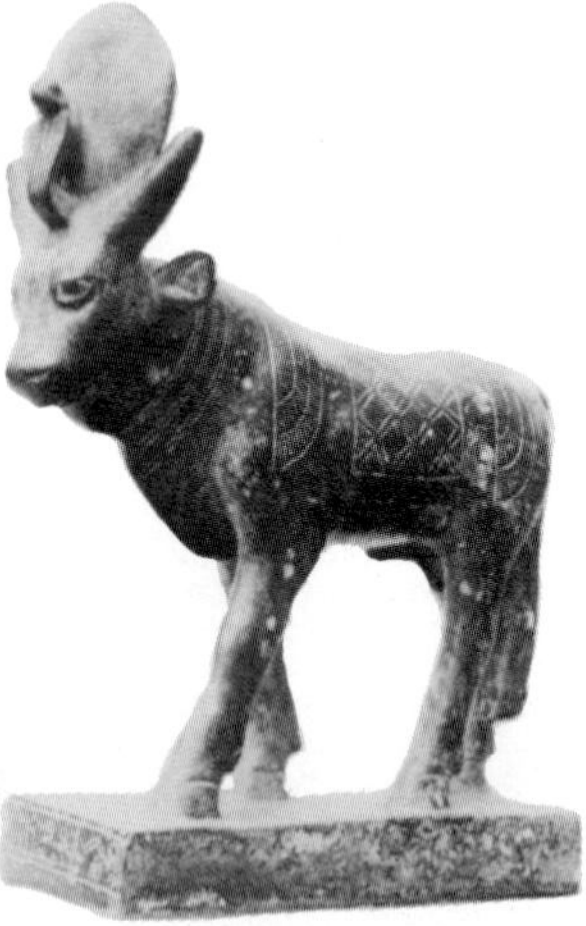

33　ブロンズ製のアピス牡牛像．末期王朝時代

34　ブロンズ製の朱鷺像．末期王朝時代

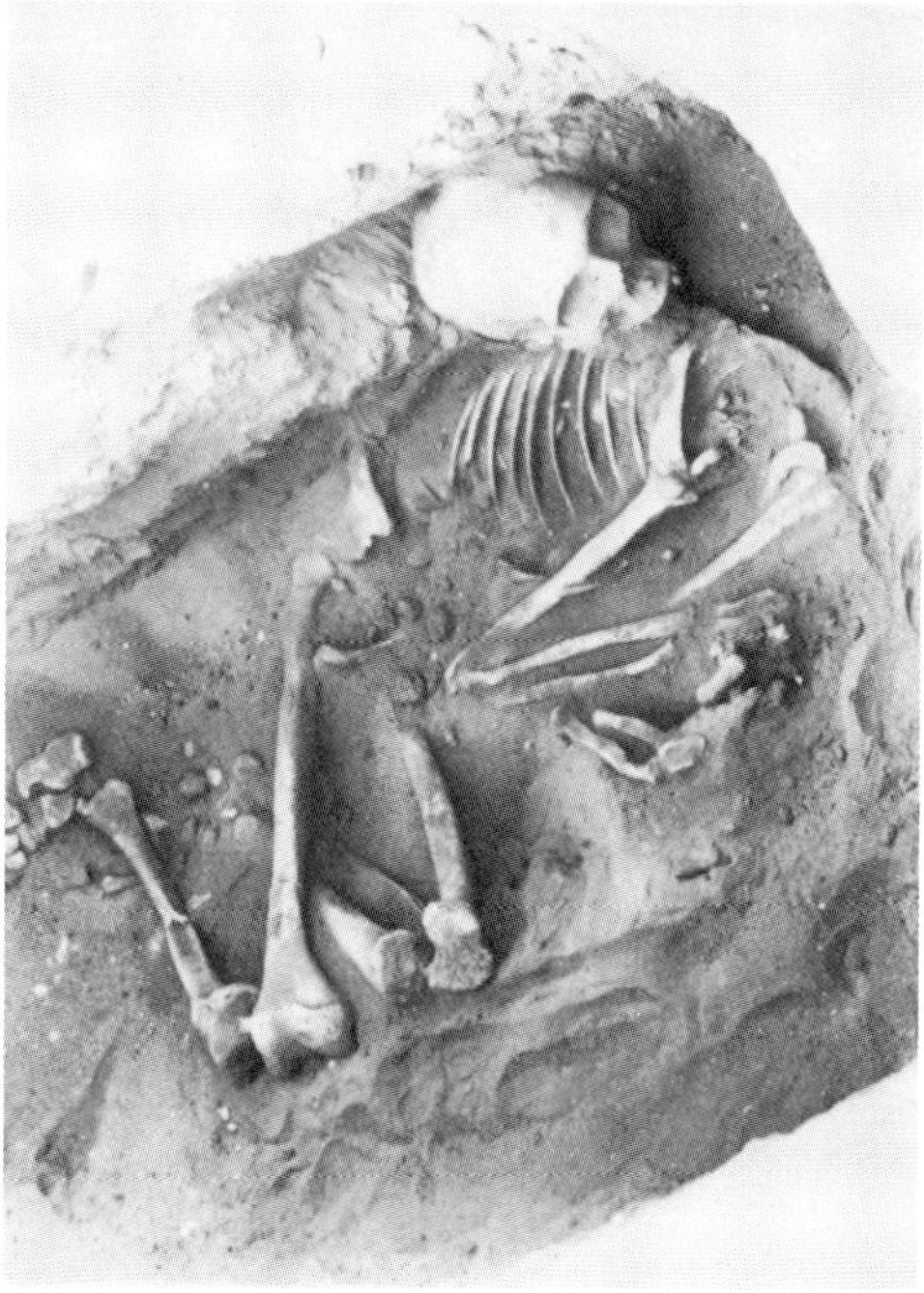

36　アビドスの単純竪穴墓．先王朝時代

35　アビドス出土の猫のミイラ．ローマ時

37　第５王朝の石造マスタバ．祭殿への入口が見える

38　第12王朝の岩窟墓祭殿への入口

39　「神聖修道女」アメンイルディスのための祭殿墓．第25王朝

死の考古学　古代エジプトの神と墓

A. J. スペンサー 著
酒井 傳六／鈴木 順子 訳

法政大学出版局

序

かなり長いあいだ、古代エジプトの葬儀の慣習についての、一般読書人およびエジプト学を学ぶ者の双方に利用できる適当な形の総合的書物が欠けていた。その欠如のさまは大英博物館で調べてみると、きわめて明らかである。エジプトの葬儀に関心をもつ者が参照できる、入手の容易な本、というものはなかったからである。この文献の空白を埋めるために、近年、ウォーリス・バッジ〔イギリス人、一八五七—一九三四〕の著作物のいくつかが複刻されたが、これらは今は余りにも時代おくれなので、他に取って代られたものとまだ価値のある部分を区別するのに十分な知識をすでに持っている人以外には、全く無視されている。もちろんエジプトの葬儀の慣習という部門に関するいくつかの優れた総合的な書物はあるが、この問題の相互関係にある面すべてをまとめてはいない。学術的出版物に目を転じてみると、埋葬の信仰についての多くの良い著作が現在は絶版になっていて専門の図書館でしか見ることができず、しかもそれらは多くの点で修正を必要としている、ということをわれわれは知る。

以上のような問題を念頭において、私は本書に着手した。ミイラ、柩、ピラミッドというような、主題の中の違ったさまざまの面を、その正しい関係位置におきつつ、エジプトの葬儀の信仰と慣習のすべての範囲を研究するための出発点を提供したいというのが、その意図であった。巻末にまとめた参考文献には、個々のテーマをもっとくわしく扱っているいくつかの著作をいれてある。

エジプト学の出版物において頻発する問題は、エジプト名の表記法で、学者はそのことで、もっともなことと思われるのだが、一致していない。このような場合、名前や他のエジプトの言葉の記述においてしばしば使われる発音区別のための記号を、私はすべて避けることにした。このような本ではそのような記号があってもたいして得るところはないからである。Khafrēʿ という書きかたは一般読者にとってはもはや Khafre より理解しやすくはないし、区別記号の意味を知っている学生あるいは学者は、その記号がなくても不便はないであろう。一三ページと一一四ページの引用を許して下さった Purnell Books Limited と the Loeb Classical Library (Harvard University Press: William Heinemann) に深く感謝する。

また、次の団体と個人に対し、写真使用に関して感謝する。エジプト調査協会 Egypt Exploration Society＝写真4、5、6、14、15、18、32、36。大英博物館理事会 Trustees of the British Museum＝写真2、3、7、8―13、17、19―31、33―35。T・G・H・ジェイムズ氏＝写真39。

死の考古学／目次

エジプトとヌビアの地図

第一章　古代エジプトの特徴

多くの人にとって、古代エジプト文化のシンボルは、他の初期諸文明のどれよりも、埋葬遺物、とくに包帯を巻いたミイラと絵を描いた柩である。実際、一般大衆にとって、エジプト考古学の興味の主要な点は、確かにこれらの物にある。しかしながら、死と埋葬の事柄が非常に深く古代エジプトと結合しているらしいことの理由についての理解は、残念ながらしばしば欠けている。本書でやがて説明するように、エジプト人は、いつまでも続くであろう死後の霊的生活に適した家を作るということだけのために、彼らの資力の多くを墓の建造に捧げたのである。来世の概念がいったん生れると、他のすべての埋葬の習慣はただこの信仰の論理的発展なのであって、それは死者を守り、死者に用意を整えてやるためのものであった。死が訪れるとき、用意が整っていて、次の世界へ無事に行くことができるようにするために、墓や埋葬用品は生きているうちに造られ、埋葬の祭司があらかじめ決められていた。必要な準備がなされないことは、人びとの記憶から完全に消え去ることであり、それをエジプト人は非常に恐れるのであった。

考古学は、古代エジプトの埋葬信仰の結果から、とくに来世で使うために遺体を保存し墓の調度品を整えるという慣習から、大いに成果を得た。エジプトの墓の中にある物は、古代の物質文化についての有益な情報源となる。装飾された墓の祭壇の絵画やレリーフもまた同様である。墓の発掘は、決して神聖冒瀆ではなくて、単に情報を得るための手段なのである。ちょうど考古学が、古代の神殿や居住地の調査を必要としているのと同じように。それぞれの面を研究することによって、関係した文化のもっと完全な像をつくることができる。居住地についての考古学上の記録で不足すると思われる細部は、共同墓地で発見されるであろうし、その逆の場合もまたあるであろうから。

どのような科学的原則も確立していなかった昔、墓は珍しい品物か価値ある品物を得るためにのみ開かれた。そしてそれらの品物は、大体は記録されることなしに収集家たちのあいだに散っていった。この段階では、品物を所有することがすべてであり、歴史的情報を集めることには何の関心も払われなかった。価値のある品物は持ち去られ、平凡な品物は墓の中に残され、墓から出た一群の品物はばらばらになるのであった。古代エジプト人の真のミイラとなった遺体は、非常に早い時期に関心を引き、一六世紀と一七世紀の薬剤師によって薬を作るのに使われるようになった。この奇妙な医学の要求を満足させるために、アレクサンドリアからヨーロッパへミイラを船で輸送する商売が大いに発達した。ミイラを粉抹にしたものは外傷の治療に用いられ、病気の場合には内服することもできた。時どき、上等のエジプトのミイラが不足し、本物に似せるためにピッチで処理した犯罪人の処刑遺体で補充された。別の奇妙なミイラの利用法はつい最近まで残っていた。顕著な例は、瀝青質の顔料を作るのに使うためにミイラを輸入するということであった。この風習は二〇世紀の初期まで続いていたのである！

考古学のもっと高い見地からすれば、一つの墓は、その中に違った種類の情報が封じ込められている封印された一つの集合体、と見なしてよい。取りもどすことのできるこの情報の量は発掘と記録の方法で決まる。あらゆる点が記述に値する。なぜならそれらは他の墓でも同じように見つかるかもしれず、きまった慣習の証拠を提供するかもしれないからである。たとえば、われわれは現在、違った時代に埋められたエジプトの墓の中の遺体の姿勢を知っており、それらの変化について詳しく述べることができるが、発掘者が彼らの報告の中で遺体の位置について述べる労をとらなかったら、決してこの知識はあり得なかっただろう。他の面のすべてについても同じことで、多くの発掘された墓地で記録されたものは、今、一つのまとまった証拠を示し、われわれはそこから異なった時代の特徴的傾向と様式を区別することができる。墓や柩の発達、供物の準備、墓泥棒、ミイラの作り方、あるいは墓の中におかれた日用品の歴史などといった事柄についてわれわれが総体的に記すことができるのは、数百のいや数千もの墓の発掘で拾い集められた、小さくて明らかに平凡な事柄のおかげなのである。

エジプトの墓のあるものは碑文によって大変正確に年代を決められるが、墓の遺跡の大部分の年代は、紀元前の年で表される固定された年号ではなくて、比較という方法によって、あるひろがりをもった年代としてきめられる。エジプト学者は、エジプト史の区分として王朝と時代という区分が全般的な年代について、なお改良すべきものがあって不完全ではあるものの、便利な体系としてこれを使っている。この体系は紀元前二八〇〇年ごろのセベンニトスの出身者であるエジプトの史家マネトの著作に基づくものである。彼はこの国の歴史を紀元前三三二年までの三一の王朝に分けたのであった。彼の拠りどころとするものは不完全であった。そしてわれわれは、それぞれの王朝のあいだの断絶は統治する家系がほんとうに変ったことを必ずしも示していないということを、知っている。他の史料、とくにある時代にエジプト人によって作られた王のリストは、もっと多くの統治者の名前を挙げて王朝の歴史をみたした。そこで、全体系が天文学上の確定した年代によって、また近東での出来事の同時性によって、さらにまた炭素14による年代決定のような科学的方法によって、年数と関連して検討された。王朝の各グループは、右の簡略年表にあるように、王国や長い期間にわたる時代という形のものにはいる。エジプト史の主要な局面をよく知らない読者のために、各時代の目立った特徴を以下のページに要約してある。エジプトの埋葬慣習についてこれからの各章で考察するさい、王朝や時代についての言及がたえず

古代エジプト略年表

王朝	年号(B.C.)	時代
	3100以前	先王朝
第1	3100－2890	初期王朝
第2	2890－2686	
第3	2686－2613	
第4	2613－2494	古王国
第5	2494－2345	
第6	2345－2181	
第7－第8	2181－2160	第1中間期
第9－第10	2160－2040	
第11	2134－1991	中王国
第12	1991－1785	
第13	1785－1633	第2中間期
第14	1785－1603	
第15	1674－1567	
第16	1684－1567	
第17	1650－1567	
第18	1567－1320	新王国
第19	1320－1200	
第20	1200－1085	
第21	1085－945	第3中間期
第22	945－715	
第23	815－715	
第24	728－715	
第25	747－656	
第26	664－525	末期王朝
第27	525－404	
第28	404－399	
第29	399－380	
第30	380－343	
第31	343－332	
	332－305	マケドニア朝
	305－30	プトレマイオス朝
	30以降	ローマ時代

なされるであろうから。古代エジプト史についてもっとくわしく読みたいと思う人は、本書の末尾に示した適切な書物のリストを見ていただきたい。

紀元前三一〇〇年より以前は、エジプトは統一国家ではなかった。ナイルの谷には、こんにち先王朝文化として知られる個々の集団がばらばらに住んでいた。それらの人びとの存在を最初に証明したのは一八九五年にピートリ〔フリンダーズ・ピートリ、イギリス人、一八五三―一九四二〕によって行われた上エジプトのナカダの発掘であった。墓は新しいタイプのもので、それまで知られていたエジプトのどれよりも古い時代に属することが、後の研究で確かとなった。間もなく先王朝時代そのものは異なるいくつかの段階に分けることができることが明らかとなった。が、確定年代が分らなかったので、その遺跡は相対的年代の順に並べることができるだけだった。新しい発見があった場合、その遺跡が最初に見つかった場所の名前から名称をつけられる傾向があったので、名前が多くなり、後になって、いくつかの場合には同じものが重複しているということが明らかになった。ナカダでは二つの文化の跡が発見され、一方が他方より前なのでナカダⅠ、ナカダⅡという名前が作られた。そのあとエル・アムラ、エル・ゲルザ、セマイナで発見があったので、アラムシアン、ゲルゼアン、セマイネアンという名前が生れた。これらは実際はナカダⅠやナカダⅡと重複している。しかし、これらの古い名前はまだエジプト学の文献に見られ、いくつかのきわめて最近の書物にさえ見られるので、それらの意味は知っておく値打ちがある。セマイネアン文化の遺物のすべては、後に第一王朝初期のものであることが証明され、一方、アムラシアンとゲルゼアンは、それぞれナカダⅠとナカダⅡの用語のくりかえしである。ナカダⅠ時代より前のものはバダリアン文化とファユム文化であり、それらはわれわれの知るかぎり最も早くできた定住共同体である。

先王朝時代終末期のころ、メソポタミアからの影響の明確な証拠をわれわれはエジプトに見る。メソポタミアはエジプトの統一への動きを助けたらしく、それは一般にナルメル王のもとに紀元前三一〇〇年ごろ起ったと考えられている。最初の三王朝はエジプトの歴史の形成期であり、この時期に芸術、建築、技術の急速な進歩があった。この発展の証拠はアビドス、サッカラ、ヘルワン、タルカンその他の初期王朝時代の遺跡の発掘によって最もよく示されている。幾千年ものあいだ続くこととなったエジプト文化の特徴的標章とシンボルの多くは、初期王朝時代に最初にあらわれている。これらのものを通じて、デルタが南の人びとによって征服される直前までは、国が北と南の二つに分れていたという事実が強く示されている。上下エジプトは異なった独自の王冠、地域的な神々、象徴的な植物、独自の神殿を持っていた。だから、全歴史時代を通じて、統一国家についての言及がなされる場合には、必ずこれらの特色が記念物にあらわれるのである。王は上エジプトの王冠と下エジプトの王冠を合せたものをかぶり（図1）、彼の王権を完全な形で示す時には、ハゲワシとコブラのしるし（それぞれ南の女神ネクベトと北の女神ワジェトを示す）を冠りものの正面につけた。エジプト王国の二つの性格を暗示するものは、必ず墓に関連したものに見られる。その例は、ジョセルの階段ピラミッド複合で、そこには二つの国の国家神殿が表現され、柩には南北の女神が表現されている。図2のデザインは、第二一王朝の柩からとったものであるが、上エジプトと下エジプトの象徴的植物である睡蓮とパピルスの上に、ハゲワシのネクベ

トとコブラのワジェトが表現されている。エジプトが二つの国であるという概念は広く行きわたってい
た。実際、古代エジプト人自身はこの国の通常名として「二つの国」ということばを用いていた。
古王国時代として知られている、第四王朝から第六王朝に至る期間は、この国の歴史で最も安定した

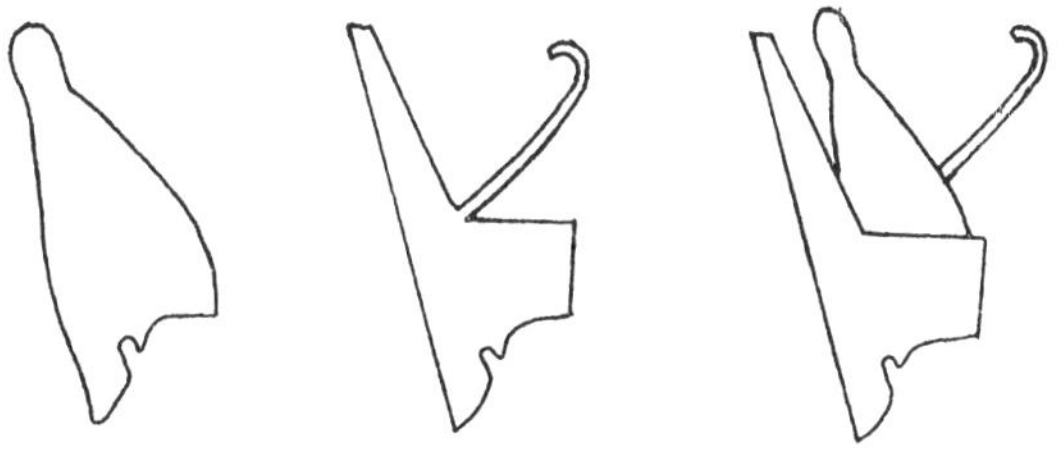

図 1　上下エジプトの両王冠および複合王冠
(W. B. エマリによる)

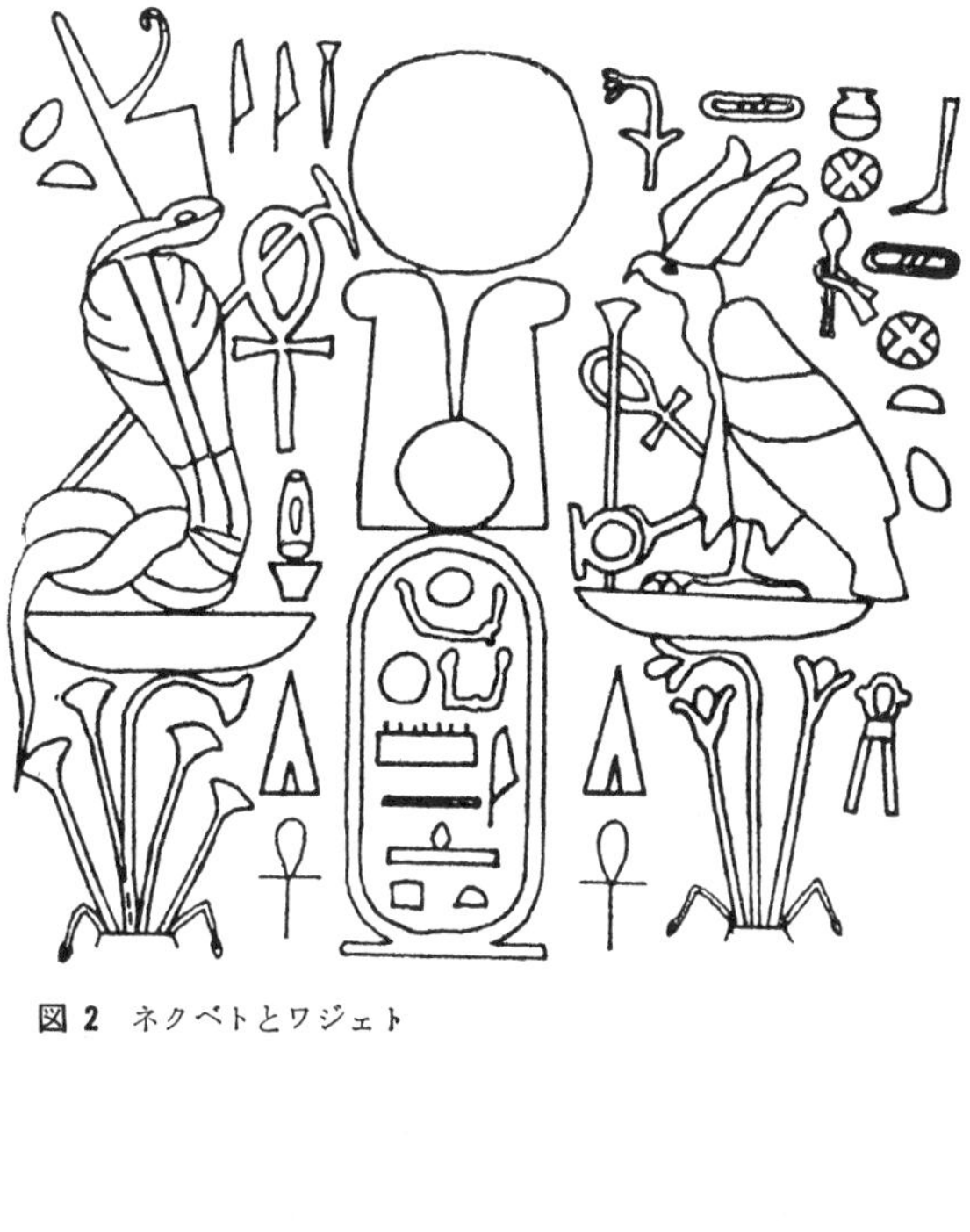

図 2　ネクベトとワジェト

時代の一つであり、王の手に権力の集中した強力な中央政府というのがその特徴であった。古王国時代は、王墓の標準型として真のピラミッドが採用されていたことから、時どきピラミッド時代と呼ばれる。第四王朝のもとで、ピラミッド建造者たちは最高の完成度に達した。それは、第三王朝のジョセルのピラミッド建造で試験的に始められたものから、切った石を使う仕事の技術の熟練化がいかに早く進んだかを、示している。古王国のピラミッドはナイルの谷の西方の砂漠の端に建造された。そこはメンフィスにある首都に近い地域である。いくつかの貴族の墓の碑文から、われわれはエジプトが国境をこえてアジアとヌビアに貿易上および軍事上の遠征をしたこと、とくに第六王朝にそうであったことを、知っている。

古王国の安定はつづかなかった。第六王朝の終末期に、国は無政府状態となり、それは第一中間期のあいだつづいた。この約一三〇年のあいだ、エジプトの異なった諸地域はそれぞれの地方支配者によって統治された。ついで二つの異なった権力の中心地があらわれた。一つは北のヘラクレオポリスであり、他の一つは上エジプトのテーベであった。かなりのあいだ争いがつづいたのち、テーベの支配者が敵国にまで支配をひろげ、紀元前約二〇五〇年に第一一王朝のメンツーホテプ二世が全国土を権力下におさめた。この出来事は中王国の開始を区画する。われわれは、この時代に強力な政府が復活し、美術、建築、文学の大いなる発展が促され、外国征服が始まるのを見る。エジプトの力は再びヌビアにまで及び、その地域での一連の要塞の建造がはじめられた。第一二王朝が始まったとき、上エジプトと下エジプトの両方を統治するのにもっと好都合な場所に置くために、政治の中心はテーベからファユム・オアシスの入口にあるエル・リシュトの村に近い新しい場所に移された。中央政府の力をもっと強くするために、この王朝のあとの王、とくにセンウスレト三世によって、地方の支配者たちの力はきびしく抑えられた。しかし、第一二王朝の終末期には王の権威はゆらいだようである。第一三王朝に入ると王の権威はさらに衰え、この国の新たな不安定時代が始まった。

第一三王朝から第一七王朝に至る期間は年表（四ページ）の第二中間期を形成するが、諸王朝はある程度同時発生であり、それぞれエジプトの違った地域を統治した。この時代にアジア人がナイルのデルタ地帯に移動し、彼ら自身の王朝をおこし、その影響力を徐々に南へひろげていった。この外国人は、「外国を統治するもの」を意味するエジプトのことばのなまった形で「ヒクソス」として知られており、後のエジプトの記録は彼らを抑圧する侵入者と記している。彼らは、第一七王朝として知られるテーベの一連の強い統治者が北の支配を取りもどそうとして境界線の向うまでこのアジア人を追い払う時まで、この国から駆逐されなかった。両者の戦いは第一七王朝の後期のあいだ続き、エジプト側は着実に大きな成功をおさめた。第一七王朝の最後の統治者はヒクソスの首都である東デルタのアヴァリスと呼ばれる都市まで軍を進め、第一八王朝の開始者であるアフメス一世の時に、この外国人は完全にエジプトの土地から追い払われた。

紀元前約一五六七年に第一八王朝が始まり、われわれは第二〇王朝までつづく新王国時代に到達する。ヒクソスを国から駆逐した余勢をかって、新王国の諸王、とくに第一八王朝初期の諸王は外国との戦争の計画に乗りだし、その計画は、エジプトの軍隊による征服地を、北はユーフラテスにまで、南はナイルの第四急流にまでひろげた。その結果、巨大な富がエジプトへ流れこみ、その多くは新しい神殿の建設と装飾に使われた。アメンホテプ三世の治世までには、新しい帝国に対するエジプトの権威は堅固なものとなっており、軍隊の活動はほとんど必要でなくなっていた。この治世に、われわれは国家の宗教を新しいものに変える動きが始まっているのを見る。その動きの中で、アテンと呼ばれる太陽円盤に表現される神が大いに強調された。これは、発展して、アメンホテプ三世の後継者であるアケナテン（アクエンアテン）のときに結論に達し、中心地であるテーベから遠く離れたエル・アマルナに新しい首都を築き、アテンのために古い宗教を禁止する、ということになった。エジプト史のこの局面は、新しい首都の場所の名前をとって、アマルナ時代と呼ばれる。が、この都市の古代の名前は、「アテンの地平」を意味するアケトアテンであった。アケナテンの統治のあいだ、帝国の支配を維持するためのいかなることもなされず、支配下にあったアジアの国家が反逆し始めた。このとき、型にはまらない芸術のスタイルが導入された。それは最初は非常に誇張された形であったが、この自然主義風の革新は後には少し抑制された。テーベのアメン祭司の力を抑えることを目指した、たぶん完全に政治的であったとみられるアマルナの実験は、ツタンカーメンのときに、都をもとの首都にもどし、以前の宗教体系を復活させた時に、終った。後の時代に編纂された記録には、アマルナの出来事は故意にそっくり省かれている。

第一九王朝期に王宮はナイル・デルタの東部に移されたが、王家の墓はテーベで引きつづき造営された。エジプトは繁栄をつづけた。軍隊の偉業はヌビア人、リビア人、ヒッタイト人に向って再び達成された。多くの新しい神殿が建設され、そして古い神殿が拡張された。第二〇王朝期には、エジプトは外国人、いわゆる「海の民」の侵入を防がねばならなかったが、ラムセス三世の戦いは敵を入江のところで持ちこたえることに成功した。この王朝期に、テーベの王家の墓は著しく盗掘されたので、特別な調査がなされた。その記録はいくつかの神官文字パピルスに残されている。

第二一王朝から第二五王朝までの第三中間期は、下エジプトのタニスの王族と、テーベの一帯を支配したアメンの上級祭司の一族とによって王国が分割された時に始まった。この状態は第二二王朝の創始者であるシェションク一世によって変えられた。彼は自身の息子をテーベのアメンの上級祭司に就任させ、古くからの世襲の制度を終らせた。この王朝の終末期のころ、すなわち紀元前七三〇年ごろ、王国は再びいくつもの単位に分裂し、地方の支配者たちによって統治された。これらの群小王朝はすべてヌビアから来たピエ王 Piye（この名前は以前はピアンキ Piankhy と書かれた）の侵入によって終った。ヌビアには、かなり長いあいだ別の王国が存在していたのであった。侵入者は紀元前七二七年ごろにやって来て、第二五王朝を始めた。ピエはエジプトにとどまらず、すぐに母国に帰っていったが、彼の弟であるシャバコはエジプトに対するヌビア人の支配を堅固にし、テーベから王として統治した。ヌビア人の支配者たちは完全にエジプトの文化に浸りきっていたので、王朝が変ってもナイルの谷の生活の基本は変らなかった。彼らはファラオとして、エジプトの王のすべての特権をもって統治し、エジプトの神々の神殿の建設事業を行った。しかし、彼らの墓は遠く南方の母国の町ナパタのそばに造られた。この王朝の末期に、ヌビア人の王はアッシリア人との戦いにまきこまれ、アッシリア人は結局エジプトを侵略し、テーベを掠奪した。そこで、ヌビア人は彼ら自身の故国に撤退していった。

アッシリア人はプサメチコスという人物を、属国統治者としてサイスに任命した。彼は徐々に力を全土に広げてゆき、第二六王朝の初代の王となった。この時から紀元前三三二年までの、第二六王朝から第三〇王朝を含むエジプト史の期間は、末期王朝時代として知られている。第二六王朝のあいだ、国は再び大いに繁栄し、高い水準の美術と建築もまた復活した。ギリシアの商人がこの国にあらわれ、ギリシア人の傭兵が軍隊に傭われた。この王朝の末期に、エジプトはペルシア人に侵略され、ペルシア帝国の属州となった。第二七王朝は完全にペルシアの王によって統治され、紀元前四〇四年に第二八王朝のただ一人の王であるアミルタエウスによって先住民の手に主権がもどるまでつづいた。末期王朝時代の最終局面は、独立を維持するために戦いがくりかえされた時代であったが、第三〇王朝にはいくらか安定し、いくつかの注目に値する神殿の建設計画が遂行された。最後のエジプト人の統治者である第三〇王朝のネクタネボス二世は、エジプトが再びペルシアに征服されたため、紀元前三四三年ごろに南へ逃げた。しかし、ほんの数年ののち、紀元前三三二年に、ペルシアはアレクサンドロス大王との戦いに敗れ、ペルシアのエジプト占領は終った。アレクサンドロスと彼の二人の後継者がエジプトの合法的な王であると認められていたが、真の権力は、フィリップ・アリダエウスによってこの国を治めるために派遣されたプトレマイオス・ラグスという人物の手に移った。紀元前三〇五年には、プトレマイオスはエジプトの独立した支配者となり、プトレマイオス王朝を創始した。この王朝には一二人の同名の王と、クレオパトラ七世が含まれる。プトレマイオス王朝時代のエジプトはそれまでといくらか違っていた。行政は基本的にギリシア式で、裕福なエジプト人はギリシア式の教育を受けようとした。また、美術と建築にもギリシアの影響があらわれている。プトレマイオス家は現地の神々のために神殿を建造することにおいて、古いファラオの伝統を持続した。それは、エジプト王の正装で描かれた神殿のレリーフにあらわれている。紀元前三〇年にアントニウスとクレオパトラが死んだあと、エジプトはローマに支配されることとなった。エジプトは実際にはローマ帝国の属州として知事によって統治されたが、神殿建築の習慣はつづけられ、ファラオの装いをしたローマ皇帝のレリーフがつくられた。古代エジプト文明の他の多くの要素も、ローマ時代にいくらか残っていた。特徴的なエジプトの埋葬の慣習もまたそうであり、この慣習をローマからの移住者も、この土地の先住民と同じように採用した。ずるずると残っていたこの古代文化の名残りも、キリスト教の到来とともに衰え、最終的には紀元後四世紀に姿を消した。

以上のようなエジプト史の大要を見ると、約三四〇〇年にもわたって特色をもちつづけたこの文明の並外れた長命について、いくらかのイメージができるであろう。第三王朝期のジョセル王以後、第三〇王朝のネクタネボス二世までの時間は、ネクタネボス二世から今日までの時間とほぼ同じなのである！くりかえし外国から侵略があったにもかかわらず、このように長いあいだエジプトの文化がつづき得たのは、この国の自然と住民の性質に負うところが大きかった。習慣と伝統があまり変化しないで、何世紀ものあいだ、時には千年ものあいだ持続するという傾向があった。そこから、エジプト人は極度に保守的な民族であるという、しばしばくりかえされる表現が生れている。この保守性は、ナイル流域の生活が一定の歩みですすみ、一般民衆の生活に影響を及ぼすような劇的な事件が明らかにないという事実に、結び付いていたにちがいない。日々は同じような活動で、普通は大衆にとっては農業関係の活動で、みたされていた。一方、ほとんど変ることのない太陽の輝きは、時間が無いような感じにさせる。よく耕されたナイル流域の平坦な土地は、どこもほとんど変化がなく、昼間カイロからルクソールまで列車に乗って旅すれば、そのことは確かめられるであろう。数百マイルのあいだ、砂漠の崖を背景として、緑に耕された畑、椰子の木、灌漑用運河、泥の煉瓦の村々といった、単調な景色がくりかえされる。ナイル流域は、河のまわりにできた緑の細長い土地で、東西の砂漠のあいだにはさまれている。その砂漠の不毛さときたら、しばしば旅する勇気を挫いたものであった（写真1）。このような環境の中では、ナイルの向う側の世界について考えさせる刺戟はほとんどなく、知識それ自身に対する渇きもほとんどなかった。住民によって発明されたものは、とくに地域的な問題に対処するための実際的なもの、すなわち灌漑と他の農業関係のものであった。しかし、ひとたび使える装置が発明されると、それを改良したものを作ることはめったになかった。当面の問題は解決されたからであった。車輪の使用や、青銅のかわりに鉄を用いるといったような、他の民族からエジプトにもたらされる技術革新も、同様に、取りあげられるのにたいへん時間がかかった。

エジプト人の自分の国に対する見方について、間接的に説明している興味あるものは、信仰あるいは神話についての書きものに見られる。そこには、著しく環境によって条件づけられた思想が表現されている。創世神話の最初の国を生みだした古代の海の話は、毎年のナイルの氾濫の観察から出たものである。ナイルの氾濫は、流域の平らな土地をすべておおい、退く時に肥沃な泥の堆積を残したのである。ヘルモポリスの創世伝説には、海の中からおこった島の最初の住人は、集合的に Ogdoad《オグドアド》 として知られる八人の神々であった、とある。この一群は、蛙の頭をもった四人の男神と、蛇の頭をもつ四人の女神によって構成されていた。この動物形の選択は、明らかに氾濫によってナイルに残された泥の出現に結びつく動物群と関係がある。

創世神話がナイル流域の自然環境を反映したように、この地域の宇宙観もまた地理によって左右された。河の流域の土地が平らであるように、世界は平坦だと考えられた。そして、空はその上に支えられている平らな面であった。違う伝説によると、空は世界の果てで四本の支えによって持ち上げられているか、あるいは、二つの山の上に乗っているのであった。後者の考え方は、谷の端に壁のように走り、強い内省的な気持ちに誘う砂漠の崖に影響されている。砂漠が世界の境界になっているというこの思想は、エジプト人が谷の限界の向う側にある国々を知ってからのちもずっと持ちつづけられ、古代のテキストに頻繁にあらわれている。死者に届けた供物を示す墓室画に、われわれは次のような碑文を見ることができる。「上エジプトと下エジプトの土地と町から、二つの砂漠の縁のあいだにある物とともに、彼にもたらされたものすべて」。別のテキストには、太陽は東の地平線よりのぼり、西の崖の後ろ側に沈み、そのあいだにあるすべてのものを一周する、と述べている。環境によって余りに強く思想が決定されていたため、エジプト人は彼らの国と同じでないものすべてに驚いた。たとえば、それは、ユーフラテスを「南へ流れながら、北へ流れる逆さまの河」と記述したことに示されている。この河はナイルのように北に向って流れていないから、そう書いたのである。エジプト人の宗教的信念によると、この国の理想的な状態は、最初から神々によって決定づけられているので、彼らは進歩や変化のために奮闘するよりも、神々によって約束されたこの状態を維持することにのみ努力しなければならないのであった。たぶんこの信念が、無政府状態や外国人による支配の後でもこの国が基本的な変化なしに再び勢いを取りもどし得たことの、主要な要素であった。ある文学テキストは、エジプト人が自分の国と文化を、近東の隣国で造り出されたいかなるものよりもはるかに望ましいものと考え、それゆえに彼らが外国の習慣を模倣しようとは思わなかった、ということをきわめて明確に示している。プトレマイオス王朝時代に至って初めて、この国の文化は外国の思想に大きく影響されたのであるが、このおそい時期でさえ、エジプトに移住したギリシア人の多くは、この国の生活様式に同化していった。多神教の、エジプト社会の寛容な性質が、根本的な変化なしに外国人がナイル流域の文化に吸収されてゆく経過を助けたのであった。

エジプト方式は、長つづきする安定した文明のための処法であった。エジプト人はそれを誇りとしたが、それは正当なことであった。神殿に集められた記録には、王権が確立されたころにまでさかのぼって、この国の支配者たちのリストが記載された。だから、後代の教育あるエジプト人が、彼らの文明が長くつづいたことを知っていたことは疑いない。安定と永遠への愛は、この国の記念物に反映している。神殿と墓は長もちする材料で堅固につくられ、碑文はこれらの建造物が永遠に立っていることを意図しているとはっきり述べている。エジプトに今も残っている記念物はだいたい二千年前から五千年前のあいだに位するので、永遠の記念物を創ろうとした建造者たちの目的は、人間の時間のスケールからいうと、事実上達せられたと言えるであろう。

第二章　ミイラ製作の初期

エジプトで知られている最も古い埋葬は、紀元前三〇〇〇年よりはるかに前であるが、墓の中にいろいろな種類の埋葬贈与品をそなえていることで、すでに死後の生活の継続を信じていたことを示している。この信仰は発展し、エジプト文明に最も強い影響を及ぼすものの一つとなった。それは、住民の考え方と希望を左右しただけでなく、彼らの芸術、建築、技術、さらに法律上の慣習にまでも、直接に影響を及ぼした。死後の生を信じることがなかったならば、ピラミッド、ミイラ、石棺を含む古代エジプトの典型的なものとされる特色の多くは決して存在しなかったであろう。またわれわれは、エジプト人の生活についてはるかに少ししか知り得なかったであろう。なぜなら、これらのことについての知識のほとんどは墓から得られるのであって、墓には存命中に使われた物の実物と日々の出来事を描いた絵画があるからだ。

死後も生活がつづくという信仰は多くの文明に見られるが、エジプトにおいては、この国の自然条件によってとくに論理的な発展をしたようである。最も初期の墓は非常に簡単なもので、遺体は地面に掘った浅い円形または楕円形の竪穴の中に、膝を顎の下に引きあげ、手はふつう顔の前に置く、屈身姿勢で置かれた。これらの墓は肥沃なナイル流域をふちどる砂漠の低い崖に位置し、例外はあったものの、エジプト人はいつでも死者を河の流域の土の中に埋めるよりも砂漠の墓に埋めるほうを好んだ。その理由の一つは、耕地の中に墓地をおきたくなかったからであろうと思われるが、もっと重要な動機はたぶん永遠への願いにあった。耕地の湿った土壌の中の墓では、砂漠の乾燥した墓のようなよい保存性は望めないのであった。初期の墓には砂が遺体に及ばないようにしておく設備がほとんどあるいは全く無かったので、埋葬物の保存に乾燥は大きな効果があった。遺体は埋葬の後、非常に早く脱水した。腐敗した液体は遺体にとどまらず、乾いた砂に吸収され、それによって遺体が完全にくずれるのを防いだ。これらの遺体の例の多くが、よく保存された皮膚と髪が骨に付着している状態で見つかっている(写真2)。墓盗人の出現より前でさえ、侵蝕あるいは動物によって、また偶然に新しい墓を古い墓の中に掘ったというようなことによって、埋葬物が露出するようになったので、エジプト人自身がこの天然保存のことに気付いたにちがいない。生けるがままの遺体を見たことが、死者は識別し得る状態で保存されるなら生をつづけるというエジプト人の信仰の源となったであろう。この信仰はエジプト人の埋葬慣習の多くを発展させる源動力となった。そして、すべての人間の目的は死に対してそなえることであり、肉体が永遠に存続する墓を建てるためにすべての可能な処置をとり、死者の魂がつねにとどまるべき肉体をもつようにする、ということになった。肉体なしでは魂は休む場所を失い、したがって存在することができないのであった。

すでに述べたように、われわれが証拠をもっている最も初期の時代の墓は非常に簡素である。しかし、それにもかかわらず、墓は、被葬者自身とは別に、いくつかの物を含んでいる。これらの物は来世で使われるためのもので、死者のための副葬品の慣習の初期の実例である。それらは、陶器の壺、ビーズ、フリントの道具その他で、その中のいくつかは護符の意味を持っていたようであり、初期に呪術が埋葬信仰に取りいれられたことを示している。この種の単純な墓は先王朝時代のものである。すなわち、たぶん紀元前三一〇〇年ごろに起きたエジプト国家の統一という出来事より前のものである。先王朝時代は、前章で説明したように、それ自身、多くの異なる文化に分れている。それぞれの先王朝文化の特徴的製品は簡単に見分けることができるものの、墓そのものの型はナカダII時代の後期に至るまでほとんど変化しなかった。しかし、このころになると、墓はもっと精巧なものとなった。先王朝時代の大部分のあいだ、墓は単なる竪穴であった。最もよく保存された埋葬物が貧しい墓からしばしば発見されるのは皮肉である。その理由は、それらの墓は遺体と詰めものを隔離する物をなにも含んでおらず、したがって乾燥化を遅らせる物がなにもなかったからである。バダリア期ではすでに遺体は通常山羊の皮か織った莚で覆われた。しかし、墓の穴そのものは、かなり後になるまで屋根のないのが普通であった。穴の盛り土から遺体を守る方法が導入されたのは、死者の状態を改善する必要からであった。これは、上エジプトのモスタゲッダの三基の子供の墓にはっきりとあらわれており、遺体の頭の上に置かれた籠がまわりの砂から顔を隔離していた。死者をよい状態で保存しようという関心は同様に、いくつかのバダリア期の墓で遺体の頭の下に皮の枕を置いてあることに見られる。先王朝時代の中期と後期のあいだに、遺体を動物の皮で包む慣習は徐々に保護のための他の諸形態に変っていった。とくに、遺体を籠細工の箱の中に置き、上部を同様のもので覆うというやりかたがよく行われるようになった。車知《しら》接《ち》ぎ〔二材を接合するために双方に孔をあけて木片を差し込んで固定する方法〕で継ぎあわせて粗雑な板で作られた木製の柩は、先王朝時代末期のころますます一般的なものとなった。これらの柩は丈が短く、遺体を屈身姿勢で入れるようになっていた。しかし、先王朝時代の墓の形における主たる進歩は、徐々に木製の屋根のある墓が作られるようになったということであり、先王朝時代の多くの例が知られている。穴の上の木の屋根の発達は、明らかにほんの少しではあるが地下の室を作ることによって遺体を砂から離すのに有効で、その中に遺体を小さな柩の中に入れ、まわりを種々の埋葬品で囲んでおくことができた（図3）。墓の屋根は木の梁を穴の横にわたし、細い木の枝で覆い、泥で固めたものであった。たぶん屋根の採用によって、墓の形は楕円形から長方形に変った。後者は木の棰《たるき》でうまく覆うのに便利である。屋根のある墓の穴は、遺体と土とのあいだの隔離部の補強として、しばしば泥の漆喰か木で内張りされた。先王朝時代の終末近くには、この内張りは泥煉瓦の壁でできたもっと強固なものとなった（図4）。

先王朝時代のエジプトの墓の発達は、すでに見てきたように、現実の被葬者自身の保護の度合を、すなわち、死者を柩によって、また墓室の内張りによって、死者と土を引きはなすという保護の度合を、着実に改良する歩みであった。この方向で改良がつづけられた結果、紀元前三一〇〇年ごろ一人の支配者によってこの国が統一されたのち、墓の築造に大きな進歩が達成された。そのころ、古代エジプトの生活のすべての面で同様の急激な技術的進歩があった。遺体と墓の中の詰めものとを隔離させることで生じた重大な結果は、乾燥した砂と直接に触れることによる天然保存の効果が失われたことである。それ以前には、その天然保存の効果は、急激な乾燥によって軟弱組織のいくらかを保存する本質的な要素なのであった。エジプト人は、最善をつくして死者に保護と快適さを加えてゆくうちに、はからずも遺体が全面的に崩壊する状態をつくりだしていたのである。それは望んでいることとは正反対のことであった。この時期には、彼らはまだ防腐処置をするという経験をもたなかったので、なぜ砂の中の遺体が

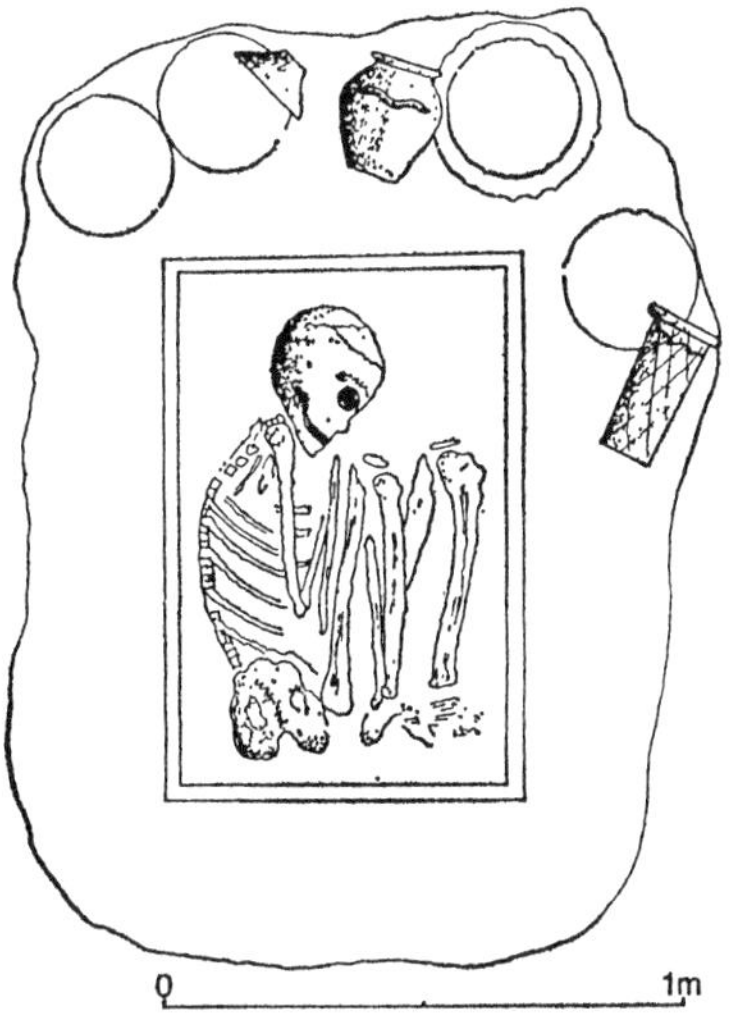

図 3 柩と副葬品のある先王朝時代末期の埋葬所

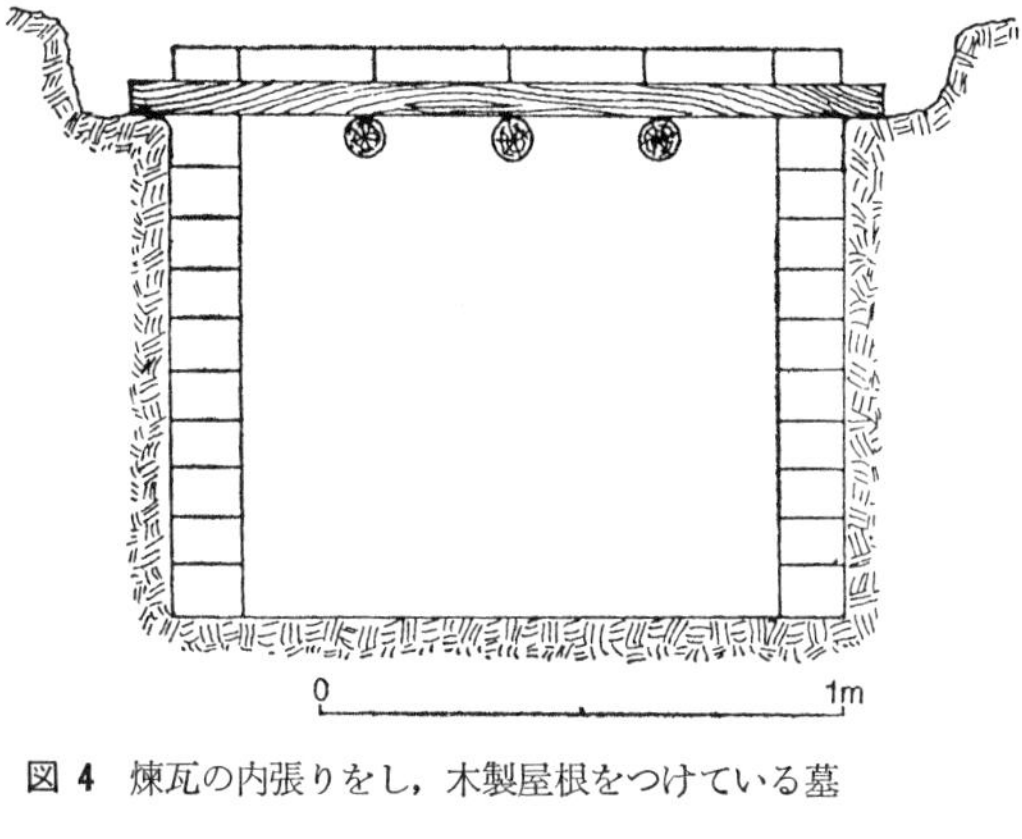

図 4 煉瓦の内張りをし，木製屋根をつけている墓

保存され、柩の中にあるものは保存されないか、を理解したとは思われない。たとえそれが分っていたとしても、単純な形の墓へ戻ることは問題外であった。なぜなら、遺体を土から引きはなすという望みはしっかりと確立されていたし、墓はその主の永遠の住居であるという信念にその望みは支えられていたのであるから。この概念は、埋葬供物を置くための空間を作るために死者の室を拡大するということに発展し、ついで、別々の室を作るということに至った。持続的に死者を表面の砂から隔離するのを確かなものとしたもう一つの理由は、墓盗人から墓を守る必要性が増してきたことであった。盗掘はバダリア期の昔から一般的なことで、後の時代の墓の中に納められた非常に多くの貴重な品々は、この活動をはげしくさせるだけであった。砂漠の表面の浅いところにある墓はほとんど安全ではなかった。それらの墓からは、短時間に少人数で容易に盗むことができた。実際、穴に屋根をかぶせることは、よい防禦とはならず、むしろ弱点となるのであった。なぜなら、盗人は、最初に穴を空っぽにするという苦労なしに、屋根の下にトンネルを掘って埋葬品を盗むことができたからである。国家統一の少し後に、裕福な人の精巧な墓では、以前に試みられたよりも深い位置に、表面の砂や瓦礫の下の岩そのものの中に室を作りはじめた。もっと後の時代には非常に深いところに室を作ることとなるこの発展は、埋葬されたものを墓盗人から遠ざけたが、初期の砂漠の砂の中の浅い墓からも完全に離れることとなった。

先王朝時代のあいだは人工的な手段で遺体を保存するいかなる試みもなされなかったので、柩や似たような囲いもので砂から隔離された遺体は、だいたいは完全に骸骨になって発見されている（写真3）。王朝時代の初期に広く柩が使用されるようになると、腐敗の問題はいっそう重大になるばかりで、エジプト人は死後彼らの肉体が完全な状態で残らないらしいという事実に、不快の念をもって気付いた。現在の証拠が示す限りでは、第一王朝の初期にエジプト人は以前に砂の中で遺体に効果があった保存の方法を、人工的な技術によって初めて試験的に行なった。初期の処置はあまり大がかりではなかった。おそらく、麻の包帯を幾層にもまいて遺体を包みこむという単純な仕事であっただろう。この種の処置を示す最も初期の断片は、ピートリによってアビドスのジェル王の墓から発見された腕である。骨は墓盗人によって原位置から動かされていたが、それらの骨は確かにその墓のものであった。なぜなら、疑いもなく第一王朝に属する、金とトルコ石とアメジストで作った四個の腕輪に、骨は囲まれていたからである。この宝石を見てピートリはその腕は婦人のものであろうと推定し、ジェル王の妻のものであろうと、婉曲に述べたが、古代エジプトでは男女両者が宝石をつけたことがわかっているので、これは王自身の腕であった可能性のほうがはるかに大きいと思われる。腕は麻で包まれ、それ自身ミイラ製作の初期の実例として重要であった。しかし、不幸にして、それは到るところで熱狂的な評価を受けたわけではなかった。ピートリは出土品の最後の運命を次のように書いている。

「キベル〔ジェイムズ・キベル、イギリス人、一八六七—一九三五〕が博物館の代表としてやって来たとき、私は腕輪を彼に託してカイロへ送った。その腕——知られている最も古いミイラ化された断片——そして不思議なくらいきれいなリンネル布もまた博物館へ送った。ブルグシュ〔ハインリヒ・ブルグシュ、ドイツ人、一八二七—一八九四〕は陳列のことだけに気をつかった。そこで彼は金の針金を編んでできていた一個の腕輪からその半分を取り去ってしまった。そして腕とリンネル布を投げ捨ててしまった。(1)」

リンネル布で包むやりかたの例は、第二王朝と第三王朝の時代から知られているが、遺体から内臓を取り除くことによって腐敗の問題を解決しようと試みたのはこの時代の終末期においてであった。生《なま》の肉を保存することはできないということが分ったので、エジプト人は死者の外見を生きている時と同じようにしておくために、樹脂にひたした包帯の使用を含む新技術を採用した。包帯は死者の形を再現するために注意深く体にあわせて施された。特別な注意が顔と生殖器に払われた。樹脂が乾くにつれてリンネル布の包帯は形どおりに固まり、乱されないかぎり長いあいだ死者の肉体の外見を保った。遺体そのものは、リンネル布の殼の中で非常に速く分解して、ほとんど全部の組織はゆっくりと酸化して消え去る。あとには一番下の包帯が骨にぴったりくっついて残るのだった。内側の包帯が酸化の過程で黒く炭化しているのはよく見られる。この種の第二王朝の埋葬の例のいくつかがサッカラで見つかっている。その中のある例は包帯で手を八度巻き、胸を一四度巻いていた。包帯を巻かれた遺体は、先王朝時代から引きつづき行われている屈身姿勢で発見され、左側を下にし、小さな木の柩にいれてあった。第三王朝の初期、同様の包みかたが、サッカラの階段ピラミッドの建造者であるジョセル王の遺体を埋葬するのに用いられた。ピラミッドの下の深い穴の底の花崗岩の室の中で、人体の足の一部が発見された。これはおそらくここに埋葬された人のものであり、外見はリンネル布で骨を巻き、注意深く形を整えてあった。この貧弱な遺品が、墓盗人のたびたびの来襲の後に残された唯一の死者の肉体の部分であった。

最初の三王朝の包帯巻きの遺体は、リンネル布の包帯と樹脂の使用以外に何の処理も行われなかったので、真のミイラではない。しかし、第四王朝の開始とともに、柔かい内臓を遺体から取り除き腐敗を防ごうとする慎重な試みが行われた証拠に、われわれは出会う。内臓、とくに肝臓と腸と胃を取り出すと、空になった肉体の中は速く乾燥することができたので、よく保存されることになった。この方法の採用についての証拠の大半は、この時代のミイラがほとんど残っていないので、ミイラの実物からではなくて墓の絵図からきている。内臓が肉体から取り出されるならば、それは必ず墓の中のどこか安全な場所に置いておかねばならない。死者の肉体はあの世でもう一度完全な姿にならねばならないからである。肉体から内臓を離してしまうことは、持続する生活の障害にはならないと考えられていた。なぜなら、呪術の力でそれらは再び一体化すると考えられたからである。保護のためにリンネル布で包まれた内臓をおさめるために、墓室の壁に、特別の窪みが設けられた。それはたいてい南側に作られた。第四王朝の初期に属するメイドムの共同墓地から、このような窪みのある墓の多くの例が知られている。もっとも、ほとんどの場合、窪みの中身は失くなっている。これらは明らかに、第五王朝と第六王朝の時代に墓の中で内臓をおさめるためにきまって使われる同様の窪みの、原形である。メイドムの墓の一つ、ラネフェルという名の貴族の墓では、窪みの中にリンネル布で包まれた内臓がまだ残っていた。これらの包みはどんな種類の容器の保護も受けていなかった。第四王朝の初期には、そのような高尚なものは最高の階級の人にしか手に入らなかったようである。クフの母であるヘテプヘレス王妃のギザの墓には、内部が四つに仕切られた、内臓を入れるためのアラバスターの箱が、あった。それが発見された時、中にはまだ本来の中身があった。すなわちリンネル布に包まれ薄いナトロンの溶液にひたされた内

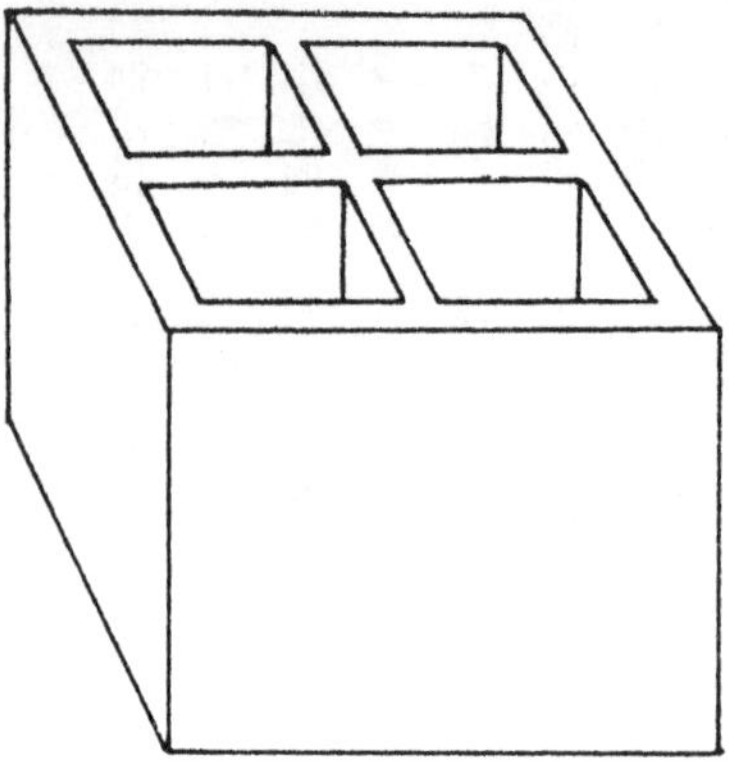

図 5　王妃ヘテプヘレスのアラバスター製カノプス壺

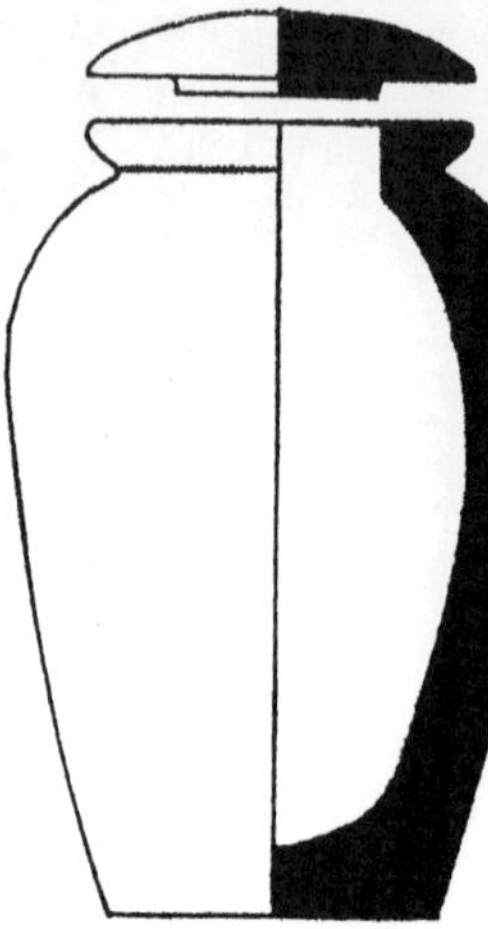

図 6　古王国時代のカノプス壺

臓である（図5）。第五王朝と第六王朝では、内臓を入れる容器の使用は低い階級の人びとにひろがっていった。内臓は石灰岩の壺に入れられ、木の箱におさめられた（図6）。この木の箱をそなえた墓の多くは、墓室の壁に窪みを持たない。箱で保護することで十分であると考えられたからである。しかし、第六王朝のいくつかの墓では、箱は壁龕《へきがん》に置かれた。第四王朝の墓室ではしばしば壁龕のかわりに床に小さな穴が掘られた。メイドムの初期の共同墓地にその四つの実例があり、ギザのクフのピラミッドのまわりの墓にはもっと多く見られる。面白いことに、墓室の中に内臓を置くためにつくられた場所は、壁龕であろうと床の穴であろうと、必ず南東の隅に作られた。その真の意味は明らかではない。

　第四王朝の最初から、かなり多くの墓で、遺体はそれ以前の屈身姿勢と対照的に、伸展姿勢で柩の中におさめられるようになった。この新しい慣習は最初は裕福な人の墓にあらわれ、貧しい人の墓ではまだ屈身姿勢であった。しかし、徐々に伸展姿勢が普及し、標準的な型となった。新しい考えが豊かな階級から貧しいほうにひろがってゆくことは、エジプトの埋葬慣習の発達の通常の形であり、旧式の慣習が裕福な階級の墓では行われなくなってから長い時間がたったのちも貧しい階級の共同墓地ではしばしばつづけられていたというのもそのせいである。屈身姿勢から伸展姿勢への変化は、ミイラ作りにもっと高度な技術が採られたのとまさに直接の関係があったであろう。内臓摘出には、伸展姿勢のほうがずっと簡単であるからだ。この説を裏付けるものとして、伸展遺体が最初にあらわれた富裕階級の墓は、最新のミイラ技術を使用する資力のある人のものであった、ということは指摘しておくに値する。

古王国時代のミイラの内臓摘出は後代の方法と同じように脇腹を切開する方法で実施されたにちがいないが、その点を除けば、古王国時代のミイラの保存性はそれ以前の時代のものとたいして違わなかった。死者の体にあわせて形をつくることのできるのは樹脂に浸したリンネル布で遺体を包むという技術のせいであったが、それはまだ遺体処理の標準的な形だった。いくつかの場合、ミイラの外観を生けるがままに見せるために、顔が細かいところまで緑色顔料――緑は復活につながる色であった――で包帯の上から描かれた。同じ目的で、一番外側の包帯は、衣服の形を出すために裁断することもできた。ギザの岩窟墓室から発見された第六王朝の婦人のミイラは、普通に包帯を巻いた上に長いリンネル布のドレスを着ていた。ドレスは、婦人の彫像に見られるようなV字型の衿で、幅の広い肩紐のついた、その時代の典型的なものであった。この外側の衣服の下に、遺体はたいへんきれいに包帯で巻かれていて、胸の形と体形を再現するために包帯の下に厚い布のパッドが置かれていた。調査の結果、遺体内の内臓は腹部と胸腔内にまだ残っているので、これは真のミイラになっていないことが明らかになった。第四王朝のメイドムのラネフェルのミイラには、もっと精巧な技術が施されていた。すなわち、内臓摘出後の体腔内に、樹脂に漬けたリンネル布が詰められていた。ミイラの外側はその時代の通常のやりかたで処理されていて、遺体は包帯を巻いて形を整えてあり、顔の細部は絵具で描き加えられてあった。この標本は初期のミイラ処理の研究において重要であったのに、不幸にして英国立外科大学にしまってある時に第二次世界大戦の空襲で実質的に破壊されてしまった。ライスナー〔G・A・ライスナー、アメリカ人、一八六七―一九四二〕のギザにおける発掘では、もう一体の同じようなミイラが掘り出された。この例では内臓摘出のために脇腹に切開した部分が処理完了後に樹脂で閉じてあった。

古王国時代のエジプトのミイラ職人の仕事の中で、もっと広く知られている例は、一九六六年にサッカラの墓で発見された第五王朝のミイラである。このミイラは、最古のミイラであると誤って記述されたものであるが、ネフェルという人の名が刻まれた岩窟墓から発見された。しかし、この墓は後に一族の埋葬所として使われ、少くとも一一本の竪穴が加わっているため、この死者の年代決定ははっきりできない。その非常に保存状態のよい男性のミイラは、発見された穴の底の窪みの中で、木の柩に今もおさまっている。それは通常どおりに幾重にもリンネル布で巻かれていたが、ミイラ製作者は布の形を整えるのに、樹脂を用いるかわりに包帯で巻いた外側を石膏で覆った。この仕事は遺体の輪郭を出すために注意深く行われ、とくに頭部は顔の形を忠実に石膏で再現したばかりでなく、古王国の典型的な巻き毛の鬘《かつら》までを形づくった。口髭《ひげ》が上唇の上に絵具で描かれ、リンネル布でできた偽の顎髭が顎につけられていた。樹脂のかわりとして石膏が時どき用いられたことは、またギザで分っていて、ここでは、いくつかの遺体は遺体全体が石膏で覆われており、その他のものは頭部のみ同じ処置を施されていた。後者の方法は生きているのと同じように外見を再生することに重きを置くことを示している。すなわち、完全に石膏あるいは樹脂で形を整えたミイラの場合でさえ、最大の関心は常に頭部にあるということである。古王国のミイラ製作者は、死者自身の肉体を保存することはできなかったが、遺体を効果的に一種の肖像にかえたのであった。その肖像は、それが完全な姿である限り、死者の魂を安住させる住み処となるのであった。

先王朝時代から古王国時代に至る墓の発掘において、時どきいささか驚くべき結果があらわれた。それらは、完全な姿で遺体を残しておくというエジプト人の望みに反するもののように見えるのである。一八九五年、ナカダで発掘のさい、ピートリは遺体が異様なやりかたで処理されている先王朝時代の墓をいくつか調査した。そこでは、骨がいくつかのグループに分けて、ばらばらに置いてあったのである。すなわち、ある場合には、頭蓋骨が他の骨と別に置かれているか、あるいは消失しており、他の場合には前腕の骨が別の所にあった。しかし、もっと激烈な遺体切断の証拠があった。すなわち、肋骨だけの遺体が山と積まれていたり、いろいろな足の骨が平行に置かれているが骨盤とつながっていないという具合であった。時として、骨は埋葬の前に種類ごとに分けたようにも見えた。ピートリはそれを次のように記している。「われわれはT42の墓で遺体の骨がその性質にしたがって分類して置かれているのを見る。足の骨は北の隅に、しっかりと手でひと握りして交叉した形に置いており、肋骨はそのそばにひとかたまりになっている。脊椎は円形に置かれ、腕の骨は墓の中心にある」(2)。これらの特異な配置は墓盗人が目ぼしいものを探している時に墓の中の物を散らした結果ではないということを、ピートリは多くの証拠によって示している。切断された骨の多くの例は、完全な墓から見つかっており、その遺体は壁の窪みの中にまだ封じ込められたままであった。他の墓では、骨はばらばらであるにもかかわらず、副葬品が原位置にあったことから、手つかずであることが分った。いくつかの墓では、遺体は穴の底に横たわり、陶器の壺が本来の秩序を保っていた。

骨の奇妙な置かれかたはいかなる理由によるのであったろうか。ピートリは事実を注意深く説明し、遺体は埋葬前に切断されたにちがいなく、切断の場合は、ただ頭部を切り離すというのから、遺体を完全にばらばらにするというのに至るまで、いろいろに変り得た、と結論した。彼は、遺体の一部分、とくに頭部がしばらくのあいだ死者を思い出させるものとして家族のもとに置かれ、遺体の他の部分より少し遅れて埋葬されたのであろう、と考えた。そして、こう考えることで、頭部と体が墓の中で別々になっていることが説明される、と考えた。頭蓋骨が完全に失われている場合では、おそらく墓の正確な位置が忘れられてしまったために頭部が戻されなかったのであろう、と彼は考えた。もっと複雑な分離を説明するために、ピートリは、いくつかの遺体は完全に分断され、その一部の肉は食べられたのだろう、そうすることが個人の長所を引き継ぐ方法であるという原始的な信仰のゆえに、と述べた。ナカダの一つの墓の骨にはしゃぶったあとがあり、骨髄は抉《えぐ》り出してあったと言われている。

分離埋葬の証拠はさらにゲルザの先王朝時代後期の遺跡から、これまたピートリによって、ジェラルド・ウェインライト〔イギリス人、一八七九―一九六四〕の助けのもとに集められた。ここでも、明らかに荒されていない遺体のさまざまな部分が、とくに足、頭、骨盤が消失しているか、あるいは正常な位置にない、という墓が発見された。分離埋葬の提唱者たちは、死者から肉を取り除く習慣は先王朝時代には広く行われており、その後は時どき行われるようになり、第六王朝までつづいた、と推論した。古王国時代の例はとくに興味ふかい。なぜなら、包まれたミイラ（外見は手がつけられていないように見える）の中で骨がばらばらになっているという証拠が発見されたからである。このことは、遺体の種々の部分が、包帯で包む時すでにばらばらになっていたにちがいないということを、示している。デシャシャの第六王朝時代の、最も目立つ例についてのピートリの記録は、引用に値する。

28号　手首は切断され、胸の上に置かれている。膝頭は遺体の下にあり、足の踝《くるぶし》以下は腹の上にある。すべては内側にあり、完全に包まれている。

78号　踵《かかと》の骨は胸の上にある。腿、臑《すね》、右の前腕（手首から先はない）はともに一包みにされている。腓骨は取り除かれ、その片方は失くなっている。踝以下の足の骨は、先だけを残して、失くなっている。すべて包帯の内側にある。(3)

同様の状況が、メイドムの第三王朝後期あるいは第四王朝初期の墓で発見された。そこでは、骸骨の第一頸椎が上下を逆にして正しい位置に置かれてあった。ウェインライトはこの遺体について多くの点を記述し、リンネル布が関節の中や膝頭の下までもはいりこんでいるように見えることから、包帯で包まれた時に肉は骨からきれいに取り外されていたことを実証した。分離埋葬説の補強資料として、そのような慣習を暗に示していると思われる数節がピラミッド・テキストから選び出され、引用された。この種の呪文の典型的な例は次のとおりである。「目を覚ませ。おお、王よ。起き上がれ。頭を受け取れ。骨を集めよ。埃をふるいおとし、鉄の玉座に座れ……」(4)。しかしながら、身体分離の同様の引用を含んでいるもっと詳細な節を調べると、テキストはほんとうはオシリス伝説と結びついていることが分る。オシリスはその弟セトにより切り刻まれ、最後にイシスによって再生し、ホルスが仇を討つのである。

私のために立って下さい。おお、私の父よ。私のために立って下さい。おお、オシリスとなった王よ。なぜなら、私は御身の息子であり、ホルスであるから。私は御身のために、御身を清め、浄化するために、御身を生き返らせ、御身のために御身の骨を集めまとめるために、御身のために柔かい部分を集め、御身のためにばらばらになった部分を集めるために来た。なぜなら私は父親を守ったホルスであるから(5)。

さて、死んだ王はオシリス神と同一であると見なされたから、セトによる死体切断を含むオシリス伝説の出来事は王にもあてはまった。しかし、このことは王の遺体が同様にばらばらにされなければならないということを意味するのではなかった。そのような経過は、テキストの真の目的とは反対であっただろう。真の目的は、いかなる腐敗や損傷も遺体に及ばないようにするということだったのだから。

おお、王の肉よ。朽ちはてるな。腐るな。いやな臭いを出すな。(6)

オシリスは弟セトに殺された。しかし、ネディトにいる彼は動く。彼の頭はラアにより持ち上げられる。彼は眠ることを嫌い、活動しないことを憎む。それゆえ、王は朽ちはてないであろう。腐らないであろう。王は御身の怒りに呪われることはないであろう。おお、神よ。(7)

私人の墓にもとづいた儀式的な遺体分断の証拠は、ある学者たちから疑問をなげかけられている。彼らは、墓の中が乱れているのは盗掘にあった遺体をその家族がもとに戻した結果であると主張した。この推定は、多くの骨が墓から失われていたり、奇妙な位置にあったりしたことを説明できるであろう。遺体が盗人によって破壊され、骨のうちいくつかがその間に消失した、とすればである。そして、最終的には死者の家族が、残った骨を集め、墓に戻したかもしれない。発掘者にとって、墓が実際は二度目のものであっても、一度も荒されていないように見えるものである。同じ理論をデシャシャとメイドムの、骨が違った位置で包まれていた遺体を説明するのに使うことができる。これらの場合、盗人に放置された残骸から再びミイラを作り、包帯を巻こうという試みがなされたであろう。この説明は申し分ないように思われる。しかし、残念なことに、それには重大な欠点がある。メイドムのマスタバ17号の遺体、ウェインライトによって遺体分断の例として提出されたあの遺体は、石棺が墓の発掘の時に抉《こ》じ開けられているのが発見されたので、二度目の埋葬でないことは確かであった。また、この種の墓は入口通路を持たず、墓室はその上の構造を建てる前に封印されたのであった。墓室は墓の内部の構造をよく知っている何者かに掠奪されたのだ。彼は無理をして押しあけた狭いトンネルを通って中へ入った。そして、その後長いあいだ、その盗掘は発見されなかったようである。いずれにせよ、家族や埋葬祭司が盗人のトンネルから墓へ入らなかったことは確かであろう。トンネルの場所はやがて分らなくなってしまっただろうから。この一つの例について再埋葬の考えがうまく説明できないことから、その提説全体に疑問が出てくる。ただし、遺体分断の明らかな例のいくつかは、この方法で説明することができる。

遺体から肉を取り除いたかどうかについての疑問は、最初の議論の性質によって色がついてしまったので、客観性を欠く傾きがあった。一方では、ピートリとその助手たちが私人の墓から証拠を提出して、遺体分断が儀式であったことを証明しようとして全力をつくした。エリオット・スミス〔オーストラリア人、一八七一—一九三七〕によって率いられる反対派は、ミイラの解剖による調査や、再埋葬の理論を掲げて、このピートリらの考えを倒すべく奮闘した。問題の一部は、論争が初期 early period に関するものであるという事実から発している。なぜなら、「初期」'early' と「原始的」'primitive' を同一視し、すべての問題を儀式で説明しようとする傾向があるからである。末期王朝時代やグレコ・ロマン時代の包まれたミイラの多くは、骨が違った位置にあったり、完全に失くなっていたりして、包帯の中で著しく乱雑になっているのであるが、これらの遺体が儀式に則って切断されたのだと言う人はまだ一人もいない。普通それらは、ミイラ工房の不注意の例や、あるいは包まれる前にすでに腐敗が進んでいた遺体の例として説明されているのである。この説明が末期王朝時代のミイラについて十分であるならば、どの時代のばらばらの遺体についてもそれが適応できないという理由はないのである。

エジプトのミイラ職人は義務に関して常に完全に良心的であったわけではない。ことに、先立った愛する者の遺体が、外側の包帯のきれいな外観と同じようにきちんと整えられているかどうかを調べる方法を遺族がもたない時に、そうであった。先王朝時代の墓の場合には、われわれはミイラ職人を非難することはできない。それらの埋葬は、ミイラ製作技術の発達以前の時代に属しているのだから。しかし骨の分離が墓盗人の活動のせいであったかもしれないという可能性はある。彼らは墓への侵入手段の跡をほとんど残さなかったので、発掘者たちはそれを見落したのであった。いくつかの地域の初期の共同墓地を調査すると、墓はしばしば屋根か横壁を切ってつくった内側へ通じる穴から盗掘にあっている。その穴は、片手を入れて中の目ぼしい物を探して引っかきまわすのに十分なだけの大きさだった。

古王国時代には、ミイラにすることとの効果についての改良は限られたものであって、内臓の摘出ということがただ一つの主なる進歩であったが、埋葬する場所の準備のほうは急速に進んだ。垂直の深い竪坑、岩窟の墓室、重たい石棺などは、古王国時代の富裕な葬送記念物の特徴である。この時代の輝かしい技術の達成の例は失われていない。とくにピラミッド建設に関して、そうである。しかし、それらのすばらしい墓の中で休むべき遺体の保存は、この時代の技術ではまだできないのであった。

第三章　死者のための用意

エジプトの墓の発展における重要な要素は、あの世で死者が引きつづき使う品物のための貯蔵スペースを用意する必要があるということであった。先王朝時代文化の小さな墓では、これはたいして問題ではなかった。なぜなら、埋葬用贈品は数において限られており、主として陶製の容器であり、ほかにフリントの道具とか粘板岩の化粧パレットとかのわずかな小品を伴っているだけであったから。それらの品々は、地味なサイズの墓穴の中におさめ、ただ一つの室の中で、遺体のまわりに集めて置くということが容易にできるのであった（図3）。しかし、国の統一につづいて国民の各層で富が大いに増えたために、埋葬備品として欲する物の量がこれに対応して増えるに至り、かくして、上部構造に特別の貯蔵室を持つはるかに大きい墓室の発展をもたらした。これらの記念物は日干の泥煉瓦で築かれ、設計は長方形であった。それらはほぼ高さ六メートルで、煉瓦工作物によるこみいった壁龕《へきがん》で飾られ、もともとは明るい彩色の図案で覆われていた（写真5）。図案はナイル流域の最初の建築材であった葦の莚の写しから出ていた。このタイプの墓は、後の時代の他の同じような長方形上部構造とともに、普通マスタバと記される。エジプトの現代の村々のアラブ人住家の戸外に見られる低いベンチ（アラブ語でマスタバ）に似ていることによってである。第一王朝の富者のマスタバは埋葬贈品貯蔵のための非常に多くの倉庫をそなえていた。この種の墓の、知られている最初のものは普通、上エジプトのナカダにある王妃ネイトホテプのものとされている。この墓は、玄室そのものを別にして、上部構造に二〇の室をもっている。サッカラの墓三三五七号はホル・アハの時代のものとされ、したがってナカダのマスタバよりわずかに後の時代となるが、ここには地表レベルより上に二七の室が、地下構造にさらに四つの室をそなえている。玄室とそのまわりの諸室を、岩床の中に沈めること——ナカダでは使われていない方法——によって、相当な余裕スペースが得られるのであった。地下構造の諸室は、木によって、また真上にある上部構造によって、屋根をつけられた（図7）。この形は第一王朝中葉に至るまでサッカラでマスタバの標準となり、それぞれの墓は上部の倉庫のほかに、下部構造にいくつかの倉庫をもつ。墓の中の貯蔵スペースの大小は墓の主の富の程度に左右された。サッカラの墓の中の二つは、それぞれ地上に四五の倉庫をそなえ、厖大な量の埋葬備品のためにスペースを与えている。埋葬物の豊かさについてのいくらかのイメージは、古代における度重なる掠奪にもかかわらず、墓の発掘によって得られた美しい品々の数によって与えられる。銅の器と道具、石の器と陶製の器、木製と象牙製の家具調度品、武器、化粧用品、遊戯板などのすべてが墓の主につきそってあの世に入った。この巨大な富はわずかな人びとにのみ使うことのできるものであった。一方、厖大な数の小さな墓があり、階級の低い役人の中級サイズのマスタバから貧者の小さい墓に至るまでさまざまであった。後者の墓の場合、先王朝時代末期の埋葬所とほとんど違いはなかった。しかし、すべての社会レベルに共通の特徴は、墓のために能うかぎりの最上の用意をし

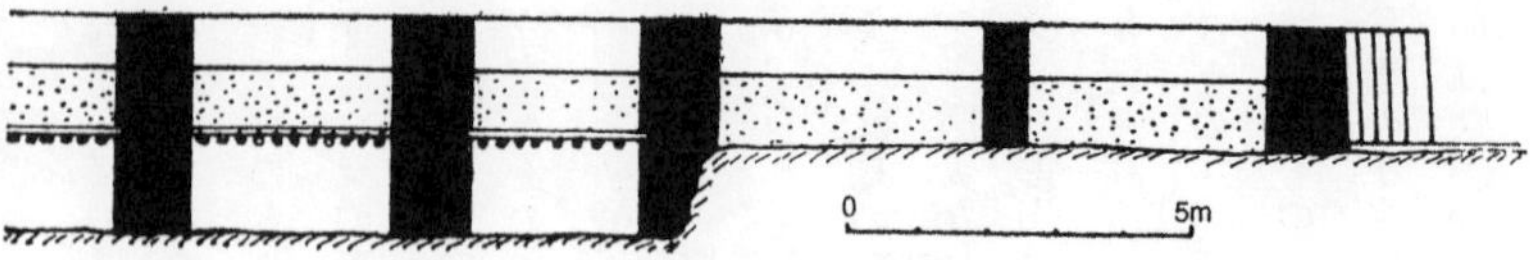

たいと望むことであった。この気持ちは古代エジプト全期を貫いて持続した。

豊かなマスタバの中に大量の品物を貯蔵するという問題は上部構造における倉庫の発達によって解決されたが、それは大量の価値ある品をおさめるのに理想的な場所ではなかった。倉庫は掠奪者にとって余りに近づきやすく、それゆえに倉庫の数は第一王朝中葉以後、極端に減った。上部倉庫が、岩床内に掘られた地下倉庫によって取ってかわられたからである。この傾向は第二王朝までつづいた。第二王朝期には、非常に大きな下部構造が作られ、多くの側廊をもつ長い通廊がその下部構造を形成した（図8）。マスタバの下部構造は今や完全に堅固なものとなった。それは普通は煉瓦造りの殻の中に砂礫を埋めることによって造られた。自分の持ちものをすべてあの世へ持ってゆくという考えは後期よりも初期王朝時代に、とくに王者ではない私人の場合に文字どおりに実践された、ということを示すいくらかの証拠がある。たとえば新王国時代の裕福な貴族は古拙時代の大形マスタバに比べると、はるかに制限された設備をもっていただけである。墓のための備品の量が減ったことについての、ありそうな理由は、実物の代用品が小形模型あるいは単なる彩色画という形でいよいよ多く用いられるようになったということである。さらにまた、初期王朝時代の墓の埋葬備品の中に含まれた品目の多くのものは、徐々に旧式のものとなり使用されなくなるという種類のものであった。石の容器の厖大な数はこのよ

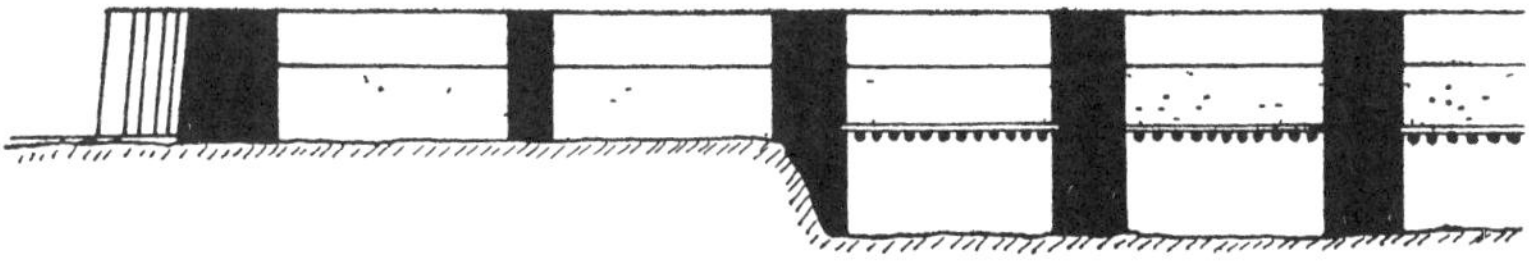

図 7　第 1 王朝初期の大型マスタバの断面図（W. B. エマリによる）

うな経過の一つの例である。石の容器は初期王朝時代の標準的墓室調度品の大半を占めていたのであるが、第二王朝末期に轆轤《ろくろ》製土器の導入とともに石の容器は日常目的には余分のものとなり、わずかに墓に残るだけとなった。埋葬備品の伝統的要素となっているからだった。そういう備品として、石の容器は、ある量のものが、王墓のために第六王朝に至るまで引きつづき造られるが、造られる容器の数と形の種類は第三王朝以後急速に減っていった。私人の墓では、堅い石の容器はクフの時代には非常にまれになっていて、小形の壺とアラバスターの模型に取ってかわられていた。このように墓から石の容器が消えたことは、墓の埋葬品の嵩《かさ》を大いに減らした。とくに王墓においてそうだった。初期王朝時代の墓の石の容器のために必要としたスペースの大きさについてのいくらかのイメージは、ジョセルの階段ピラミ

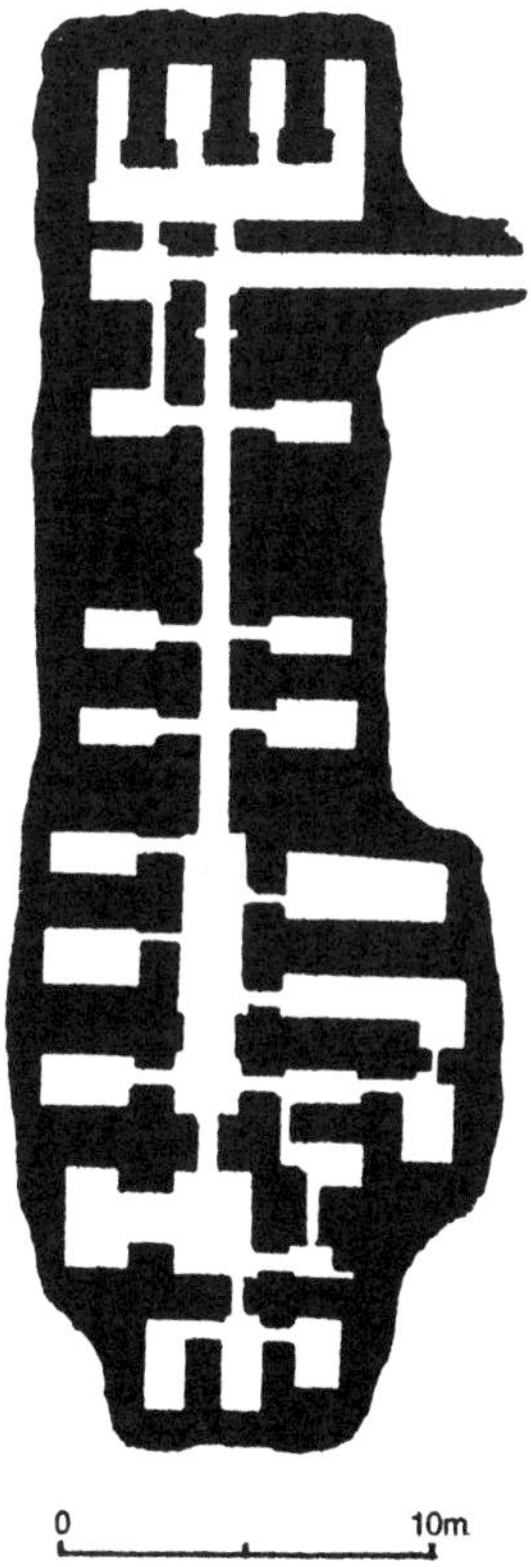

図 8　第 2 王朝の墓の下部構造の平面図（J. E. キベルによる）

ッドの通廊から約四万個の壺が引きだされ、それでも全部ではない、という事実を見るときに得られる。その後の諸王の墓は大量の金製品をはじめもっと豪華な品々をおさめていたかもしれない。しかし初期王朝時代の墓の埋葬品の数という点では、右の数をこえるものは後にはない。

死者のために用意した物の非常に重要な部分は、飲食物を実際に供えることであった。死者は生きつづけるためにこれらの飲食物を必要とし、そのあと墓で他のすべてのものを所有することができるのであった。供物食糧の最も広く行きわたったタイプの一つは、牛肉の選りぬきの部分を供えることであった。もっとも、次第に、この動物の頭と前肢だけを供えることが慣わしとなった。第一王朝に属するサッカラのマスタバ三一一一号では、いくつもの室の中の一つは肉貯蔵のために捧げられている。この場合、肋骨から切りとった大形の塊であった。同じ時代の同じような残存物がヘルワンの墓三八五H4号で見つかっているが、ここでは二個の大形フリント製ナイフが肉と一緒に倉庫におさめてあった。これら二つの場所における他のマスタバは煉瓦造りの倉庫をもっていた。それらの倉庫は、円形であって中身を詰めるために頂上部に一つの開口部を、穀物を出すために基底部近くに一つの穴をもっていた（図9）。気分を爽快にする飲みものが墓に欠けていることはなかった。なぜなら、墓は葡萄酒の詰まった壺を大量にもっていたからである。これらの壺のそれぞれは王名または官職名を記した粘土のストッパーで閉じてあった。初期王朝時代のエジプトの行政についてわれわれの持っている知識の多くが葡萄酒の封印から来ているというのは皮肉なことである。時どき、とくに後期のマスタバでは、壺は泥だけをおさめていた。正当な中身が欠けていることは、封印した壺は正当な中身がみたされているのと同じ目的を呪術的に達するという信仰によるものであった。第二王朝期には、食物と飲物の供給は完全な食事の形をとるに至り、入念に墓の中で石と陶器の皿の上に用意するのであった。このような食事の一例（写真6）がサッカラのある墓で発見されているが、これは次のようなメニューのものである。

一塊りのパン
すりつぶした大麦で作った粥
一匹の料理した魚
鳩のシチュー
一羽の料理したウズラ
二個の料理した腎臓

図9 サッカラの墓3038号にある煉瓦製穀物倉庫の断面図(W. B. エマリによる)

右のほかに二つの品目が挙げられていたが、それが何であるかは確定できなかった。明らかに死者は、墓の中にこの種の飲食物をもつことによって飢えることのないようにと意図したのであった。死者はこのような食事は永遠に楽しむことができるのであったが、供物が破壊されるとき、あるいは供物が墓から持ち出されるときにだけ、死者は食物の恩恵を拒まれるのであった。食糧が実際に消費されることは決してなかったのであって、このことは、墓の主の霊が呪術的手段によって生命維持に必要なものを獲得することができるようにするために、常に食糧を墓の中で利用できるようにしておいたということを意味する。後期においては、供物の食糧は単純化されるか、あるいは呪術的代用品で置きかえられた。しかし、古王国時代の墓は、基本的には牛の頭と前肢を供給されることが多く、それらの品々は玄室そのものの中に、あるいはすぐ外側の竪穴の中に置かれた。

食糧の形をとらない供物は埋葬用のみの特別の品目となることもでき、あるいは墓の主があの世に持って行きたいと望む日常生活用品となることもできた。埋葬品を完全に揃えることは費用のかかるものであって、裕福な私人と王家のみに可能なことであった。古拙時代の墓の中の品物の大半は特別に埋葬用に作られたにちがいない。もっとも、いくつかの品々、とくに装身具のような個人的性格のつよいものはもちろん存命中に使われたものであった。ある品々は、その状態によって、墓におさめるより前に大いに使われたことを明示している。たとえば、アビドスの小さな墓で発見されて今は大英博物館にはいっている象牙製ライオン形の賭事《ばくち》用具は、よく使われたので、指の中で触れる側面は擦れて滑らかになっている。その正反対は、墓の場所で品物が作られて埋葬体と一緒におさめられ、封印されるという場合である。これは、メイドムの第四王朝初期の墓のフリント製道具のような、機能的というよりは慣習的なものとなった品物のときにとくに見られることだった。いくつかの場合には、これらのフリント製刀身をあわせると、それらの作られた母体である石核ができあがる。これは、それらのフリント製刀身が墓のそばで作られたという状況を外してはあり得ないことである。同じように、サッカラのマスタバ三五〇五号で見つかったフリント製削り具の場合は、製作中にこわれたためにその断片が墓の中に残されたのである。

埋葬品の準備あるいは搬入の模様は、テーベの新王国時代の墓の壁面に図示されていて、この時代における私人の墓のために用意された品々の種類について、いくらかのイメージを与えてくれる。新王国時代の裕福な者の墓が無傷で発見されるのはまれなことなので、これは幸運である。もっとも、これらの裕福な者の墓からでなくては出てこないはずの種々の品物が、各地の博物館にちらばって入っている。埋葬品の大半は家具調度品——箱、椅子、寝台および類似の品々——であったが、化粧用品、玩具、楽器、道具、武器もまた墓から出たことが知られている。大量の特製品を含むもっと入念な用意は新王国時代の墓にあらわれている。これはツタンカーメンの墓の埋葬品の大集合体に明示されている。ここでもまた、埋葬目的のためだけに作られた品物が王の個人的な物のいくつかと一緒に見つかっている。しかし、ツタンカーメンの家具調度品は、その豪華さにもかかわらず、新王国時代の大王たちに属したにちがいないものに比べるとはるかに劣っていたであろう。新王国時代より後の時代になると、王墓におさめる品物の量は減らされ、小さい品々が重視された。タニスの第二一王朝と第二二王朝の王墓は、多くの非常に美しい装身具および同類の品々をおさめていたが、ツタンカーメンの墓の場合のような嵩《かさ》ばる鍍金家具調度品も鍍金戦車も含まれていなかった。

埋葬体と副葬品の実際の安置のさいは、いかなる時代においても、ある礼式が不可分であり、その礼式は墓のすぐ外で行われた。これらの礼式についてわれわれのもっている知識は新王国時代に関してが最も多い。なぜなら、この時代の墓の図像は何がおきたかを正確に示しているから。とはいえ、同じような行事はすでに古王国時代およびそれより古い時代に行われていた。遺体の墓への移送は礼式行列という形をとり、行列は普通はナイルの東岸にはじまり、船でナイルを渡り、西岸の墓地に向った。上陸すると、遺体は祭殿に覆われた橇の上に乗せられ、橇は牛に曳かれて墓そのものに向い、第二の橇は内臓をおさめた箱を運んだ（写真7）。ミイラのそばに二人の女性が立ち、「神聖葬送者」であるイシスとネフチスに扮していた。行列に加わる人びとの正確な順序は墓の図像によってちがっているが、普通は同じような要素があらわれている。すなわち、多くは親族であるというよりはむしろ傭われた職業人で構成されている泣き女の群、テキストに「九人の友」として言及されているところの九人の役人の隊、および副葬品を運ぶ数人の召使いである。橇は数人の男によって先導された。彼らの中のある者は泣き男であり、他の者は祭司として行動した。後者の中の一人は香を焚き、行列が進むのに応じて洗浄のミルクをまいた。この場面の生き生きした描写が同時代の一銘文によってわれわれに与えられている。

みごとな埋葬体が平和のうちに到着する。御身の七〇日はミイラ製作の場において完了し、棺台に乗せられ……若い牡牛に曳かれ、御身が御身の墓の入口に達するまで、道はミルクによって開かれる。御身の子らはすべて、こぞって愛する心をもって涙を流す。御身の口は読経祭司によって開かれ、御身の浄化はセム祭司によって執り行われる。ホルスは御身のために御身の口を整え、御身のために御身の眼と耳を開き、御身の肉と骨は御身に属するものすべての中で完全になっている。呪文と讃美が御身のために誦えられる。御身のために陛下の「御下賜供物」がつくられ、御身自身の心、御身の地上の生活の心は御身とともにあり、御身は、御身の生れた日のように、御身の以前の状態にはいった。御身のもとに、「御身の愛する息子」が到着し、廷臣は恭順を示している。〔御身は〕王から与えられた土地に、西の墓所に、……はいる。(1)

このテキストの一部は墓に着いたさいに行われる儀式に触れている。ここでは、棺台はムウという名称で知られる礼式踊り手と読経祭司に迎えられ、読経祭司は死者をたたえて埋葬呪文のパピルスの一部を朗誦する。さて、こんどは全埋葬儀礼の中の最重要なもの、「開口の儀」と呼ばれるものが執り行われる。この儀式の目的はミイラに言語と視力と聴力を取りもどさせること、要言すれば、死者の死後の生活のために生命を呪術によって取りもどさせること、にある。この儀式はきわめて古いものであって、普通は死者の彫像に向って行われたのであるが、第一八王朝から後は彫像のかわりに実際のミイラを用いることが習慣になった。遺体は、その人型の箱にはいったままで、一人の祭司によって墓の入口に立てられる。そのさい、祭司はジャッカルの頭部をかたどった仮面をかぶってアヌビス神の化身となっている。セム祭司と「彼の愛する息子」と呼ばれる二人の別の祭司が、さまざまの礼式道具をもって――その中には手斧《ちょうな》、鑿《のみ》ようの道具、他の護符の品々が含まれる――ミイラの口に触れ、そのことによって感覚を取りもどさせるのであった（写真8）。全体の儀式はきわめて複雑だったのであるが、しばしば古代の図像では短縮形でしか示されておらず、そこに「彼の愛する息子」による手斧の差出しの図がそれぞれの区画のために特別に描かれている。次の段階は衣類、香油、香料を供えることであり、これにつづいて食糧の供物を捧げた。最後に、祭司団提供の全員参加の葬宴があり、その間、祭司団の一人は供物経文を誦えた。この食事に含まれるさまざまの食品のリストは墓の壁面の銘文に記された。ひとたびミイラが玄室に安置されるや、礼式はおわり、すべての足跡が消されたのち、封印された。

裕福なエジプト人の埋葬にさいしての礼式は右のごとくであったが、疑いなく標準的礼式は多くの場合に著しく簡略化された。さきに述べたように、われわれの知識の多くは墓の図像を基礎にしているが、それらの図像はそうしたいと意図したものを示しているのであって、実際にそうあったものを必ずしも示しているわけではない。描かれているすべての礼式が必ずしも執り行われたわけではなかった。とくに墓室画自体が実際の儀式のかわりを呪術的に果すことができるので、そうであった。このことは、埋葬儀式とオシリス伝説を結びつける神秘礼式を描くこと、すなわちアビドスと他の重要中心地への船旅を描くことを採りいれたことに示されている。しかし、この船旅が実際に行われることはほとんどあり得なかった。埋葬信仰においては、本来の目的が忘れられてからのちも伝統は長いあいだ残存する傾向があり、新王国時代の礼式のかなりの部分は古い時代の習慣の保存であることを示している。私人の埋葬礼式は古王国時代の王の儀式を引きつぐものであって、多くの影響が残った。たとえば、新王国時代の墓の副葬品の中に示される品々のいくつかは、私人の墓にはいるべくもない王の贅沢品の品目であった。同じように、埋葬行列に加わる役人の肩書きは、もともとは王の埋葬行事のメンバーに用いられた古風な用語であり、私人の埋葬における事情を正確に描いているのではない。私人の埋葬では、会葬者は死者の親族または傭われた会葬者だったのであるから、古王国時代においては、死せる王のみがオシリスと同一視され、埋葬礼式はこの同一視にしたがうために組みたてられていた。「開口の儀」自体も、ホルスが父オシリスのために初めて執り行ったものと言われていた。このことは「彼の愛する息子」という祭司の称号に結びついている。なぜなら、「息子」とはホルスのことであり、祭司はこのホルスをあらわしていたのだから。さて、ホルスはオシリスの一人息子ではなかったが、古典的な意味の彼の継承者であり、父の殺害者に仇討《あだうち》をし、オシリスが前に持っていた王権を握るのであった。したがって、エジプト人は、個人の埋葬礼式を執り行う責任者はそのことによって継承者としての権利を確立すると信じていた。なぜなら、彼はホルスの役割を果すからであった。この信仰の一表現は一人の男とその魂との対話を記した興味ふかい古代のテキストに見出される。「わが魂よ、わがきょうだいよ、継承者があらわれるときまで忍耐づよくあれ。彼は供物を捧げ、埋葬の日に墓に立ち……するであろう」(2)。これは継承権の原則に影響を及ぼし、一人の息子は、父の埋葬礼式を執り行うことによって、父の財産を継承する権利を確証するということが一般に認められるようになった。もし一人の息子が責任を金で傭った祭司にまかせるという方法を選んだとしても、このことは彼の権利に影響をもつことはなかった。なぜなら、彼は依然として正当な埋葬儀式のための資金を提供していたからである。王の埋葬の場合、習慣が最も重要な影響力をもっていた。なぜなら、理論的に、王の埋葬の世話をした者はそのことによって王位に対する権利を取得するからであった。したがって、すべての新しい王は、先王の埋葬の用意を整え、オシリスの埋葬をしてその継承権を受けたホルスの役を果そうと、心を砕いた。王位に対する弱い請求権もこの方法で強化し得るのであった。この理由のゆえにアイは、ツタンカーメンの墓に、死せる王のために開口の儀式を執り行う自分自身を描かせたのである。

死者の親族、とりわけ長子は、死者の持続する幸福のために食糧を整えることを期待された。埋葬のさいに墓に供物を置くということだけでは十分ではなかった。規則的な飲食物の持ちこみによって墓の中の食糧に補充をしなければならなかった。実際には、この骨の折れる仕事は埋葬祭司団のスタッフに委せることもできた。もっとも、供物持参者として墓のレリーフと画にあらわれるのは、あくまでも死者の息子である。中王国時代から、埋葬祭儀と近くの神殿の祭儀とを一体化することが可能になり、食糧の供物は神殿内の死者彫像に捧げられた。この工夫は祭儀をより恒久的にするのに役立った。なぜなら、祭司は供物を届けるのに、墓までの長い旅を強いられなくなったからである。この問題についてのいくつかの法的契約がアシウトのヘプゼフィという男と地域神殿祭司団とのあいだに結ばれていて、これは祭司団が死者に供える贈りものと、その奉仕に対して祭司団が受ける支払いとを記している。これらの契約の一つから抜粋すると次のとおりである。

伯爵、祭司団監督者、正しき者、ヘプゼフィがアシウトの主ウプワエト〔死者の神〕の神殿職員団とのあいだに結んだ契約。すなわち、職員団の各メンバーは葬祭祭司の経費によって、氾濫の第一月、新年の一日、に、白いパンをヘプゼフィに供える。そのさい、灯火が神殿にともされたあと、神殿が神殿の主に捧げられる。また、職員団は歩み進んで神殿の北隅に達し、灯火をともす日に貴族を賞讃するときと同じことをする。このことに関してヘプゼフィが彼らに与えるものは次のとおり。領地のすべての畑から出る北の大麦を、伯爵の領地の最初の収穫の中から一ヘカトを。これは、アシウトのすべての平民がそれぞれの収穫の最初のものから差し出す。(3)

日常の食糧供物の提出は一連の礼式の形をとったが、これまた古王国時代の王の葬祭儀礼から出ているものであった。本来の形では、それは多くの段階を含んでいて、そのすべてが古王国時代の王の葬祭殿で執り行われ、礼式の部はたぶん王の彫像の前で演じられた。彫像は儀礼に則って洗われ、香料によって浄められ、ついで生命賦与のための開口の儀の礼式が行われた。そのあと、小規模の食事が出され、ついで、彫像は化粧品を塗られ、王の晴着がきせられた。こんどは大がかりな御馳走が出され、その個々の内容がピラミッド・テキストにリストとして記されている。この供物のリストは私人の墓で模写された。もっとも、礼式は大幅に簡略化された。多くの墓がそれぞれ固有の祭司団をもっていた古王国時代と中王国時代においては、供物の礼式経文はきまった間隔を置いて墓の祭殿で朗誦されたかもしれない。そのさい、実際の献贈食糧は数において限られたものであるか、あるいは全く欠けていたかもしれない。新王国時代には、手順はたぶんずっと簡略化され、供物経文を場合によって朗誦することと小さな献贈食糧品を提出することだけになっていた。死者の日常必要品を提供しなければならぬということは、生きている者のがわに巨大な負担であった。こうして、墓への供物提供は次第に無視され、ついに断絶するというのは避けられないことであった。

墓に食糧供物を提供しなければならぬということは墓そのものの変化に深い影響を及ぼした。なぜなら、埋葬所の機能と祭司の奉仕する葬祭殿の機能とを一体化しなければならなかったからである。最も古い時代には、最初の配慮は供物が正しい場所に運ばれるために墓の位置に目印をつけることであっただろう。先王朝時代の小さな埋葬所はたぶん低い瓦礫の塚で覆われていて、そのかたわらに簡単な供物を置くことができた。少しあとの、第一王朝開始期になると、墓に隣接する特別の区域がいかにして供物場所をかこむための低い壁で囲まれるに至ったかが、タルカンのいくつかの小形マスタバによって例証されており、陶製の壺が実際にこれらの原始的祭壇の中とまわりで発見されている。第一王朝そのものにはいると、もっと入念な設備が見られ、アビドスの王墓では、囲みをそなえていて屋根のない祭壇が碑板によって目印をつけられており、貴族の大形マスタバは特別の供物龕《がん》をもっている。この龕は単にこれらの墓の正面を飾っていた窪みの一つであり、墓の東南端近くに位置し、供物所として機能させるために選び出されたのである。タルカンの二つのマスタバはこの窪みの中に木製の戸をそなえており、他の窪みよりも重要性の高いことを示している。第二王朝になるとマスタバは単純化され、無装飾の壁で築かれた。例外は東面の両端にある一つずつの窪みであった（図10）。南の龕は実際の供物所であり、北の窪みはシンメトリーとして設けられたものである。あとに来る一章でもっと詳細に論ずることにしている墓の持続的発展とともに、供物龕は次第に上部構造に深くひろがってゆき、ついに本来の龕は室の複雑な組合せにはいる戸口以外のものではなくなるに至った（図11）。この傾向は持続して古王国

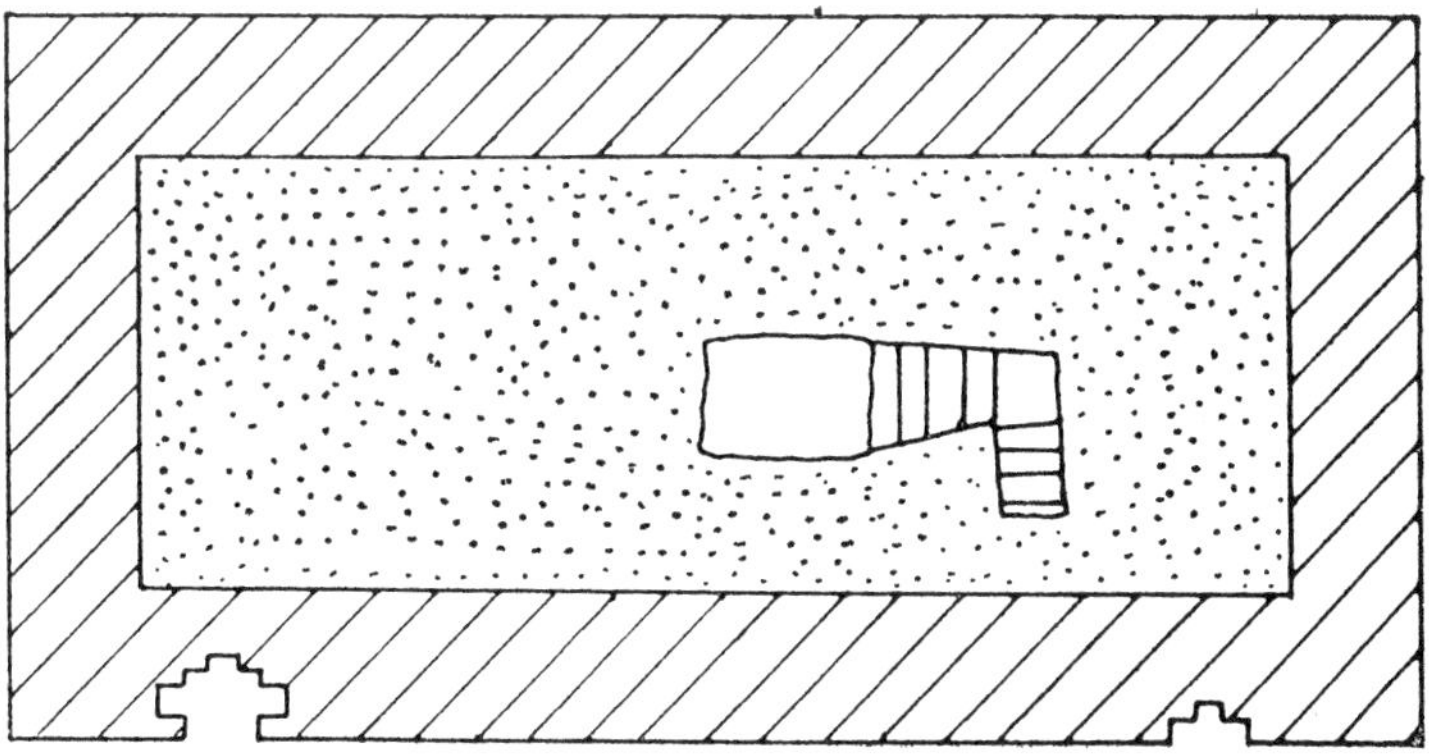

図 10 第2王朝期の典型的マスタバの平面図。

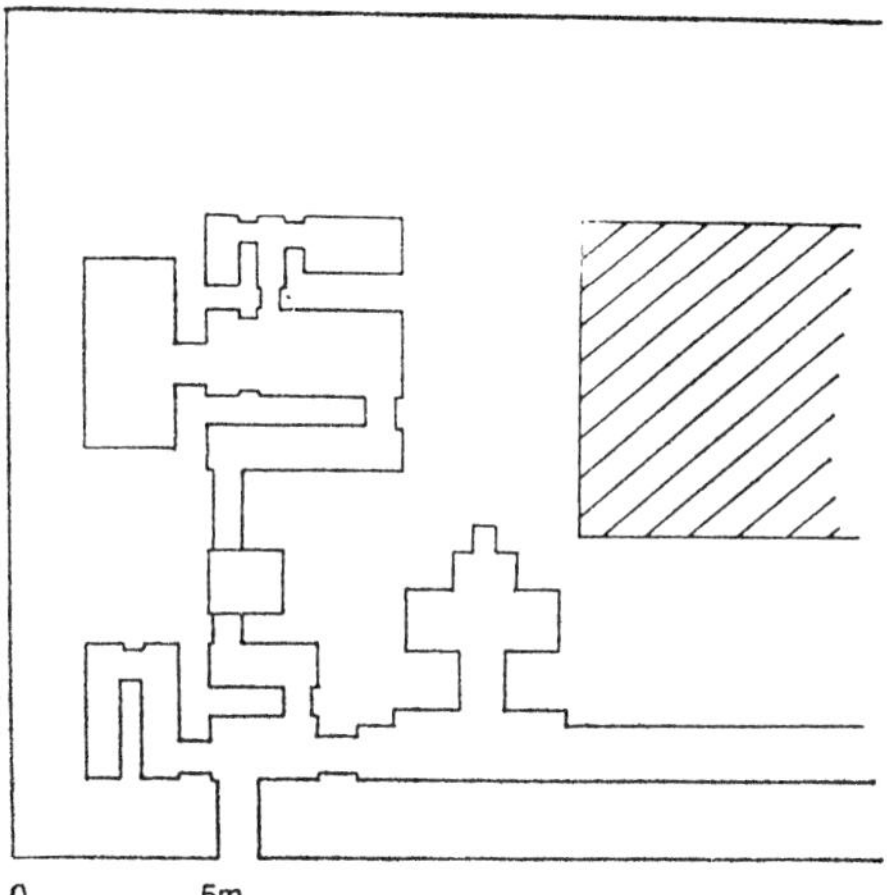

図 11 サッカラの墓3518号にある供物祭殿の平面図
（W. B. エマリによる）

時代の石造マスタバにいたり、第六王朝で頂点に達した。第六王朝期には、事実上、上部構造の全体が内部の諸室を包み、すべての室が供物祭壇の部分を形成した。実際、上部構造は祭壇以外の何ものでもないようになり、玄室はその下の岩床の中にそれ自体の場所をもっている。地上の祭壇と地下の玄室とのこの分離は、古代エジプトの墓の発展史の全体を貫いて存在する。岩窟墓においてさえ、玄室へは竪坑を降りることによって、あるいは岩床の中にはいる傾斜通廊を降りることによって、常にはいることができた。

祭壇の中心は碑板であり、碑板の前で供物儀礼が演じられた。碑板は普通、石に彫られた模造扉の形をとった。そこでこれはエジプト学者に通常は「偽扉」という用語で知られている(写真9)。それは完全に堅固なものであるが、エジプト学者たちは、死者の霊のために真の扉として機能し、死者の霊が思いのままに埋葬室を離れて祭壇の供物を受けとるのを可能にしただろうと信じた。偽扉自体は標準的な供物経文をそなえており、多くの場合は、墓の主が食糧を積み重ねたテーブルの前に腰かけている図をそなえている。供物室と偽扉の位置は下の玄室の位置と関係していて、多くの場合、柩にはいった遺体は祭壇の床のすぐ下に横たわっていた(図12)。

エジプト人の信仰では、死者の霊の形態に二つあって、それぞれカア、バアと呼ばれた。前者は墓の中に、あるいはもっと的確にいえばミイラとなった遺体の中に住んだ。死者が埋葬供物を受けとるのはこの形においてだった。習慣的な供物経文はこれを反映しており、たとえば「一千個のパンとビール壺、および死者のカアのためにすべての良くて清浄なもの」という文章がこれに関係する人の名を伴っ

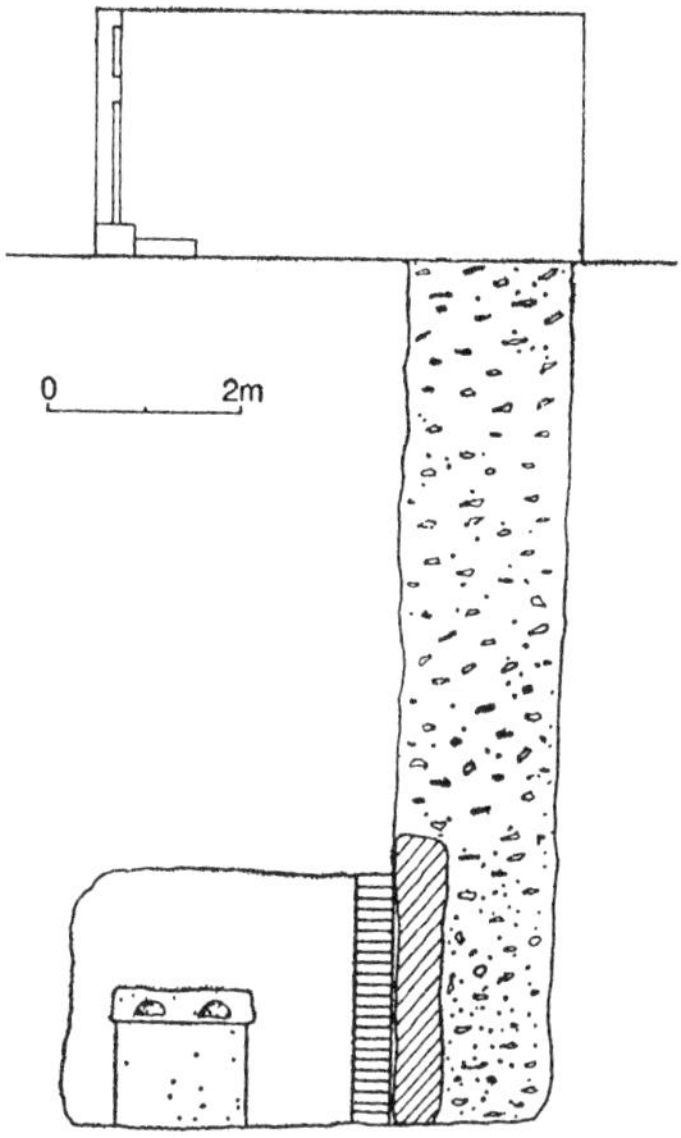

図 12　古王国時代の供物祭殿と
埋葬室の関係立置図

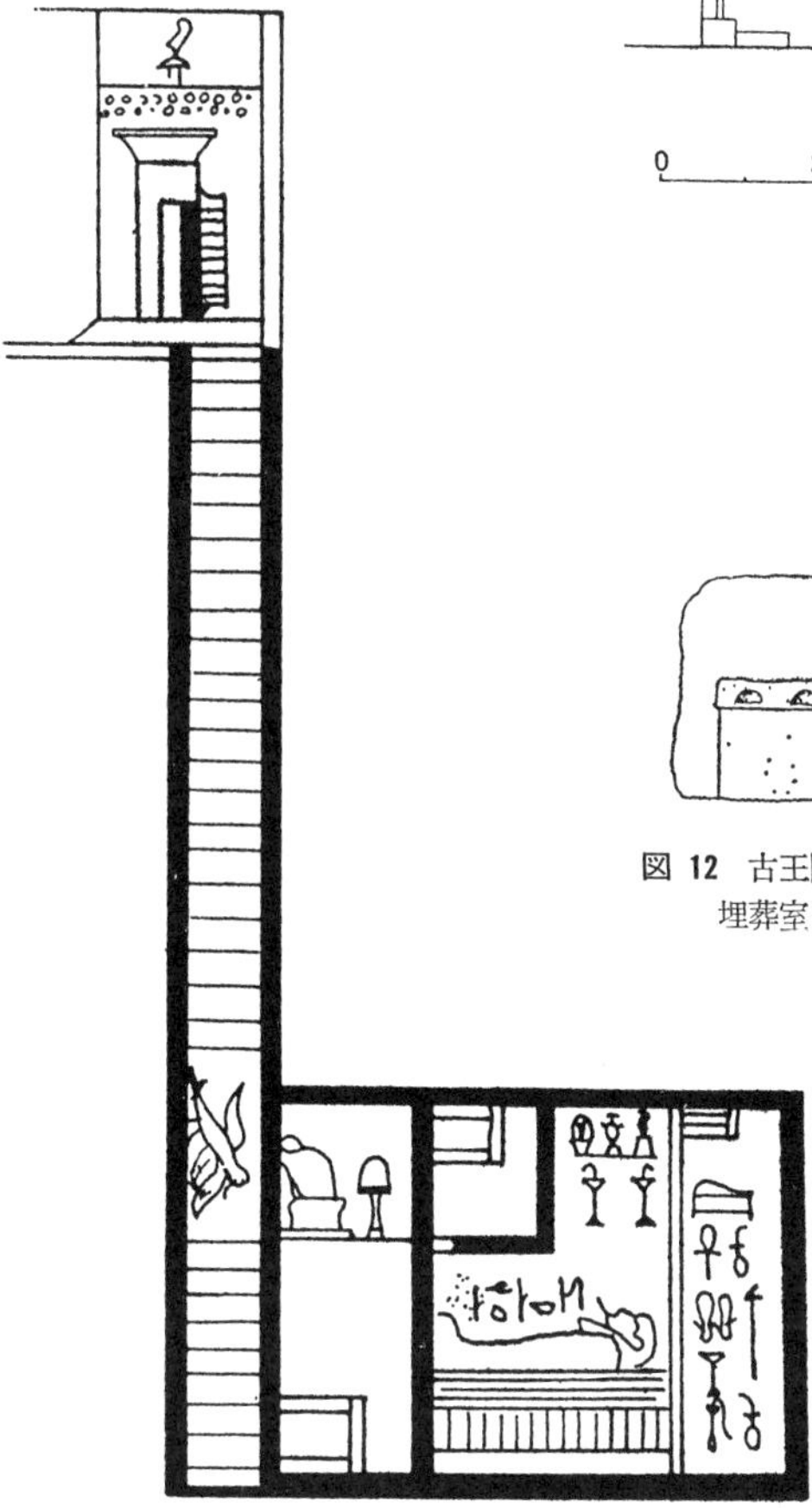

図 13　墓の竪穴を降るバア（A.バダウィによる）

ている。カアは個人の生命力をあらわしたと思われる。それは個人の誕生のときに創造され、彼の生存中を通じて彼とともにあり、ついで墓の中で生きるのであった。死者は時どき「カアのもとに行った者」として言及され、墓の祭壇は「カアの家」と呼ばれることもあった。普通の人はただ一つのカアを持つだけだったが、神と王はいくつかのカアを持った。別の霊的表現であるバアは、人間の顔をもつ鳥として表現されている。それは死のときに肉体を去り、日中は墓の外に出て自由に旅するが、夜は帰ってきてミイラの中に住むのであった(図13)。

死者が地下の室から出てくる生き生きした表現はギザのイズのマスタバに見出される。そこでは、墓の主の上半身肖像が偽扉の基底部で大地から立ちあがってくるかのように示されている。古王国時代とそのあとの時代のものである別の二つの墓では、慣例的な偽扉は中央の窪みの中に死者の彫像をおさめたタイプのものに取ってかわられている。このやりかたで彫像は玄室と祭壇とのあいだを連結するものとして働いた。なぜなら、カアは地下のミイラの中にも上部構造の彫像にも住むことができるのであったから。死者の肖像の中にも肉体そのものの中にも住むことができるというカアの能力は、あり得べきミイラの破壊ということに対抗する防衛措置として利用された。墓の主の彫像をおさめるために、特別の封印した室が古王国時代のマスタバの中に築かれた。それは石工作物によって完全に閉じこめられて、見られることのないように隠されていた。この彫像はミイラの代用として役立つように意図されていた。万一ミイラが何かの事件によって破壊されるようなことがあるとしても、カアは生きつづけ、供物食糧を受けとり、個人の永遠の生は脅かされないのである。ある場合には、いくつかの彫像がただ一つの墓の中に置かれた。それらは墓の主の生命の諸段階をあらわすのであった。影像をおさめる室は、穴蔵を意味するアラブ語を用いて「セルダブ」と普通呼ばれる。それは祭壇の近くに位置した。影像が親族または祭司によって提供される食糧の近くにいるようにするためであった。多くの場合、祭壇とセルダブとのあいだの壁にはいくつかの穴または窪みがついていて、影像が外を見ることができ、供物の恩恵が中にはいってくることができるようになっていた（図14）。影像が代用遺体として働くようにするさいに、本質的な要求は能うかぎり生けるがままにするということであった。そこで、木製であろうと石製であろうと、影像は彩色された。特別な注意が顔に払われ、顔を生き生きとさせる効果をあげるために水晶と黒曜石で眼は象眼《ぞうがん》された。追加の配慮として、影像の身元は疑いなく影像の主の名をその上に刻むことによって確証された。各地の博物館にある古王国時代の彫刻の多くはもともとはセルダブの影像用に作られ、墓の中に永久に封じこめられるはずのものであった。その目的は厳密に機能的なものであり、これを「芸術」作品として分類したのは現代の世界である。影像がセルダブで壁に囲まれるより前に、その影像に対して「開口の儀」が執り行われ、死者の真の複製として生命が賦与されたであ

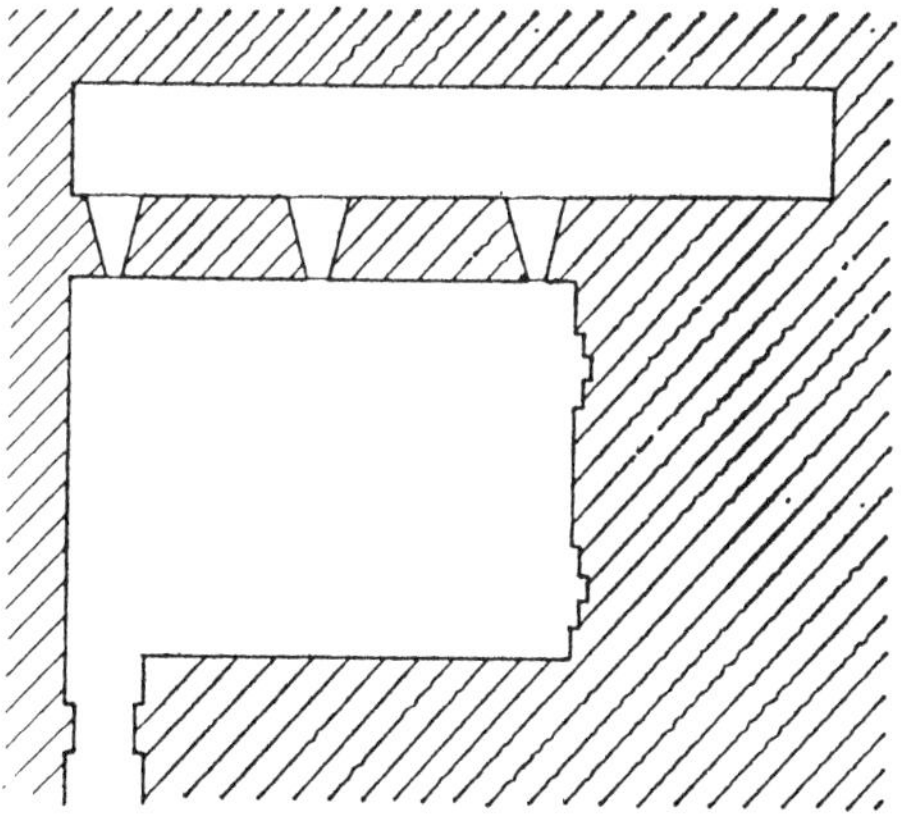

図 14　祭壇とセルダブを結ぶ開口部の平面図

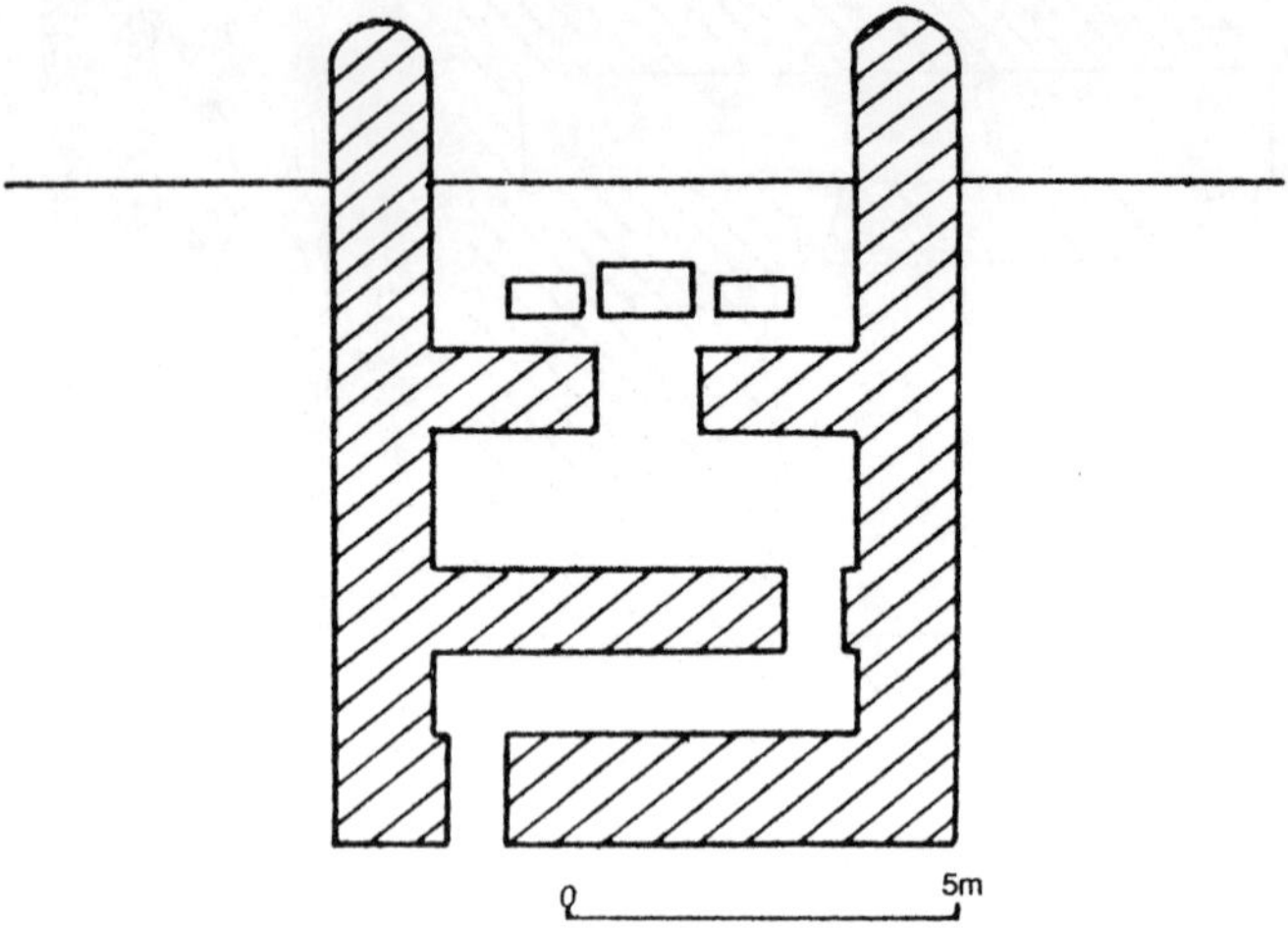

図 15　メイドムのピラミッドの葬祭殿平面図（A. ファクリによる）

ろう。

すでに言及したように、墓の祭壇は通常は墓の上部構造を形成していたが、王の埋葬の場合は祭壇は非常に拡大され、死せる王の祭事のために完全な神殿となった。古王国時代と中王国時代においては、葬祭殿は王のピラミッドに隣接して位置し、記念物複合の完全なる部分を形成した。ジョセルに属する最初のピラミッド神殿は階段ピラミッドの北面に位置していたが、古王国時代の太陽崇拝の重要性が増大するに伴い、東面が後の純正ピラミッドの神殿の標準的位置となるに至った。これはメイドムで初めて見られる。ここでのピラミッドは、フニ王によって築かれたかスネフルによって築かれたかのちがいで、第三王朝末期または第四王朝初期に属することになる。メイドムの神殿は、簡単であるが、供物所として役割を果すためのあらゆる必要な建築上の特徴をそなえており、最も重要な部分は二枚の碑板と供物台をそなえた内庭である。ただし銘文はない（図15）。われわれが葬祭殿から耕作地の端の河岸神殿にまで伸びる参道の原型を見るのは、これまたメイドムにおいてである。参道と下神殿はともに後代のピラミッド複合の恒久的要素として残るものとなった。それらの機能は、葬祭殿の機能とは切りはなされたものであった。すなわち、河岸神殿は王の遺体の受けいれ場所として機能し、参道は、ミイラが複合体の礼式上清浄区域となっているところを再び離れることなしに、あるいは祭司団以外の者の眼に見える状態で、ピラミッドまで運ばれるのを確実にするのであった。メイドムの初期の参道は天空に対して開かれていたが、そのあとの時代の例は屋根で覆われ、その壁面はレリーフで飾られた。第四王朝から第六王朝に至るピラミッド神殿と中王国時代のピラミッド神殿は設計においてかなり複雑であったが、その本質的な目的は同じであった。すなわち、死せる王の祭事を持続するための祭殿として機能するということであった。壁面レリーフのいくつかは葬祭殿としての機能を直接に反映しており、聖域に向ってあらゆる種類の食糧を運ぶ供物奉持者の列を示している。これらの情景は小規模の私人のマスタバにおいても共通のものになっている。しかし、神聖なる存在として、王はまた対等と見なされた神々と一緒になっている姿でピラミッド神殿に示されている。この情景は通常の死者の祭事とは切りはなされた王の葬祭祭事の様相を描いており、純粋に宗教的な題材は供物所としての神殿の第一の機能とは無関係になっている。

ピラミッド神殿は、私人の墓の祭壇と同じように、実際の埋葬場所に能うかぎり近いところに築き、供物安置所と予定された容器〔棺のこと〕とが著しく離れていないようにした。しかし、新王国時代に王墓としてピラミッドの形を捨ててテーベの王家の谷に岩窟墓を選んだことは、墓とそのすぐ近くの祭礼センターを持続的に建造することを不可能とした。そのかわり、新王国時代の王の葬祭殿はテーベのナイル西岸に、墓からかなり離れたところに、耕作地の端に沿って築かれた。しかし、これは死者による供物の受けとりに対して大きな障碍になるとは、もはや見なされなかった。次第に、これらの葬祭殿はアメン神崇拝のための供物祭壇の機能と神殿の機能とを一体化するに至った。そのさい、王はある程度アメン神と同一視されていた。

いかなる種類の葬祭殿の場合でも、その機能の有効性は、正しい定時の祭事を行うはずの死者の親族あるいはその祭事のために傭われた祭司団のやりかたに左右された。しかし、いかなる死者祭事も死者の倖せのために望まれるように無期限につづくということはできなかった。そこで実際の食糧供物が停止されるという可能性にそなえて防衛措置を用意することが必要であった。すでにわれわれは、彫像がいかにして遺体にかわることができ、カアの安息所となることができたかを見た。しかし、この種の信仰はもっと先に進み、祭壇の壁面レリーフと画を施すことにまでひろがり、その図像が死者のすべての要求物を呪術的に与えることができるようにした。これが、なぜあれほど多くのエジプトの墓の装飾が食物を運ぶ場面とか豪華な食事を前に腰かけている墓の主をくりかえし示しているかの理由である。壁面に示されたこれらの図像そのものが表現された出来事のかわりとして働き、墓を築かれたその主の持続的生活を保証するのであった。古代エジプト人の異様な論理はこの呪術的用意を非常な長さにまで伸ばし、供物台の食物だけでなく、食物生産のあらゆる段階をも示した。それは、穀物の種まきと収穫、

図 16　作業中の屠殺人の情景。第6王朝期の墓室画から

家禽の肥満飼育、家畜の飼育と屠殺屋における その後の屠殺などを含んでいた（図16）。墓の図像を「装飾」として語るのはまことに人を誤らせる印象を与えることになる。なぜなら、それらは厳密に機能的であるように意図されたのであるから。狩猟のような余暇活動をしている死者を示す図像でさえも、あの世においてこのような娯楽をひきつづきたのしむのを可能とするために、いれたのである。死者の必要物を与える図像の力は、その図像そのものが存続するかぎり生きつづけるのであった。それらの図像が葬祭祭事よりもはるかに長つづきするというのは、あり得べきことであった。実際の物のかわりをさせるための彫刻絵画の力の明白な例証は、飲食物を示す恒久的レリーフを上部表面につけた石製供物台の数の多さによって与えられている。もっともそれらのレリーフは食用の形

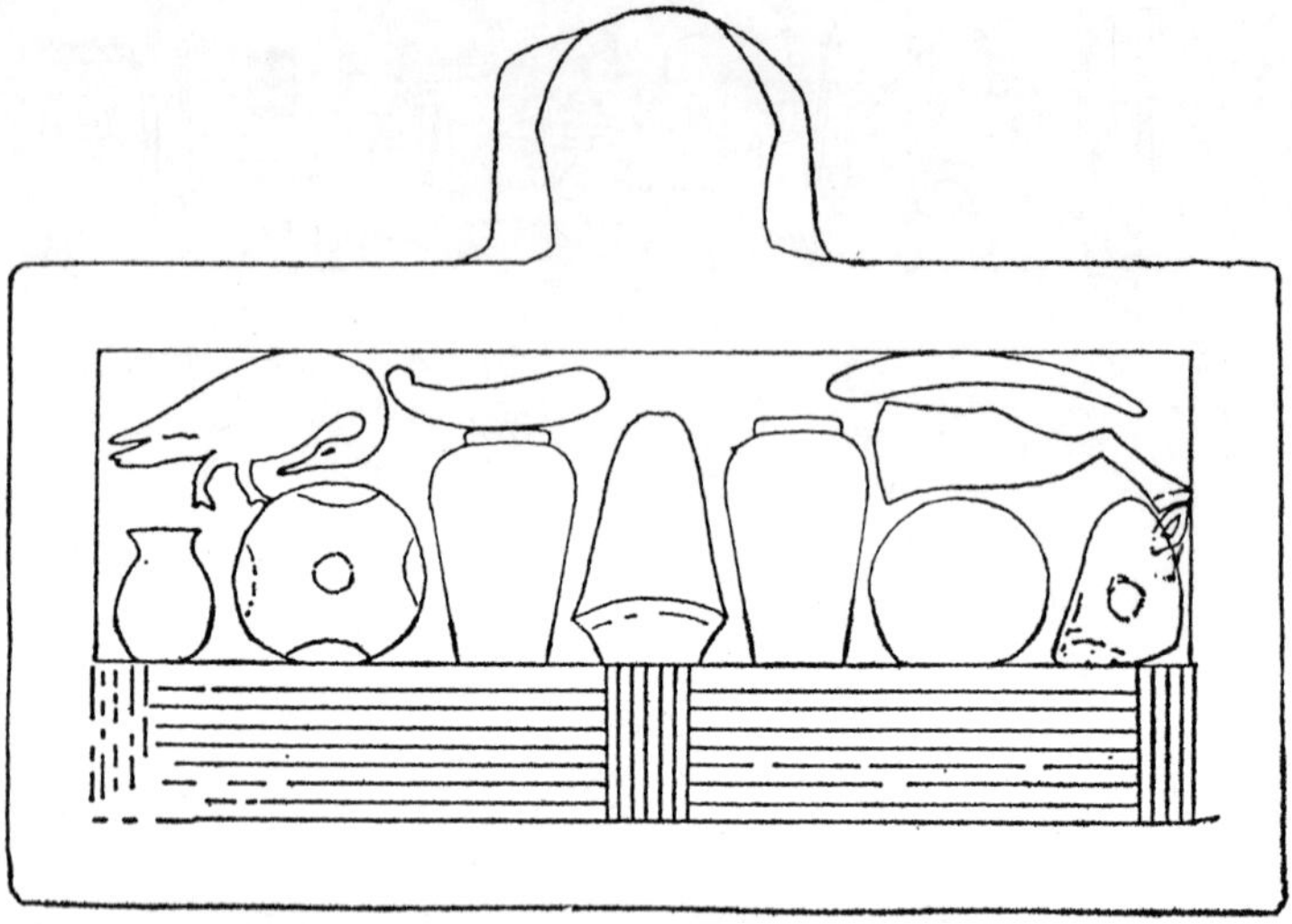

図 17　食物と飲料のレリーフをつけている供物台

態をそなえてはいない（図17）。中王国時代には、柩の上の彩色画の中に食糧供物ならびに他の副葬品の図を描くことが習慣となった。それらすべては、絵図表現の呪術的性能を通じて墓の主に利用できるものとなったであろう。通常、これらの絵図の正確な内容は、さまざまの物に分類のために付けた銘文によって明らかにされた。

エジプトの絵画とレリーフの機能的性格は、これらの図像の製作を支配した慣例に深い影響を及ぼした。エジプト芸術の個性的外観は、専門的技術の欠如によるものではなく、単純に、図像が意図された目的を達するようにするには厳密な規則を守らねばならなかった、という事実によるのであった。像と物は実際に見えるようには描かれず、最も認識しやすい完全な形で描かれた。なぜなら、不完全な表現は死者のために適切に機能し得ないからであった。人像の絵は、両方の腕を示すために真の状況を故意に捻じまげた。すなわち、両肩を正面から描き、身体の他の部分は横向きと半横向きの混合になった。同じように、頭部は横向きであるのに、眼は完全性を確保するために全部が描かれた。もっと明示的なものは、テーベの新王国時代の墓のような、庭の絵である。そこでは、中央の

図 18　埋葬品輸送容器の上に記されたその内容

池は全側面から放射状に出る木々とともに平面図で示され、池の中の魚と鳥は横向きの姿勢である（写真11）。容器の中の物を描くとき、エジプトの芸術家は物のはいっている箱の上に中の物を描こうとすることが多かった。単純に中身の存在を明示するためであった（図18）。埋葬信仰に関するかぎり、見えないものはそこに存在しないのと同じなのであった。動物や召使いの絵のような、死者の倖せについてたいして死活的でない、重要性の劣る図像の場合にのみ、規則はゆるめられた。たいていの墓芸術を拘束した制限から自由になるとき、この領域でエジプト人はすぐれた自然芸術の技を発揮できた。

レリーフと絵画による備品の代用または補充として、供物は模型によって確保することもできた。使われた模型の最初の種類は石と陶製の壺の小さな写しであって、これはすでに第一王朝期に普通となっていた。これらの使用は古王国時代にも及び、多くの大形マスタバは銅製道具と容器の模型のほかに大形供物容器のかわりである模型供物容器をいく揃いもそなえていた（写真10）。しかし、中王国時代は埋葬模型が最も多く用いられた時代であり、個々の物の写しだけでなく日常生活の活動をあらわす模型もまた用いられた。後者のタイプは壁画の場合と同じように呪術的に死者の生命を維持する機能をもっているのであった。その結果、われわれは、模型の大半がパン焼き、醸造、畑の耕作、穀物貯蔵といったような飲食物を用意する諸情景をあらわしているのを見るのである。模型は木製であって、薄い漆喰塗りで覆われ、彩色された（写真12）。このような模型の最も美しいグループの一つが、第一一王朝期に生きたメケトラという名の貴族の墓で発見された。富裕な貴族の領地におけるあらゆる種類の日常生活の動きがそこに示されている。牛飼い、パン造り、ビール造り、織物、大工作業などがそれぞれ細部にわたって表現されている。加うるに、メケトラの家と帆船の模型が、またもっと明白に埋葬に関係する物として、墓に供物を運ぶ召使いの像がある。しかし、物の題材のひろがりよりも印象的なのは個々の模型の美しい細部である。女召使いは頭に食物の籠をのせ、その籠の中には切ってある肉、パン、ビール壺などが入念に彩色木彫で模型としてつくられている。肉屋では、切ったばかりの肉のジョイント〔骨ぐるみ大きく切って料理する肩または脚の肉〕が露台で綱にぶらさげているのが示されている。大工は木の柄のついた模型の道具をもち、道具がなまって仕事が妨げられることのないようにするため、工房の奥に予備の道具が、手に比例した正確なサイズの予備手斧とともに木箱の中におさめてある。この墓の最大の模型は、曳かれてゆく牛を列柱前廊に腰かけて検査しているメケトラを示している。生前に、大貴族はその領地内でさまざまの義務を果す多くの召使いをもっていたであろう。その大貴族が死ぬと、召使いたちの立場は対応する模型に引きつがれ、模型はそれぞれの同じ仕事を永遠につづけることになるのであった。第一王朝期に、王家と高官の召使いはあの世へ主人とともに行くために実際に殺されたが、この習慣は間もなく捨てられた。この召使いの埋葬の目的は、中王国時代の模型随伴者の目的と同じものであった。すなわち、富裕な貴族が生前と同じ生活スタイルをあの世でつづけることができるようにする、ということであった。

もっと後の時代には、死者のために義務を果す責任はシャブチ像〔ウシャブチ像ともいう〕として知られる特殊な埋葬小彫像に移された。シャブチは中王国時代に出現しはじめ、そのころは大ざっぱに人間の形をした木製または蠟製の像が普通であり、しばしば模型木製柩におさめられた。新王国時代には、像は石、木、金属、あるいは釉をかけた合成物などによるもっと精巧なものとなり、それらが義務を果すことを確実にするために呪文がしばしば付けられた。もっとも、貧弱な像はただ墓の主の名が刻まれているだけだった。像が果すべきものと期待された義務はほとんどが農業に関するものであり、ナイル流域の日常生活を反映していた。その結果、新王国時代およびその後のシャブチは鍬、鶴嘴《つるはし》、籠を運ぶ姿で示されている（写真13）。シャブチは王朝時代の終末まで埋葬のきまった特色でありつづけたが、像の質はこの長い時間的距離のあいだに変った。第一八王朝と第一九王朝の美しい例のあとは、第二二王朝に至るまで作品の水準は下った。その時代には、きわめて粗雑な形の非常に多くのシャブチが作られた。それらはしばしば銘文をつけていなかった。復活が第二五王朝と第二六王朝の美しいシャブチに見られる。このタイプの最も美しい像のいくつかはこの時代のものである。中王国時代のシャブチ像の発達の初期に、一つの墓にただ一つのシャブチをおさめ、死者のかわりとして活動してもらうというのが習慣であったが、その後の時代では、はるかに多数のものがおさめられ、次第にそれらは農奴の役割をになうこととなった。多数のシャブチは、大領地の労働者のように、別々の隊に組織されるものと考えられていた。そこで新王国時代には、「監督者」の像が通常の召使いを管理するために加えられた。監督者はミイラ形ではなくて日常生活の服装をまとった形で表現されていることによって、区別がつく。さらに、彼らは階級を示すために鞭をもっている。新王国時代後期の墓ではまた、シャブチは特製の銘文つきの箱におさめることもできたが、末期王朝時代には墓における像の位置はもっと変ったものにすることもできた。その実例は玄室の各側面に窪みをつけ、そこにおさめて壁で塞いだ状態で見つかっている。

シャブチに付けた銘文が機能的性格をもつということには何の疑問もない。テキストの全文は、死者があの世でなすべき仕事、すなわち畑を耕作すること、水路に水をいれること、砂を運ぶことなどをはじめとするもろもろの仕事を個別的に挙げている。死者に対してこのような仕事の求めが出されたとき、シャブチは「ここに私はおります」と直ちに答え、墓の主にかわって仕事をする用意ができていることを示す、とテキストは述べている。シャブチが買う品であったということは興味ふかい。シャブチは明らかに神殿工房の監督のもとに製作されたのであった。大英博物館のあるパピルスは、エスペルヌブという名の人に一揃いのシャブチを売ったことを記録している。像は彼の父インハフィの墓のために用いるのであった。

テキストは単なる販売証書以上のものであり、正当な支払いを受けたのであるから有効に働けと強く求めている。

アメン神殿の護符模型作者の長ホルの息子エスペルナンクの息子ディキコンスは、インフェンコンスの息子インハフィの息子たる、神から愛されたもの、祭司エスペルヌブに対して明示する。偉大なるものアメンが存在するかぎり、余は貴下から、三六五体のシャブチと三六体の監督者、計四〇一体に対する銀〔対価〕を受けとり、満足している。それらは男と女の奴隷であり、余は貴下から四〇一体のシャブチに対する対価を精煉した銀で受けとった。〔おおシャブチよ〕オシリスにかわって、神に愛された者、祭司インハフィのために、速かに行って働け。日々の仕事のために彼が御身らを呼ぶときはいつでも「私どもは用意ができております」と言え。(4)

シャブチのきまり文句はエジプト人の埋葬信仰における重要な観念のよい例証である。すなわち、書かれたことばは呪術によって出来事が起きるようにする、ということである。何かを書くことは、その実体をそこに与えるということであった。シャブチのテキストは、像が死者に対するいかなる呼びかけにも応ずることを述べるだけで、像が望まれたとおりの機能を果すのを実際に保証するのであった。しかし、出来事に作用する書かれたことばの力はまた、墓自体の中の銘文にまでひろがり、テキストは絵画表現のように、日々の供物提供が消えたのちも長いあいだ死者の必要物を用意するのを可能にするのであった。確実な効果をもつ書かれたことばの力は、死者の倖せを保証するための呪術テキストに、とくにピラミッド・テキストに最もよく見られる。

ピラミッド・テキストは死せる王を守護する特別の機能をもっているのであった。いく度も、テキストは王の死を否定し、いかなる災厄も王に害をなす力をもたぬと断言している。銘文自体が王の永遠の生を守る力をもっていた。王の永遠の生は、テキストが全面的に破壊されたときにのみ、脅かされるのであった。典型的な一文は次のとおりである。

おお、王よ、御身は死して去った。御身は生きたまま去った。オシリスの玉座の上に、王杖を手に、

腰かけよ。生きる者に命令を与えるために。(5)

別の文章は王に対して守護を保証している。

おお、オシリスなる王よ、見よ、御身は守護され、生きている。それゆえ御身は、日ごと、あちらへもこちらへも行くことができ、何者にも御身は妨げられないであろう。(6)

エジプト人が死者のために用意するということは、全面的にあの世における死者の安全な生活を保証することに関係していた。われわれはいかにこの用意がさまざまの形をとっていたかを見た。それは、肉体そのものを維持し、飲食物を与えるという基本的で本質的なものにはじまり、ついで、同じ必要物を与える呪術的方法にまで発展したのであった。呪術的な供物は、模型であれ、絵であれ、銘文であれ、実際の埋葬献贈品の複製であったが、埋葬献贈品が旧式のものとして捨てられることはなかった。なぜなら、エジプト人が新しい考えかたのために古い方法を捨てるのはまれであったから。死者のために物と呪術的安全性を保証することは、個人が第二の生のチャンスを失うという可能性を非常に小さくした。なぜなら、そのチャンスを失うということは、彼の存続のためのすべての手段が全面的に破壊されたときにのみ起きることであったから。他のすべてのものが失われたとしても、魂は、書かれたものであれ、口頭のものであれ、彼の名が保存されていることに最後の救護所を見つけることができるのであった。このことは実に、カアの存続は生者のあいだに死者の記憶が永く残ることに依存するということを意味する。

この観念は新王国時代のテキストに明確に示されている。以下にその部分を引用するが、それは書記の職の有利な立場を賞讃している。

しかし、御身がこれらのことをなすならば、御身は書くことに知識をもつ者である。神々の後継者の時代から存する これらの学識ある書記、未来を予報する〔者〕、彼らが去り、生命を終ったにもかかわらず、また彼らの親類縁者が忘れ去った〔にもかかわらず〕、御身の名が永遠に存続するということが起きた。彼らはおのれのために鉄の墓石をそなえた銅のピラミッドを築かなかった。彼らはいかにして後継者を、すなわち彼らの名を口にして〔くれるはずの〕子供を、残すかを知らなかった。しかしながら、彼らは書いたものによって、また彼らの書いた教訓書によって、おのれのための後継者をつくった。

彼らのために扉とホールが作られたが、その扉もホールも崩れ去った。彼らの葬祭祭司は〔去った〕。彼らの墓石は埃に覆われ、その墓室は忘れ去られた。〔しかし〕彼らの名は、彼らの作った書物のゆえに、呼ばれる。なぜなら、それらの書物は良いからである。かくして、それらの書物を作った者の記憶はさらに永遠のものである。(7)

そんな次第で、永遠の生命に関する最後の鍵は、こういうことである。すなわち個人の記憶を永久のものとし、その名が生者の口によって語られるということである。

墓の銘文においてしばしばくりかえし示される表現はまた、個人の名を書きものの形で保存することの価値を示している。

> 父祖の名が扉の上で抹消されているのを発見した私は、その名を生きたものにした……。見よ、父祖の名を永久のものとする者は良い息子である[8]。

他方、だれかが個人の名を消すとき、あの世における彼の生命をその人は断ち切ったことになる。このことは、ミンホテプという名の男の息子テティの記憶を終らせるためのコプトスの銘文によって、示されている。

> この神殿から彼が投げ捨てられるに任せよ。……彼が神殿の事務所から追われて、息子から息子へ、後継者から後継者へと追われてゆくに任せよ。……彼の名は、彼の同類とちがって、この神殿に記憶されていないのであるから……[9]。

同じ理由によって、個人の名が墓の壁面からめった切りで消されているのが、頻繁に発見されている。

死者の名を呼ぶことは、語られたことばが死者を益するという力の例であるだけではない。さらに、朗誦が供物儀礼の不可欠の部分をなしている。絵画と銘文が出来事に作用する呪術的性能をもつならば、語られることばが当然に同じ力をもつということになるのである。供物儀礼の重要部分は口頭朗誦という形をとった。だから、多くの墓の祭壇は参詣者に対して墓の主のために供物のための祈りを唱えてほしいと嘆願する次のようなことばをそなえている。

おお、この墓の近くを通る、この地上に生きてある人びとよ。あなたがあなたに恵みを垂れよと神に祈るのと全く同じほど確実に、こう唱えて頂きたい。一千のパンとビール、一千の肉と鳥、一千のアラバスターと衣類を、死者のカアのために……。

墓を尊び、きまり文句を唱えた人には死者によって恩恵が約束されている。しかし、銘文は祭壇に損傷を与えた者に対しては全く異なる態度を表明している。

さてこの墓の中で妨害をなす、あるいは銘文に損傷を加える、あるいは彫像に損傷を加える……者すべてについては、彼らはトトの怒りのもとに倒れるであろう。(10)

上述のことから、エジプト人は死者を非常に生き生きとしたものと見なし、生前におのれの家に住んでいたように墓の中に住むと見なしていたということが明らかになるであろう。墓の家との結び付きはきわめて重要であり、墓の祭壇はしばしば「永遠の家」と呼ばれた。墓の建築におけるさまざまの点が墓と家との同一視を例証している。すでに第二王朝期に、大形マスタバの下部構造は家の室々の複製である室々をもち、便所さえもそなえていた。もっと後の時代になると、とくに新王国時代には、裕福な人が家の外側に庭をもっていたのと全く同じように、祭壇のすぐ外側に木々をもつ庭を設けるのが慣例となった。墓もまた生者の町のように都市計画ふうにつくられる傾向をもっていた。この最もよい例がギザで見られる。そこでは本来のマスタバがクフのピラミッドの東と西に規則的な通りをなして配置された。しかし、いかなる町においてもそうであるように、設計は古い記念物のあいだの通りに後代の墓が築造されたことによって複雑なものになった。墓を家と見なす観念のさらに後期の反映は、ツナ・エル・ジェベルのグレコ・ロマン期の墓地に見られる。そこでは、墓の多くは当時の家の形で築かれたのである。エジプト人自身は、死者の地を居住の場として描いた。死者は存続のために生者に依存したのであるが、死者は出来事に影響を及ぼす力をもつものと見なされていた。だから、紛争のさいには死者の助けを求めるために手紙が書かれた。しかしながら、他の諸文化にしばしば見られるのとちがって、死者はとくに悪意あるものとは見なされなかった。エジプト人は死に取り憑かれていたのではない。彼らの埋葬信仰についての研究成果は、彼らをして埋葬のためにこれほど精巧な用意をすることに駆りたてたものは生への愛であったということを、示している。なぜなら、正当な儀式を伴う死は永遠の生への出発であるにすぎなかったのであるから。この第二の生を失うことへの恐れは、非常に明白である。

たぶん、墓地の死者に対する生者の態度はアビドス出土の中王国時代の碑板の銘文によって示されている。テキストは、墓の主の前でハープを演奏する音楽家の像の上に、歌の形で置かれている。

歌手チェンイ・アア、彼はいう。「御身は、御身の永遠の場で、御身の永遠の墓で、いかに倖せであることか。そこは、供物と食糧で一杯になっている。御身のカアは御身とともにあり、御身から離れない。おお、下エジプトの王の印章保持者、主席家令、ネブアンクよ、御身の息は北風の甘い息である」。彼の名が生きるようにする歌手、尊敬された歌手チェンイ・アアによって。主人はそのカアのために日ごと歌ってほしいと彼に望んだのであった(11)。

第四章　墓の安全性

古代エジプトの墓の大半が古代において荒されたということは悲しい事実である。だから、一般に考古学者に残されているものは、かつて立派な副葬品であったものがちらばって壊れている状態のみということになる。いかなる墓地にせよ、そこを数シーズンにわたって発掘すれば、このことは十分に明らかである。なぜなら、墓室の一つ一つが、大きな意味をもつものをほとんど含んでいないか、あるいは全く含んでいないということが明らかになるからである。無傷の埋葬所はしばしばきわめて貧弱な埋葬所である。古代の墓荒しの連中は、これらの墓は調査に値しないということをよく知っていたのである。無傷の充実した埋葬所というのはまれであって、多くの場合はあるわずかな偶然によって、たとえばその埋葬所が後期の建造物で隠されるというようなことによって、保存されているのである。

墓の発掘のさいに用いられる方法についていくらか述べることは重要である。なぜなら、埋葬所がすでに荒されたか否かを示すきわめて明瞭な徴候が、しばしば作業の初期段階であらわれるからである。時代のいかんを問わず、大形玄室の大半は岩盤の深い竪坑の底にある。だから、その竪坑に詰まったものを取り除くことは長期にわたる仕事となる。竪坑の深さはさまざまで、わずか二メートルのものから三〇メートルに及ぶものもある。竪坑を清掃する慣習的な方法は、ガラクタを籠に一杯詰めて、それを綱で引きあげることである。約二メートル平方、深さ約八メートルの平均的な竪坑の場合には、六人ないし七人の労働者チームが必要である。竪坑の底で二人が籠に物を詰め、別の二人がそれを地表に引きあげ、次の二人ないし三人が中身を捨てる場所まで籠を運ぶのである。捨てる場所はすぐそばにあるのが普通である。墓が密集しているさいに一連の竪坑を掘るときは、一つの竪坑を清掃するときの発掘物を別の竪坑にいれるというのが便利である。こうすることによって、掘り出した大量の物で発掘地の表面が妨害されるのを避けることができ、また、開かれたままになっている深い竪坑を危険な状態のまま放置しないでおくことができるからである。深さ八メートルの竪坑から詰めものを取り除く作業の場合は、一週間にわたる大労働ののちにやっと玄室にたどり着くであろう。ついで、その室自体を清掃するのに、さらに数日を必要とするであろう。

一つの竪坑がただ一つの室をおさめていると考えてかかるのは安全ではない。多くの古王国時代のマスタバの場合、竪坑は一つの室を経て、さらに深いところにある別の室にまで下っている（図19）。通常は、下へゆくにつれて竪坑は狭くなるが、すべての場合にそうであるわけではない。サッカラで最近発掘された第六王朝の一本の竪坑の場合は、入口はわずか一・三メートル平方であったのに、底の近くでは二メートル以上にまでひろがっていた。だから、竪坑の清掃は、発掘者が当初考えたよりもずっと長期の仕事となった。

通常は、墓の竪坑の清掃にかかってから非常に早い時期に、この竪坑が本来の詰めものをいれた時からあと清掃されたことがあったか否かを知ることができる。竪坑は、それを掘ったさいに生じたガラクタで通常はみたされるのであった。だから手つかずである場合は、この種の物が竪坑に残っているはずである。緩んだ砂の層があれば、これは竪坑が完全に清掃されたあとであることと、そのあとに風に吹かれた砂が長い年月のあいだに竪坑を再び埋めたことを示す。土器の断片、石の容器、木あるいはこわれた古代遺物が詰めものの中にあるならば、それは埋葬所が掠奪にあったこと、価値のない物が竪坑の中に再び投げ返されたこと、を物語る。粘土とこわれた煉瓦が非常に堅く詰めこまれているならば、それは、竪坑がまだ空洞であったときに粘土と煉瓦の墓の上部構造が崩れ落ち、時どき来た豪雨によって固まっていった、ということを明らかにする。これらの指標は、掠奪ずみの埋葬所に対して発掘者に事前警告を与えるものであって、そのことによって発掘者を助けることができる。それにもかかわらず、玄室の頂上があらわれたときに発掘を急ごうという興味に煽られるのもよくあることである。はじめ、中に何がはいっているかを知るのはむずかしい。なぜなら、緩やかな詰めものが竪坑から室の入口のほうに落ちて床の上を覆っているからである。しかし、少し清掃を進める

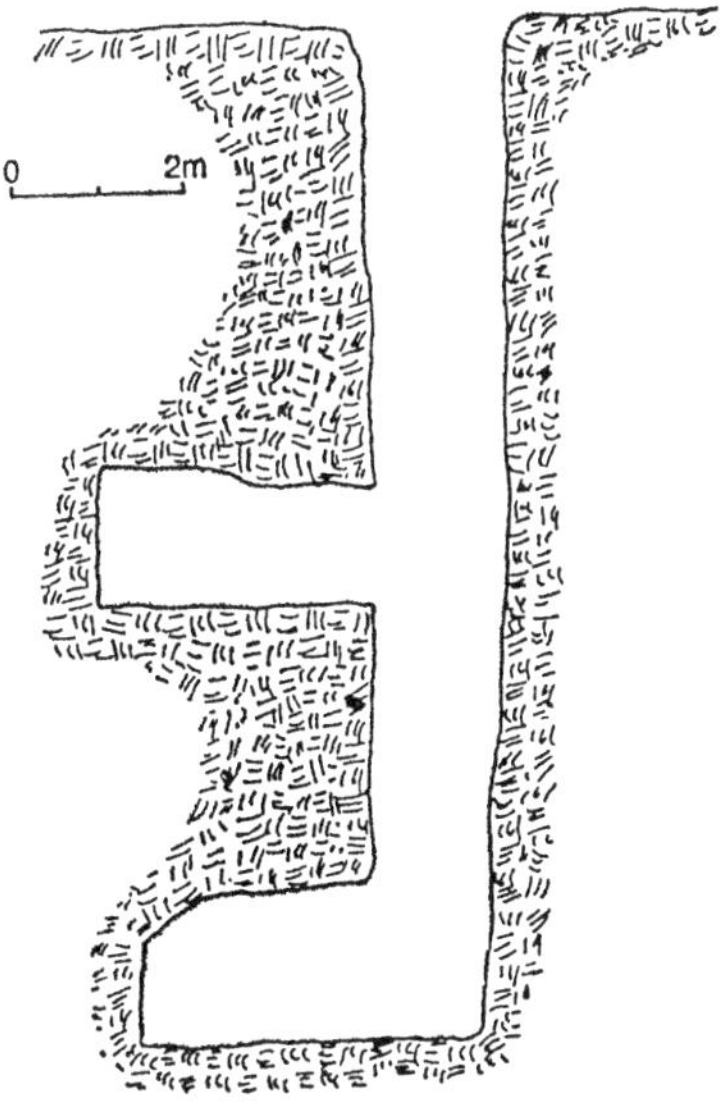

図 19　二層になって 2 つの室が設けられている古王国時代の竪穴墓の断面図

と、室に余裕ができ、竪坑下部を掘削しているところまで少しばかり這ってゆくことが可能になり、したがって、灯火によって室の状態を調べることが可能となる。余りに馴染みとなっているシーンは、こわれた土器、埃の中にちらばっている骨と木片の見られる完全蹂躙《じゅうりん》のシーンである。もし石棺があるとしても、その蓋は外されているか壊されているかもしれない。あるいは、掠奪者は一方の側から穴をあけるだけで室に侵入したかもしれない。失望させる室の外見にもかかわらず、入念に、かつ完全に、発掘し、計測し、図取りし、何なりと残っている遺物についての記録とともに、室についての報告を公表しなければならない。掠奪者の残した残骸からできるだけ多くの情報を救いだすためである。入念な記録によって、著しく掠奪された墓でさえも、古代の習慣と技術について多くのことを教えてくれる。とくに、多くのそのような墓から拾い出された情報が、集合されて全体像を生みだすことができるようになったときに、そうである。掠奪された墓はまた、まことに明瞭なことだが、墓荒し自体の習慣について非常に多くのことを語ってくれる。この習慣は古代エジプト人の通常生活の一断面として、他の断面に劣らず研究に役立つのである。

エジプト人の墓荒しの活動を考察するさい、墓の築造者が直面した基本的問題を明確にしておくことが第一に必要である。

エジプトの墓の安全性についての本質的な弱点は、墓が価値あるものをおさめなければならなかったという事実である。しかし、来世についてのエジプト人の思想のゆえに、それよりほかの選択はなかった。したがって、墓の設計者は、玄室への侵入を阻止するために、とくに遺体そのものを守るために

（最も価値ある物はその遺体の上に置かれた）、いよいよ複雑さを増す工夫をせざるを得なかった。墓の発達に対して墓荒しが与えた初期の影響、すなわち貯蔵設備を上部構造から地下層位に移すに至らしめた影響については、はじめのほうの章ですでに述べた。しかし、まさにエジプト史の全体を貫いて、墓荒しの脅威が、はるかに広範な作用を及ぼした。通常の先王朝時代の墓や後期における貧弱な墓のような単純埋葬所は、掠奪に対して事実上いかなる防衛力も持たなかった。しかし、その単純さそのものが、富者の墓のように墓荒しを引きよせないということを意味した。一方、富者の墓は、侵入しがたくできているとはいえ、大きな報いを約束するのであった。このような事実にもかかわらず、最も貧弱な墓以外のすべての墓は、たとえ最低の価値の物のためであるにせよ、ある程度までは一様に掠奪された。通常の墓はいつでも掠奪できた。最初の掠奪は埋葬時からたいして間を置かずに行われた、ということを証拠は示している。王墓の場合は、これは全く別のことであった。王墓は、弱い中央権力の時代がきて玄室に入ることが可能になる条件をつくりだす時まで、無傷で存続することができた。このような混乱期がエジプト史になかったわけではない。支配の緩みの結果が、よく知られた古代のテキストに明瞭に叙述されている。「まことに、国土は陶工の轆轤《ろくろ》のようにまわっております。盗人は富の所有者となっております。〔富者は？〕掠奪者になりました」(1)。エジプト文明のこのような不安定期に支配的だった貧しい社会条件と飢饉は、まことに多くの人びとを生存手段としての墓荒しに走らせるのであった。第一二王朝の末期についてわれわれは墓荒しの豊富な史料をもっているが、この時期には、墓荒しは高率のインフレーションというきわめて普通の現象をも含めて、明らかに経済上の要因によって促進されてい

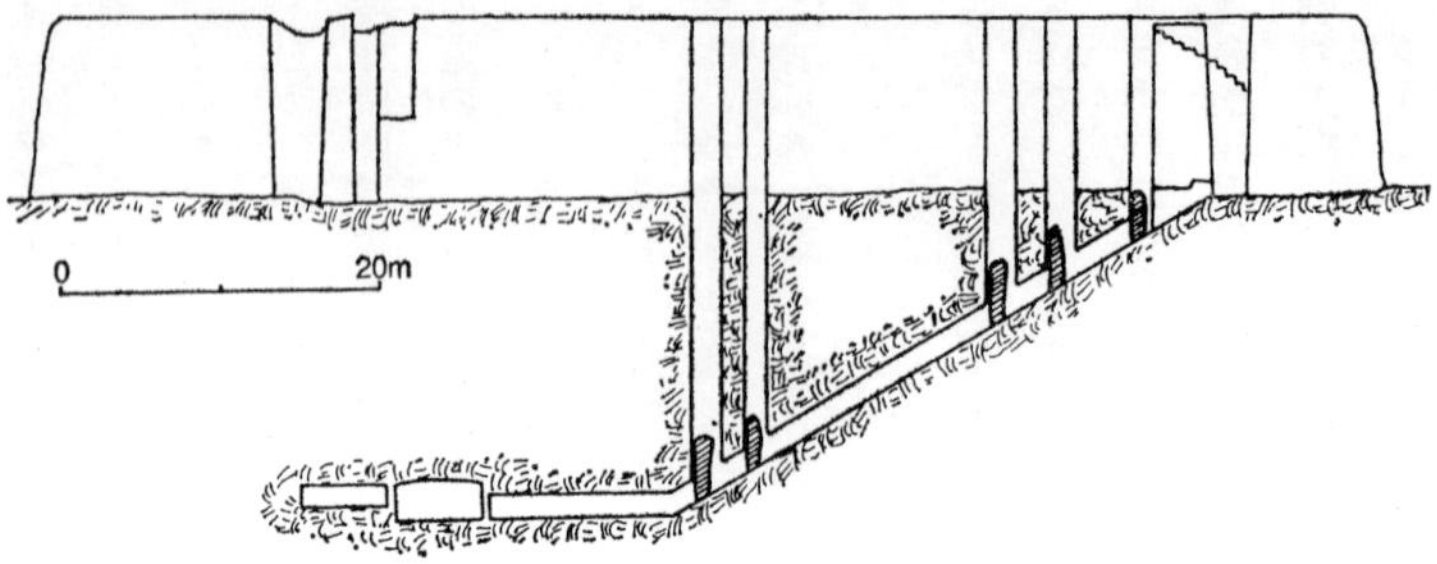

図 20　ベイト・カラフのマスタバK1の，前廊を示している断面図（J. ガースタングによる）

る。持っているいくらかの銀について質問された一人の女性はこう答えている。「飢饉のあったハイエナの年に、私はこれを大麦と交換して得たのです(2)」。

建築上の問題に帰るならば、玄室保護の最初の防衛構造は第一王朝のマスタバにあらわれている。これは、はじめは東側から階段を下るという方式で室内にはいるのであったが、ほんのしばらく後になると、北側からはいる方式に変った。階段は岩盤の中に掘って造られ、石灰岩の落し戸式の石塊で閉ざされた。この石塊は丈の高いものであって、狭い厚板が階段がわの溝にはめられた。これは、城の落し戸式門の方式と全く同じであり、それゆえに落し戸式石塊の名が生れた。この石塊はただ一個であってもよく、あるいは段ごとに違った地点でくりかえすこともできた。もっとも、閉鎖石を二回以上用いることは第二王朝に至るまであらわれなかった。多数の落し戸式石塊をそなえた墓のよい例は、ベイト・カラフにある第三王朝のマスタバK1号である。ここでは、上部構造の全体を通して落し戸がおろされていた（図20）。石塊は綱でおろされたのであって、しばしば石塊の上端に綱を通した孔が残っている。補助的な侵入阻止法として、傾斜する階段の下り段が砂利で埋められた。実際、盗人にとって、この詰めものはたぶん落し戸式石塊よりも大きな障碍であった。落し戸式石塊のほうは、石灰岩であったので、速かに突き破ることができるのであった（写真14）。第三王朝期に、傾斜する階段から垂直竪坑に移行してゆくのは、右の事情によってであるかもしれない。もっとも、入口の初期のタイプはこの王朝の諸王の階段ピラミッドに維持されていた。だから、セケムケト王の未完のピラミッドは斜面を閉ざす落し戸をもっていた。竪坑墓は古王国時代の標準であったし（わずかな例外はあるものの）、後期の墓の他の諸タイプにおいても共通のものでありつづける。一基の典型的な第四王朝期のマスタバは玄室入口の直前にただ一個の落し戸式石塊をもっているだけだった。だから、掠奪者に対する唯一の真の障碍は、穴に大量の詰めものがしてあることだった。明らかに、竪坑が深ければ深いほど、墓から掠奪することはむずかしかった。なぜなら、竪坑を空っぽにする仕事には多くの人員と、妨害されない多くの時間とを必要としたから。他方、非常に浅い竪坑の場合は、意志を固めた数人の人員でわずか一夜のあいだに容易に片付けることができた。ある人びとにとっては、墓荒しは都合よく正当な仕事に結びついていた。墓掘り工事人はとくに疑わしかった。新しい竪坑が既存の室の中に通じるように掘られることは珍しいことではなかった。これは、正直とはいえない墓掘り工事人の中のだれかにとっては、既存の室の宝物に容易に近づく道となった。このような地下通廊の入りくみかたは、非常に密集した墓地では不可避のことであった。しかし、多くの場合、通廊と既存の室との出会いが偶然に生じたものでないということも、また、きわめてありそうなことである。墓掘り工事人はすべての新しい埋葬所の位置を知っていた。だから、疑いもなく、何がしかの財宝をおさめている墓について特別の注意をしていた。同じように墓室の正確な位置をよく知っていたことを示す関連の活動は、一つの室から別の室へ通ずるトンネルを掘る活動であって、これまた各室の掠奪をするのであった。サッカラで最近発掘された一つの竪坑の場合、竪坑の底の四辺からそれぞれ一本ずつのトンネルが掘られていたばかりか、さらにもう一本の通路が室の南西隅から掘られていた。これらの路はそれぞれいくつかの近くの墓室に通じていて、室内にはミイラの残骸があちこちにちらばっていた。掠奪者はおよそ死者に対する敬意というような思いに妨げられることはなかった。遺体は、これを包む包帯の下にある装身具と護符を見つけ出すために系統的に粉砕された。よく見えるようにするために、遺体を室から竪坑のところまで、あるいは地表にまで引き出すということもできた。そうまでしない時は、装身具のついているはずの遺体の部分だけを持ち去った。こうして、腕と指がブレスレットと指輪のためにもぎとられた。サッカラの王子メレルカの墓で発見されたこの人の骨には、ミイラをめった切りにするために使われた小刀の刻み目がついていた。遺体はまた掠奪のあとで火にかけられた。たぶん、死者が墓荒しをする者に及ぼすかもしれない呪術的な力の作用を逃れたいという意図のせいである。しかしながら、テーベにおける一例では、理由はもっと散文的である。子供のミイラは、盗人が仕事をしているあいだ室内を照らすために燃やされたのである。

ひとたび盗人が玄室に入ることに成功すれば、彼らの前に残る唯一の障碍は柩であった。木製柩はほとんど保護の力をもたなかった。だから、第三王朝期からは、柩は石で造られはじめた。古王国時代の大半の石棺は柔かい石灰岩で造られた。もっとも、いくつかの王の石棺と非常に裕福な私人の石棺は花崗岩のようなもっと堅い石材で造られた。柩と石棺のスタイルと装飾の細部については、第七章で述べる。石灰岩製の棺はミイラにとってほとんど保護の力とならなかった。なぜなら、蓋をこわすことができるし、あるいは、石棺の側面に鑿《のみ》で穴をあけることができるからであった。花崗岩や珪岩の石棺にはもっと挑戦力があった。しかし、それらも、一般にミイラに手をつけ得る幅だけ蓋を片側にずらすというやりかたで開かれた。普通、盗人は木の梃子を使って蓋を持ちあげ、ついで石の支えをして開いた状態を保つのであった（写真15）。メイドムのマスタバ17号の玄室の場合、石棺の蓋は二丁の木槌の上をずらして動かされたことが分った。石棺の蓋を開けるまことに簡単なもう一つの方法は、石棺全体を一方に傾け、蓋がすぐにずり落ちるまでつづけるというものであった。これに対抗するために、石棺は時として蓋の高さまで床の中に嵌《は》めこまれた。ギザのカフラ王のピラミッドの石棺の場合がこれである。そうでないときは、石棺のための嵌め穴をつくる労力を省くために、石棺のまわりに人工的に瓦礫を積みあげることもあった。いくつかの石棺の掠奪の細部を見ると、盗人が室のレイアウトについて正確な知識をもっていたことが、またしても明らかとなる。デンデラのある墓の場合、石棺は一方の壁面によりかかってしっかりと立っていた。この石棺の中身は、室にはいらないで壁面と石棺の一方に一挙に穴をあけるというやりかたで、何者かに掠奪されたのであった。玄室の床の下に掘った通路によって正確に石棺の真下にあらわれて中身を奪ったといういくつかの例もまた知られている。古王国時代には掠奪に対抗する有効措置はまれであった。私人の墓の設計者の想像力は、もっと深い竪坑ともっと重い石棺と

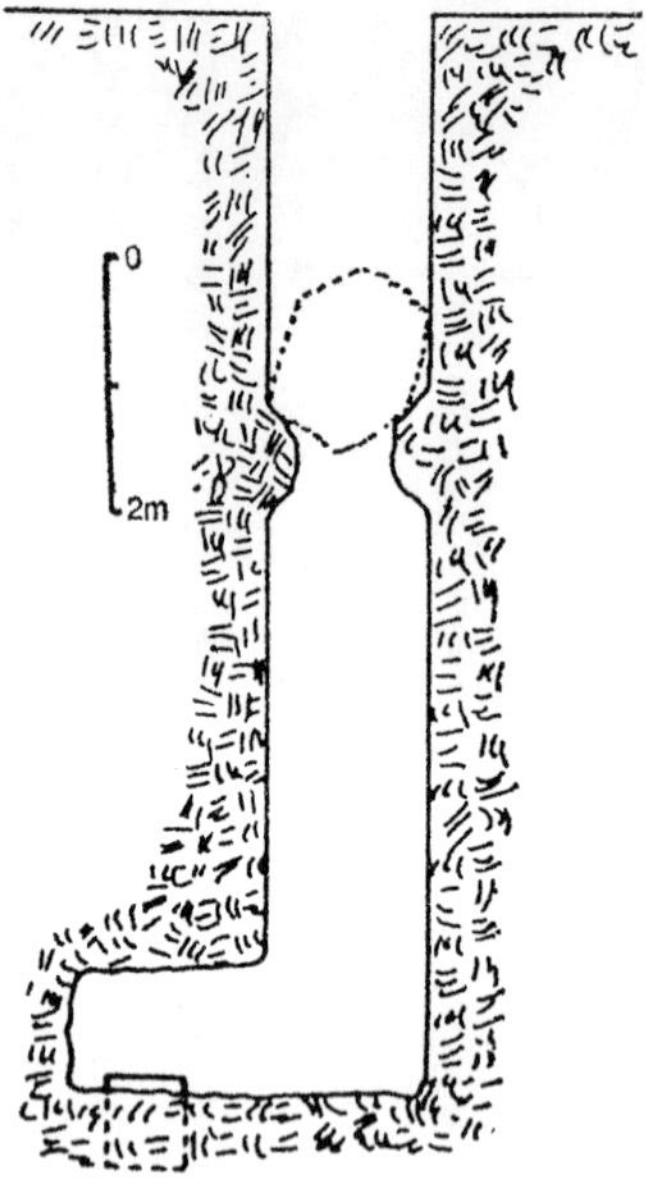

図 21　ニアンクペピの竪坑にある花崗岩の栓（S.ハッサンによる）

いうことに限られていたからである。しかしながら、サッカラのニアンクペピの墓は竪坑を閉ざすのにきわめて珍しい工夫をした。それは、竪坑の直径をせばめた部分の上に一個の大きな赤色花崗岩を置くというものであった（図21）。この円形の栓は瓶のコルクのようにして墓を閉ざしていた。しかも、これは通常の竪坑の詰めものに加えて施された措置であった。わずかばかり似ている別の唯一の措置は、右のものより古い時代のもので、ジョセルのピラミッドに見られる。そこでは、玄室は屋根を通して入口に嵌めこまれた花崗岩の栓によって密閉されている。ニアンクペピの場合に、花崗岩の石塊は竪坑の原位置に今もなお見られるが、埋葬品は盗人によって奪われてしまっている。彼らは、墓の近くでトンネルを掘りはじめて、竪坑の底の北西隅に達したのである。

もちろん、王墓は最高に精巧な保護措置を与えられた。古王国時代と中王国時代に属するピラミッドの、玄室を閉ざす措置はとくに興味ふかい。第四王朝から第六王朝に及ぶピラミッドの、標準的な閉鎖方法は落し戸と石栓《いしせん》を用いることであった。石栓は、いくつもの長方形の石塊であって、これをピラミッドの入口通廊に落し、予め選んでおいた場所にしっかりと詰まるようにするのであった。これは、通廊の一方の端の幅をわずかに狭くすることによって達成された。壁面が石材をしっかりと保持するようになるからであった。この作業法から明らかなように、いくつもの通廊の建造と石栓の仕上げは正確にしなければならなかった。石灰岩の栓はメイドムのピラミッドで使われたかもしれない。ダハシュルの第四王朝のピラミッドではそれは確実に使われた。しかし、トンネルを掘ることに対してはるかに大きい抵抗力をもっているということのゆえに、花崗岩の石栓が初めて使われたのは、ギザのクフのピラミッドが建造されたときである。落し戸は、石栓よりもはるかに薄いので、堅い石で造ったものでなければ容易にこわすことも突き破ることもできた。これは、ダハシュルの屈折ピラミッドの粉砕された石灰岩の落し戸が、明瞭に証明しているところである。この特別の障碍は、通廊閉鎖のさいに、慣習的なやりかたで垂直におりるのではなしに、下方に、そして横に、つまり対角線上を辷るというきわめて珍しい設計であった（図22）。同じピラミッドの中にこのタイプの落し戸が二つあったのであるが、その中の一つだけが定位置にはまっていた。いくつもの後のピラミッドは、花崗岩の落し戸をもっていて、それは一個の障碍であったり、三個から成るグループの障碍であったりした（図23）。墓荒し人の共通の技法は、落し戸や石栓を無視して、そのまわりに、ピラミッドの石組みのやわらかい石灰岩を突き破って新しい通路を切り開くということであった。この方法に対抗するために、ピラミッド内通廊の壁面はしばしば、落し戸の設けてある部分を含めて、すべて花崗岩で覆われた。

古王国時代のピラミッドの主たる弱点の一つは入口の位置に変化がないということであった。入口は常に北面の中央部付近のどこかに位置しているのであった。たとえ、下は地表レベルから上は約一五メ

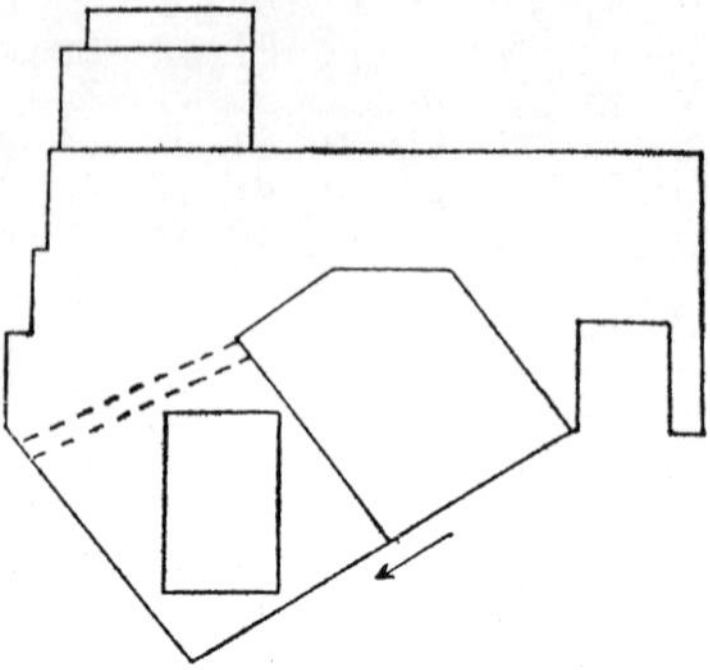

図 22　ダハシュルの屈折ピラミッドの斜めの落し戸(A. ファクリによる)

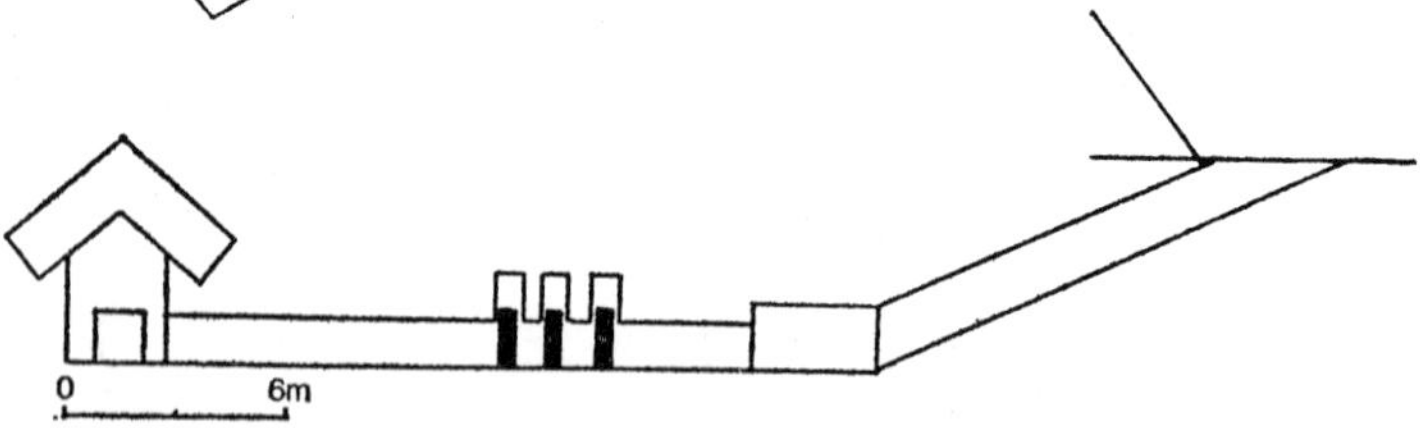

図 23　ウナスのピラミッドの三重の落し戸(A. バダウィによる)

ートル上に至るまで、さまざまの高さの変化はあるとしても、である。安全上に明白な欠陥があるにもかかわらず入口を北に保持したということは、入口が北面にあることを要求する宗教上の信仰が、他を無視するほどの重要性をもっていたということを示している。古王国時代においては、王は北の星々に向って旅し、それらの星々のあいだに生きつづける、と信じられていた。それゆえ、ピラミッドの入口方向は、これらの星々に向けて定められたのである。エジプトの緯度で眺めるならば、北の星々が沈むのは決して見られなかった。その結果、エジプト人は北の星々を不死のものと見なし、「不滅の星々」あるいは「疲労なき星々」と命名した。王をこのグループの中の一つの星と同一視することによって、王は星と同じ永遠の生命を保証されるのであった。「おお、高く不滅の星々のあ

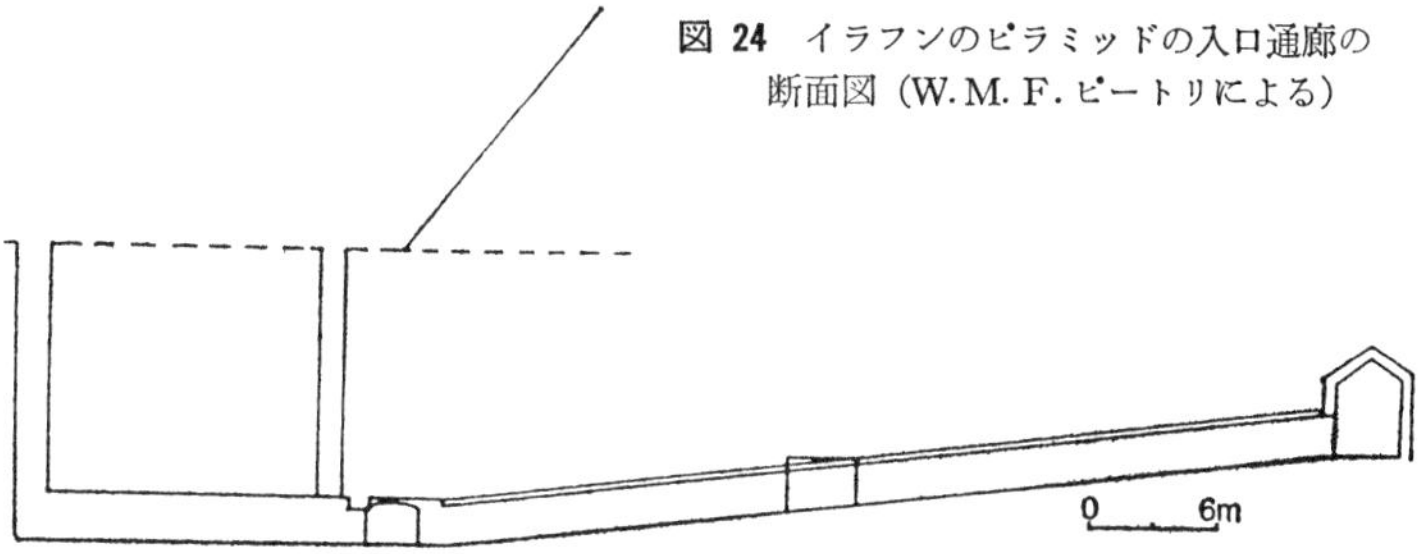

図 24 イラフンのピラミッドの入口通廊の断面図（W. M. F. ピートリによる）

いだに上った御身よ、御身は滅びることは決してない[3]」のであった。他方、王のピラミッドの向きを、永遠の生存を象徴する星々の方向にあわせるということは、そうすることによって埋葬所そのものが危機に陥るということになるならば、ほとんど無益なことであった。しかし、中王国時代に至るまで、ピラミッドの北の入口というきまりは打破されなかった。

第一二王朝の初期のピラミッドは、一般に古王国時代のピラミッドに似ていた。建造物としては古王国時代よりも劣っていたが。センウスレト二世は、イラフンの彼の日干煉瓦造りのピラミッドで北の入口という習慣から離れた最初の支配者であった。そのかわりに、彼の玄室は、南側の竪坑から傾斜通廊を通って達するように造られた（図24）。しかしながら、この改革は十分ではなかった。このピラミッドの中でピートリによって発見されたみごとな花崗岩の石棺は、空っぽになっていた。さらに、その蓋のかけらさえも全くなかった。玄室に隣接する一室では副葬品のいくらかの残りが発見された。それは、さまざまのビーズ、一個の立派な王室コブラ像（すなわちウラエウス）などであり、ウラエウスは黄金製で、色つきの石がいろいろ象眼されていた。この王朝の、そのあとの諸ピラミッドでは、入口の位置は記念物のまわりのさまざまの地点に置きかえられた。明らかに、隠《いん》蔽《ぺい》する意図からであった。ダハシュルのセンウスレト三世の煉瓦造りのピラミッドの設計はイラフンのピラミッドにむしろ似ている。竪坑の入口が、南側ではなしに西側に位置しているという違いはあるが。入口を北から外したということが、盗人に対しても、そしてまた考古学者に対しても、著しく事をむずかしくした、というのは何の疑いもないところである。一八九四—九五年にセンウスレト三世のピラミッドで発掘したジャック・ド・モルガン〔フランス人、一八五七—一九二四〕は、ピラミッドの下に、三つのちがった層で調査用のトンネルを掘らざるを得なくなり、そのあとでやっと何がしかの成果を得たのであった。彼の発見した最初の古代通廊が墓の本来の通廊の一つではなくて、墓盗人の掘った粗末なトンネルであったということは興味ふかい。墓盗人はモルガンと全く同じように墓の下で探していたのである。このことは、王墓を掠奪する全体の経過が今や非常に長期にわたるものになったということを示している。もちろん、掠奪者が室の正確な位置を前もって知っているのでないかぎり、本来の一通廊に突き当るという希望をもって記念物の中に手当り次第に穴を掘るということが必要だったのである。墓盗人の努力からうかがえるもう一つの要素は彼らの決意と持久力であり、これはそれ自体で無傷の埋葬所の富の可能性を反映するものである。ピラミッドの入口だけを移動したということは、エジプトの砂漠の地下通廊の暑さと埃の中で労働するという難かしさにもかかわらず、彼らを阻止するのに十分ではなかった。モルガンは、ついにセンウスレト三世の玄室に達したとき、長い絵を描いてある赤色花崗岩製の美しい石棺を発見した。この石棺について彼はこう書いている。「石棺は……開かれ、掠奪されていた。埃すら残らないというまでに(4)」。

　センウスレト三世の後継者は、いずれも日干煉瓦造りの二つのピラミッドを築いた。一つはダハシュルに、他の一つはファユムのハワラに。ダハシュルのピラミッドを、同じ苦労の多いトンネル掘りの方法で発掘したのは、またしてもモルガンであった。センウスレト三世の玄室が上部構造の北西部にあったので、発掘者はまずこの部分で探した。しかし、建造者は設計を変え、玄室を南東寄りに置いたのだった(図25)。今日の入口は東側の、中央よりずっと南にある。通廊と室はきわめて広かった。その中のあるものは、玄室からくる掠奪者の気をそらすための行きどまりのものとして、意図されたかもしれない。この点に関しては、この墓の内部構造はハワラのピラミッドのはるかに複雑な発展を予兆するものであった。

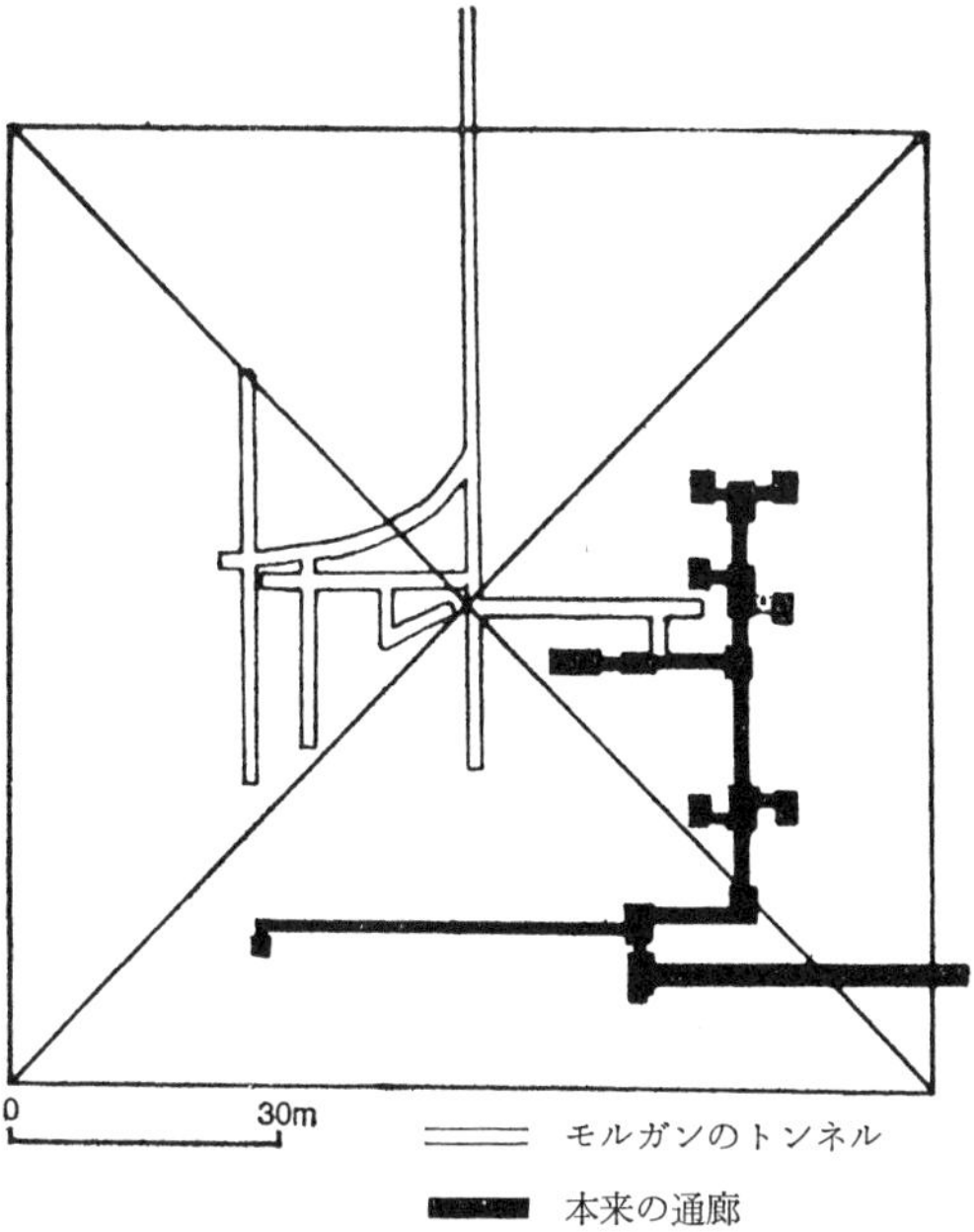

図 25　ダハシュルのアメンエムハト三世のピラミッドにおけるモルガンのトンネルを示す平面図（J. ド・モルガン）

　ハワラのピラミッドは、その内部の特別な配置と壮大な葬祭殿から見て、たぶん実際にはアメンエムハト三世王の埋葬のために使われた墓である。入口は南側に位置していた。もっとも、この記念物を発掘したピートリは、北面の下にトンネルを掘り、これを使ってまず玄室に着き、ついで入口の内側から逆に調査を進め、残っている通廊を発見した。このピラミッドは、計略の石戸を辷らせて閉じた密閉通廊というものを用いた最初のものであり、ピラミッド全体の設計は、玄室の安全確保のためにみごとな達成度を示している。下降通廊は、入口から小さな室と外見上行きどまりになっているところに達していた。しかし、屋根石は、高い層の別の室に通じる裏道をかくしていた。ここから、入念に石で閉ざされた偽りの通廊がはじまり、まっすぐ北に向っていた。しかし、正しい通廊は簡単に木の扉で閉じてある東向き通廊であった。幾人かの盗人はこの計略に引っかかり、石を詰めた偽りの通廊を貫いて道を切り開いてゆくために、長い時間と大きな労力を費した。正しいトンネルの行きつくところには、屋根に第二の計略戸口があった。それは、もっと上の通廊につながっていて、その通廊は第三の、そして最後の計略戸口に通じていた。この場所から出ている通廊は前室につながり、前室の床には二本の偽竪坑があった。その偽竪坑は、侵入者の注意を惹き、もっと長く時間を浪費させるために開いたままにしてあった。玄室はこの室のすぐ南に接していた（図26）が、ピラミッドが閉ざされたあと二つの室の間に連結路はなかった。本来の入口は前室の床の溝に作られていて、床より低い層の短い通廊に通じ、この通廊は直接に石棺に入っていた。この室は、実際にはただ一個の石英岩塊の中にくりぬいて作られたもので、作られたあとピラミッド建造に先んじて岩盤の中の穴におろされたのであった。室は同じ石で作った三本の巨大な梁《はり》で覆われていた。その中の一本は、埋葬物を安置するさいに高い場所に揚げられ、ついで正しい位置におろされて、前室からくる通廊の端末を閉鎖したのであった。そのあと、前室の床の溝は、石工事によって埋められ、石棺に至る道のしるしは跡形もなく消え去ったのであった。掠奪者にとっての、もう一つの謎は前室の、玄室から遠い側の部分が石で閉ざされていたということであり、それゆえに、その詰石の多くがのちに実りなき探査のために壊され、トンネルが掘られたのである。別の二つの室が玄室の上にあった。これは、玄室にかかる重圧を弱めるためであった。玄室の最上部は石灰岩の尖った屋根となっていたからである。これらすべての予防措置は、それが正しく用いられたならばもっと有効であっただろう。ところが、ある理由によって、最初の計略戸口だけが閉ざされ、他のものは一時休止の状態のままに放置されたのである。盗人に対して設けられた計略が玄室に侵入するのを遅らせるということに有効であったことは、きわめて明らかである。このことは、盗人が偽通廊と前室の詰石におびき寄せられて、そこに無意味な穴掘りをしたことによって、示されている。しかし、玄室が結局は発

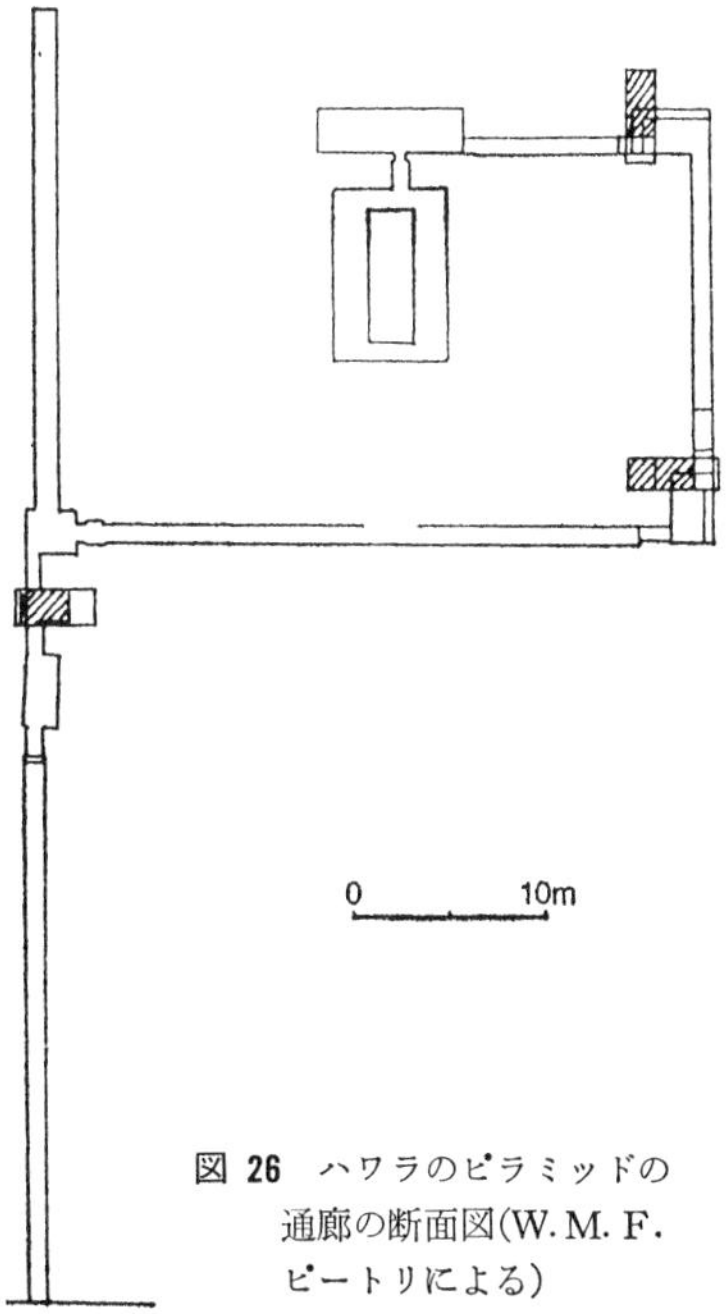

図 26　ハワラのピラミッドの通廊の断面図(W. M. F. ピートリによる)

見されるというのは、避けがたいことであった。ひとたび前室の床の溝が発見され、石の工作物が外されると、掠奪者は通廊の奥を閉ざしていた屋根の梁を征服しさえすればよかった。彼らは、石の下部を打ち欠き、剝ぎとって、無理に押しいることのできるスペースをつくることによって、これをなしとげた。玄室は二つの石棺をおさめていた。一つはアメンエムハト三世王のためのものであり、他の一つは王の娘ネフェルプタハのために用意したものと考えられているが、いずれも中身は盗まれていて、副葬品の断片が残っているだけだった。ピラミッドの中に第二の石棺およびネフェルプタハのために刻文された供物台があったにもかかわらず、この王女は結局のところ父のピラミッドに葬られなかったということが、最近になって分った。そして、わずか三五メートル平方の別のピラミッドがちょうど一マイルちょっと離れたところで発見され、これがネフェルプタハの真の埋葬所であるということが明らかになった。実際のところ、すべて日干煉瓦造りの上部構造は消え去っていた。その結果、玄室は上から、ただ屋根石を剝がしてゆくという作業だけで、発掘することができた。そのピラミッドの通廊の配置は分っていない。なぜなら、通廊は残らなかったからである。しかし、通廊がアメンエムハト三世のピラミッドの場合よりも複雑であったということは、ありそうにない。にもかかわらず、玄室は無傷であった。王のピラミッドの精巧な安全措置がすべて失敗したのに、ある偶然のおかげでそれは現代にまで保存されてきたのであった。これはむしろ、ダハシュルの状況に似ている。ダハシュルにおいては、センウスレト三世のピラミッドとアメンエムハト三世のピラミッドのまわりにある王女たちの墓は、ピラミッド自体の内部における惨憺たる状態とは対照的に、みごとな装身具を保存していたのである。ネフェルプタハのミイラの豪華な装飾は、掠奪者が通常なぜミイラを第一義的対象としたかの理由を説明する。王女は、黄金の先端飾りをつけたビーズのネックレスと胸飾り、また黄金と紅玉髄のブレスレットと足首飾り、さらにまた黄金のハヤブサの護符を身につけて、埋葬されていたのである。

マズグナの二つのピラミッドは、マッケイ〔ヘンリ・マッケイ、イギリス人、一八八〇―一九四三〕によって、それぞれアメンエムハト四世と王妃ソベクネフェルのものとされた。ハワラのピラミッドと設計が同じであることによってである。この仮定はかなり正しいかもしれない。とはいえ、これらのピラミッドが第一三王朝初期に属するという可能性もある。両ピラミッドとも、アメンエムハト三世のピラミッドと同じような安全措置をそなえていた。偽通廊、石の偽戸口、および玄室への隠された入口も、あった。閉鎖体系の準備のために採られた配慮にもかかわらず、いずれのピラミッドでも計略戸口は一つとして閉鎖位置にはまっていなかった。すでにハワラのピラミッドに見られた不注意が、ここにもあらわれている。たぶん、これらの巨大な石材を動かす難かしさのゆえに、建造者は石材を辷らせるという努力を放棄したのである。マズグナの北のピラミッドの場合、計略石材の中の二個はそれぞれ、二四トンと四二トンに達していた。

いずれも第一三王朝に属する、南サッカラのケンジェルのピラミッドとその近くの被葬者不明のピラミッドは、もっと大きな安全性を達成するという希望のもとに、玄室を閉鎖する方法に興味ふかい技術上の進歩をみせている。室に至る通廊は、ハワラのピラミッドの場合と同じように、屋根となっている石材の一つの下で開かれていた。その石材は、埋葬がおわるまで持ちあげられていたのであった。しか

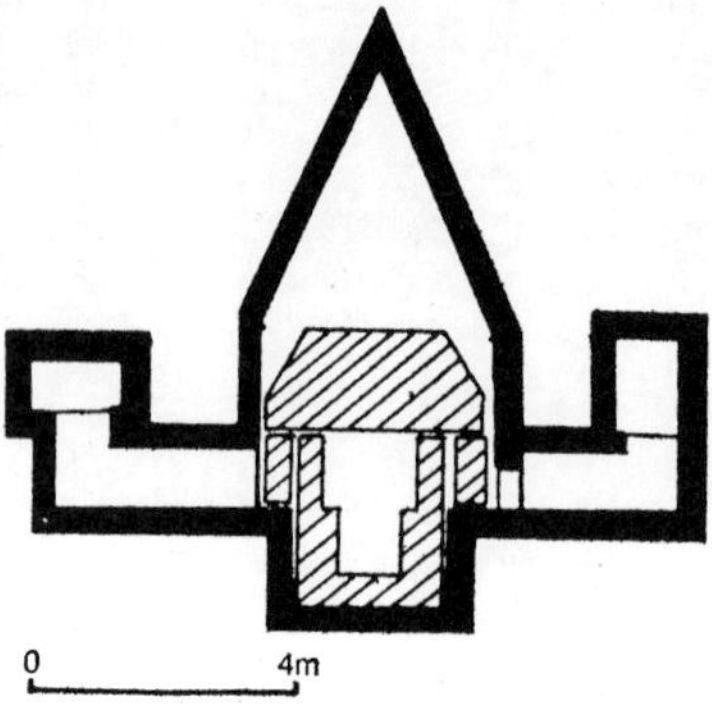

図 27 ケンジェルのピラミッドの玄室の断面図（I. E. S. エドワーズによる）

し、厚板を支える方法は全く新しいものであった。厚板は室いっぱいの長さにわたって面を覆い、室の両端で花崗岩の支えの上に乗っていた。一方、その花崗岩の支えは、石工作物の中の特別の二本の竪坑を埋めた砂の上に立っていた。梁を下げるさいには、砂は竪坑基底部の開口部から押し出されるのであった。そうすることによって、支えとなっているものは徐々に下って、巨大な石塊がその正しい位置に落ちつき、同時に入口通廊の端末を閉ざすのであった。この仕掛けを作動させるために労働者が砂に埋まった竪坑に達し得るように、せまい通廊がつくられた（図27）。ケンジェルのピラミッドで、屋根は低くされた。しかし、盗人は結局は室に達した。またしても彼らは、外側の通廊の石の計略戸口の中の二つが閉ざされなかったという事実に助けられたのであった。彼らが最後に玄室に入ったのは、彼らが屋根に掘った小さな孔を通ってであった。近くにある類似のピラミッドにおいても、屋根となる石の梁は一度として下げられなかった。この墓が使われないで放置されたということかもしれない。右の二つのピラミッドを発掘したジェキエ〔ギュスターヴ・ジェキエ、スイス人、一八六八—一九四六〕は、同じ技術がマズグナにおいても砂の上に屋根を下げるさいに用いられたと信じた。ただし、このことは確実ではない。いずれにせよ、これは墓の設計におけるみごとな技術上の達成であり、ずっと後に、応用された形となって再びあらわれることになる。

中王国時代の私人の墓は一般に古王国時代のものとは安全度において大差がなかった。しかし、いくつかの地点においては、王のピラミッドのために開発された防衛措置が裕福な私人の墓で模倣され、応用された。マスタバは中王国時代のあいだ引きつづき築造された。しかし同時に、ナイルの谷に面する石灰岩の崖に築く岩窟墓に、人気が増大した。この形式の墓は、まさに安全の逆をゆくものであった。目立つ正面をもつ丘の中腹に造られた墓は、その存在を宣伝し、掠奪者の注意を惹くのであった。またたいていの岩窟墓には、玄室に近づくのを阻止するための技術上の工夫が施されなかった。大半のものは、瓦礫を詰めた簡単な竪坑が祭壇の下から垂直に、あるいは斜めに、下ってゆくという設計であった。たぶん、それらの建造主（多くの場合は有力な地方統治者であった）は、葬祭係の祭司が定期的に墓参りに来ることによって墓は守られると考えていた。しかし、供物儀礼はいかなる場合も長つづきしなかったし、祭司自身も常に信用できるとは限らなかった。いくつかの岩窟墓は侵入者を欺くための偽玄室をそなえていて、そこには低い層のところに隠した真の石棺も置かれていた。しかし、これらの努力もたいていは無益であった。この時代のマスタバ墓のいくつかは、著しく進んだ巧妙さを示していて、それ以前には使われたことのないいくつかの仕組みを用いている。最も注目すべき墓の一つは、リシュトにあるセンウスレトアンクの墓である。これは、大きな石のマスタバで、上部構造は広範囲に破壊されている。下部構造では、まず斜めに下ってゆく通廊があって、その到達点に水平通廊があり、この水平通廊は四枚の落し戸で閉ざされ、その向うに玄室がある（図28）。盗人に対する最初の抑止力は、地表か

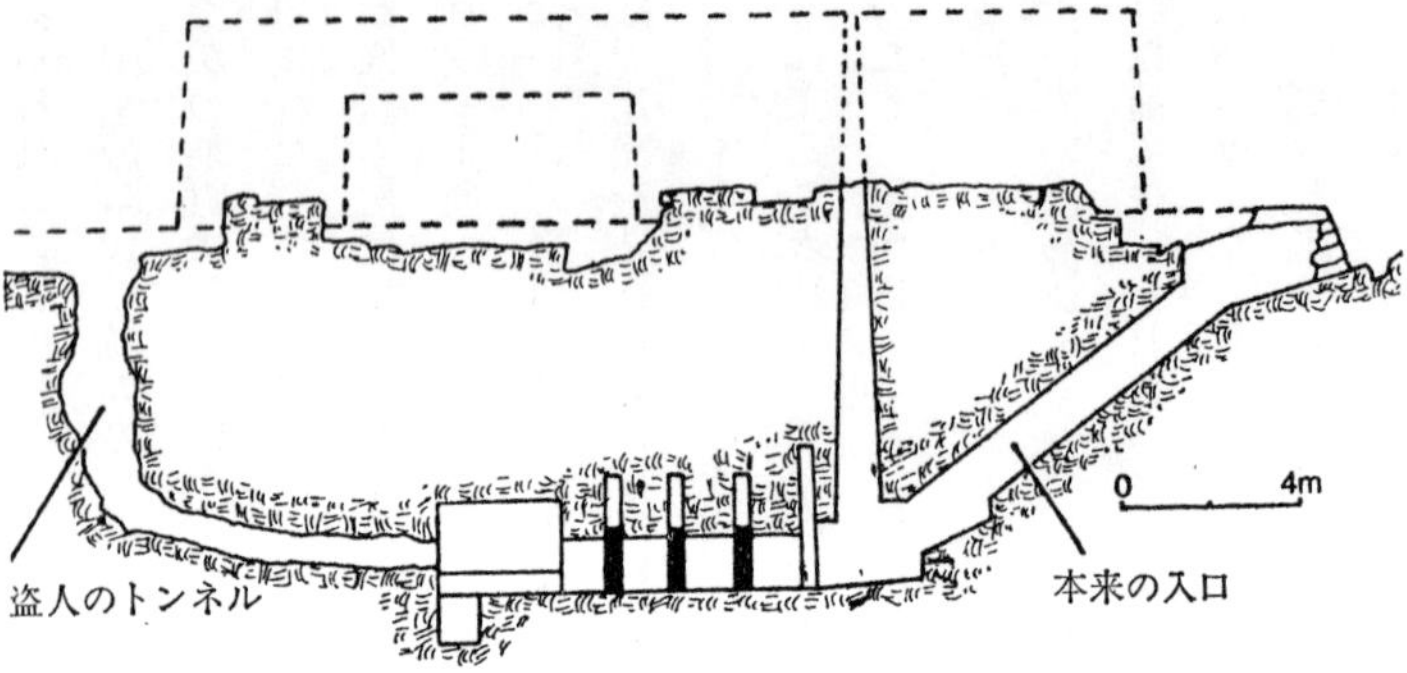

図 28　リシュトのセンウスレトアンクの墓の断面図（W. C. ヘイズによる）

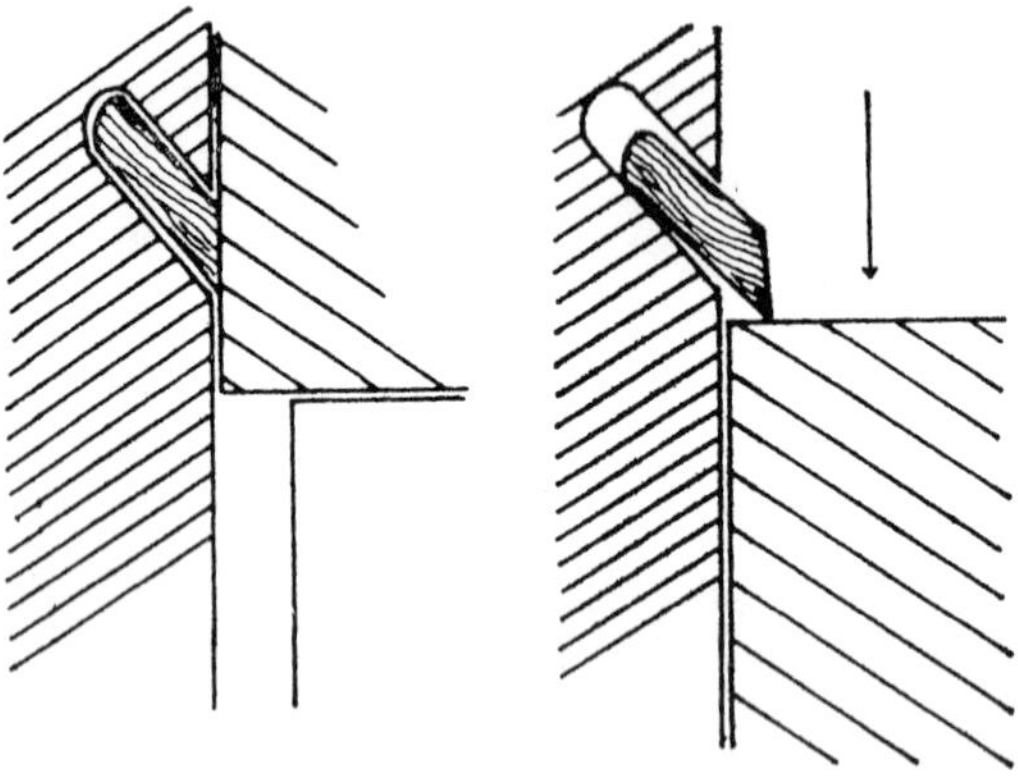

図 29　リシュトのセンウスレトアンクの墓の
落し戸の閉鎖法（W. C. ヘイズによる）

ら水平通廊の開始点に至る竪坑の存在であった。この水平通廊は最初の落し戸の直前ではじまっていた。竪坑は下へゆくほど直径が大きくなっていて、竪坑全体は固まっていない砂利と砂で埋まっていた。一方、斜めの通廊はしっかり固められた粗石《あらいし》で閉ざされていた。斜めの通廊を清掃し、通廊奥から詰めものを取り除く作業をするものはだれでも、竪坑の詰めものの下から支えを取り外そうとしたであろう。そうすると、砂利と砂がもっと多く上から落ちて下の空間を埋めることになったであろう。この工夫は、この方向から玄室に入ろうとする宝探しの連中の企てを有効に阻止した。また、それはこの墓を発掘する現代人を確実に驚かした。彼らは上から、ぱらぱらと砂利の雨が降ってくることなど、いささかも予期していなかったからである。この障碍のうしろに、四枚の落し戸が位置していた。その中の最初のものは、少くともそれ自身の一つの特徴を持っていた。石塊が辷ってゆくべき溝には、金属製または木製のボルトをいれるための穴が斜めに下に向って掘ってあった。これらのボルトは塞ぎ石そのものによって穴の中に保たれていて、塞ぎ石が下に降りると、その塞ぎ石の上に張り出してきて、塞ぎ石を再び持ちあげることができないようにする仕組みになっていた（図29）。これらの予防措置は、巧妙であり、きわめて独創的であったにもかかわらず、最終的に墓荒しを阻止しなかった。盗人は、正しい入口を経て侵入口を作るということに絶望し、岩床そのものの中に穴を掘り、墓室のほうに向きを変え、その南壁を突き破ったのである。このマスタバについての、またその非慣例的な防禦機構についての最も興味ある点の一つは、被葬者の確定ということである。その被葬者はかずかずの称号の中に「王の彫刻家にして建築家である者」というのを含んでいたからである。たぶんこの墓における革新は、彼自身の

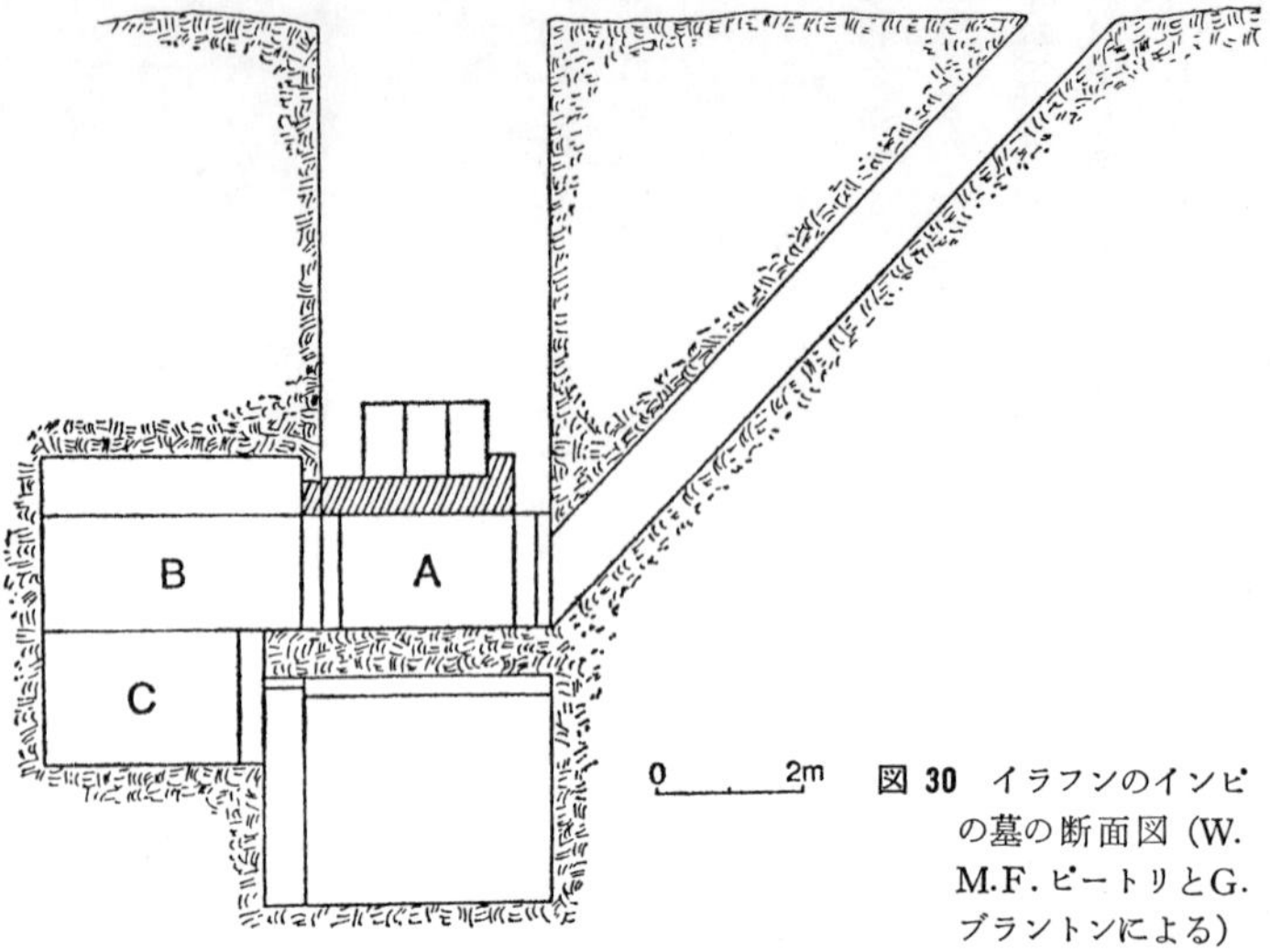

図 30　イラフンのインピの墓の断面図（W. M.F. ピートリとG. ブラントンによる）

天才の生みだしたものであり、たぶん彼はその考えをおのれの最後の休息所のためにのみ使うことにして、入念にあたためていたのであった。これは単なる推測なのであるが、第一二王朝の、やや非慣習的な設計を伴った他の墓が一人の建築家のものであることを知るとき、右の推測はもっともらしさを増す。問題の墓はイラフンの、センウスレト二世のピラミッドに近いところに位置するインピのマスタバである。墓の前に口を開いた深い竪坑があり、許可なき者の接近を阻む役を果していた。墓の下部構造に侵入する者はAとBの二つの室を通って、一見して玄室らしい室Cに達したであろう。その室の東側には、ミイラとされた内臓のための壁龕《へきがん》があるので、玄室らしさは完全であった（図30）。しかしながら、真の玄室はこの室の北端の石壁のうしろに隠されていた。この室からは何ひとつ発見されなかった。この室が一度として使われたことがないか、あるいは徹底的に掠奪されたか、のどちらかである。

これより巧妙さの劣っている地方の墓の場合には、墓地警備官による組織的掠奪が通常の方式だったようにみえる。リッカには、掠奪されたときに遺体はまだ柔軟であったことを示す証拠があった。このことは、埋葬のあと、いかに早く墓が再び開かれたかを示している。この地のいくつかの竪坑はいくつもの室をそなえていて、そのいくつかは侵入されたものの、他のものは無傷で残っていた。いかなる場合も、無傷の室は非常に貧弱であった。まさにそのことが、それらの室の放置された理由である。葬儀屋か警備人だけがそのような細部情報をもっていたのである。多くの竪坑墓が彼らのがわでマークされていた。だから、この遺跡の発掘をした者は、いかなる墓の穴がすでに掠奪ずみであるかを示すしるしが盗人自身によって付けられていたと述べた。少くとも一人の掠奪者が活動中に災難に遭った。リッカの竪坑一二四号は岩の中に掘った室に通じていたが、室の屋根はくずれ落ち、数トンにも及ぶゆるんだ石塊を落下させていた。それらの石塊が考古学者の手で取り除かれると、木製棺の残存物の上に横たわっている砕かれた骸骨があらわれたのである。骸骨の上には別の人間の腕の骨があった。その腕の主の残存部は近くに、これまた平たくつぶされて、グループとなって横たわっていた。これらの状況の、あり得べき説明はエンゲルバッハ〔レジナルド・エンゲルバッハ、イギリス人、一八八八—一九四六〕によって彼の報告書に述べられているものであって、これによれば、腕は墓盗人のものであって、この墓盗人が骸骨を柩から持ちあげ、その包みものを剝ぎとるために柩のわきに移ろうとしたとき屋根が崩れ落ち、直ちに彼を圧しつぶしたというのである。この説は埋葬所の富の豊かさによって支持されている。なぜなら、骸

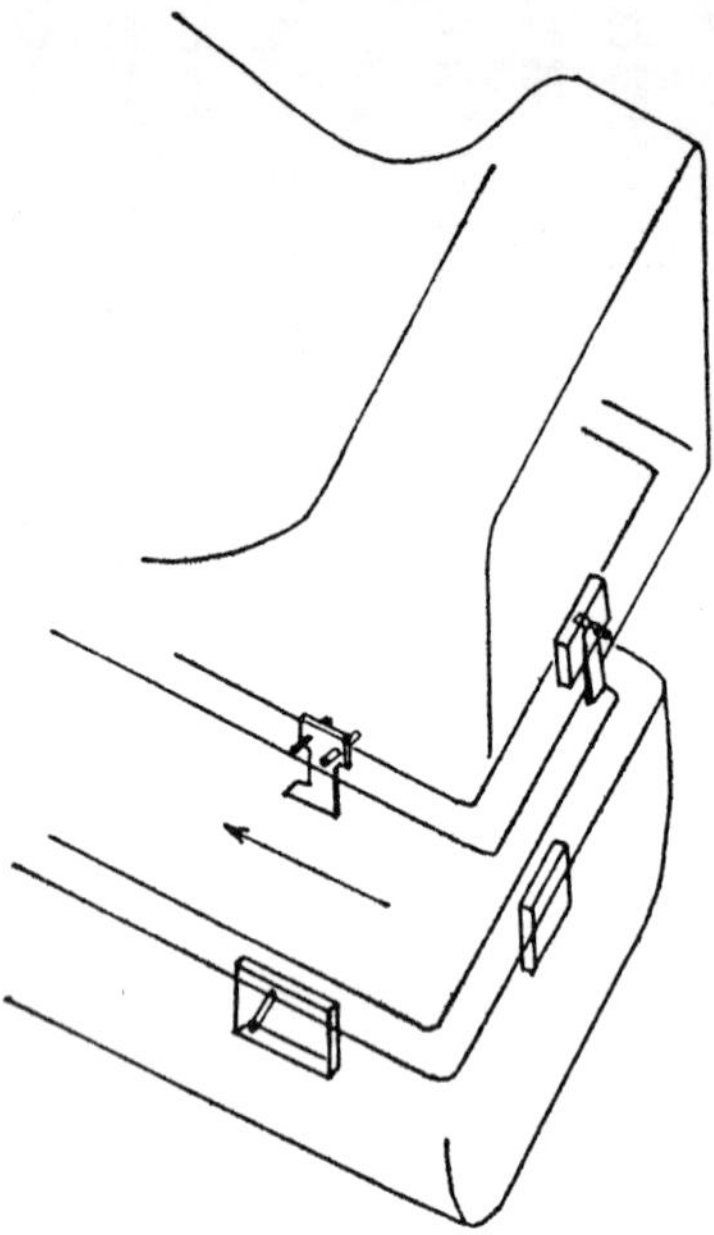

図 31　セネブティシの柩の閉鎖装置（A. C. メイスと H. E. ウィンロックによる）

骨の上には金と半貴石でつくったみごとな装身具一式が発見されたからである。それらのものは、その瞬間の屋根の落下がなかったならば、今日まで残存することは決してなかったであろう。それは今日、マンチェスター博物館のエジプト部にある。

中王国時代においては、裕福な埋葬所のいくつかの柩は、柩が再び開かれるのを阻止するための特別なロック方式をそなえていた。リシュトのセネブティシ夫人の内側人型柩は蓋につけた銅の留め金体系をもっている。蓋は掛け金によって下部の溝にはまるのである。留め金はすべて頭部のほうに向いており、蓋をロックするためには、蓋がまず足の部分にわずかに重なるほどの位置に置かれた。掛け金がそれぞれの穴にはいるようにするためである。ついで蓋は押しあげられ、留め金が掛け金の下にはまるようにした。しかし、そうできるようにするためには、これより前に、蓋の足部にある金属の回転環をあげて柩の端を処理する必要があり、柩の端がこれを受けるための溝に入るようにしなくてはならなかった（図31）。これと同じような装置がハワラのネフェルプタハの柩に施された。違いは、回転環が足部にではなく、頭部に置いた（蓋を下に辷り落すことによって固定するため）ように見えるということだけであった。別の人型柩は、金属の掛け金のかわりに木の枘《ほぞ》をそなえていることが知られている。しかし、この場合も操作法は同じである（図32）。木製柩の上に複雑なロックをほどこす労力は、現実には時間の浪費であった。なぜなら、決意した盗人は単純に、柩をこわして開こうとしたのであるから。このような装置のためにミイラから品物を盗み損ねたであろう唯一の者は、埋葬設備を受けもった葬儀屋であろう。彼らは、柩の中に押しいる危険を冒す余裕をもたなかった。なぜなら、そうすれば彼ら自身の活動の証拠を残すことになるから。しかし彼らは、ロックのない柩については、蓋を持ちあげて急いで数個の装身具を奪うということに、誘惑されたかもしれない。古王国時代においては、カフラとメンカウラの石

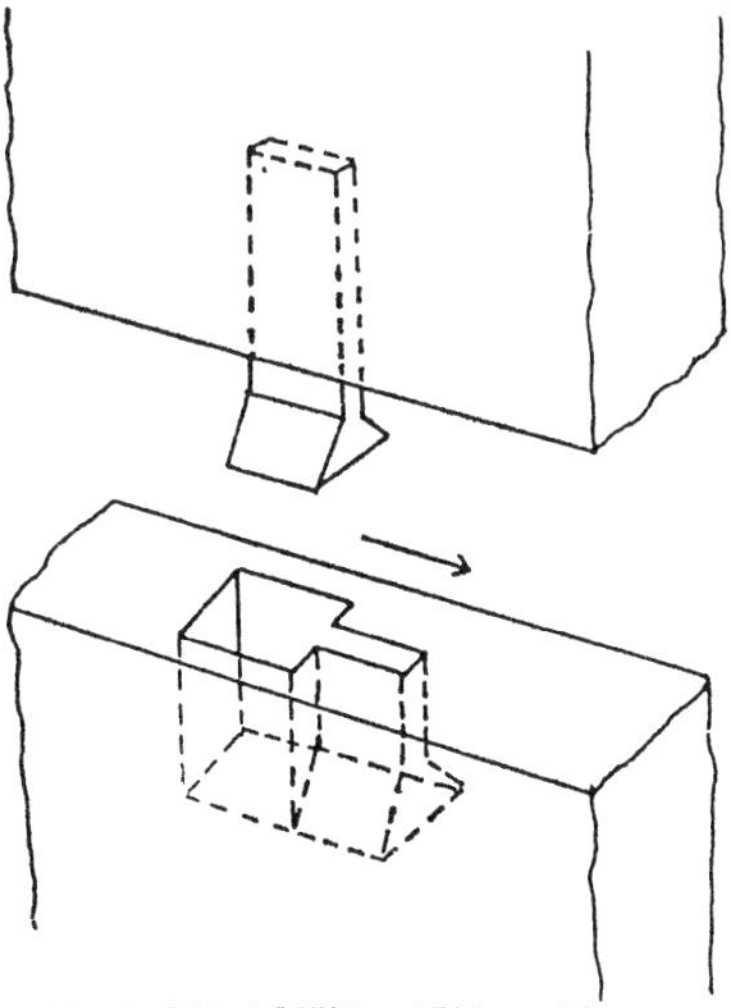

図 32 柩を木製蟻組で閉鎖した図
（P. ラコーによる）

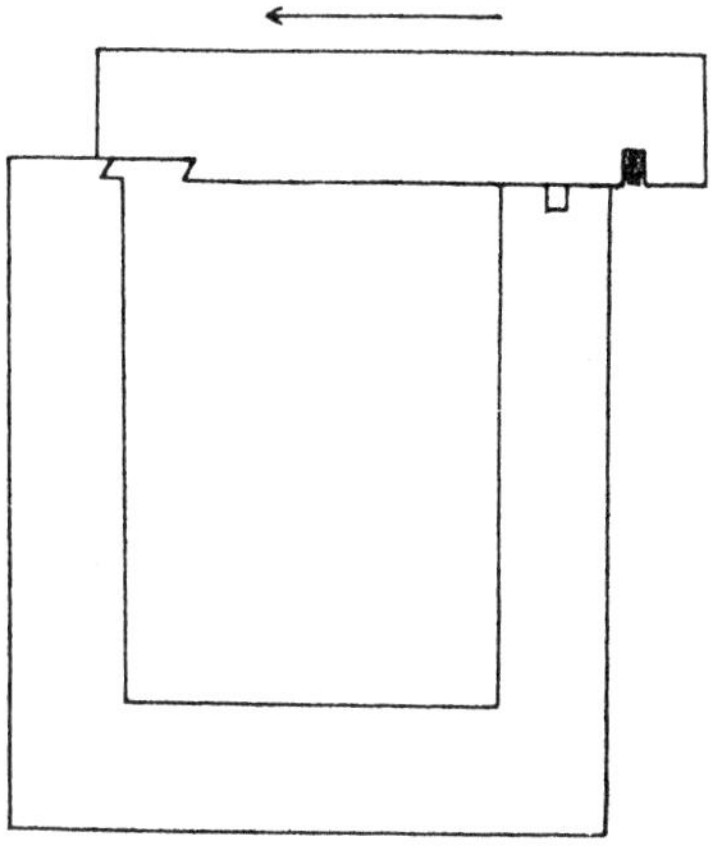

図 33 カフラの石棺の閉鎖法
（U. ホルシャーによる）

棺をも含めて、ロックは石棺に施された。その仕掛けの操作は、蓋が棺上を辷っていって、ずっと離れた側の穴にはまり、他方、蓋の中の穴から落ちる二本の栓が石棺の端に用意された同じような穴の中にはまる、というものであった（図33）。

新王国時代については、われわれは墓荒しとこれに対抗する措置に関する情報を、エジプト人自身の書いた報告によって、豊富に持っている。墓荒しパピルスとして知られる最も重要なグループは、初期の純考古学上の史料からかつて得たものより多くの細部をわれわれに与えている。その中には、荒された墓の名、盗人の自白、墓の公式検査の結果などが含まれている。これらの報告は第二〇王朝に属する。その時代には、第二中間期と新王国時代初期の諸王の墓はすでに荒されていたのであった。高官による委員会が、テーベの墓地の掠奪に関する報告を検査するために、同時に墓の破壊状況を調査するために、組織された。検査官の一行は王家と私人の墓を訪ねた。前者は第一一王朝から第一八王朝に至るまでの記念物を含んでいる。王家の墓のうちただ一つだけを除いて、他はすべて無傷であった。荒されていたのはソベクエンサフ王の墓ただ一つであった。私人の墓については、事情は全くちがっていた。それについては、アボット・パピルスが次のように述べている。

古代の神聖なるもの、テーベ西岸の市民と女性市民が休んでいる墓と玄室。盗人たちはそれらから奪い、内部と外部の棺から被葬者を曳き出し、砂漠の中に横たえ、被葬者に副えられた埋葬用具一式および内部の棺の中にあった金・銀・調度品を盗んだ。(5)

墓荒しの真の規模を発見することは、ナイル東岸のテーベ市長ペシウルと西岸の市長兼墓地警備隊長のペウエロとの対立によってこみいったものとなった。ペウエロは王家の墓の掠奪についての告発を無効にするための最上の努力をした。なぜなら、このような墓荒しがあったことを承認することは、墓荒しを阻止するための彼の行政の失敗を明らかにすることとなるからであった。とはいえ、少しずつ真実は明らかになった。別のパピルスはソベクエンサフ王の墓の盗人たちの次のような自白をおさめている。

> 私どもはいつものやりかたで墓荒しに行きました。私どもは太陽の子、セベケムサフ、セケムレシェドタウイ王のピラミッドを見つけました。これは私どもが荒し慣れてきたいかなるピラミッドとも、いかなる貴族の墓ともちがっていました。私どもは銅の道具を手にして、この王のピラミッドに押しいり、最も奥の場所にまではいりました。いくつもの地下の室がありました。私どもは蠟燭の火を手にして進みました。それから、奥の間の入口にあった瓦礫をつき破って進み、この神〔王のこと〕が玄室の奥に横たわっているのを見つけました。また私どもは、そのそばに彼の妃ヌブカアスの玄室を見つけました。それは、漆喰で保護され、瓦礫で覆われてありました。私どもは、これもまたつき破って進み、王と同じように彼女がそこに休んでいるのを見つけました。王と妃をおさめてある石棺と柩を私どもは開きました。王の気高いミイラには半月刀が添えてありました。頸にはたくさんの金の護符と金の装身具がついていました。金の装飾模様が身体の上にありました。王の気高いミイラは全面が金で飾ってありました。柩は、内側も外側も、金と銀で飾ってあり、あ

りとあらゆる貴石が象眼してありました。私どもは気高いミイラの上にあった金、頸についていた護符と装身具の金、ミイラの休んでいた柩についていた金を集めました。王妃の飾りもこれと全く同じ状態でありました。私どもは王妃についていたすべてのものを取りました。それから王と王妃の柩に火をつけました。私どもは王と王妃に副えてあった金、銀、青銅の品々を取り、仲間で分けました。私どもは王と王妃のミイラ、護符、装身具、柩から取った金を八等分いたしました。二〇デベンの金が各人に渡りました。合計で一六〇デベンの金になります。これには副葬品の断片は含まれておりません。それから、私どもはテーベに戻りました。(6)

盗人の言及している金の量は一四・五キログラムに相当する。この量は、ある学者たちから誇張であると見なされた。しかし、ツタンカーメンのような二流の王の副葬品に含まれていた金の重量を見れば、右の量を誇張と見なすべき理由は毛頭ない。いずれにせよ、金はきわめて密度の高い金属であって、一四・五キロの重量は大して嵩《かさ》ばらなかったであろう。このパピルスに記されたもう一つの意味ふかい点は、盗人の大半は石工や大工などの職をもつ職人であったということである。そのことによって、彼らは墓荒しに必要な技術を十分にそなえていたであろう。この特別の盗賊団は王墓荒しへの関心を最近になって持ったにすぎないのであって、それまでは私人の墓を荒す仕事に没頭していたのであった。彼らの中の一人アメンプヌフェルは別の墓荒しパピルスにあらわれている。アメン神の第三祭司チャネフェルの墓を荒したことに関する調査のときである。このとき、アメンプヌフェルは次のような出来事を述べている。

私どもは……チャネフェルの墓に行きました。彼はアメン神の第三祭司であった人です。私どもは墓を開き、内部の柩を引きだし、ミイラを取りだし、墓の一隅にそれを置きました。私どもは内部の柩を他の物と一緒に船に移し、アメンエモペの地に移しました。夜、私どもはそれに火をつけ、そこにあった金を引きはなしました。そして、四キテの金が各人の手に渡りました……。(7)

柩を焼くのは金を木から分離させる単純な方法であった。なぜなら、金は火によって傷つくことが全然ないからであった。右の場合は、柩の全体が船に乗せて安全な距離のところまで移され、そのあとで焼かれたのである。しかし、時として盗人は、墓の中で実際に同じ処理をして金を取りはずしたということを述べている。またしても、述べるのはアメンプヌフェルである。

……私どもは内部のいくつもの柩を引きだしました。その上には金がありました。私どもは柩をこわし、夜になると、墓の中で柩に火をつけました。(8)

史料は墓への入口をつくるために使われた方法のいくつかを明らかにしている。通常の方法は、墓から墓へとトンネルを掘ることであった。アボット・パピルスには、ヌブケペルラ・インテフの墓で、北側に未完の二・五キュビット〔約一・三メートル〕のトンネルが発見されたということが述べてある。そのトンネルは、アメン神殿の供物監視官イウリの、あとの時代に造られた岩窟墓の外側の室から出ているものであった。まさに同じ方法が、セベケムサフの玄室を攻撃して成功したさいに用いられたのであった。その入口は、トトメス三世治世の穀倉監視官ネブアメンの墓からの通路を開いて造られたのであった。テーベの墓地の墓室は互いに非常にひしめきあっていたので、あてずっぽうにトンネルを掘っても何かに突きあたるのだった。一方、すでにわれわれが見たように、掠奪者はしばしば正確に目標物に迫るように掘るための十分な情報を持っているのであった。このトンネル掘りの技術は、いく世紀ものあいだ生きつづけてきた。エジプト考古局が一九〇〇年代の初期に、装飾された墓室祭壇を保護するために処置を施したさい、クルナの一住居のうしろから四つの墓に通じているトンネルが発見された。一九二四年、盗人たちは、同じやりかたで、テーベのニューヨーク・メトロポリタン美術館の古遺物倉庫にまっすぐに入るトンネルを掘った。トンネルは先祖たちの伝統的な方法で近くの岩窟墓からはじまっていた。幸いなことに、侵入者たちは空になった箱とこわれた壺で一杯になっている室に入っただけであった。

第二〇王朝の調査官団の前に引きだされた盗人たちは行動について訊問され、証人が呼びだされて盗人たちの陳述を肯定あるいは否定した。告発された者も証人も、ともにそれぞれの記憶を助けるために打たれた。典型的な訊問は次のとおりである。

訊問。測量者ペウエロの妻、女性市民ムテムイアは呼びだされた。一同の者は彼女に向って言った。「ペウエロについて何か言うことはないか。彼がそなたの家にいるあいだにこの銀を持ち去ったそなたの夫について」。彼女は言った。「私の父はあの人が墓へ行ったことを聞かされていまして、私に言いました。おれはあの男をこの家にはいれない、と」。彼女は再び訊問された。彼女は言った。「あの人は荷物を一度なりとも私のところへ運んで来たことはありません」。彼女は枝を束ねた鞭と捩《ね》じ棒でまたまた訊問された。彼女は言った。「あの人はこの銀を盗みました。そして、墓室監視官ルティの家に置きました。ルティは測量者ペウエロの妹タベキの夫であります(9)」。

しばしば、被告はファラオの名において真実を述べるとの誓いをしなければならなかった。そして彼らのことばからわれわれは、有罪と認められた者に与えられた罰についていくらかを知る。パオエムタウムトという男は次のような誓いをしている。

アメンが生きるかぎり、そして統治者が生きるかぎり、もしこの盗人たちの中のだれかと私が関係をもつことが明らかとなりますならば、どうぞ、鼻と耳を切り落され、杭《くい》の上に置かれますように(10)。

「杭の上に置かれる」ということばはパピルスの到るところに出ており、これは杭に突き刺して殺すという死刑を語っている。もう一つの罰はヌビアへの追放であり、たぶんこれはヌビアの駐屯部隊あるいは採石隊に入らせるためである。刑罰のきびしさは非常に重大な性格を反映している。なぜなら、盗人たちは死者の埋葬贈品を持ち去っただけではなく、死者の肉体を損壊することによってあの世における死者の存続を現実に危うくするからであった。宝物探求者によって掠奪されたのは墓だけではなかったということも、言及に値する。大英博物館パピルス一〇〇五三号は、ラムセス二世葬祭殿からの、神殿職員自身による掠奪の細部をおさめている。盗賊団の主目標は神殿の花崗岩製戸口にかぶせてある金であった。彼らは、時間をかけて少しずつ金を取った。しかし彼らの行動は王室記録担当書記セテクモセによって書きとめられた。書記はこれをアメンの大祭司に報告するといって彼らを脅した。しかしセテクモセは間もなく、盗品の金二点を贈られてから、静かになった。

新王国時代における王室埋葬所警護についての最も貴重な発展の一つは、デイル・エル・バハリの崖のうしろのさびしい谷、今日「王家の谷」と呼ばれているところの谷に墓を造ることを決定したということである。ここに埋葬された最初の君主はトトメス一世であった。彼はおのれの墓の造営のために建築家イネニを用いた。イネニはおのれの墓室銘文の中でこの計画を秘密のうちに実施したことを誇って次のように書いている。「私は、私ただひとりで陛下の岩窟墓の造営を監督した。いかなる余人もこれを見ず、いかなる余人もこの計画を耳にしなかった……」(11)。秘密性は第一八王朝の墓の第一の目的であった。極度に顕示的で傷つきやすい旧時代のピラミッドに対する反作用として生れた墓だったからである。墓の入口は小さくて目立たず、片隅に位置し、岩の中に掘られていて、通廊はある長さにわたって無装飾とし、未完成の墓のイメージを与えるようにした。初期の墓は途中でいく度か方向を変える通廊

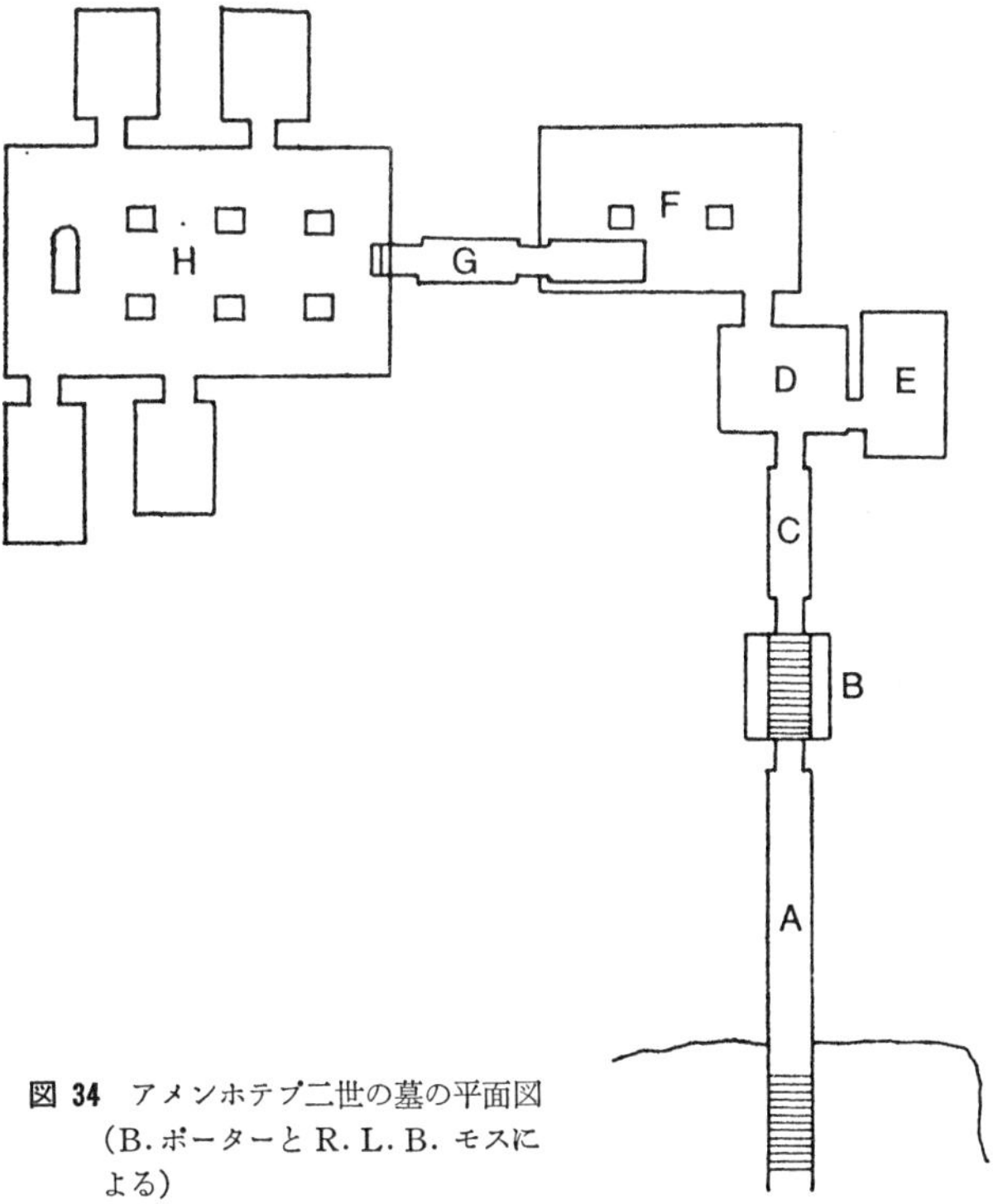

図 34　アメンホテプ二世の墓の平面図（B. ポーターと R. L. B. モスによる）

をそなえていたが、アメンホテプ三世以後の墓は一般にまっすぐの軸線にそっている。両タイプの多くの墓の設計には、墓に見せかけの終末点をつくる体系が含まれている。最後の室と見えるものの床の下から通廊をつづけるということによってである。図34に示したアメンホテプ二世の墓の平面図では、室Fは墓の終末点と見えたであろう。真の玄室に通ずる階段は漆喰のうしろに塞がれて隠されていたからである。もう一つの有名な王墓の特徴は、前室の前で通行を阻止する深い竪穴である。これは長いあいだ安全措置であると見なされてきた。最近の一つの説は、この竪穴は実際上の目的というよりは神話につながる目的をもっていたと述べた。竪穴は王が同一視された神オシリスの墓を象徴している、というのである。しかしながら、竪穴のうしろの封印された戸口は戸口の存在を隠すために完全に塗りこめられているので、竪穴もまた盗人に対する障碍としての役をもったということはまことにありそうなことである。それが第一義の機能であったわけではないとしても。竪穴をもっている室の古い名称は「待機の間」あるいは「妨害の間」というものであった。しかし、誰が、あるいは何が妨害されたのかは明らかでない。もう一つの説は、竪穴は墓の中に流れこむかもしれない荒天時の水を遮断する装置として意図されたと見なすものである。これは、ありそうにないように見えるかもしれないが、実際にありえたことなのである。豪雨は悪しき神セトの作りだすものと見なされていたのであって、水は王墓から引きはなしておくべきものであった。エジプトの神殿は同じ目的のための精巧な排水渠をそなえていた。

墓の位置を秘密の中に保つという第一八王朝の統治者たちの企ては明らかに失敗であった。後期の墓においては、秘密性についての希望をすべて捨てて、広くて威圧的な正面が見られる。同時に、被葬者をおさめる石棺は大きなサイズとなり、王の遺体は数トンの花崗岩によって保護できるという空しい希望が生まれた。ただ一つの墓だけが、王家の谷で現在までほとんど無傷で存続したということはよく知られている事実である。その墓は有名なツタンカーメンの墓である。実際、盗人たちはこの墓に侵入することに成功したのであったが、その活動の初期に妨害を受けたのであった。この墓の最終的保存は純粋に偶然の問題であった。というのは、その入口は、後のラムセス六世の墓の造営から生ずるいくトンもの石屑の下に埋まったのであるから。

王家の谷の王墓は掠奪されたものの、その中に本来おさめられていたミイラの多くは、現代にまで存続した。第二一王朝の祭司の採った警戒措置のおかげである。すべての墓を守るということが不可能であることがきわめて明らかになったので、アメン神の上級祭司たちは王の遺体を集めて秘密の隠し場に移すことにきめたのであった。かなりの期間にわたって数回の移動が必要であった。しかし、最終的にミイラは二ヵ所に眠ることとなった。一つのグループはアメンホテプ二世の墓の副室に置かれ、他方、残りのミイラはアメン神祭司たちのいくつかのミイラとともに、デイル・エル・バハリの第一一王朝の古い竪坑の中に隠された。後者の隠し場はほぼ一八七五年まで荒されないでいるが、その年、古い墓盗人のいく人かの現代の子孫によって発見され、この隠し場から出る遺物が古物市場に出回るようになる。もちろん、移葬時に、被葬者はすべての副葬品を伴っているわけではなかった。移葬より前にそれらは奪われていたのであった。上級祭司たちの行為は、墓の備品の一切を完全に整えて守るということについての希望を全く捨てて、破壊からミイラを救うという最後の死にもの狂いの努力なのであった。遺体は、装身具を求める盗人たちによって包帯を奪われて裸となっていたので、再び包帯をし直さねばならず、ある場合には第二一王朝の新調の柩におさめなくてはならなかった。こうして、包帯の多くは、埋葬物の修復の年代を示すインクをとどめることとなった。ファラオの最終安息地の手軽さは、それぞれが本来の墓にあったときに持っていたはずの豪華な備品と際だった対照をなしていた。しかし、少くとも彼らの遺体は事実上無傷で存続した。このことは、エジプト人の信仰においては、これらの統治者の霊的生活がまだ終っていないことを意味した。デイル・エル・バハリの隠し場の位置は最終的に一八八一年にエジプト考古局の手で探しあてられた。そして、ミイラはカイロ博物館に移され、いま同館に安息している。このグループには新王国時代の最も有名な統治者の中のいく人かが含まれている。すなわち、アフメス一世、アメンホテプ一世、トトメス一世、トトメス二世、トトメス三世、セティ一世、ラムセス二世、ラムセス三世である。一八九八年に発見されたアメンホテプ二世の墓からは、この墓の主と他の八人の王のミイラ、さらに三体の女性ミイラと一体の少年ミイラが出てきた。しばらくのあいだ、アメンホテプ二世のミイラは彼の墓の彼の石棺の中に置かれていたが、現代の墓盗人の手で攻撃が一度なされたので、当局はこのミイラをカイロに移し、他のミイラの仲間入りをさせた。今日、本来の墓になおとどまっている唯一の王のミイラはツタンカーメンのミイラである。

第二一王朝のあいだアメン祭司団は以前の王の埋葬のほかに彼ら自身の埋葬についても配慮した。その中の多くのもの（一五〇体を越える）はデイル・エル・バハリの別の隠し場におさめられ（一八九一年に発見される）、他のものは同じ地域の断崖墓に小グループで埋葬された。それらの墓のいくつかの発掘は、墓盗人の活動に興味ぶかいサイドライトを与える。上級祭司ピネジェムの娘、ヘントタウイ王女のために本来は造られた一つの墓は木の扉によって閉ざされていた。のちの埋葬を加えることができるようにするためであった。最初の追加はジェドムテスアンク王女の柩とミイラであり、のちに別のヘントタウイ王女がこれにつづいた。後者の外側包帯は無傷であったが、他の二体のミイラの外部包帯は、価値あるものを求めて引き裂かれ、切られていた。一方、ジェドムテスアンクの左手の包帯は指輪を取るために剝ぎとられてかたわらに捨ててあった。この野蛮行為は、下のもつれた布をおおいかくすために最も外側の包帯を定位置に戻しておくということによって、半ばかくされていた。盗みの跡をかくそうというこの秘かな配慮は、第二のヘントタウイが掠奪されなかったという事実と相まって、この墓荒しが埋葬関係者の手になるものであることを示している。しかし事件はまだ終らなかった。なぜなら、墓は、メンケペルラの柩を追加するために再び開かれ、葬儀屋は、以前の三つの柩のすべてから鍍金された外面を切りとり、その破損の跡をリンネル布でおおいかくしたからである。この同じ墓は、さらに埋葬者を加えるためにそのあといく度もくりかえし開かれ、柩はつぎつぎと積重ねられ、ついに、新来者をいれるスペースをつくるために古いミイラを竪坑の中に投げいれるというところまでいった。時として遺体は墓に着くより前にでも掠奪された。相ついでここに葬られた第二のヘントタウイのミイラとネシティセトのミイラにあっては、外側の包帯は良い状態で発見されたものの、深い層の包帯はかなり乱雑になっていた。ついに、考古学者は、護符と装身具のおさまっている層に達した。それらの品々の跡は樹脂の中になおも残っていたが、品々自体は三〇〇〇年前のミイラ製作人の手で奪われ、消えていた。埋葬関係者は、価値あるもののかわりに無価値の代替品を置くということもまた知っていた。装身具箱と銘打ったある箱のごときは、封印された状態で発見されたにもかかわらず、中には粗雑な木屑しか入っていなかった。

右に記した墓荒しに似た例が、デイル・エル・バハリの別の墓で作業した同じアメリカの発掘隊によって発見されている。この墓は第一八王朝期にメリトアメン埋葬のために造られた（メリトアメンの巨大な木製柩はカイロ博物館で見られる）。しかし墓は第二一王朝期に、エンティウニという人を埋葬しようとしてここに運んだあい再び開かれた。埋葬隊は墓の中にはいり、大きな外側の柩、三枚の柩用蓋、内側の柩におさめられたミイラ、および埋葬用品一式が運びこまれた。岩窟通廊の途中で、行列は床に掘られた深い竪穴によって停止させられた。その穴はむしろ王家の谷の王墓の竪穴に似ていた。柩と遺体は床におろされ、葬儀屋は何をなすべきかを検討した。その中のいく人かが、竪穴に橋をかけるために木材を探しに出た。そこで数人の者が残って柩の警護に当った。これらの人は、通廊で、鍍金した柩のかたわらに坐ったのであるが、明らかに誘惑の餌食となった。彼らは大急ぎで三枚の柩蓋から鍍金した仮面を切りとり、そのあとで蓋を捨てた。こうして蓋は竪穴の縁の近くに横たわった。墓の本来の埋葬体は葬儀屋が停止させられた障碍の向うに、ずっと奥のところに横たわっていた。しかし、やがて、トトメス三世の娘メリトアメンも長いあいだそこに平穏無事にいたわけでないことが、明らかになった。ミイラの額に付いているヒエラチック（神官文字）の銘文は「一九年、冬の三月、二八日。この日、王の妻メリトアメンを検査」と読まれる。内側の包帯の銘文は、遺体が第二一王朝ピネジェム一世の治世中に再包帯されたことを確証した。ついに、発掘者たちは、墓の床に横たわる瓦礫の中に掠奪者によってミイラから剝ぎとられた本来の包帯の残存物を発見した。その残存物の主について何の疑問もなかった。なぜなら、その中の一片はメリトアメンの名を示すインクの銘文をそなえていたからである。

墓盗人でさえもあるユーモアのセンスをもっていたということを示す証拠の一片について書くのは楽

しいことである。王家の谷のいくつかの竪穴は猿、犬、朱鷺《とき》、家鴨を含む動物の埋葬所として用いられた。これらの竪穴は、例によって、墓盗人によって捜索され、ミイラの包帯はちぎられた。しかしながら、ある墓の場合は、一匹の犬と一匹の猿が侵入者によって完全に包帯に手をつけずにおいてあった。盗人たちは、一片の木の上に猿を立たせ、その前に犬を立たせた。両者はきわめて近くに相対しているので、まるで会話をしている最中のような外観を呈した。盗人たちがこのようなジョークを楽しむ余裕をもったということは、テーベの墓地における安全確保がいかなるものであったかについていくらか語っている。

王家の谷の王墓を岩窟墓で築くというやりかたが発達したのち、墓の建築家たちの創意工夫の能力は衰えていったように見える。まるで彼らは墓荒しへの新たな対抗措置を発見する闘いを放棄したかのようである。一方、第一九王朝と第二〇王朝のあいだ、王家の谷は王墓の地として使われつづけたが、それは安全性というよりは伝統のゆえであった。第二一王朝においてわれわれは、再び王家の人あるいは非常に高い地位の人の墓について新しい展開を見る。一方、これより貧しい人たちの墓は、墓の主が実施し得る限られた保護措置で存続のチャンスをもつのであった。第二六王朝までつづいて用いられる新しい墓の設計は、主神殿の敷地内に墓を造り、人里はなれた場所に隠された形で造られて盗人の自由な行動を許すというかわりに、常に神殿職員の眼の行きとどくところに置くということであった。このやりかたは第二一王朝と第二二王朝のタニスの王墓で、テーベのアメン神の「神聖修道女」〔女性祭司のこと〕の墓で、さらにまた第二六王朝のサイスの王墓で、用いられた。後者の墓は一度として発見されたことはない。しかしヘロドトスは次のように語っている。

サイス人はサイス州出身の王はすべてこの神域内に葬ってきたものであり、アマシスの墓はアプリエスとその祖先の墓よりも社殿には遠いけれども、やはりこの社の境内にあり、これは巨大な石の柱廊で、棗椰子《なつめやし》を模した柱をはじめ贅を尽した装飾が施されている。柱廊の内部に二重扉のついた部屋があり、その中が葬室になっているのである。(12)

(松平千秋訳『歴史』岩波文庫)

この形の墓は奉納の儀式をつづけるために、煉瓦または石で覆われていた。一方、玄室は地下の狭いところにあり、竪穴によって外部とつながっていた。玄室の狭いのは、たぶん、ナイルの谷では地下水が深い竪穴を造るのを妨げるために平坦な地面に墓を造らねばならなかったという強いられた事情からくる結果であった。メディネト・ハブでは、「神聖修道女」の祭壇の中の二つが原位置に残っているが、タニスの王墓は地下の室を除いてすべて破壊された。後者の墓地はプスセンネス、オソルコン二世、アメンエムオペ、シェションク三世という諸王の埋葬所のほかにシェションク・ヘカケペルラという名の共治者と数人の高位の私人の埋葬所をおさめていた。これらの墓のいくつかは盗人によって荒されていたが、その掠奪はつねに徹底的であったわけではなく、いくつかの埋葬所は盗人の注意を免れた。オソルコン二世の墓は屋根をつき破って侵入された。巧妙な盗人の一隊は床の下を切り、トンネルを掘りシ

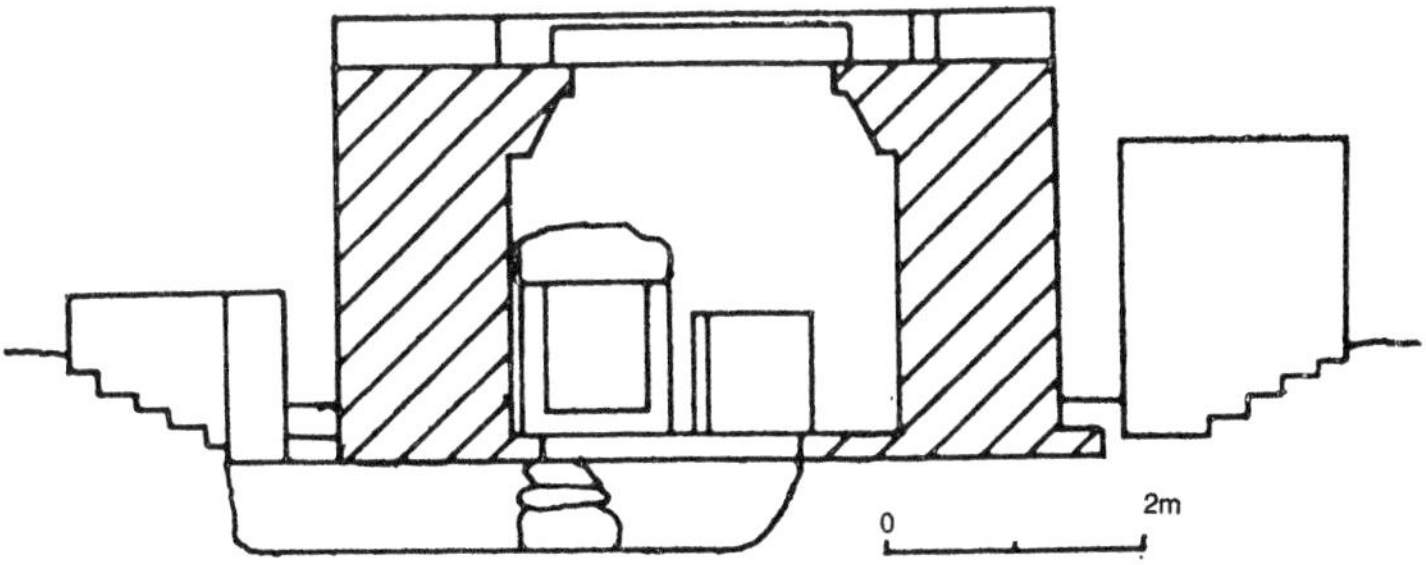

図 35　タニスのシェションク三世の墓の下に掘られた盗人のトンネル（P. モンテによる）

ェションク三世の室に達し、石棺（図35）のかたわらにあらわれた。しかし、安全対策として王墓を神殿敷地内に築くことの有効性は、王プスセンネス、王アメンエムオペ、共治者シェションク・ヘカケプルラの玄室およびわずかばかり地位の低い個人（その中に王子ホルナクテと将軍ウェンジェバエンジェドがいる）の玄室で豪華な副葬品が発見されたことによって明らかとなった。これらの埋葬所の発見が第二次大戦中のことでなかったならば、たぶん一九二二年のツタンカーメン王墓の発見と同じ程度の関心を惹いたであろう。それなのに、今日でもなお、タニスの宝物は一般大衆にほとんど知られていない。それ自体みごとな作品であるところの黄金製護符と装身具のほかに、プスセンネスとシェションク・ヘカケペルラのすぐれた銀製柩があり、後者はハヤブサの頭をもつ注目すべき人面像をつけている。柩の中には数個の独立した金製人面像があった。プスセンネスの金製人面像はツタンカーメンのそれと同スタイルのものであった。ただし、精巧な象眼細工のかわりに、金属にカットした装飾が施されていた。宝物はすべて遺体の上に置かれていたわけではなかった。なぜなら、いくつもの墓室には大量の高度に装飾的な金器と銀器が持主の名を刻して置いてあり、そのほかにシャブチ小像、石の器、青銅の武器などの平凡な品々もあった。ツタンカーメン王墓から出た品々を見るためにカイロ博物館を訪れる人は、タニスの王墓から出たみごとな品々を置いてあるすぐ近くの室にはいることを決して忘れてはならない。

テーベのアメン神の「神聖修道女」たちの墓は、タニスの埋葬所ほどうまくはいかなかった。もっとも、それらの荒されたのがいつであるかは不明である。それらの墓はプトレマイオス王朝期にはすでに完全に掠奪されていた。そこで、この王朝期に、祭壇の石棺のいくつかは再使用のために持ちだされた。棺の再使用という事柄については、タニスの王墓の被葬者が自らの埋葬のために古い石棺を自由に使ったということは記述に値する。たとえば、プスセンネスの棺の一つは、本来は第一九王朝の王メルエンプタハのために造られたものなのであった。

第二六王朝に至って、ついにわれわれは墓の保護に関する最後の達成を見る。ただし、不思議なことに、王墓においてではなく、きわめて裕福な個人の大きな私的建造物においてである。玄室は岩の中の壮大な竪穴の底に造られた。竪穴の広さは約一〇メートル平方であり、その深さは約三〇メートルに及んだのである。そして玄室の天井はアーチ形の石造屋根で覆われた。一旦完成してしまうと、大きな竪穴から室にはいるところは一カ所もなかった。埋葬物安置のための唯一の入口は、ならんでいるずっと小規模の竪穴であり、この竪穴は下部で水平の通路となって室につながっているのであった(図36)。主竪穴は、玄室の上に砂で再び埋められ、竪穴の頂上まで埋めつくされた。玄室の天井には、いくつかの特別な裂け目が作られ、そこに壺がはめられ、漆喰でしっかり固定された(図37)。埋葬式が終り、石

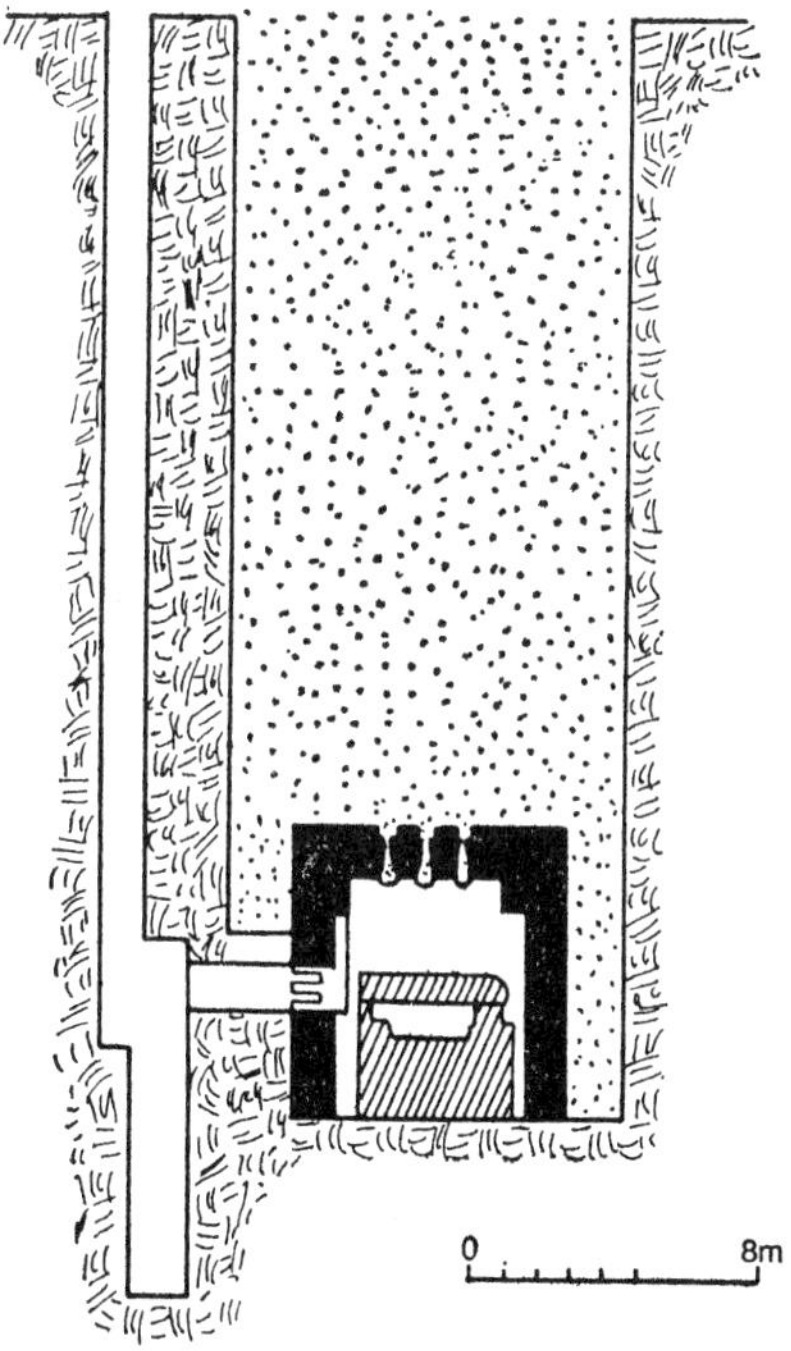

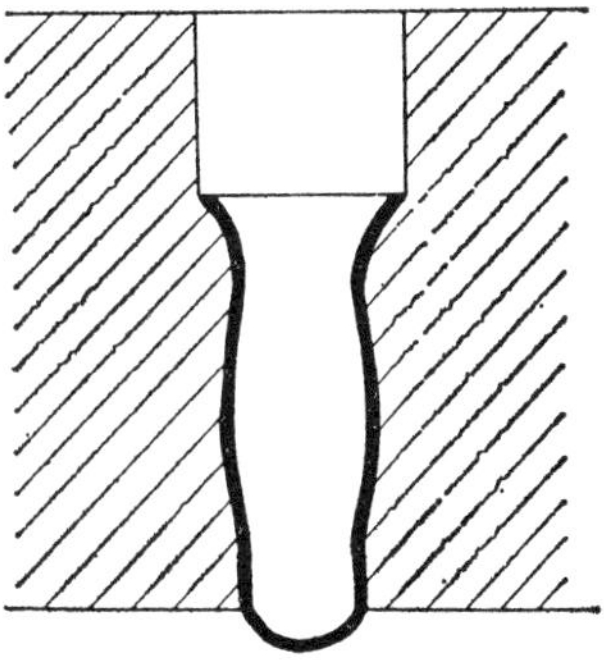

図 37　玄室の屋根におかれた土器の壺（Z. Y. サードによる）

図 36　第26王朝の大形竪穴墓の断面図（Z. Y. サードによる）

棺が閉ざされると（もちろん石棺はすでに墓の建造中に墓の中に置かれていた）、室を去る最後の人が壺の底を紛々に砕いた。すると、竪穴からの砂の滝が裂け目を通って室に落下し、室の全体を埋めるのであった。ついで、埋葬隊は小さな竪穴から退出し、そのあとで、これを埋めつくすのであった。室に入ろうと企てるいかなる盗人も、まず小さな竪穴からはいるほかはなかった。なぜなら、主竪穴の砂を除くことは彼らの手段をこえるものであったから。しかし、室の閉鎖石材をつき破って押しいると、通路に流れ落ちてくる砂の洪水に彼らは見舞われたであろう。もし彼らが以前にこのようなタイプの墓に出会ったことがなかったとすれば、彼らは前進するために砂を掘って除くことを企てたであろう。しかし、いかに早く砂を除こうとも、もっと多くの砂が、除かれた砂のかわりとなって竪穴から落下してきたであろう。主竪穴の砂を全面的に除去しないかぎり、玄室に達することは不可能なのであった。それは、考古学者がその作業費用に照らして知っているように、長い工程の仕事であった。この種の墓の最上の例の一つはサッカラのアメン・テフナクテの墓である。これは、驚いたことに、精巧なすべての保護装置をもっていて、しかもそれは何の実際上の目的のためのものでもなかった。埋葬所は無傷であったものの、遺体にはただ一点の副葬品すらも付いていなかった。同種の埋葬体のもっと典型的なものは、金と半貴石で作られた一式の護符で覆われている状態で発見された。この墓の設計によって与えられる例外的な安全性を考えると、このタイプのものがメンフィスの墓地に限られていたように思えるのは驚きである。たぶんこれは、サッカラとギザの地域的条件という利点のせいである。この地においては、深い竪坑を掘るという長い歴史があり、また穴を埋めるために用い得る大量の砂があったからである。砂は、墓荒しに対抗する措置として用いられただけでなく、墓の中で重い石棺の蓋を下げるのにも用いられた。そのやりかたは、第一三王朝期に王のピラミッドの屋根石を下げるために考案されたものと似ていた。蓋は両端に四角い突起部をもっていて、これが室の壁面の窪みにはまり、蓋が砂の上の木製支柱に支えられるようにするのであった(図38)。ついで砂は、室の下部に作られた小さな裂け目を通って排除され、蓋はゆっくりとおりて、定位置に落ちついたのである。

エジプト文明の最終段階の埋葬所は、いくつかの巨大石棺を別とすれば、墓荒しの脅威に対抗するための意味ある技術上の革新は何ひとつ生まなかった。巨大石棺の場合も、これより古い時代に頻繁に証明されたように、何ら本格的障碍とはならなかった。グレコ・ロマン時代の貧しい人びとは、しばしば広い共同墓地に屋根までミイラを詰めこむ状態で葬られた。裕福な人びととの埋葬所はもっと堂々たる記念物をそなえていたが、墓を閉ざすさいに使われた方法は埋められた竪坑と石による閉鎖という古くからの標準的なものであり、どれもこれも安全ではなかった。墓建造者と墓盗人とのあいだの長い闘いにおいて、優勢なのは常に墓盗人のほうだった。

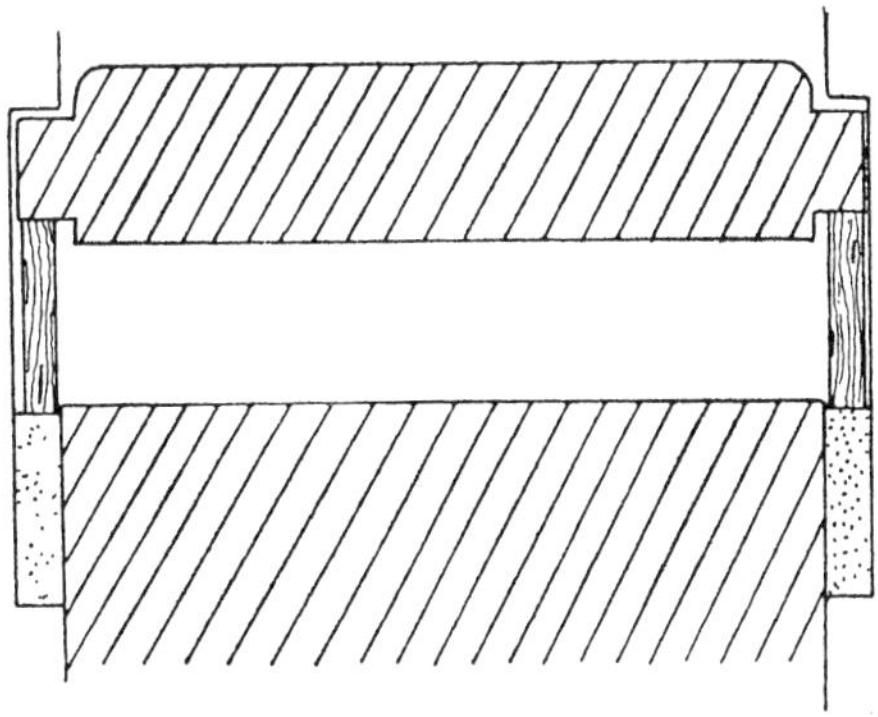

図 38　室の屋根を下げる方法
（Z.Y. サードによる）

安全性を達成するための技術上の方法がほとんど無益であったことを示すものであるが、エジプト人は常に第二防衛線に依存した。それは呪術の守護という防衛線であり、これは末期王朝時代にいよいよもって支配的となった。墓における彫像とレリーフが呪術によって死者を助け、その生の持続を確実にすることにいかに機能することができるかを、われわれはすでに見た。しかし、加護を与えるために用意された大量の銘文というものもまたあった。これらのテキストの神話的内容については第六章で論ずるが、最古の宗教文書であるピラミッド・テキストからの典型的な守護の呪文の一つをここで引用しても無駄ではない。「おおオシリスとなった王よ、守護が与えられんことを。余は御身に、すべての神々を、その遺産を、その貯蔵品を、その所有物すべてを、与える。なぜなら、御身は死んだのではないから」(13)。他の呪文は王の潜在的な敵に対して、あるいは王に害を加えるかもしれぬ危険な動物、とりわけ蛇に対して呪《のろ》いを投げている。死者を守るために用意された呪術テキストの範囲は広大であるが、そのテキストの存在によって墓盗人がいささかなりとも抑圧されたという証拠は一つとしてない。

護符という手段による呪術的守護は非常に古い時代から与えられているが、それは次第に広範囲にわたるものとなり、個々の護符だけでなく柩の上に描かれた、あるいは彫られた護符的記号を含むに至った。ある護符は全般的な守護の作用を与えるだけであったが、他の護符はその機能において個別的であった。たとえば身体の部分の形をした護符は、生存能力を取りもどす力をもつのであった。護符は大いなるひろがりをもつ品々の模倣として作られ、時としてその目的に関する銘文が記された。枕の模型は、身体から頭が引きはなされるのを阻止する力をもつと見なされた。蛇の頭の護符は死者を蛇に咬まれないように護るのであった。パピルスの笏《しゃく》のシンボルは四肢に絶えざる力を与えるものであった。より一般的な守護の性格をもつ護符の中には、チェト、ジェドの柱、ホルスの眼、アンクがあった(図39)。後者は「生命」をあらわすエジプトのヒエログリフであり、すべてのエジプトの護符の中で、たぶん最も普通のものであった。ここではわれわれは死者の守護についてのみ考察しているので、護符の形の起源と護符の神話上の意味については第六章で述べる。心臓は心臓の形をした護符によって護られたが、そのほかに、「心臓スカラベ」の名で今日では知られている黄金虫を彫った大きな石によってもまた護られ

図 39　通常の護符

た。これらのスカラベは、最後の審判で死者が自然発生的に自己に不利な告白をするかもしれないのを阻止するために用意された『死者の書』からのテキストを、そなえていた。末期王朝時代においては、さまざまな神の小像の形をした護符が普通であった。長いひろがりの時間を通じて非常に人気のあったのは、ホルスの四人の息子であり、いずれも護符的な像として柩の上に表現された。死者はまた女神イシス、ネフティス、セルキス、ネイトの守護下にあった。これらの女神は柩と石棺の上にあらわれることもある。もっとも、これらの女神の、葬祭上の役を果している最上の例はツタンカーメン王墓から出た四体の鍍金した像である。石棺の装飾における葬祭の神々は、神が死者に語ったことばを記したテキストをしばしば伴っている。「余は御身の守護者となるために来た……」。これらのことばは、こわれて空っぽになった石棺の蓋の上ではむしろ皮肉に見える。なぜなら、石棺のための技術的ならびに呪術上の安全措置は失敗したのだから。エジプトの葬制上の最も驚くべき特徴は、彼らが遺体とともに価値あるものを置くことを続けたということ、そして、こうすることによってミイラの破壊を事実上確実にするということを悟ったにちがいないにもかかわらず、これを続けたということ、である。墓から古い被葬者を取り除き、同じ室に自らを埋葬させた（同時に前の被葬者の柩と副葬品を奪うこともしばしばだった）人びとについては、彼ら自身の遺体が同じ運命を免れるということをいかにして彼らは期待したか、は想像しがたいことである。

いかなる価値ある物もはいっていないということが知られている埋葬所の場合のみに、恒久的な安全は存在した。このことは、紀元後三世紀からあとのコプトのキリスト教墓地によって十分に証明されている。新しい宗教は墓室用の品物を何ひとつ求めなかったので、埋葬所は荒されないで存続したのである。墓の保護という全体的な問題に関して、エジプト人は肉体は無傷で存続しなければならないという信仰と、それに品物を副えるという希望とに捉えられていた。彼らは一方を守るために他方を捨てるという気にはならないのであった。

第五章　永遠のための保存

死者を保存しようというエジプト人の初期の試みについては既出の章で述べたが、われわれは古王国時代以後のミイラ製作の発展についてはなおも調べてみなくてはならない。ミイラ製作技術の全体的様相については、われわれは紀元前五世紀の著作であるヘロドトスの報告に依存している。その時代には、すでにミイラ製作の技術は著しく衰えていたが、それでもなおヘロドトスの記述の多くは新王国時代の入念な方法によって潤色されているということは、まことにありそうなことである。新王国時代の方法の伝統は、もはや実際に全面的に実行されていたわけではなかったとしても、なおも記憶にとどまっていたのである。ヘロドトスは複雑さと費用のちがいに応ずる三つのミイラ製作法を述べている。最も入念なものは、鼻孔を通じて脳の組織を除去し、脇腹に切口をつけてそこから内臓を摘出し、遺体内部を洗浄して香油を注ぎ、ついで切口を縫合して閉じる。そのあとで（とヘロドトスは述べる）、遺体は七〇日のあいだナトロンで覆われ、ついで洗浄され、包帯で包まれる。この点についてはヘロドトスは間違っていた。実際には、ミイラ製作の全日程が七〇日だったのである。それはわれわれがエジプト史料から知っていることであり、ナトロンによる処理はその日程の一部であったにすぎなかったのである。遺体はナトロン溶解液の水槽に漬けられたと長いあいだ考えられてきたが、最近の研究は、ナトロンは乾燥粉末の形で用いられたことを明らかにした。動物の死体による実験は、粉末ナトロンは非常に有効に組織を脱水するのに同物質の溶解液はそのような効果を少しも発揮せず、死体は急速に崩れて不快な寄せ集めにかわるということを証明した。ヘロドトスの記述に関する最も新しい註釈は、ギリシア語の原文で用いられた用語では乾燥ナトロンが遺体の上に積みあげられたとする見解を述べている、と指摘している。

ギリシアの史家の報告にある第二のミイラ製作法は肛門に油を注入し、ナトロンによる外部処理を施すというもので、一定時間ののち、油を流出させると、内臓の非溶解残存物が一緒に運び出されるのである。いかなる種類の油もこのような効果をもったということはありそうにない。もっとも自然に崩れる内臓はいかなる油のときも油とともによく流れ出たであろう。いくつかの遺体はほとんど確実にこのようなやりかたで処理された。なぜなら、それらの遺体は脇腹に裂け目をもっていないから。同じ方法はアピスと呼ばれるある種の牡牛のミイラ製作のさいに用いられた。

ヘロドトスの挙げた最後の方法は、最も安上りだと述べているものであって、これは簡単に洗浄し、ナトロンで脱水するのであった。たぶんそれから、遺体はリンネル布で包まれた。しかしヘロドトスはこのことに言及していない。考古学上の証拠は、時代のちがいでミイラ製作の技術に大きな変化はなかったということを、またヘロドトスの記述のとおりに、すべてのミイラが内臓を摘出されたわけではないということを、示している。第一一王期時代に属する一群のミイラがデイル・エル・バハリの彼らの墓で発見されているが、それらはすべて腹部の裂け目を欠いていた。それらのミイラは肛門から注入された樹脂で処理されたかもしれず、あるいはいかなる形の内臓処理もなされなかったかもしれない、というふうに見える。遺体を調査したところ、内臓の崩れた残存物は、広範な分解の証拠はあったものの腹と胸の中になおもあった。たぶん、ミイラ製作の作業範囲はナトロンによる脱水、および油または樹脂で外部組織を保存するという試みに限られていた。その外部組織の残存物は遺体の上から検出されたものの、表面の分解は表皮、毛髪、爪の消滅をひきおこしたのであった。そのミイラの製作年代においては、脳を摘出する試みは全くなされなかった。この洗練された技《わざ》は新王国時代の新工夫なのである。王女たちの遺体は、まだ柔軟状態にあるあいだに包帯された。だから王女アシャイトが身につけていた装身具のしるしは肉に刻まれている。しかし、それにもかかわらず、昆虫の幼虫が侵入し得ないほど速かになされたわけではない。

ミイラ製作者からたいした注意を惹かなかった別のグループの埋葬は、王ネブヘペトラ・メンツーホテプの兵士たちの場合である。彼らは戦いの犠牲者であって、デイル・エル・バハリに埋葬するためにテーベに運ばれたのであった。遺体は約六〇体で、すべてリンネル布で包まれていたものの、保存状態は悪かった。真のミイラ製作の試みはなんらなされなかったのである。しかし、遺体に付着している大量の砂は、包帯の前に遺体を経済的脱水法によって砂の中に一時的に埋めたことを示している。この場合、遺体は先王朝時代の墓の遺体と同様の条件に服したであろう。そこで、保存の度合は先王朝時代の墓の埋葬体と似ている。ある程度の保存効果を達成するためのこの簡単な方法は、一般に認められているよりもずっと広く貧しい者の埋葬準備のために用いられたであろう。

中王国時代の遺体はもっと頻繁に、古王国時代末期の裕福な人の埋葬のさいに用いられたのと似ているやりかたで処置され、内臓は脇腹につけた長い切口を通して摘出され、遺体の空洞部はリンネル布を詰めて埋められた。実際、第一二王朝の墓に内臓容器があることは、ミイラそのものの存続している例はごくわずかであるにしても、遺体がいつも内臓を摘出されたことを示している。その時代には、これらの容器は四個の石製壺または陶製壺という形をとっていて、そのストッパーは古王国時代の平たい蓋の発展した人間の頭部の形をしていた。これらの壺は普通は「カノピック・ジャー」(カノプス壺)と呼ばれる。その用語は拡大使用されて、内臓をおさめるいかなる器にも当てられている。それが木の箱であろうと、石の箱であろうと、あるいは縮小形の柩であろうとも、である。「カノピック」という単語は船乗りカノプスに関するギリシアの伝承に由来する。カノプスはかさばった本体に人間の頭をつけた壺の形で崇拝されたと信じられていたのであった。カノプス壺の発展についてのもっとくわしい話は、壺につける銘文についての議論とともに、次の章で扱う。

現代に至って包帯を解かれた無傷の第一一王朝のミイラはワフと呼ばれる一人の貴族のものである。彼はサンクカラ・メンツーホテプ三世の治世中に死に、テーベに埋葬されたのであった。隔膜の下の柔かい組織は通例の切口を経て遺体から摘出され、ミイラ製作者はこの組織の処置のほうによりも遺体を包帯で巻くことのほうにはるかに多くの時間をかけた。大量のリンネル布が遺体に用いられ、全体では約三七五平方メートルに達した。包帯は単に狭い布切れでなされるだけではなかった。広いリンネル布と厚く折りたたんだリンネル布の詰めものもあった。後者は、輪郭が適当に丸々とした外観を呈するように詰められたのであった。装身具と護布は包帯の下に間隔を置いておさめられていた。包帯は各層ごとに樹脂で覆われていた。外からは見えない内部の包帯は、ところどころにミイラ製作者の汚れた指のあとが残っていた。他にも不注意の跡があり、一匹の死んだ鼠と一匹のトカゲが偶然にミイラの中に巻きこまれていた。リンネル布のいくつかのものには、ミイラ製作の日付が黒インクで記してあった。これは埋葬時のリンネル布の通常の特徴である。一方、一一枚の断片にはワフの名が書いてあった。

テーベの同じ地区から、これまた第一一王朝の、ミイラ製作材料の隠し場が発見された。イピという人物のミイラ製作の残りものであった。このような残存物は珍しいものではない。あらゆる時代の残存物が見つかっており、通常は、残存物はその主である被葬者の墓の近くに置いてあった。この遺棄物は、死者の遺体組織の断片を含んでいるがゆえに、肉体があの世で完全であるのを確実にするために墓のそばに埋めなくてはならなかった、というのはあり得ることである。もしミイラ製作に伴って生ずるものが礼式的に不浄のものと見なされたとすれば、この残存物を墓そのものの中に埋めることは不可能であった。そこでエジプト人は死者埋葬所の近くに残存物を置くということで妥協的解決をしたわけである。他方、残存物が埋められたのは、だれかが死者の小断片を奪って死者に対する悪意の呪術をするようなことを阻止するためであった、とする説も長いあいだ出されてきた。イピの残存物は布地、余分のナトロン、油、おがくずのほか実際のミイラ製作台を含んでいた。ミイラ製作台は、一枚の板と、板で遺体を支えるために横位置に固定された四本の角材から成っていて、すべてに作業中に用いられた油のシミがついていた。台は、品物をおさめるための小さな岩窟室に適合するように、こわされて小板材になっていた。液状と粉末状の物は六七個の陶製壺に集められていた。それらの壺は木製天秤棒に綱で結んで数回にわたって運びこまれ、最後の壺をおろしたとき、運搬人は壺に綱をかけたまま、天秤棒も一緒に室の中に、手軽に置いたのであった。

サッカラ出土の中王国時代初期の二体のミイラはかなり入念な処理を受けており、内臓は摘出され、遺体内はリンネル布を詰められていた。眼は同じ材料の詰めものでみたされ、鼻孔は樹脂で塞がれていた。リシュトで発見された第一二王朝に属するセネブティシ夫人の遺体は、同じように内臓を摘出され、詰めものがしてあった。この場合の詰めものはおがくずとリンネル布の混合物であった。樹脂に浸した布地がミイラ製作用の切口を隠すために用いられ、柔かい内臓物は四個のカノプス壺の中で包帯された状態で発見された。

リファ出土の第一二王朝の二体のミイラに関する高度に精密な調査は一九〇六年にマンチェスター博物館で行われた。残念ながら、二体とも骸骨状態になっていて、骨の上にわずかな組織残存物があるだけだった。いずれにせよ、内臓のいくつかは摘出されていた。というのは、退化した残存物が二個のカノプス壺の中に発見されたから。興味ある一点は、指先のまわりの皮膚が切られ、堅く縛ってあったということである。これは、ミイラ製作の作業中に表皮が剝がれていって爪が失われるのを阻止するためのものであり、新王国時代にはミイラに用いられる標準的方法となる。

第二中間期については、われわれはミイラ製作の技術についての知識をもっていない。この時代のミイラがほとんど保存されなかったからである。今日カイロ博物館にある第一七王朝末期の有名な一体のミイラはセクエンエンラ王のものである。これは斧と他のいくつかの武器による攻撃から受けた頭部の恐ろしいいくつもの傷を示している。これらのさまざまの傷は決定的であったにちがいない。これらの傷は別々の二回にわたる攻撃のせいであるという説が出されたことがあり、一方、王は侵略者ヒクソスに対する戦いで死んだとする仮説も出された。これが正しい解釈であるかもしれない。しかし事実が示すことは、王セクエンエンラはアジア型の戦闘用斧で受けた傷の結果として死んだということだけである、ということをわれわれわれわれは記憶にとどめなくてはならない。たぶん王の死の状況の結果として、遺体のミイラ化作業はいくらか急いで行われた。内臓は左脇腹に作った切口を経て摘出され、空洞部はリンネル布で埋められた。しかし、著しく傷ついている頭部の処置は全くなされず、脳髄は原位置に残された。肉のほとんどはミイラから消えていて、退化した皮膚の覆いの中にある骸骨を残しているのであった。同時代の、ずっと低い身分の人の興味ふかい一つの埋葬所が、クルナの墓地でピートリによって発見された。遺体は多くの層にわたる包帯で入念に包まれていたが、保存措置はほとんど無効であって、事実上、柔かい組織はすべて分解し、骨を残しているだけだった。

ミイラ製作の重要な前進は第一八王朝期に行われ、エジプト人は死者のためのすぐれた保存水準に、ついに達することができた。脳髄摘出は初めてこの時代に行われた。ミイラ製作の技術はヘロドトスが最も高価な処理法として述べたものと同じであったにちがいない。頭蓋から脳髄を摘出するさいは、鑿《のみ》を鼻孔にさしこみ、篩骨《しこつ》を貫いて頭蓋空洞部に達する穴をつくり、そこから鉄針を用いて少しずつ組織を曳き出すのであった。作業の難かしさにもかかわらず、これが普通に行われたことは疑いない。なぜなら、多くのミイラが篩骨に裂け目をもっており、頭蓋に組織が全くないか、ほとんどなくなっているからである。空っぽにした頭蓋は、脳髄を摘出したあと、しばしば樹脂性の物質で埋められた。現代の実験は、しばしば言われたように、脳髄を鉤《かぎ》によって断片的に曳き出したのではなくて、半ば液状になった組織を鉄針に付着させることによって曳き出したことを明らかにしている。そのさい、手術は、組織が分解によって急速に柔かくなるという現象に助けられている。また、ミイラ製作者は頭蓋の空洞部に慎重に水を注入し、脳髄の液状化を促進したかもしれないということもあり得ることである。この場合、死者の頭部が立ち姿の形で上部にあるなら、脳髄は重さのために結局は鼻孔を経て流れ出したであろう。まれに、脳髄がアフメス一世のミイラの場合のように何か別の方法で摘出されることもあった。アフメス一世のミイラの場合、頸にあけた切口を経て手術は行われた。こうすることによって、大形の孔を経て脳髄に迫ることができるのであった。この妙技を実施するにさいして、ミイラ製作者は脊椎骨の第一頸椎を除くことに成功した。王の頭蓋骨にはリンネル布が詰められた。そのリンネル布は使用前に樹脂に漬けておいたものである。

新王国時代におけるミイラ製作についてのわれわれの知識の多くは王のミイラの研究から出ている。王のミイラは疑いなく当時の最高処置を受けたにちがいない。アフメス一世の妻アフメス・ネフェルタリ王妃は高齢で死に、本来の毛髪を大部分失っていた。ミイラ製作者は、残っている自然頭髪に他の頭髪を編みこみ、さらに人間の毛髪を編んで作った二〇本の束を妃の頭に置き、それにもっと長い毛を編んで結びつけ、状況を改善した。同じような方法は少し古い時代の、第一七王朝末期のテティシェリ王妃のミイラで用いられている。アフメス・ネフェルタリの両手は、右の前腕とともに、こわされてなくなっていた。ほとんど確実に、これは手首から装身具を外そうとして急いだ墓盗人の仕業である。内臓摘出のために縦の切口が左脇腹に作られ、切口は手術後は樹脂に漬けたリンネル布を詰めて閉ざされ、その上を金属板が覆っていた。アフメスの後継者アメンホテプ一世は、第二一王朝期にテーベのアメン上級祭司団が諸王のミイラを修復して隠したとき、包み直された。再包帯はみごとな状態であるので、このミイラは現代において包帯を解かれたことは一度もないが、X線による調査は行われた。側面からのX線写真は、頭の高さが頭を覆っているカルトナージュ〔リンネル布の小片を漆喰に浸したもの〕の仮面よりも低いことを明らかにした。ミイラの顔は実際にはこの仮面の顎の下にあったのである。

トトメス一世の身元については常にいくらかの疑問がつきまとった。マスペロは、デイル・エル・バハリの隠し場から出たミイラはトトメス二世とトトメス三世の頭の外観に似ているからトトメス一世のミイラである、と信じた。このミイラが第一八王朝に通例となっていた技術でミイラとなっていることは疑いないことであるが、これがトトメス一世であることは現在ではありそうにないように見える。歴史上の証拠から見れば王は五〇歳で死んだことになるのであるが、X線の調査によって、この人物の死亡年齢はこれより二〇年早かったことが明らかになったからである。このミイラがだれのものであるにせよ、これがトトメス二世よりも古い時代のものであることは両腕の位置からして確かである。両腕は、手が性器の部分にかぶさるように伸びているからである。この姿勢は、両腕を遺体の両脇にそってまっすぐにおろすという第一八王朝初頭に通例となっていた姿勢のあとにあらわれたのであり、そのあとにはこんどは両腕を交叉する形で胸に置くという姿勢がとってかわった。この後者の姿勢は第二〇王朝の終りまでつづき、そのあとは両手を伸ばすという姿勢に戻った。

トトメス二世のミイラは、右に述べた両腕の交叉という姿勢のほかにいくつかの興味ふかい特徴を示している。皮膚の表面は浮き上ったしるしに覆われていて、これは後の時代のトトメス三世とアメンホテプ二世のミイラについてもまた明瞭である。しかし、これがある病気によるものなのか、あるいは単にミイラ製作作業中に遺体が受けた処置の結果であるのか、は明らかでない。墓盗人ははげしく遺体を損傷した。両腕はこわされて失くなっており、右足は斧の一撃によって切り落されていた。さらに、体軀のほうには多くの荒っぽい切傷があり、これによって遺体の腹壁はほとんど全部こわされていた。この損傷にもかかわらず、ミイラ製作用の切口の小部分は見える状態で残っている。鼻孔は樹脂に漬けたリンネル布で塞がれ、この材料はまた耳を塞ぐのにも用いられていた。新王国時代の慣例的なやりかたに従って、指の爪と足指の爪を保存するのに注意が払われ、両者はほとんど完全に整っていた。爪を保存する慣例的な方法は、表皮の脱落に伴って爪が落ちることのないように縛りつけて安全にするというものであった。しかし、いくつかのミイラの場合は、同じ目的のために管状の金属製指サックが指にかぶせられた。トトメス三世とともに、新しい慣例が内臓摘出のための腹部の切りかたに導入された。彼より古い時代のミイラでは切口は左脇腹に縦につくるのであったが、トトメス三世と彼以後の王の遺体の切口はもっと下のほうにつくられ、対角線上に腰から腹の広い部分に下がってゆくのであった（図40）。

トトメス三世の場合、切口は縫合によって巧妙に閉じられた。墓盗人の与えた広範囲の損傷のために、遺体は第二一王朝期に四本の副木《そえぎ》で固定しなければならず、その中の三本は包帯の下で、他の一本は包帯の外で、縛りつけるのであった。遺体の受けた著しく乱暴な扱いにもかかわらず、両腕は交叉形で胸に置かれ、右手は木片に縛ってその位置に固定されたということは、確証された。この姿勢で置かれた王の両腕が、ツタンカーメンの遺体に見られたように、本来は王権のシンボルを、すなわち王笏と殻竿を持っていたことは非常にありそうなことである。王権のシンボルの品々はたぶん鍍金した木でできていて、墓盗人の掠奪を免れなかった。トトメス三世の遺体の空洞部はリンネル布で埋められ、皮膚はミイラ製作中の樹脂の使用によって黒ずんだものになった。

第一八王朝中葉までにエジプト人が遺体の保存に関する問題の多くを解決したことはきわめて明らかである。それは王のミイラの状態が示すとおりである。皮膚、肉、毛髪の状態は、さらにいくつかのミイラの場合には睫《まつげ》の状態でさえも、きわめて良好である。墓盗人による破壊がなかったならば、遺体の全般的外観は疑いなくもっと印象的でさえあっただろう。この高い保存水準は新王国時代全体を通じて維持され、第二一王朝期に、新しい技術の発達によって最高水準に達した。新王国時代のいくつかの私人のミイラは興味ある特徴を示して

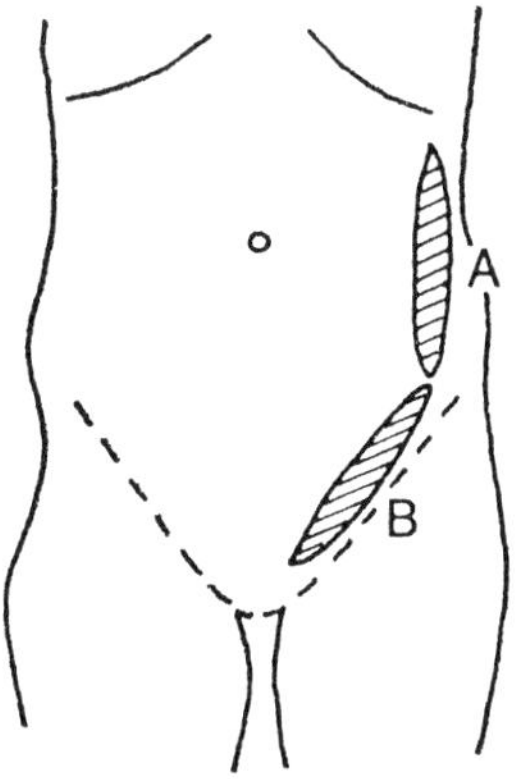

図 40　ミイラ製作のための切口の位置。(A)トトメス三世以前，(B)トトメス三世以後（G. E. スミスによる）

いる。それはミイラの個体ごとにわずかに処置が変化していることで、このことはミイラ製作者がよい保存状態を得るためにミイラ製作の過程で実験していたことを示している。第一八王朝のミイラの共通の特徴は皮膚の外観が黒ずんでいることで、これは既述のトトメス三世の場合に認められたが、同様にトトメス四世の遺体でも明らかである。皮膚に樹脂を用いたことは、崩壊を早める湿気から組織を隔離することを意図したためであるように見える。トトメス四世の遺体の空洞部は標準的なやりかたに従ってリンネル布と樹脂で埋められたが、アメンホテプ三世のミイラには新しい精巧な技術が用いられ、腕、脚、頸の皮膚に樹脂のパッキングが詰められた。この材料を皮膚の下に入れて四肢の形を整え、遺体が乾燥したさいに自然の輪郭を保持し、それ以前のミイラが示したような著しい縮みがこないようにした。四肢の皮膚の下に詰めものを使うことは第二一王朝期に通常化し、泥と砂がこの目的のために使われた。しかし、アメンホテプ三世のミイラにおける樹脂の使用は、遺体の縮みという問題に対処するための異例の初期の試みをあらわしている。残念なことに、遺体は損傷され、こわされた断片はリンネルによる縛りつけによって再結合された。この遺体の再結合にはいくらかの混乱が伴ったようにみえる。遺体の内部に、人間の足指と腕の骨、ならびに鳥の脚の骨が発見されたのだから。

ツタンカーメンのミイラは、その輝かしい副葬品と対照的に比較的貧弱な状態で保存されていた。埋葬祭のさいにミイラの上に注いだ献酒がゆるやかな酸化作用によって広範囲にわたってミイラを破壊したのであった。それはミイラ製作者のせいではなかった。たぶん彼らは適切に仕事をなしとげた。責めは過熱した埋葬祭司にあったのである。

身体の他の部分は広く損傷していたものの、頭部の注目すべき保存状態という点で、第一九王朝の最も驚くべき王のミイラの一つはセティ一世のものである（写真16）。このミイラは第一八王朝と同じ方法でつくられた。しかし、そのあとのファラオ、ラムセス二世はやや洗練された処理を受け、この処理は皮膚の過度の黒色化という問題を克服した。ラムセス二世の遺体のミイラ製作用の切口は、腹部にもっと容易に近づくことができるように、通常より長かった。黄色くなっていたものの、毛髪がいくらか頭部に残っていた。耳も鼻も樹脂性のもので塞がれていた。メルエンプタハのミイラは墓盗人によって著しく損傷されていたが、完全に内臓摘出が行われていて、香液を塗って処理してあった。ミイラ製作のための切口は何らかの板で覆われた。その板は今は失われていて、板の痕跡だけが樹脂に残っている。スピタの遺体の場合は、腹部に、通例の樹脂漬けリンネル布ではなしに乾いた苔《こけ》が詰められていた。これは、あとのラムセス四世のミイラについても同じである。スピタは歪み足を患っていた。ある人びとはこれを「曲り足」の状態と診断するが、別の人びとは小児麻痺の結果という可能性を認めている。ミイラの顎は顔の形の保持を助けるためにリンネル布で埋められていた。腹部の切口は縫合によって閉じられていた。これらの技術のいずれも、このあとの時代のミイラに慣習的となった。もっとも、第一八王朝期に、縫合したミイラ製作用の傷口という孤立的な例はある。墓盗人はスピタの右腕を、たぶん腕輪を外すために折ってこわした。しかし第二一王朝の修復者たちは入念にその手を定位置にもどし、リンネル布で二本の副木に縛りつけることによって、腕に接合した。セティ二世の遺体もまた再包帯された。しかし、包帯の中に、頸用と腕用の穴をもつ二着の完全な上着が、他の衣服の断片と余分の包帯とともに発見された。これらはたぶんミイラの本来の外側包帯から残ったものであり、第二一王朝期に新しい包帯の下に単純に縛りつけられたのである。

アメンホテプ二世の墓の隠し場から発見された身元不詳のミイラでは、一つの興味ふかい特徴が発見された。両足の裏にリンネル布の包みが結びつけてあり、右足裏の包みはナトロンの混じった表皮の残存物を、左足裏のものは内臓の断片をおさめていたのである。これらの組織の断片は、ミイラを完全なものとするためにミイラと一緒に置かれたのであった。正確な年代はきめられていないが、遺体は第一九王朝末期または第二〇王朝初期に属するにちがいない。

ラムセス三世の遺体は、内側の包帯を完全には外されていなかったが、X線調査は胸の内側にホルスの四人の息子のうちの三人の像のあることを明らかにした。通常は蠟でつくられるこれらの像は第二一王朝期のミイラで一般化することになる。ラムセス三世のミイラは、死者の顔の外観を生きたままに残そうとするため、人工的な眼をはめられた最初のものである。このミイラと第二〇王朝の他のミイラにおいては、両手は握りしめた形ではなくて、肩の上に開いたまま伸ばしてあり、両腕は胸の上で交叉している。残っている第二〇王朝のミイラのうち、ラムセス四世のミイラは眼窩にいれた小さな玉葱で作られた人工の眼をそなえており、ラムセス五世のミイラにはおがくずが詰めてある。ラムセス六世は非常に損傷されたため、ミイラの断片を支えの木板に結びつけなくてはならなかった。ラムセス五世の腹部と顔の皮膚に残るいくつかの特徴は、彼が疱瘡を患ったかもしれないことを示唆している。

第二一王朝に、エジプト人は多様な新技術を使うことによってミイラ製作における最大の達成をなしとげた。これらのうち主要なものは、遺体にふっくらとした外観を再生させるため皮膚の下にいれる詰めものを広範囲に使うということであった。この王朝初期の一つのミイラ、すなわちアメンの上級祭司ヘリホルの妻ノジメトのミイラの場合、四肢の形の復原はおがくずをリンネル布に包んで外側に付け足すということで行われた。しかし、そのあとの時代のミイラの場合、詰めものは通常は皮膚の下にいれられた。ノジメトの顔には口を通して詰めものがなされ、石の人工眼がはめられ、人間の毛でつくった偽りの眉毛が、ナトロン処理のあいだに失われた真の眉毛のかわりに置かれた。両腕は、今ふたたび流行となったやりかたに従って両脇に伸ばされた。もっともアメンの上級祭司と女性祭司のミイラは両手を腹部の広い部分に伸ばしている。第二一王朝の多くのミイラは調査され、すべてはミイラ製作者が遺体処理に払った注意の大きさを示している。ミイラ製作者は遺体をできるだけ完全にするように努力し、以前には別々にカノプス壺におさめた内臓を、こんどは処理したのち遺体空洞部に戻した。そのさい、内臓はホルスの四人の息子の像によって守られていた（写真17）。遺体はまた補修することもできた。一老婦人のミイラは床ずれの跡をかくすために革の当てものが皮膚に縫いつけられた。かずかずのミイラは黄色または赤で塗られ、人工の眼は規則的に眼窩にはめこまれた。遺体に完全に詰めものをするのには、腹部に作る一ヵ所の切口より多くの切口を必要とした。腹部の一ヵ所の切口からでは、ミイラ製作者は上は顎のほうに、下は脚のほうに詰めものを押しやることができるだけだった。足の詰めものをするのには、そのあとで踵につけた切口からしなければならなかった。体軀に効果的に詰めものをするさいは、皮膚を下部の筋肉組織から分離しなければならなかった。詰めものを胸と背の皮膚の下にいれるためである。両腕の詰めもののためには、肩に複数の追加の切口がつくられた。詰めものの材料はいろいろで、樹脂、脂肪、ソーダ、リンネル布、おがくず、泥、砂などを含んでいた。ある場合には、顔に詰めものが多すぎたため、ふくれた外観を呈し、あるいははち切れて口をあけさせるまでに至った。腹部は、ミイラ製作中に二度詰めものをされるのがしばしばだった。すなわち、ナトロンで遺体を処理するあいだ暫定的なリンネル布の詰めものが組織の乾燥を助けるために入れられ、あとでこれは取り除かれ最終の詰めものがこれに取ってかわるのであった。

これらの精巧な作業の成果はきわめて注目すべきものであったが、ミイラ製作者の仕事はぞっとするようなものであった。肉体が、いかによく整えられようとも、肉体の主の不死の魂の住処《すみか》として役立つだろうという信仰をミイラ製作者が抱いていたかどうか。それを理解するのはむずかしい。たぶん彼らはそういう信仰を抱いていなかった。この時代の上質の水準は第二二王朝のあいだつづいたが、そのあとの時代には確実に衰弱していった。ある場合には、遺体に詰めものをしようという試みはなおもあったが、それは不注意に行われ、ミイラ製作者は美しい包帯の仕上げにエネルギーの大半を費したようにみえる。内臓は第二六王朝に至るまで遺体の中におさめられたが、そのあとは内臓をリンネル布で包み、ミイラの両脚のあいだに置くか、カノプス壺にいれて保存するのが普通になった。末期王朝時代とプトレマイオス王朝期の多くのミイラの一定した特徴は、凝固剤として黒いピッチ pitch (瀝青) ようの物を広範に使っていることである。これは便宜上、ビチュメン bitumen (瀝青) として記されるが、この用語は厳密にいえば正しくない。実際、マミイ mummy (ミイラ) という用語は「ビチュメン」または「ビチュメンに漬けた物」を意味するアラブ語から出ているのである。この物質はエジプト文明の末期段階の人間と動物のミイラに自由に使われた。それは遺体を非常に固く重いものにしたが、組織を真に保存するということにはたいして有効ではなかった（写真18）。ビチュメンに漬けたリンネル布がこのタイプのミイラから取り外されたとき、骸骨のほかはほとんど何も残っていない。この物質を使用すると、大量のミイラをきわめて速く仕上げることができた（包帯と祭式に費やす時間はいれないで）ということは疑いない。しかしながら、多くのミイラが注意を惹くまでにいくらかの時間のあいだ待たねばならなかったのは明らかである。なぜなら、進んだ腐敗がしばしば歴然としているから。蛆虫《うじむし》と甲虫は非常にしばしばミイラの中に認められた。それらは時には遺体の空洞部に注入された樹脂またはビチュメンの中に埋めこまれていた。鼠の死体による最近の実験は、昆虫の蛹《さなぎ》は乾燥ナトロンによる処理のあいだでさえも死体の中で生きつづけることができるということを示した。ミイラ製作以前の急速な腐敗という問題は、いくつかのプトレマイオス王朝期ミイラの無秩序状態を説明する。それらのミイラは、ミイラ製作者が仕事を始める前に文字どおりばらばらになっていた。その結果、遺体の部分は失われ、あるいは他の遺体から出た部分と混ぜあわされた。いく人かの人の骨が単一の骸骨をつくるために一緒にして包まれ、他方、失われた部分は少量の陶器、泥、リンネル布、または木で補われたというミイラが、いくつも知られている。ヌビア出土の、明らかに子供である一体のミイラは、成人した女性の頭蓋骨をもち、脊椎と肋骨の一部、骨盤の半分、一本の脚の骨の一部を伴っていたが、他の脚の骨は二人の別々の男性骸骨のものであった。この種の状態にあるミイラはきわめて普通であり、これらのミイラには精巧で錯綜した包帯がしてあり、そのため内部の混沌はかくされている。時としてミイラは柩のサイズにあわせて調整された。一つの例は、肩と腕を外して頭蓋骨だけとし、大腿骨をこわして両脚を取り除いてあった。不完全なミイラについてのあり得べき説明は、単なる腐敗と不注意を別とすれば、ナイルに溺れて鰐に一部を食いとられた個人の残存物であるかもしれない、ということである。プトレマイオス王朝期には、このような幸運な者は神格化され、特別な崇敬を捧げられ、そのため遺体の残存物は間違いなく埋葬のために集められるのであった。溺死した者の柩と石棺は、被葬者の名の前にある称号「賞讃された者」によって識別することができる。

グレコ・ロマン時代のミイラは非常に精巧な包帯をそなえている。包帯は遺体に巻かれた多くの層のリンネル布によって模様を形づくっており、模様部分では巻きつけが重なりあっている。ダイヤモンド形の模様は人気があり（写真20）、しばしば各区画の中央に鍍金した飾り鋲をつけている。ミイラは、指の爪のための、女性の場合は乳首のための、鍍金した覆いをきまって加えることによってさらに飾られた。たいして普通でない他の場合には、頭部全体に皮膚の上から直接に鍍金することもあった。

ミイラ製作産業の運営については、エジプトの史料は、作業経過中の祭式上の面に力点を置いているので、あまり助けにならない。技術上の性格のもっと多くの情報はギリシアの史料から得られる。しかし、グレコ・ロマン時代に行われていた組織とそれより古い時代の組織とのあいだにはいくらかの違いがたしかにあったかもしれない。エジプトの史料とヘロドトスとから、ミイラ製作の経過は七〇日を必要としたということをわれわれは知っている。しかしこの日数は死から埋葬までの総日数であって、現実のミイラ製作はその中の一部だけを要したにすぎないのである。七〇日目は、ナネフェルカプタハのデモチック〔民衆文字〕の物語の中で遺体納棺の日として示されており、同じ物語は包帯のための日として三五日目を記している。他のデモチックの文章は、布地を三五日目より前に読経祭司に渡すことを述べているので、これはミイラの最終的包帯としてのリンネル布巻きではあり得ず、他のなんらかの目的のためのもの、たぶん拭きとるためのもの、または暫定的詰めもの用のものであったにちがいない。ミイラ製作者の仕事はワベトとペルネフェルにおいて行われた。この両作業所は多くの場合、墓地に近い暫定的な構造物であっただろう。遺体は四日目にワベトに運びこまれた。その日までに遺体はすでに乾燥させてあったようにみえる。たぶん、この第一段階は開かれた場で行われ、遺体はマットの上に置かれてナトロンに覆われていた。脱水がおわると、ヘロドトスの記しているように、遺体はナイルの水で洗われて余分の塩分を除かれた。この洗浄は高度に儀式化された作業であったかもしれない。なぜなら、それはナイルから太陽が上ることと氾濫の水が沈下することを象徴するものと信じられていたのだから。新王国時代の墓または柩の一つの絵は、大きな壺の上に腰かけた死者が、上から注がれる浄化の水を受ける姿を示しているが、これはこの祭式の慣例的な絵図である（図41）。ミイラ製作の儀式上の様相はエジプト人にとって非常な重要性をもっていて、完了までの経過がこれほど長い時間を要した主たる理由もそこにあった。純粋に機械的なミイラ製作と包帯ははるかに短い時間でなしとげることができたであろう。ミイラ製作の儀式上の側面は二点別々のパピルスのテキストの中に示されている。その一つはカイロ博物館にあり、他の一つはルーヴル博物館にある。両パピルスはともにローマ時代に属する

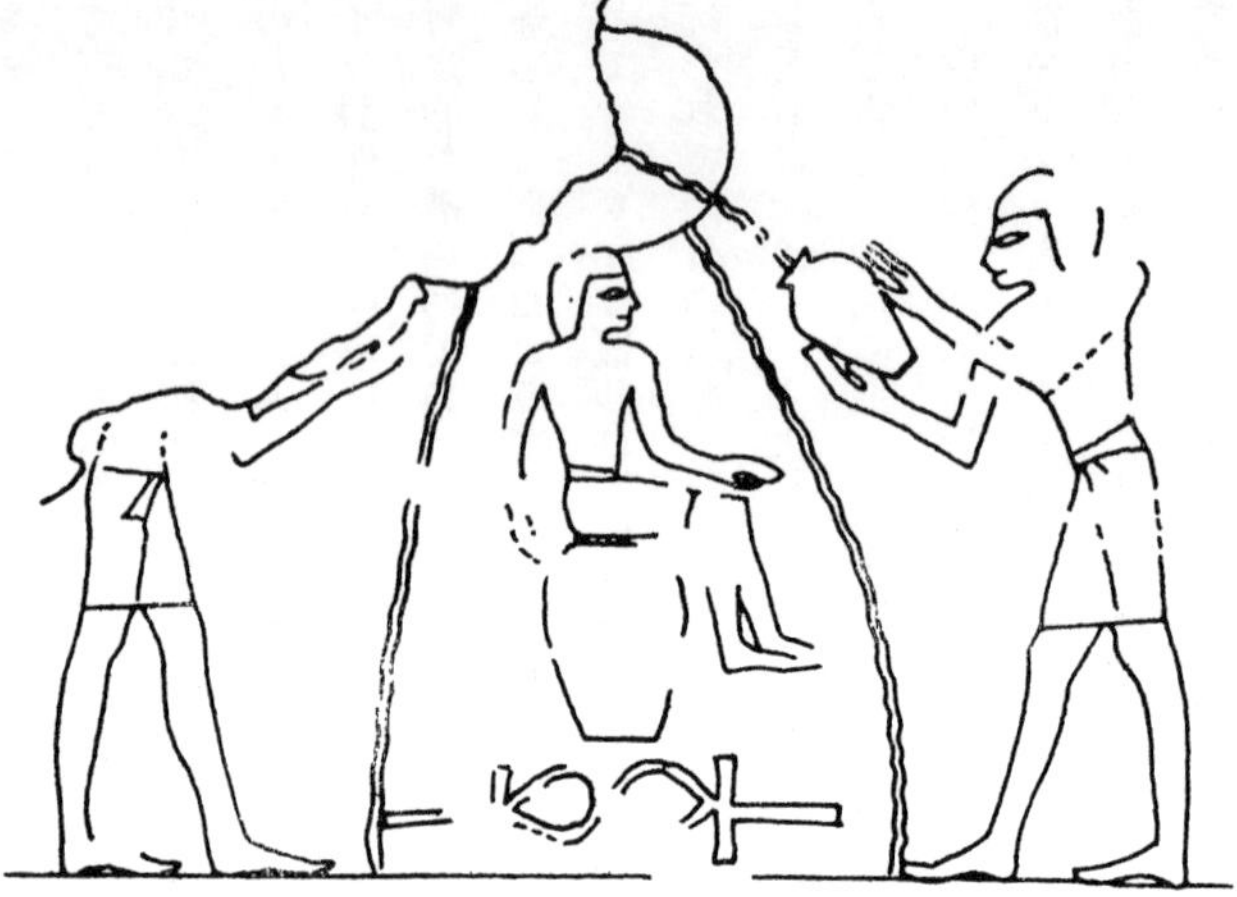

図 41　死者を浄める儀式の図（N. G. デーヴィスによる）

が、それより古い時代の原本からの写しであったということはありそうなことである。テキストは、ミイラ製作者に対する遺体保存のための仕事の各段階に関する指示をおさめていて、頭部に香油をかけることにはじまり、遺体の残余の部分のための同様の処置がこれにつづいている。そのあとに、内臓の処置と背中に油を施すことについての指示がくる。つづく行文は、個別的指示というよりはむしろ作業者に対する暗示書であり、頭部に向って遺体を傾かせないようにするためのものである。なぜなら、そのようにすれば、遺体を処理した液体が流れ出すからである。作業中の各段階で、パピルスは祭司によって朗誦さるべき必要な経文を示している。この箇所のテキストは次のような指示を与えている。

1　指の爪と足指の爪は包帯する前に鍍金しなければならない。そして、指サックをつけなければばならない。この指示はテキストがローマ時代のものであることを反映している。なぜなら、爪に鍍金することは、はるか後の時代にはじめて発達した方法であるから。

2　頭部に対する最終的香油塗りにつづいて、油または樹脂に漬けた包帯を明記された数だけ巻く。読経は五感の回復を扱い、護符支給に言及する。

3　頭の処理は今や完了し、祭司は、死者が次の世界に移ってよいこと、死者が決して二度と頭を失うことはないことを、朗誦して述べる。後者の言明はオシリスの解体伝説に由来する非常に古いものである。

4　手と腕は更に包帯処理を受け、守護のための護符が与えられる。

5　手の包帯と油または樹脂による手の処理について、さらに指示がある。

6　この最終段階で、脚が処置され、守護の諸女神の絵が描かれたリンネル布で包まれる。朗誦は、死者が脚の効用を取りもどしたことを断言する。

これらのテキストが、いかなる段階よりも先に行われたはずの遺体の最初の乾燥について、何の言及もしていないのは興味ふかい。たぶん、さまざまのミイラ製作者グループが、各グループがミイラ製作の一部分ずつを受けもって、ただ一つの遺体だけにかかっただろう。ライデン博物館にあるデモチックの一テキストは、メンフィスのミイラ製作者グループが四日以内に次のグループに遺体を渡すこと、そうでなければ罰金を払うことを誓約したことばを、おさめている。四日という期間はまことに意味ふか

図 42　魚をミイラにしているアヌビス

いかもしれない。というのは、それはたぶん遺体の乾燥に要した時間をあらわしているから。グレコ・ロマン時代に、ミイラ製作者はチームあるいは同業組合をなして働いたことが知られている。内臓摘出と遺体乾燥について責任をもつこれらのチームは、ギリシア語では魚を干物にする用語にならって「切り開く者」および「干物製造業者」として言及されている。ミイラ製作と魚の保存との結びつきは、はるかに古くデイル・エル・メディナのカベクネトの墓に見られる。そこでは、格別にミイラ製作神であるアヌビスが大きなナイルの魚のミイラ製作に立ちあっており、魚は人間のミイラと同じように棺台の上に置かれている（図42）。ミイラ製作に当る祭司はその勤めを果すとき神々の役を自らに課した。そして、時どき、特殊の用に供する神の外観をそなえた仮面をかぶった。アヌビスの擬人化であるジャッカルの顔をしたこの種の仮面が一個、ヒルデスハイム〔西ドイツ〕の博物館に保存されている。それは顎の下に眼の穴をそなえている。かぶっている者が外を見ることができるようにするためである。

ミイラ製作に結びついた儀式に関するもっと多くの情報は、リンド・パピルスとして知られているテーベ出土の二点のパピルスの中に示されている。そこには、総計一七の儀式が挙げてある。それぞれの儀式は遺体の個々の部分に関連して行われた。遺体の個々の部分というのは、頭部の七つの切口、四つの内臓、二本の脚、二本の腕、胸、背中である。右の史料は、全過程の終了までの七〇日という期限について他の諸史料と一致している。グレコ・ローマン時代のテキストは時どき、明記した期限内に埋葬を完了するという約束のことばをおさめている。この遅れた時代には、埋葬についての取りきめはかなりこみいった法的な事柄となり、正式な受領証と契約がさまざまの関係者のあいだで交換された。このことは右の時代より古い時代にもまさに同様であったかもしれないのだが、証拠史料は残っていない。ローマ時代には、死者の親族にとっての主要関心事は葬儀費用にあったように見え、またその費用をまさにいかに分担するかにあったように見える。ミイラ製作費と葬儀執行祭司に対する謝礼だけではなく、埋葬ごとに徴集される税をもまた、考慮しなければならなかった。ある場合には、死者の子供たちが遺書の条項によって、遺産継承を主張するより前に葬儀費を用意せよと求められるのであった。兄弟たちと姉妹たちとのあいだに、各人の費用分担についての協定が頻繁につくられた。時どき、葬儀費は、死者が生前に神殿に捧げた寄進への報いとして神殿によって支払われた。

グレコ・ローマン時代にミイラ製作が国民の広い層に普及するに伴い、またその結果としてミイラ産業の急速な再編成がなされるに伴い、個々のミイラを識別するのを助けるために新しい方法が導入され、

図 43 パコミオスの息子ペソンティスのために
ギリシア語で刻まれたミイラ用木製ラベル

短い文章をつけた木製ラベルがミイラに付けられ、埋葬のときにミイラから取り外された。この用心は、人が故郷の町より離れた場所で死んだという場合にそうであったように、遺体を長い距離にわたって運ばなければならないときに、とくに有益であった。ラベルのサイズはほぼ12×5センチメートルで、デモチックまたはギリシア文字で、あるいは両者を用いて（図43）註記された。ラベルには死者の名と年齢が、時どき両親の名を伴って、示されている。遺体を柩なしに、または副葬品なしに積み重ねる共同使用の竪穴墓の場合は、ラベルは識別の唯一の手段であっただろう。あるラベルは、基本データ以上のものを示し、遺体を特別の墓地に埋葬せよと求めている。あるギリシア語のパピルスは、センパムテスという人物が母の遺体を、たぶん埋葬を引きうけることになっていた母の兄（または弟）に送りとどけたことを、記している。そのテキストは、遺体は頸につけたラベルによって識別し得ること、遺体にはピンク色の布をつけて腹部に名前が書いてあること、を述べている。

ミイラ製作に要した材料の残りものの置き場については、第一一王朝の埋葬と関連してこの章のはじめの部分ですでに触れた。このような塵芥捨場はそれより後の時代でも決して珍しいものではなく、とくにテーベのデイル・エル・バハリ地区では普通のことであった。その中の一つの捨て場は、明らかに一人のミイラ製作者の仕事場であった。そこにある物のいくらかはたぶん仕事場の残りものなのであった。しかし、もっとしばしば、隠し場は近くの墓と結びついていた。デイル・エル・バハリには中王国時代からグレコ・ロマン時代に至るさまざまの時代のミイラ製作関係材料が埋葬された。ある第一八王朝の置き場には、陶製の壺におさめた残りものがあり、壺にはそれぞれ中身の名と関係した二人のミイラ製作者の名がインクで書いてあった。後期の埋葬は、墓の近くの狭い穴におさめたミイラ製作関係材料の残りもの、すなわち余ったナトロン、陶製の壺におさめて封印した汚れたリンネル布などを伴っていた。別のある場合には、材料の処置はもっとぞんざいであって、物は単に一個の古い柩の中に投げこんであるだけだった。デイル・エル・バハリの置き場は私人の墓と結びついていたが、王家の谷の王の埋葬地域ではツタンカーメンのミイラ製作関係材料の残り物が発見された。それらの品々は王墓から遠くないところの狭い竪穴に置かれていて、ナトロンと籾殻《もみがら》のはいった袋をおさめた壺とリンネル布の包帯があった。しかし、ミイラ製作関係材料のほかに、ツタンカーメンの埋葬に参列した人びとの食べた葬儀食事の残りものもまたその置き場にあった。陶器の壺から出た骨は、食事がきわめて贅沢であったことを示した。一頭の牛、一頭の羊または山羊、九羽の家鴨、四羽の鵞鳥の骨があったからである。食べものをのせた陶製の皿もまた、多くの葡萄酒壺、水入れ、飲みもの用コップとともに、竪穴の中から発見された。容器のほとんどは大きい壺に詰めこむために入念にこわされていた。別の興味ふかい特色は、花の首飾りが発見されたことで、それはもとは会食参加者が身につけていたもので、これまた壺に詰められていた。すべての首飾りが残ったわけではないが、八個の酒盃と同じ数の水呑みがあったこと

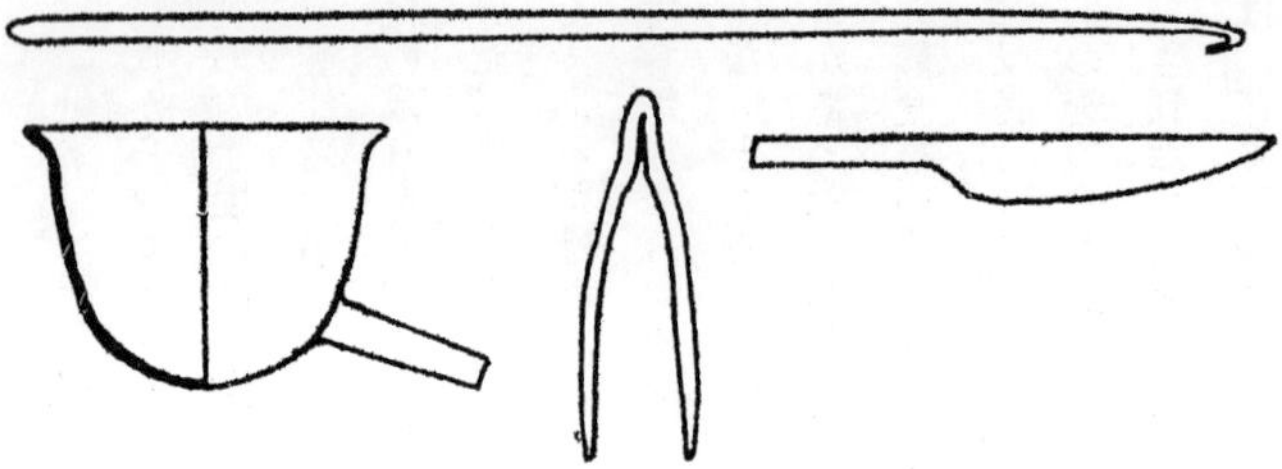

図 44　ミイラ製作用道具

図 45　ミイラ製作の情景。テーベのチョイの墓から（W. R. ドーソンによる）

から、八人の人が会食に加わったとの説が出された。行事が終って残りものを詰めたのち、床は二本の箒《ほうき》で掃き清められた。その二本の箒は同じ置き場で発見された。宴会の残りものは、この隠し場とデイル・エル・バハリの私人の隠し場とでは大きな違いがあり、後者の場合にはミイラ製作者の残りものだけが出ている。残念なことに、王の残りもの置き場は、他には発見されていないので、比較することができない。

ある末期王朝時代の墓では、ミイラ製作用道具が墓室の中に、あるいはその近くに、残された。この行為の理由は、ミイラ製作関係材料の集積を促した理由と同じである。すなわち、次の世界へ入っていく死者が、道具に残ったかもしれな

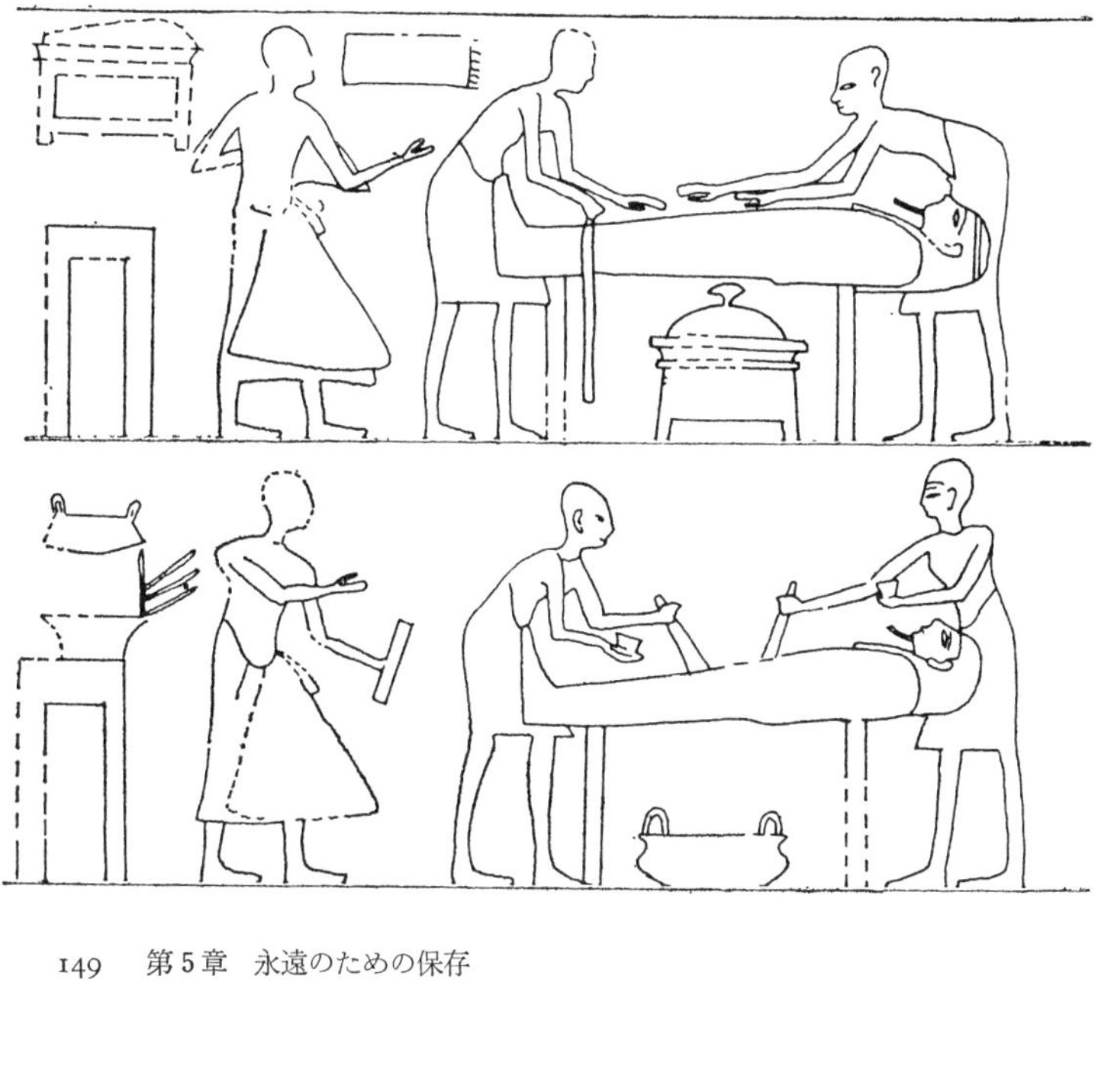

い微少な肉片をすら失わずに完全な状態でいくためである。これらの道具のみごとな一揃いがテーベのワヒブラという人物の墓で発見された。その揃いの中に、一本の灌腸器、一対の鉗子《かんし》、一本のナイフ、一本の鉤があった。後者は脳髄を摘出するのに用いられたのである（図44）。いくつかのミイラ製作用道具はまたアルマントの聖ブキス牡牛の埋葬所でも発見された。

ミイラ製作についてのエジプトの絵図は行きわたっておらず、この主題に関して情報を与えるテキストがまれであったことを反映している。とはいえ、いくつかの墓は、やや慣習的な形ではあるが、ミイラ製作工房の仕事を描いた絵をそなえている。第一九王朝のテーベのチョイの墓には、工程のちがった段階を描いたミイラ製作の四つの情景図がある（図45）。二つのよく保存された図は、石塊の上に水平に横たえてあると見られるミイラの包帯巻きと、熱した樹脂を刷毛《はけ》で塗布する仕事とを、示している。二人の作業員は手にもった小さな容器から樹脂を塗っている。遺体の下に示されている、二つの取手のついた広い一個の容器は、この材料のストックをおさめていたかもしれない。左のほうにある類似の容器は、たぶん所要の温度にまで熱せられつつある。右側の情景は、著しく損傷していて、仕事の正確な内容を確定することはできない。上段にあるミイラはすでにその人型柩の中にあるかもしれない。なぜなら、一人の男が鑿《のみ》をもって銘文を刻みつつあるように見えるから。この解釈は、アメンエムオペの墓に発見されたほとんど同一の情景図によって補強される。この墓では、一人の男が銘文を刻んでいる姿が示されていて、他方、別の男が顔の面に塗料を施しているのである。アメンエムオペの墓はまた、ミイラの包帯巻き、樹脂の塗布、カルトナージュによる頭部の準備を描いた図をおさめていた。一人の男は、

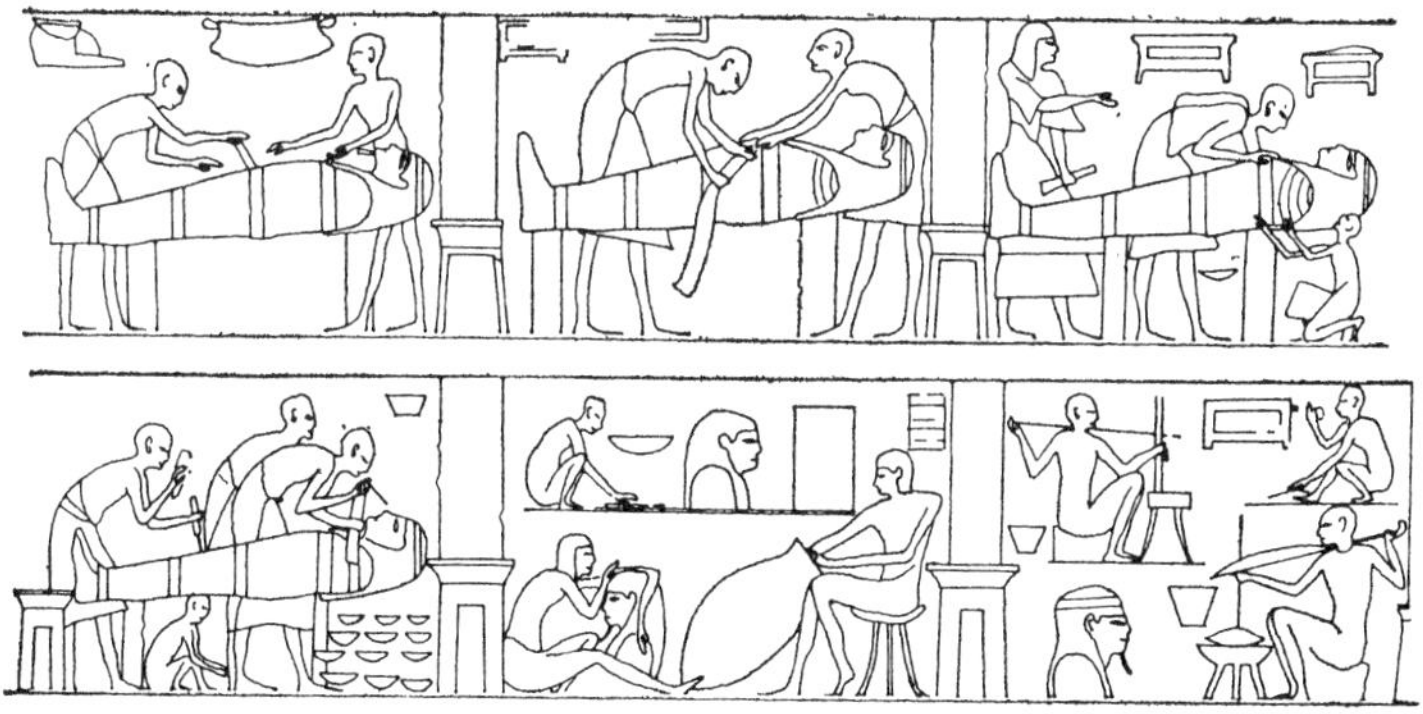

図 46 ミイラ製作の情景。テーベのアメンエムオペの墓から（W. R. ドーソンによる）

ミイラ製作用材料をストックするのに用いられたかもしれない大きな陶製の壺をもっている姿で，示されている（図46）。ミイラが，いずれの図にも，すなわち作業の違った諸段階を示している図であるにもかかわらず，まるでほとんど完成しているかのように示されているのは，注目に値する。これはエジプトの芸術的慣習のせいであって，この慣習は，見えるがままにではないように描くこと，ただし，その識別については何の疑義をも残さぬようにすること，を求めていたのであった。

古代エジプト人の人体残存物についての研究は，医学における科学的進歩のおかげで，とくにX線撮影の適用のおかげで，近年大いに成果を得ている。この研究方法の価値は，非常に早く，ピートリによって認識された。彼は一八九八年にデシャシャ出土の包帯された人体の四肢をX線写真に撮って公表した。X線の発見より前には，ミイラの詳細な調査には，包帯の取り外しを必要とし，それに伴って統合的標本としてのミイラが破壊されるということになっていた。X線による調査は、遺体を手つかずのままにしておくというだけでなく、骨と組織の肉眼観察から個体について得られるより著しく多くのことをもまた明らかにするのである。X線利用における最近の発達には、三次元の写真と断層X線撮影法が含まれる。後者は、以前には接近不能だった部分の観察ができるようになった技術である。

X線によるエジプトのミイラの調査は、多くの年月にわたって散発的に行われた。しばしばそれは、ただ一体のミイラだけを研究対象としたものであった。個々の標本は興味ふかい特徴を明らかにするが、知識の総体に対してははるかに価値あるものは単一研究計画にもとづくミイラの全集合体の研究ということであり、それによって統計上の分析に大量のデータが得られるのである。得られた知識の多くは、古代人の形質人類学と健康の研究にとって重要である。そういう意味での知識は本書の関心事であるエジプトの葬祭信仰と慣習に直接に関係するものではない。しかしながら、この技術の性能を示すためだけであっても、ミイラのX線調査によって明らかにされた医学上のデータの簡略な要点を述べる値打ちがある。ヨーロッパの諸博物館における一三〇体以上のミイラの調査は関節炎、青春期に停止した成長、時として生じた動脈の石灰化の証拠を与えた。これらの状況は新王国時代の王のミイラにもまた認められた。それらのミイラは一九六七年から一九七八年までのあいだに広範なX線調査に付せられたのであった。多くの骨の亀裂が遺体に観察されたものの、事実上、それらすべては不注意なミイラ製作の結果として、あるいは墓盗人の手仕事の結果として生じたものであった。王のミイラには、癒着性脊椎炎の例（アメンホテプ二世）、小児麻痺の例（スピタ）、脊柱側彎の例（メリトアメンとアフメス・ネフェルタリおよび王ではないツヤ）がある。マンチェスターにおける最近の作業は、エジプトのミイラの研究に通常使用できるよりも大規模にX線装置を用いて、ある遺体に寄生虫の存在を明らかにし、その中にはメジナ虫とたぶんビルハルズ虫も含まれている。ミイラのX線写真における一つの共通の特色は、著しく目立つ椎間板の不透明度であるが、これは病気の結果というよりはむしろミイラ製作工程の結果と見なされている。

顎と歯のX線写真はエジプト人の歯の健康状態について多くのことを明らかにした。とくに興味ふかいのは、食事における糖分不足のせいで歯のカリエスをたいして患わなかったということである。彼らの主たる歯の問題は、食糧の多くが砂を含んだ性質のものだったことによる極端な歯の摩滅と、歯根膜病すなわち歯のはいっている骨の破壊であった。老人の場合、歯の漸進的な摩滅は歯髄の穴を露出させ、膿瘍の形成にまで及んだ。エジプト社会の全階層は、王族をも含めて、これらの病気におかされていた。とくに王ラムセス二世は、老年期に著しい歯痛に苦しんだはずである。

エジプトの人体残存物から得られた科学的知識は、重要な歴史的または考古学的価値を時どき与えることができる。第一に、実施された多くのX線撮影は各時代におけるミイラ製作技術の変遷に関するわれわれの知識を点検するものとして役立ち、腕の位置、内臓または脳組織の存否、詰めもの材料、人工の眼、護符の挿入などについてデータを明らかにした。推定死亡年齢が知られている個人、とくに王家の人びとのミイラの場合、格別に興味ふかい。なぜなら、医学的推定を歴史資料からの証拠と比べることによって、二つのデータが一致するか否かを見ることができるからである。実際、王のミイラの場合、提示された年齢のうちのいくつかは、驚くほど低く、歴史的事実と調和しがたいのである。このような状況についての可能な説明は、ミイラのうちのいくつかは第二一王朝期の埋葬のやり直しのさいに混ぜこぜにされ、誤って識別されたか、あるいは科学的調査による遺体の年齢決定に正確さが十分でないか、のどちらかということである。一つの興味ある例は、アメンホテプ二世の墓の隠し場から出た一女性の遺体である。これはいかなる銘文からも身元確認ができず、長いあいだ単に「高齢の女性」という用語で知られてきた。X線によると、これは呼び誤りであるようにみえる。というのは、年齢は二五歳と三五歳のあいだと推定されたからである。こういうことは、遺体が無名であったときには何の問題も生じない。しかし、別の調査は、この「高齢の女性」の頭髪とツタンカーメン王墓出土の王妃チイ〔アメンホテプ三世の妃〕の頭髪の房を比較した結果、彼女が王妃チイその人であると身元確認をするのに成功した。この身元確認は、このミイラがチイの母ツヤに似ていることから推測されていたことを確認することとなった。しかしながら、歴史的証拠は低く見積ってもチイの死亡年齢を五〇歳前後であることを求めており、この事実が二五歳と三五歳のあいだとする医学上の推定といかにして調和し得るかについては、説明はなされていない。

X線撮影以外のさまざまの科学的技術が近年エジプトのミイラの研究に適用された。血縁関係を確定するための血液型の決定、小さな組織断片の調査のための電子顕微鏡の活用なども、それに含まれる。ある量の興味ふかい情報が得られたものの、これらの技術は必然的に遺体から標本を抜きとることとなり、それゆえに包まれていないミイラについてしか実施できない。世界中にある種々のミイラの収集品の中にはすでに包帯を失っているものが多いので、右のような検査は、包帯のある標本から包帯を外すのを企てるということよりは、むしろ包帯を失ったミイラについて実施されることが望ましい。

古代エジプトのミイラは非常に強く一般の興味をそそった。たぶんそれは、埋葬のために遺体を準備するこの方法が西洋文化の習慣からきわめて遠く隔っているからである。しかしながら、一般的な興味がミイラ製作の目的についてのいくらかの知識を基礎としていることが、あるいは少くとも、古い人体残存物に関する単純な好奇心にそそのかされるのではなくて、古代のミイラ製作の技術上の達成に対する賞讃を基礎としていることが望ましい。このような賞讃は、時として思いがけない場所に見いだされる。たとえば、テーベの岩窟墓にある多数のミイラに関する一人の隠者とその息子の考えを記したコプト語のテキストから引用する次の文章に、それが見られる。この場合、禁欲のコプト教徒が、初期のキリスト教徒が古いファラオの文明の残存物に対して一般的に示した敬意よりもはるかに強い敬意をもってミイラを扱った、ということは注目すべきことである。

そして、父が私と一緒にジェメ山にいたころのある日、父は私にこう言いました。「息子よ、起きなさい。私について来なさい。私は、お前が訪ねて来て、私の身体を養うための食物と水を運んで来ることができるように、私が休息する場所を示そう」。それから、私たちは開かれた扉の形をしている場所に着きました。その場所に入ると、それが岩の中に掘られたものであることが分りました。さて、そこにはミイラとなった多くの人体がありました。その場所の外側を歩くだけで、これらの人体から発する甘い香りをかぐことができるほどでありました。私たちは柩に手をかけ、次々に積み重ねました。最初のミイラの包まれている材料は王家のリンネル布でありました。ミイラの体格は大きく、手と足の指は別々に包帯されていました。そのとき父は言いました。「これらの人びとが死んでからどれぐらい多くの年月がたったのであろうか。この人びとはどの州から来たのであろうか」。そこで私は言いました。「神様だけが御存知です」。すると父は言いました。「さあ行きなさい息子よ。お前の修道院に住みなさい。そして、お前自身に注意を払いなさい。この世は虚栄のものである。われわれは何時いかなる時、そこから引きはなされても、よいのである(1)」。

第六章　エジプト人のあの世

次の世界に関するエジプト人の観念についてわれわれの持っている知識は、ほとんど銘文の証拠から出ている。したがってわれわれは、最古の時代におけるエジプト人のこの部門に関する信仰についてはほとんど知っていない。先王朝期文化は、墓におさめられた日常の品々から判断すると、死後につづく生活は地上の生活に似ていると信じていたであろう。事実、その信仰はそのあとの時代の民衆の信仰でありつづけた。たしかに、第一王朝の王族または高官の墓のまわりに召使いの埋葬所があることは、主人と召使いの生活様式が死後も変らずにつづくと期待していたことを示している。古王国時代に、王族が死後につづける生活と庶民に用意された死後の生活とのあいだの区別は明瞭になる。この区別はこの時代よりいくらか古い時代に（どれほど古い時代かということは明らかではないが）はじまったにちがいない。ここで、エジプト人がいかなる時点においても次の世界について必ずしも唯一の考えかたを保持していたわけではないということを、そして古い考えかたを捨てるのを嫌う態度のゆえに二つまたはそれ以上の対立する見解を同時に持つことができたということを、指摘しておかねばならない。このことは古王国時代の死をめぐる宗教についてのわれわれの主たる知識源であるところのピラミッド・テキストに、すでに明らかである。そこでは、王の死後の生活について表明された見解は、テキストの節のちがいによって著しく変っている。その見解の起源が早期のものであるか、後期のものであるかに応じて、変っているのである。

ピラミッド・テキストは王族のために特別に意図されたものであり、次の世界についての展望は重要でない私人に対しては完全に閉ざされていた。私人が望み得る最上のことは、この地上に生きたとほとんど同じように死後も存続しつづけるということであった。他方、王は神々と一緒になるように運命づけられており、少くとも王は神々と対等である。あるテキストは、王が神々より上位者でさえあると断言している。ピラミッド・テキストにおさめられた最古の信仰は、王が北極の近くの星々の中の一つになると述べている。北極の近くの星々は、エジプトから見るとき決して沈むことがないゆえに永遠のシンボルと見なされているのであった。死後は星になるという観念は、第三王朝の階段ピラミッド北側に最初のピラミッド神殿が位置することを、また第四章で述べたように古王国時代のすべてのピラミッドの入口が北を向いていることを、たぶん説明する。ピラミッド・テキストの後期の節には、王は空を渡る日々の旅で太陽神ラアと一緒になると述べてある。この新しい考えかたは、ラア信仰が第五王朝期に護得した非常な重要性の刺戟から生れたものである。エジプト人は一つの型にしたがって、ピラミッドの入口を北極の近くの星の方向にあわせることをつづけた。王がもはやその方向で旅するのではなく、ラアの船の中で死後を送ることになったという事実にもかかわらず——。神々は、エジプトの標準的輸送手段である船で旅するものと正式に考えられた。ピラミッド・テキスト第四六九節は、太陽の船に席を占める王に言及している。

余は純潔である。余は櫂を余自身に付ける。余はおのれの席を占める。余は二組の九神の船の舳《へさき》に坐る。そして余は漕いでラアを西に運ぶ。

別の行文は、同じ文章の中で、死後の生活について星に関する考えと太陽に関する考えという、対立する二つの考えに言及している。王は太陽と星々のいずれにも同伴して旅すると考えることによって、二つの考えは結びつけられたのである。

純潔であれ。御身の席をラアの船の中に取れ。漕いで空を渡り、はるかなもののところに上れ。不滅の星々とともに漕ぎ、疲れることのない星々とともに航行し、「夜の船」の積荷を受けとれ。(1)

これほど顕著ではない他の信仰もピラミッド・テキストにあらわれている。死せる王は神々の全集合体と同一視されるか、あるいは神々の長として、しかし同時に神々の守護下にある者として述べられている。さらに、王はオリオンとともに空を渡り、あるいはオシリスとともに地下世界を渡ることになっている。首尾一貫する視点が欠けているということはエジプト人を悩ませなかった。彼らの神学は、王または神を他のいくつかの実在物と同一視するのを同時に行うということを受けいれることができるのであった。

ピラミッド・テキストにおける更に重要なもう一つの要素は、死せる王をオシリスと同一視することである。のちにオシリスは死者の最高神となる神である。伝説によれば、オシリスはエジプトの名君であったが、弟セトにより卑怯なやりかたで殺され、五体をばらばらに切りさかれた。オシリスの妻イシスは夫の遺体のばらばらになった断片を取りもどし、呪術によって生命あるものに戻らせた。そこでオシリスは地下世界の死者の王という新しい地位に即《つ》いた。しかしながら、セトはエジプトの王権を奪い、そのことによって、オシリスとイシスの息子ホルスの王権を否認した。セトを打ち負かし、父の仇《あだ》を討ち、正当な継承権を主張することがホルスに課された。その任務を、彼はついに成しとげた。この物語はエジプト宗教の最も根本的な物語の一つであり、これに関する隠喩的な言及はエジプト文学にひろがっている。埋葬信仰におけるこの物語の重要性は、いかなる死せる王もオシリスと一体化するものと見なされ、他方、王位を継ぐ者と在位の王はホルスの顕現である、という事実から来ている。あとで説明するように、オシリスとの一体化はこのあとの時代には王の特権ではなくなる。というのは、王の埋葬銘文が私人によっても利用されるからである。ピラミッド・テキストにおける多くの節は、直接的に、または隠喩的に、王をオシリスとして表現している。ピラミッドに示された三つの主要な信仰のうち、星となる死後の生活についての信仰は曖昧さの中に崩れていったが、太陽とオシリスに結びつく観念は王朝時代の全期を通じて強力でありつづけることとなった。

第一中間期における中央権力の崩壊の結果、王を守るための古い宗教テキストは奪われ、もっと広い用途に向けられ、とくに、第一一王朝と第一二王朝の木製柩の上に用いられた。このようにして作られた改訂テキストは、その用途のゆえにコフィン・テキスト（棺柩文）として今は知られている。基本的に、それらのテキストは、ピラミッド・テキストによって王に与えられていたのと同じように、死後の永久存続を保証するものであった。コフィン・テキストのために作成された新しい節のいくつかは、新王国年代の大葬祭文書『死者の書』におけるいくつかの行文の先駆を形成している。コフィン・テキストの多くの節には、関連節の目的を述べる固有の見出しがついている。完全な忘却を免れるための標準呪文は「死者の地において滅びないための呪文」あるいは「二度目の死を死なないための呪文」というような見出しを伴っている。後者は墓の向うがわの生活を失うことについての恐怖をあらわしている。いわゆる「二度目の死」は地上における個人のあらゆる足跡と記憶を完全に破壊することであるからだ。他の呪文は内容においてもっと個別的であり、「死者の王国でパンを食べるための呪文」、「蛇を却けるための、そして鰐を却けるための呪文」、「死者の王国で腐敗しないための、そして働かないための呪文」というような標題がついている。死者がさまざまの神または動物の形をとることができるようになる変身呪文というのも多い。第二九〇節はこの点についての最終保証を含んでいる。というのはそれは次のようなことばで終っているから。「人は自分の変身したいと望むいかなる神にも変身するであろう」。初期のピラミッド・テキストの場合と同じように、霊魂の最終的運命に関して対立する見解が出ており、それは、天に昇ってラアの船に乗る、あるいはオシリスと一緒に地下に住む、というものである。もっとも後者のほうが今は次第に支配的となりつつあった。いくつかの王国時代の柩の床面は『二つの道の書』として知られるテキストと絵図をそなえている。『二つの道の書』は死者の住居に至る二者択一の道を描いており、旅に向う死者のガイドとして役立つのであった。

葬祭銘文がピラミッド内の室の壁から柩の内側に移ったことは、このようなテキストを王が独占する状態を破ったのであるが、はるかに広範にこれが通常の人びとのあいだに普及するのは、パピルスの上に宗教テキストを書くことが新王国時代に発達したことによってもたらされた。ひと巻きのパピルスは急いで用意することができ、たいした資力をもたない人にも容易に利用できるのであった。こうして、新王国時代からは、埋葬のさいにこのような巻きものの上に必要な呪術のテキストをちゃんと付けたものがおさめられることになった。それ以前の時代の葬祭銘文をもっと発展させたこれらのテキストは、重要な『死者の書』を形成する。『死者の書』には多くの別々の章があった。『死者の書』は、下ってプトレマイオス期に至るまで一冊の葬祭文書としては最も重要なものでありつづけることとなった。しかし、長い歴史のあいだに、それは多くの改訂を施された。各章をおさめた最良のものは第一八王朝と第一九王朝に属する。そのあとの時代には、個々のパピルスの内容は選んだ章によってしばしば形成され、あるいはまた雑然たる呪文集の形もとった。

『死者の書』の初期のものでは、ヒエログリフは垂直の行で書かれ、各章の標題を伴っており、いくつかの重要な点は通常の黒インクではなしに赤インクを用いて強調された。パピルスは間もなく、テキストの中の適切な場所に黒インクの輪郭で描いた小形絵図をいれて飾られた。さらに時代が下ると、とくに第一九王朝期に、小形絵図は彩色で描かれ、それ自身の正しい資格で小形芸術作品となった(写真19)。

しかしながら、絵図に向けて増大した配慮は、テキストの水準低下に釣り合っていた。こうして、多くの美しい彩色された葬儀パピルスが、誤りだらけのテキストをつけている。第二一王朝と第二二王朝には、小形絵図はテキストと無関係の場所に時どき入れられるようになっていた。パピルスに何をいれ、何を省くかという決定は著しく個人の趣味の問題だったのである。最悪の場合には、標準の章建てに従うという配慮を全くせずに、初期の章が誤って逆順序で書き写されたり、あるいは小形絵図と小形絵図のあいだの空間を埋めるために、いかなる半端のテキストをも寄せ集めていれるのであった。この時代に、ヒエログリフが葬祭テキストにおいて常に人気をもっていたとはいえ、パピルスのいくつかはヒエラチック（神官文字）で書かれた。『死者の書』の大きな改訂は第二六王朝期に行われた。改訂は、各章のいくつかの順序を再編することと単純な輪郭の小形絵図に再び戻ることをも含んでいた。『死者の書』のパピルス写本は、これらの重要な葬祭呪文を墓の中に持ってゆく最も人気のある手段であったが、ある章を墓の壁または柩の上に書くこともできたということに注意しなければならない。古代エジプト人自身は呪文の内容の多くを理解しなかったということは、書いたものにある頻繁な誤りによって示されている。しかし、テキストの実際の意味は二義的な重要性しか持たなかった。重要なのはその効果なのであった。銘文と小形絵図をそなえたパピルスの巻きものは、道を遮る障碍を逃れて、次の世界に安全に達する手段と見なされているのであった。

『死者の書』という用語が現代のものであることに注意しなければならない。エジプト人自身はこれらのテキストを『日中に前進するの章』と呼んだ。この標題は個人が死後に墓から出ることを可能にする銘文の力を遠まわしに指している。エジプト人の地下世界の観念は準備のない者にとっては罠と落し穴の全体系であって、死者の魂が従うべき正しい手続きと旅の途中のいくつかの地点で誦うべき適切なことばとを知っているときにのみ、それらから免れることができるのであった。答はすべて『死者の書』の各章におさめられていた。すべての死者がその目標に到達するために為すべきことは、パピルスに書き写された訓令に従うことであった。魂がうまく旅をなしとげることについて実際にいかなる疑いも決してなかった。なぜなら、パピルスは常に、パピルスを書いてもらった死者がすべての困難を克服してオシリスの国に着いたことを記録しているから。次の世界に旅することは、前もってすべての問題について知識をもち、準備された答を所有して試験を受けるのに非常によく似ている。出来事に作用する魔法の呪文の効力を信ずることは、エジプトの埋葬宗教にとって中心をなすものであり、すでに供物信仰のくだりで述べたように、それは書かれたことばの力を強く信ずることとの派生物であった。

次の世界に移行するさいの重要な要素は、『死者の書』第一二五章に記されている死者の審判である。第一八王朝の後半のころには、この観念は非常に強くなっていたので、『死者の書』の導入部が、最後の審判の大きな絵図を伴って、ラアとオシリスへの讃歌とともに与えられた。この試験において、地上の個人の行為は、真実と正義の女神マアトの羽《はね》を分銅とした秤に心臓をのせて、その重さによって審査された。写真19はこの場面の美しい小形絵図であり、アニという名の書記のパピルスから採ったものである。死者は妻と一緒に左手から入り、審判の間にはいるとき身をかがめている。人物像のまわりにアニのことばが記されている。それは自分を裏切らないでくれと自分自身の心臓に呼びかけたことばである。心臓自身は秤の左手の皿に乗っており、右手の皿にマアトの羽がある。実際の計量はジャッカルの頭をもったアヌビス〔ジャッカルは古代エジプトに存在せずとする説もあり、その説ではアヌビスの頭は犬の頭である〕によって行われ、その結果は神々の書記トトによって記録されている。後者の像のうしろに、怪物アンミトがうずくまっている。これは鰐の頭とライオンの前肢と河馬の後肢とをもつ動物である。その名は「死者を食う者」を意味し、その役割は試験に合格できなかった者の心臓を貪り食うことであった。実際には、彼の奉仕が求められることは決してなかった。なぜなら、すべてのパピルスは好意的判決を記録しているから。トトは、最上部にいる試験官たる神の審判の結果を記し、神々の答はアヌビスの像の上の銘文に示されている。

九大神によって、ヘルモポリスに住むトトに向って語られたことば。「御身の申したことは真実である。正しいことが確証されたオシリスの書記アニは、正しい。彼はいかなる罪をも犯さなかった。彼は余らに逆らって行動しなかった。アンミトは、彼を支配することを許されないであろう。オシリスの前にゆくパンの供物を彼に与えよ。ホルスの随従者に対すると同じように、供物の畑にある土地を永久に譲渡せよ。

この小形絵図では、選ばれた主要な神々が審判を支配している形で示されているが、第一二五章は、審理が四二人の陪席判事の出席のもとに行われ、死者はその判事の一人一人にことばを言わねばならぬと記している。試験を受けている人物はおとなしく神々の裁決を待つことが期待されているのではなく、おのれの正しさを大げさに宣言することを期待されているということを、この呪文はきわめて明らかに示している。事実上、彼は特権としてではなく権利として天国に入ることを要求した。だから、彼の陳述の中には、地上における悪行を悔いるという感情のしるしは全くない。審判の間に入るときに神に告げることばはエジプト学者によって「否定の告白」と名付けられている。なぜなら、さまざまの罪が次々に否定されるからである。しかし、これはいささかミスリードする名である。なぜなら、死者はいかなることも告白せず、そのかわりに、ただおのれの徳行を列挙するだけなのであるから。

私はいかなる人に対しても悪意をもって行動したことはありません。私は仲間を貧乏にしたことはありません。私は正しくないことを知りません。私は罪を犯したことはありません。私は毎日の仕事を始めるとき前もって定めたより烈しく始めたことはありません。私の名は「船の水先案内人」まで達したことはありません。私は神の悪口を言ったことはありません。私は孤児から奪ったことはありません。私は神の嫌うことをしたことはありません。私は主人に対して召使いを中傷したことはありません。私は殺したことはありません。私はいかなる人も不幸にしたことはありません。私はいかなる人も泣かせたことはありません。私はいかなる人にも処刑を命じたことはありません。私はいかなる人も苦しめたことはありません。私は神殿の供物食糧を減らしたことはありません。私は神々の供物パンを損傷したことはありません。私は聖なる者の菓子を盗んだことはありません。私は不法に交接したことはありません。私は私通に耽ったことはありません。私は計量を増やしたことも減らしたこともありません。私は掌尺を減らしたことはありません。私は畑に侵入したことはありません。私は秤の重さを大きくしたことはありません。私は子供の口から乳を取りあげたことはありません。私は家畜の群を飼料から追い払ったことはありません。私は神々の銛のための鳥に罠を仕かけたことはありません。私は神々の湖から魚を獲ったことはありません。私は各季節で水の流れを止めたことはありません。私は流れる水に逆らってダムを造ったことはありません。私は必要で燃えている火を消したことはありません。私は腰肉供物のための日程を守らなかったことはありません。私は神の所有物から家畜を盗ったことはありません。私は行列中の神に逆らったことはありません。

この自己の正しさについての長広舌のあと、死者は自己の純潔を述べ、次のように断言する。

この「二つの真理の間」のこの地で、いかなる災厄も私を襲わないでありましょう。なぜなら、そこに住む大神の随従者たる神々の名を、私は知っているのでありますから。(2)

神々に捧げられたことばによって示された非常に高い道徳水準は、古代エジプトにおける正しい行為のための根本的な力として役立ったかもしれない。すべての人が正しい行動のしかたを知っていたことは明らかである。彼らが時どき正しい道を踏み外すことがあったとしても、このような知識の存在が寛容な社会を維持する方向に働いたであろう。『死者の書』は、人民が無過失ではないことを認め、魔法の呪文によって罪の結果から彼らを守ることを企てるのであった。右に挙げた長い引用文は「『二つの真理の間』に着き、死者がおのれの為したすべての悪から死者を浄めるために言うべきこと(3)」という文章に先導されている。このことばは、審判を受ける人物が有罪とは完全に無縁であったわけではないことを公然と容認していることであるが、また同時に、経文を正しく誦えるかぎり彼の過失は陪席判事の眼にとまらないであろうという保証によって、彼を安心させている。死者はまた、彼によって為される一般的無罪宣言のほかに、四二人の陪席判事の神々の一人一人にそれぞれの名を呼んでことばをかけることを求められる。次の世界への旅を安全に終えるためには、その道中にあらわれる神々と悪魔どもの名を知っていることが必要不可欠である。なぜなら、エジプト人はある者の名を知っていることはその者に働く力をもつことになると信じていたから。地下世界に達するために一人の人間が知っていることを必要とするすべての名は、『死者の書』の各章に詳細に述べてあった。それらの名は神々の名だけではなかった。通過してゆくべき種々の門と室の建築上の特色もまたそれぞれの名をもっていた。

「われわれはお前がわれわれの前を通って入ってゆくことを許さないであろう」とこの戸の側柱は言う、「もしお前がわれわれの名を言わないならば」。「正確な測量の錘《おもり》」がその名である。「私はお前が私の前を通って入ってゆくことを許さないであろう」とこの戸の右の楣《まぐさ》は言う、「もしお前が私の名を言わないならば」。「重たい真理のための平鍋」がその名である。「私はお前が私の通って入ってゆくことを許さないであろう」とこの戸の左の楣は言う、「もしお前が私の名を言わないならば」。「葡萄酒の供物」がその名である。「私はお前が私を跨《また》いで入ってゆくことを許さないであろう」とこの戸の敷居は言う、「もしお前が私の名を言わないならば」。「ゲブの雄牛」がその名である。「私はお前のために開かないであろう」とこの戸の閂《かんぬき》は言う。「お前が私の名を言わないならば」。「母の足指」がその名である。(4)

この問答の会は『死者の書』のさまざまの場所で行われる。そして、魂はすべての質問者に正しい答を出したのち、はじめて通過することを許される。この質問のいくつかの部分は極端な細部にはいるように見える。たとえば、次の文章がそれであり、ここでは旅する者はおのれ自身の足の正しい呪術名を知ることを求められている。

「私はお前が私を踏みつけて歩くことを許さないであろう」と二つの真理の間が言う。それはまた一体なぜですか。私は純潔でないのですか。「なぜなら、私はお前が私を踏みつけて歩くその足の名を知っていないからだ。その名を私に言いなさい」。「ハアの炎というのが私の右足の名であります」。「お前はわれわれを知っている。それでは、ハトホルのウンプトというのが私の左足の名であります。それでは、われわれを踏んで入りなさい(5)」。

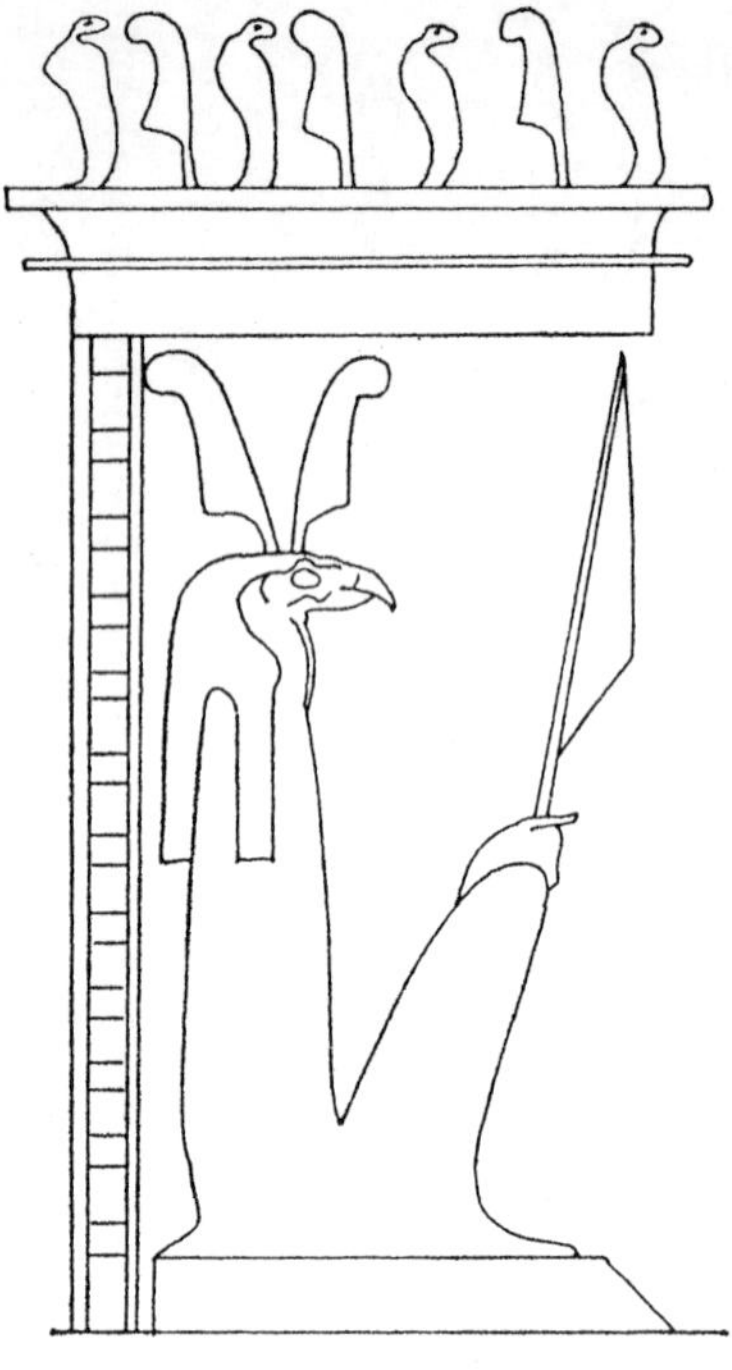

図 47 『死者の書』から採った，諸門の1つ。門番がついている。

『死者の書』の多くの章が、魂の通過する門、室、あるいは区域に言及し、それぞれの門、室、あるいは区域は獰猛な神によって守られていて、死者はそれぞれの名によってことばをかけなければならないことが示されている（図47）。この地下世界の区分の観念は他のもろもろの葬祭文書に再びあらわれている。これについてはあとで論ずる。時代の古いピラミッド・テキストとコフィン・テキストの場合に似て、『死者の書』のいくつかの章は、肉体を有害な動物の攻撃から守って生きる能力を再生させる必要ということに結びついている。第二一章と第二二章は死者に口をもたらし、第二五章は死者に記憶の力を与え、他方、いくつかの章は肉体から心臓を引きはなすことに対抗する防衛をしている。魂の最終の運動に関するテキストの見解は分裂しているが、この混乱はピラミッド・テキストとコフィン・テキストから受けつがれたのである。いくつかの節は、魂がラアの船に乗って神とともに天空を旅するという古い哲学に忠実である。しかし、オシリスの領土における魂の永遠の家というもう一つの視点に、それ以上の強調がなされている。この住居は「供物の畑」あるいは「葦の畑」という名で知られていて、死者の魂が豊饒の地で理想郷のような生活をする場所であった。この天国観はエジプトの国土そのものをモデルとしているのであって、葬祭パピルスの絵図は、エジプトの田園地方の典型である灌漑水路に横切られている。この領土においては、死者は地上の場合と同じように農業労働に従事し、水路のあいだの畑で耕作、種播き、収穫をするのである（写真21）。とはいえ、そのエジプトの農業生活の模写は完全に同じだったわけではない。なぜなら、オシリスの国においては、すべては地上におけるよりも著しく良いようにつくられたからである。ペストは存在せず、小麦は五キュビットに達し、その穂は長さ二キュビットになり、大麦は三キュビットの穂をもって七キュビットの高さになるのである。キュビットの長さは約五三センチメートルであるので、エジプト人が天国で豊作を期待したのは明らかである。シャブチ像が与えられたのは、これらの収穫物の耕作を実施するためであり、死者が仕事を何もしないで収穫の利益を楽しむことができるようにするためであった。これが、ナイルの谷に対応する世界としての天国に関する古代エジプト人のイメージであり、そこにおいてはすべてが最良であり、永遠の生がオシリスの慈悲深い権威のもとに保証されていた。次の世界についてのこの見解が大いに人気を得たのは、たぶん、生者の住むエジプトに似ていることによって本質的に親しみぶかい地に家があるという魅力のせいであった。この観念は、ラアの船の中で太陽とともにする死後の生活のイメージが示す、天空と地下を通る異様で沈鬱な前進よりは、快適な生活についての明るい未来を提示するのであった。墓の向うの生活についての楽天的な見解は、『死者の書』第九九章の典礼法規に要約されている。

もしこの章が（死者に）知られているなら、死者は「葦の畑」に入るであろう。そして、パンと葡萄酒と菓子が大神の祭壇で彼に与えられるであろう。そして、畑と所有地には小麦と大麦の〔種がまかれ〕、ホルスの随従者は彼のために収穫するであろう。死者はその小麦と大麦を食するであろう。彼の肉体は神々の肉体と同じようになるであろう。彼は好みの姿で「葦の畑」にあらわれるであろう。彼はそこにかならず、いつまでも、あらわれるであろう。

『死者の書』の個人用の写しを書いてあるパピルスの巻きものは、埋葬のとき墓におさめられた。その場所はしばしば柩の中のミイラの両脚のあいだであった。第三中間期から、巻きものを複合神プタハ・ソケル・オシリスの中空木製像の中におさめることが慣例となった。それが墓の中にあることは、肉体の復活にとって有益であると考えられたのである。『死者の書』のすべてがはじめから特定の個人のために用意されたわけではなかった。買手の名を書きいれるスペースの残されている「在庫即売用」の写しを買うこともできた、ということをわれわれは知っている。量産の柩も同じようにして買うことができた。

古代エジプト人の埋葬宗教の研究は、墓の中で発見された一見無目的と見える品物について説明を時どき与える。たとえば、『死者の書』の第一三七章のAは、テキストが真に有効であるためには四個の模型を粘土煉瓦の上に書かなくてはならず、その粘土煉瓦はそのあと埋葬室の壁龕に塗りこめなくてはならない、と述べている。このような銘文つき粘土板は実際に発見されていて、その銘文が語るところによれば、その目的はオシリスの敵を墓から撃退することにあった。宗教はまた墓の建築に、とりわけ王墓の建築に深い作用を及ぼすことができた。古王国時代のピラミッドは、その太陽信仰の中では、降ってくる太陽光線の具象的シンボルと見なされた。死せる王はその太陽光線に乗って天空に昇るのであった。同時に、ピラミッド・テキストのいくつかの行文は、ピラミッドはまた原初の丘を、すなわち世界創造についてのエジプト人の見解において不活性の太洋からあらわれる最初の陸地を、あらわし得たということを示している。新王国時代までに、王をオシリス神と同一視することと結びついて、オシリス信仰の重要性が増大していった結果、王墓はオシリス自身の墓の模型として造られるに至った。このことは、アビドスにあるセティ一世の記念墓に最上の形であらわれている。その記念墓はオシリスの墓のすべての要求をみたしているのである。構造は地下にあって、上は地盛りで覆われ、その地盛りの上にはたぶん神聖な林があり、地下建造物は水に囲まれた島の上に列柱室と石棺室をもっていた。図48は、オシリスの墓についてのエジプト人の考えとこの構造物とのあいだの類似が絵入りの埋葬儀礼パピルスに由来することを示している。もちろん、この記念墓はオシリス信仰の中心地で死せる王セティとオシリス神の双方のための埋葬儀礼記念物として機能させるために、オシリスの墓の忠実な模型として入念に築かれた。テーベの王家の谷では、これらすべての特徴を模することは不可能であった。しかし、玄室のレイアウトに基本的類似は保たれた。このオシリス信仰との結びつきに加えて、玄室はまた全宇宙を象徴していた。屋根は天空を、床は大地をあらわしていた。そしてこの象徴主義は適切な装飾を加えることによって強化されるのであった。古王国時代においてさえも、ピラミッドの墓室の屋根は夜の空

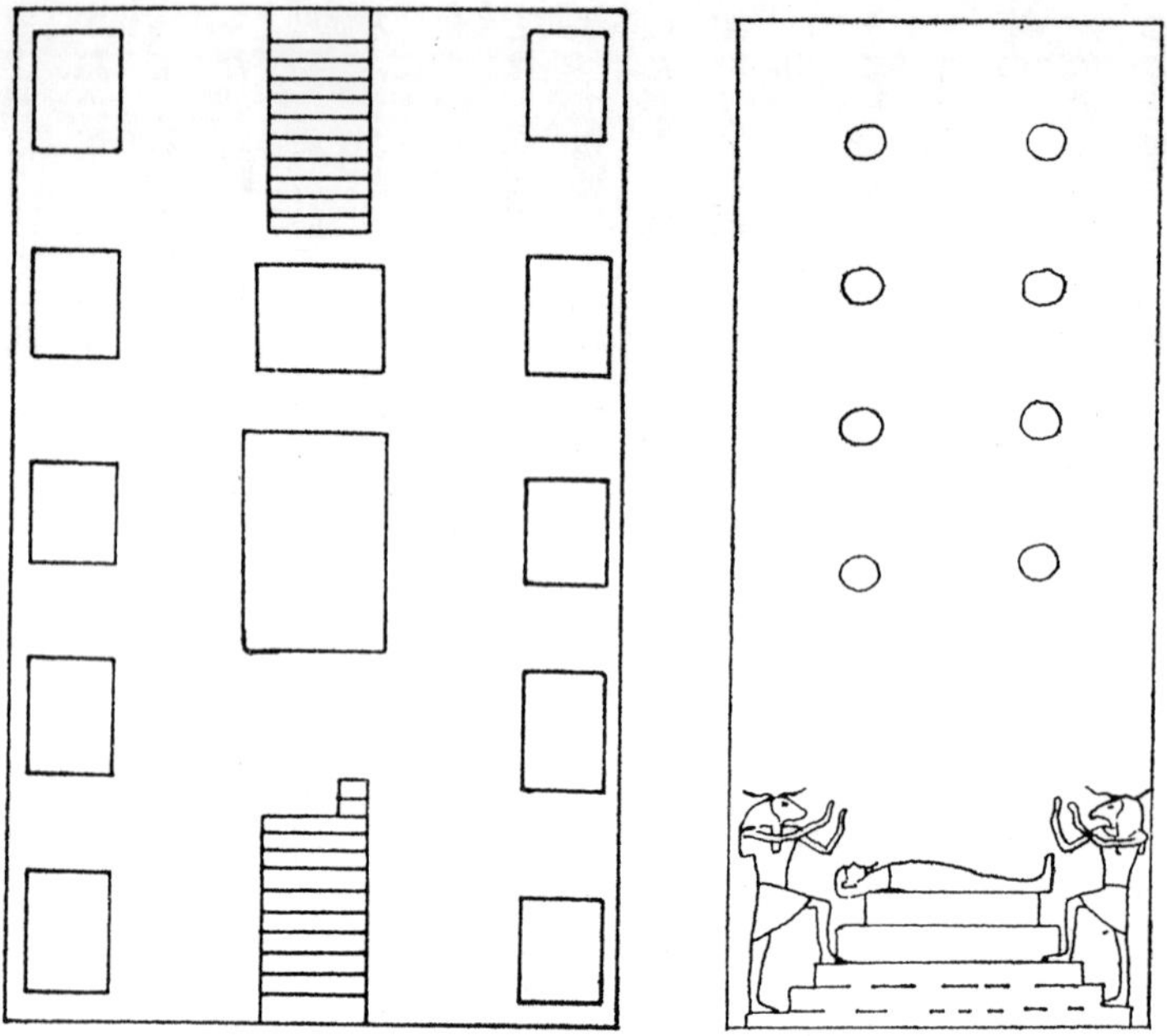

図 48　オシリスの古い図像と比べたセティ一世の記念墓の平面図

を模するために彩色あるいはレリーフの星で覆われていた。新王国時代の王墓は天井装飾の中に星の神々のグループと日々の太陽の誕生に結びついた宗教文書を含んでいる。石棺は独立の石塊（室の床にはめこまれた）の上に置かれ、石塊は原初の丘をあらわすように意図されていた。この丘の象徴的な模造の上または下に埋葬体を置くことは、創世神話の原初の丘に生命が自然発生的に出現することから、肉体の復活のために絶大な重要性をもつものと見なされたのであった。

新王国時代における王墓の葬祭銘文は、私人の墓の場合に通常の慣習であったようなパピルスに書かれたのではなくて、墓自体の壁面に刻まれた。私

図 49　太陽神の船

人の墓はしばしば日常生活の情景をおさめているが、これらのものは王の記念物からは外され、さまざまの宗教的銘文の大集成がおかれた。きわめて意外なことであるが、『死者の書』はこれらの銘文の中でたいして重要ではなく、銘文の多くのものは太陽の日夜の進行という一般テーマに結びついている。日中は、太陽は天空を渡って旅し、エジプトの国土を照らし、安定と秩序を保証したが、夜になると、この神は地下世界を通り、危険で困難な旅をつづけて次の曙に達するのであった（図49）。死せる王の運命は太陽神の運命と結びついていて、闇の時間のあいだ太陽神の船の進行を妨げようと企てるかもしれない悪の力は王自身に対する脅威と見なされた。死後の生についての太陽信仰の考えかたとオシリス信仰の考えかたとのあいだに、都合のよい結びつきが作られた。太陽神は夜のあいだ事実上死んでいるのであり、したがってオシリスと死せる王とに一致

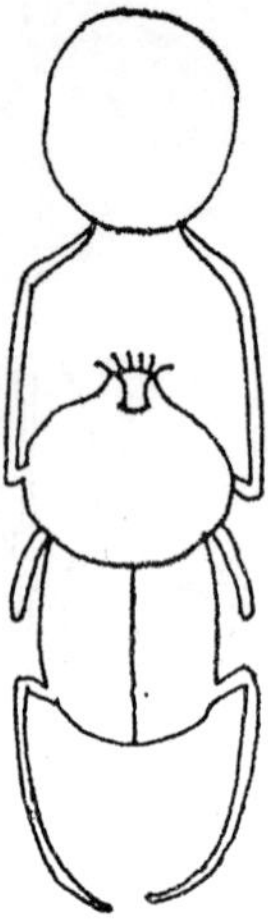

図 50　太陽円盤をもつスカラベ

する、と見なすことによってであった。

この物語を述べる主たる文書は『門の書』『地下世界にあるものの書』『洞窟の書』と名付けられている。最後のものは六つの部分から成っているが、他のものは地下世界の旅を一二の部分に区分している。この一二の部分は夜の一二時間に対応する。これら三つの文書の中で、太陽神は地下世界に住むものに生命を与える。例外はラアとオシリスの敵であって、これらの敵は殲滅されるのである。それぞれの文書は太陽が曙に再生するところで終っている。神はアトゥムとして地下世界にくだり、ケペリとして東の地平から再びあらわれるのであった。ケペリは「存在に入る者」であり、情景は黄金虫であるスカラベによって表現された。『洞窟の書』はスカラベが太陽円盤を押している様を示していて、それはちょうど現実の黄金虫が卵を生むための糞玉を押しているのに似ている（図50）。一見したところ生命のない糞玉から新しい黄金虫が出現するということに、スカラベがエジプト人の信仰における復活とかくも密接に結びついた理由がある。

『洞窟の書』と『門の書』はともにオシリスの審判の間を示す情景を描いており、その室には真夜中に太陽神が着く。地下世界の他の部分には、良いものも悪いものも含むあらゆる種類の神秘的存在物が住んでいる。良い存在物は太陽とその随行者の接近を歓び、悪をなす者を倒し、その力を無にして太陽を、旅するように助けた。ラアの主要対抗者の一つは蛇のアポピスであり、倒して動けなくすべき相手であった（図51）。『地下世界にあるものの書』の第七部に、われわれは蛇のアポピスが四人の女神に打

図 51　アポピス打倒の図，『地下世界にあるものの書』から（E. ホーヌングによる）

図 52　ラアとオシリスの敵を焼く（E. ホーヌングによる）

ち負かされているのを見る。絵の説明はこう述べている。「神々はこの形であり、それぞれにナイフをもち、毎日、地下世界でアポピスを罰する」(6)。ラアのすべての対抗者の終極の運命は完全なる破壊であり、彼らの身体と、彼らの魂さえも、切り刻まれ、火の竪穴の中で焼かれた（図52）。太陽円盤の旅の結末は、『死者の書』の審判と同じように、必然的結末であった。なぜなら、銘文は、ラアとオシリスと死せる王がすべての障碍に打ち勝って再び日中にあらわれることを、くりかえし強調しているからである。光のある時間のあいだ、地下世界は全面的に暗くて不活動であり、そこに住む神々は死んでいて、生命と光の次の短い期間を与えてもらうために太陽が帰ってくるのを待っている、と見なされた。銘文の神秘的性格を強めるために、エジプト人はしばしばヒエログリフの行文を通常の順序とは逆に、いわゆる「逆順《レトログレイド》の」

銘文で、あるいは暗号文で書いた。銘文のいくつかの箇所に、われわれは「破壊されていたのを発見」と述べているヒエログリフのラベルを見る。これは、書記がところどころに損傷を受けたもっと古い時代のテキストから写しとったことを示しており、この説明を用いたことは書記が何を写してよいか分らなかった箇所をわれわれに明示する。この特徴は同じテキストの末期王朝時代の写しに、もっと普通になっている。その時代までに、むしろもっと多くのものが失われたのであった。末期王朝時代に、これらの葬祭文書は墓の壁に、あるいはもっと頻繁に石棺に、刻まれた。しかし、それはもはや王の記念物に限られなかった。ピラミッド・テキストが平民に盗用されたのと全く同様に、新王国時代の王の埋葬儀礼銘文は末期王朝時代とプトレマイオス王朝時代の裕福な私人に用いられた。末期王朝時代には、『地下世界にあるものの書』のほうが『門の書』や『洞窟の書』よりも頻繁に出ており、王の棺と私人の棺の双方に存在している。パピルスの写しもまた知られている。

これらのテキストはエジプトの葬祭文書の全体では決してないが、『死者の書』とともに最も重要なものである。新王国時代の王墓と石棺から、われわれはまた女神ヌウトから太陽の生れる話に関する『夜と昼の書』、大地の神である『アケルの書』、『神聖牡牛の書』の写しを得ている。エジプトの葬祭文書の大きな数とひろがりは、いかなる魂も十分に準備しないでは次の世界に入らないようにするということがいかに重要と見なされていたかを示し、銘文はこの目的を達成するための宗教と呪術の興味ふかい組合せを明らかにしている。ミイラに付ける護符は『死者の書』の呪文を誦えることによって効果あるものとすることができ、品物自身に時どき同じ銘文が刻まれた。この行為は『死者の書』自身の中に示された指示に従って行われた。たとえば、第一五九章の末尾にわれわれは次のような注意書きを見る。「（この章）は銘文の刻まれた緑色長石のワジ護符の上で誦えられるべきであり、ワジ護符は死者の頸に置かれるべきである」(7)。死者に暖をもたらすように意図された呪文一六二の指示は、テキストが新しいパピルスの上に書かれるべきこと、そしてミイラの頭の下に置かれるべきことを述べている。末期王朝時代に、このパピルスは円形カルトナージュの上に張られて、今日頭部用護符として知られているタイプの恒久的な品物となった（写真22）。

たいていの護符は共感的呪術の原理にもとづいて働いた。すなわち、物あるいは動物の像は、それに結びつく呪文次第で、表現された物のために、あるいはその物に敵対して作用することができる、という信仰にもとづいて働いた。この種の呪術はエジプト人の生活の他のところに、とくに、エジプトの敵の像が虐待または破壊される反異国人礼式にあらわれている。肉体の部分の形をとった護符がこの模倣された力によっていかに生きる機能を回復させるかについて、われわれはすでに述べたが、同じように、力ある物をあらわす護符はその力を死者に与えることができるのであった。後者のタイプの一例は王冠の護符であって、これは、そのあらわす権威をミイラに与えるのであった。多くの護符の形状は、神々の像あるいは特別の神々に結びついた物から出ていた。ワジェトの眼はその好例である。この広く行きわたった護符は、セトの戦いのさいに引きちぎられて破られたホルスの片眼をあらわしている。その眼はのちにトトによって元どおりに直され、その結果、「健康な（眼）」すなわちワジェトという名を得た（図53A）。イシスの血による守護をあらわすチェトのシンボル（図53B）および復活の神ケペリの像であるスカラベもまた、神々に結びついていた。他の護符は、「善」、「永遠」あるいは「真理」などをあらわすヒエログリフの記号から出ていた。

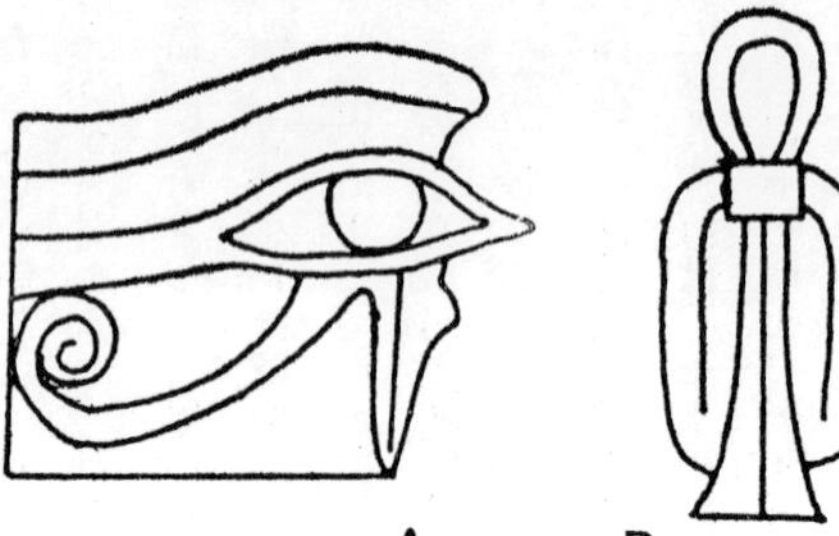

A　　　B

図 53　A　ホルスの眼
　　　B　イシスのシンボル，チェト

『死者の書』のいくつかの章は、ある種のスカラベが造られるべき材料について明示している。正しい材料を用いることは呪術の力をもつと考えられていたように見える。緑色長石、水晶、赤鉄鉱に人気があったが、おびただしい数の護符もまたもっと安価な緑の釉を塗った合成品で作られた。蠟製像の呪術の力はとくに顕著であった。それらはホルスの四人の息子の像として、また最も初期のシャブチ像として用いられた。

いかなる像も表現も呪術の力を持ち得るとするエジプト人の信仰は、時どき異様な方法で表現されている。ヒエログリフの文字においては動物をあらわす記号が非常に多く、その中のサソリとか蛇などのいくつかは決定的に不快なものであった。もしこれらの記号が墓室や柩の銘文に用いられたならば、これらの動物が呪術によって生命を取りもどし死者を傷つけるのを、いかにして阻止できようか。最も危険度の少い動物といえども、被葬者用に捧げられた供物食糧を食べることがあるなら、問題になり得るのであった。ある時代に、エジプト人はこの危険に対処するのに、入念にヒエログリフを不完全なものとし動物から生命を奪うという方法をもってした。この行為は

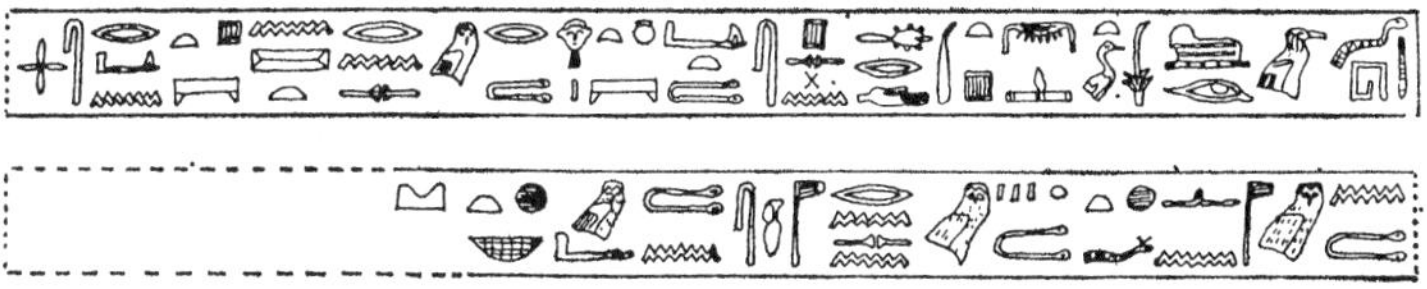

図 54　切断されたヒエログリフ（J.ド・モルガンによる）

すでにピラミッド・テキストにあらわれており、中王国時代の葬祭銘文でもっと普通になっている。蛇の像は不完全であり、動物と鳥は足ぬきで刻まれ、サソリは毒針を欠き、人間をあらわすヒエログリフは頭と手だけに簡略化された。これらのいわゆる「手足を切り取られたヒエログリフ」の一例が王女ヌブホテプティケレドの柩にあり、それは図54に示してある。埋葬信仰における呪術の優位性はまた、墓の中におさめたものが時どき入念にこわしてあって、死者に随伴してゆかせる前にそれらを「殺し」たという事実によっても示されている。

死と埋葬に結びついている神々は非常に多数である。新王国時代の王墓の葬祭文書に描かれた地下世界の半ば神であるものの大群を別にしてもである。死者の王オシリスは葬祭銘文の到るところにあらわれている。しかし、ハトホル、メルトセゲル、神となったアメンホテプ一世、ソカルを含めて、より地域的な墓地神に関する多くの言及もまたある。アヌビスはミイラ製作神として、またジャッカルの頭をもつ別の神ウプワエトは埋葬宗教の規則的な部分であった。イシスとネフチスは埋葬関係のみに結びついていたのではないが、神聖葬送者としての二女神の役割は、二女神が墓室銘文や柩にきまってあらわれるという状況をもたらす。多くの埋葬関係神が、内臓をおさめたカノプス壺をかこむ神話の中でともに結びついている。第二章でわれわれは、いかにして最初の真の内臓用壺が古王国時代にあらわれたかを見た。しかし、それらの容器は簡単な中高の蓋をもっているだけで、後の対応品に記される宗教上のきまり文句を欠いていた。中王国時代に、壺は被葬者をあらわす人間の頭の形をしたストッパーをそなえ、ついで第一八王朝のあと、ホルスの四人の息子に固有の頭をつけた蓋にわれわれは会う。ホルスの四人の息子は内臓の守護者なのである。イムセトは人間の頭を、ハピは狒狒《ひひ》の頭を、ケブセヌエフはハヤブサの頭を、ドゥワムテフはジャッカルの頭をもっていた（図55）。理論的には、それぞれの神は固有の内臓器官を守っていた。イムセトは肝臓の、ハピは肺の、ケブセヌエフは腸の、ドゥワムテフは胃の世話をするのであった。第一九王朝より前の壺には異なった頭がないにもかかわらず、同じこれらの神々がカノプス壺に結びついていたのをわれわれは知っている。なぜなら、それらの

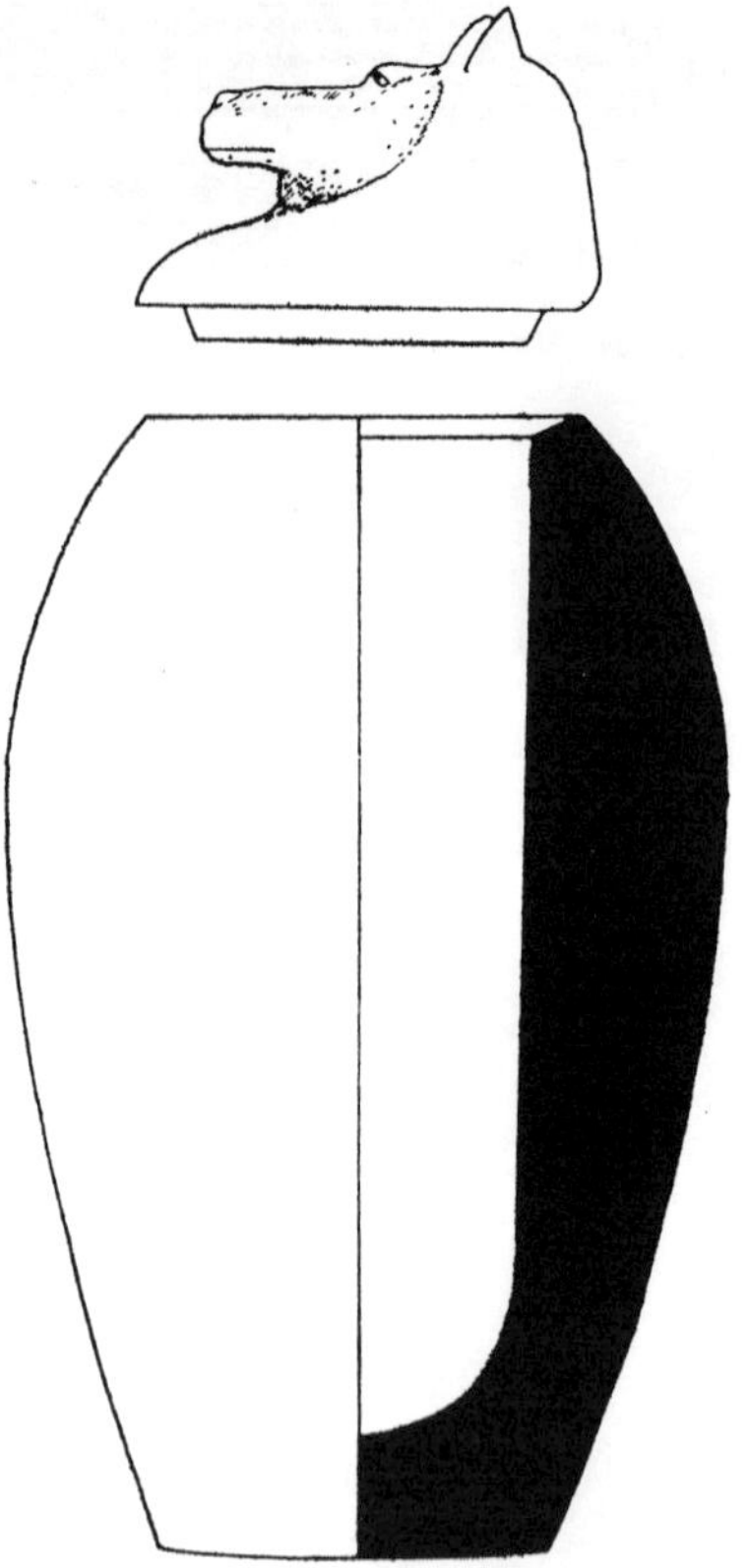

図 55 ジャッカルの頭をつけたカノプスの壺

名がテキストの中にあらわれているから。さらにまた、これらの壺はイシス、ネフチス、ネイト、セルキスの四女神と同一視されていた。なぜなら、四女神の名が同じように銘文の中に見られるから。

これらのテキストは、ミイラ化された壺の中身が単にホルスの四人の息子の守護下にあるのではなく、実際に四人の息子と同一視されていたということを示している。たとえば「おお、イシスよ、御身の体内にあるイムセトの世話を見ておくれ！　イムセトの前にいる尊敬されたる者、上下エジプトの王、アウイブラ」(8)。

ホルスの四人の息子のそれぞれは常に同じ女神に結びついていた。右に示したようにイシスはイムセトを守り、ネフチスはハピに、ネエイトはドゥワムテフに、セルキスはケブセヌエフに結びついていた。銘文の長さと内容は壺ごとに変っているが、基本的な意味は同じである。多くの場合、テキストはカノプス壺の女神から発せられたことばと見なされていた。末期王朝時代には、カノプス壺の異なる女神の役割を非常によく示す形で、テキストがあらわれている。

ネイトによって語られたことば。「私は毎日を、夜も昼も、私の体内にあるドゥワムテフを守護することに費した。ネフェルイブラ・エンアケト軍指令官よ、プサメチク・シネイト軍指令官の息子よ、タディヌブホテプから生れた者よ、正しき者とされた者よ、オシリスの加護は、ドゥワムテフを守護する。ネフルイブラ・エンアケト軍指令官よ、プサメチク・シネイト軍司令官の息子よ、オシリスのおかげによって、御身はドゥアムテフである(9)。

カノプス壺は石、木、陶器、釉を塗った合成品を含めて、さまざまの材料で作られた（写真23）。すべてが機能をもっていたわけではなかった。第二一王朝期には、内臓は処置ののち遺体に戻された。しかし、カノプス壺の一揃いは純粋に伝統的理由によって墓にしばしばおさめられた。同じ事情で壺は時どきミイラとともに置かれた。内臓摘出が全く行われなかった場合でも、である。時としてわれわれは慣習的な壺の精巧な代替品を見る。ツタンカーメンの墓で発見された内臓用鍍金小形柩がその例である。カノプス壺は木製または石製の箱の中におさめることもできた。その場合、箱の外表面は内臓守護の慣例的な神と女神に言及した補助的銘文のために時どき用いられた。カノプス壺を納める石製箱は、しばしば無装飾の外表面をもっている形で、古王国時代と中王国時代の多くの王墓から発見されている（図56）。南サッカラの、第一三王朝の未完成ピラミッドでは、カノプス壺用の箱と石棺が玄室の床と一体をなす岩の中に実際に掘って作られた。新王国時代には、王のカノプス壺用箱はもっと装飾的になり、外側に銘文とレリーフの細工が施され、時どき彫刻の窪みに青色顔料が塗られた。これらの箱はしばしばアラバスターで作られていて、四隅にイシス、ネフチス、ネイト、セルキスの四女神の像をそなえ、四女神は中身を包み、守るために翼をひろげていた。私人のカノプス壺用箱はたいてい木製で、四つの容器をおさめる内部の四室をそなえていた。中王国時代の箱は平らな蓋をつけた簡単な方形のものであったが、の

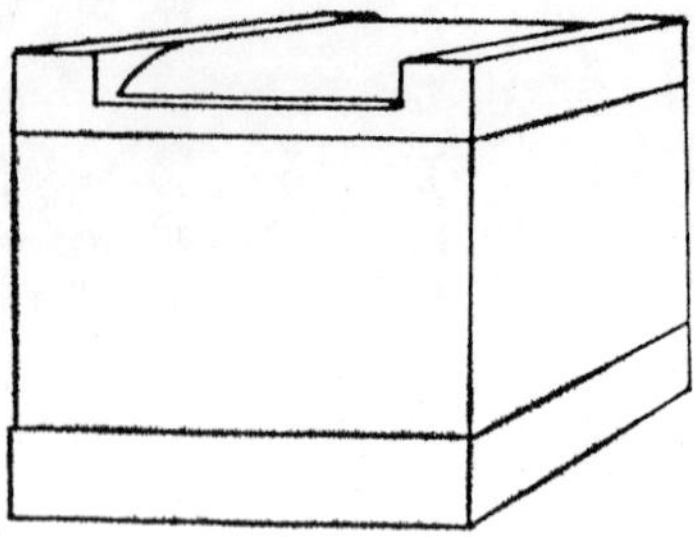

図 56　中王国時代の石造カノプス壺用箱

ちの時代には新しいスタイルが生じ、橇の台の上に置いた祭壇形の容器になった。このタイプのものは新王国時代とそのあとの時代の墓室画やパピルスに描かれた葬送の列に時どき示されている（図57）。

われわれが、エジプト史の初期から受けつがれた宗教上の信仰に由来するいくつかの非常に古い礼式を発見するのは、埋葬式の絵図においてである。古王国時代とその後の時代の墓の多くの壁画は、下エジプトにそのほとんどがあるさまざまの信仰中心地へ葬送行列が訪ねた一種の巡礼のエピソードを描いている。この旅についての短い言及は、第三章で古代エジプトの埋葬に触れたくだりで行ったが、ここではこの巡礼の起源と宗教上の意味について説明しなければならない。中王国時代と新王国時代に、礼式はオシリス信仰から大きく影響を受け、葬送船の訪ねる場所の一つはアビドスとなったが、古王国時代の解釈はこの巡礼が本来はオシリスに結びついていたのではないことを示している。実際、情景はデルタ地帯の先王朝期の首都ブトの古い統治者の埋葬礼式を暗示し、単一国家となる国家統一より前の時代を示している。ブトの初期の支配者たちの埋葬行列はデルタ地帯の主要な宗教中心地を、とくにサイスとヘリオポリスを、時にはブトの墓地に戻る前にメンデスとベフベイト・エル・ハガルを、訪ねたように見える。そこでは、死せる統治者はその祖先をあらわす踊り手に迎えられた。この踊り手は、後の時代には墓地の礼式上の踊り手であるムウとして墓室画にあらわれる。私人の墓における図像はこの古い王の葬送伝統の反映であり、再解釈されて通常人の埋葬に適用されたの

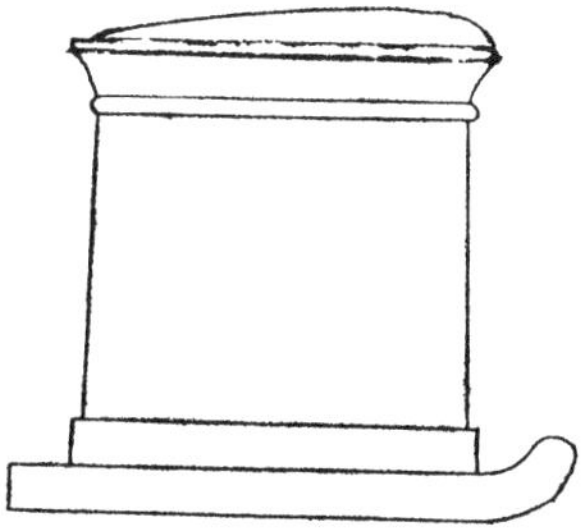

図 57 祭壇形のカノプス壺用箱

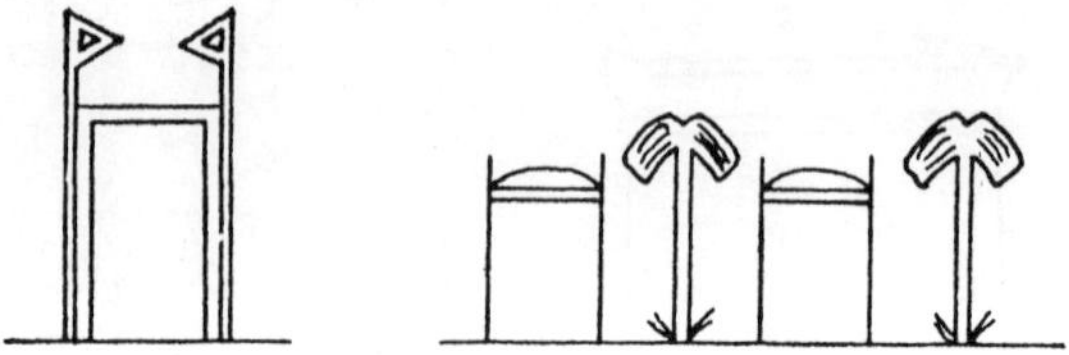

図 58　サイスとブトの標章

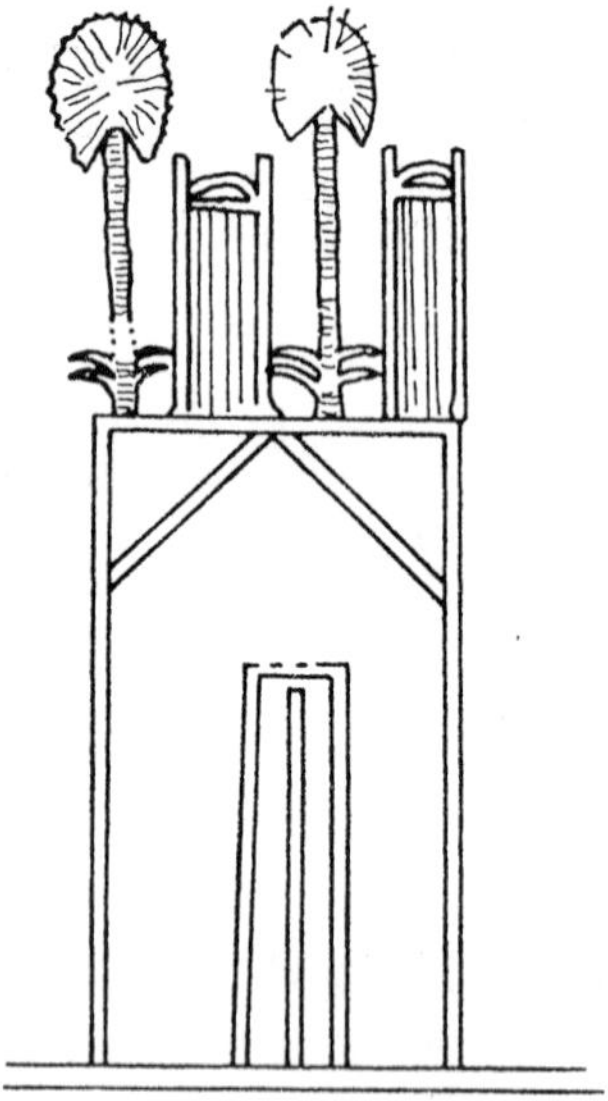

図 59　サイスとブトの混合標章。テーベのレクミラの墓から（N. G. デーヴィスによる）

である。古王国時代のレリーフは、ブトとサイスに上陸する葬送船が読経祭司とムウに迎えられるのを示している。都市はそれぞれの宗教的建築物のシンボルによって示されている。ブトは椰子の木によって引きはなされたアーチ型天井つき神殿の列によって表現され、他方、サイスはこの都市のネイト神殿の前に立つ二本の旗竿によって示されている（図58）。エジプト語でペル・ヌウとして知られているブトの神殿はきわめて重要なシンボルであって、下エジプトの民族的神殿と見なされるに至った。新王国時代の後期の墓室画では、これらの表現の真の意味は忘れられ、単に葬送伝統として持続した。本来は別々の壇に置かれたサイスとブトの絵はしばしば単一グループに集められた。図59はテーベの第一八王朝のレクミラの墓から取ったものであるが、ここではサイスの旗竿があやまって結び

図 60　サイスとブトへの訪問。エル・カブのパヘリの墓から
（J. J. タイラーとF. L. グリフィスによる）

つけられて門となり、その上にブトの椰子の木と神殿が置かれている。

巡礼とブトの古い王の埋葬式との結びつきは完全に忘れられ、そのかわりに巡礼はオシリスと結びつき、訪ねるべき場所のリストにアビドスとブシリスのオシリス信仰地が加えられた。礼式上の踊り手であるムウはこんどは、場所がどこであろうとも、墓地で葬送の列をむかえる者となり、埋葬儀礼の付属物と見なされた。ブトの王の先祖という起源は時の経過とともに失われたのであった。墓室画のヒエログリフの標識はこの儀礼の起源との結びつきを維持している。なぜなら、新王国時代においてさえヒエログリフは古い性格を保持していたから。人間グループの図は「デプの住民」または「ペの住民」という表記がつけられている。すなわちブトの都市を形成する二つの連続する居住区の住民である。葬送の列にこれらの人びとがいることは、たぶん新王国時代のエジプト人にとっては完全な神秘であった。彼らはその内容を知らないで、単に伝統を実践しただけなのであった。図60はサイスとブトに向う巡礼が慣習的な方法で新王国時代に描かれたものを示している。

これらの宗教的巡礼が一度なりと実行されたというのは、まことにありそうにないことである。すでに指摘したように墓室画の存在だけが儀礼として被葬者にまさしく益をもたらすことができるのであった。アビドス訪問は時として象徴的な方法で行われ、他方、遺体はナイルを渡って西岸の墓地に船で運ばれた。儀式のいくつかがそのさい模倣されたというのはあり得ることである。この古い表現の優位性は、エジプト人が古い宗教的慣習を持続すること、とくに葬送信仰におけるそれを好んだということを示す好例であり、そしてまた、儀式は神秘と呪文に単純に付け加えられたものであって、エジプト人は儀式について真の理解を欠いていたということを示す好例である。

エジプト人の習慣的な考えかたの流れに沿って、巡礼はナイル河の運河を用いてデルタを渡って旅するという形で船によって行われたと考えられた。この礼式に船があることは、いくつかのエジプトの墓の近くに、とくに古王国時代と中王国時代のいくつかの王のピラミッドの近くに完全サイズの船が埋葬されていたことの、部分的説明となるかもしれない。これらの船の意味はある議論の対象となった。なぜなら、それらはいくつかのちがった宗教的観念に結びつくことができたからである。それは、王が死後に乗って旅するラアの船をあらわす太陽の船であったかもしれず、あるいはブトへの儀式的巡礼と結びついていたかもしれず、さらにあるいは単純に被葬者のための輸送手段として意図されたかもしれない。ピラミッド時代の船が太陽に関係する性格をもったかもしれないとしても、そのことが、サッカラとヘルワンの第一王朝のマスタバのかたわらに埋葬されたはるかに古い時代の船にもあてはまるというのは、ありそうにない。なぜなら、太陽信仰はそのころは大きな重要性をもっていなかったのだから。

たぶん、正しい解釈は、埋葬船は何かの単一観念から出たということではなくて、諸信仰の混合の結果そうなったのであって、そこに太陽に関係する宗教とブトのもっと古い葬祭礼式が表現されている、ということである。

エジプト人の埋葬宗教の注目すべき特徴はその複雑さにある。古い信仰を捨てないで新しい信仰を合併してゆくという形で発展したので、複雑さが増大したのである。『死者の書』の葬祭銘文は典型的な例である。われわれは、天国への道の途中にあらわれる個々の障碍を克服するためにいかに呪文が求められていたかを見た。エジプト人はすでに、次の世界へ安全に渡ってゆくことを請けあういくつかの広範な内容の呪文を単一の文集として揃えていたにもかかわらず、であった。余分な個々の呪文をすべて捨て、『死者の書』の全体を地下世界への安全な接近を保証する一行の呪文にちぢめるということは、事を大いに単純化したであろう。しかし、エジプト人の性格として、そうすることはできないのであった。大量の重複する材料をもっと簡単で、もっと効果的な形に合理化することができないというこの性格は、文化の他の諸側面にも見られる。その筆頭は、すでに存在する二四個の記号によるアルファベットによって代用することができるにもかかわらず、幾百もの表音記号を言語に維持しているということである。他方、急激な変化を採用できないというこの性格は、エジプト文明の安定して弾力のある性格に大いに寄与し、たぶん、エジプト文明があれほど長くつづいたことの理由なのであった。

第七章　柩と石棺

既述のある章で、エジプト人が、遺体をある種の容器に、普通は簡単な籠か木の箱におさめて閉じることによって、墓の盛り土から遺体を守ろうとしたという最初の試みについて、いくらか言及した。このような地味な初期のものから徐々に、もっと精巧な柩が発達し、時代ごとにスタイルと装飾が変っていった。遺体の最終容器としての柩と石棺は宗教的信念に大いに影響され、柩そのものがやがて象徴性をおびるに至った。柩全体が、とくに蓋が、天空の女神ヌトと同一視されるに至り、ヌトはしばしば内部に描かれている。柩の底面では、ヌトの像は、時どき墓地の女神であるハトホルやソカルに取ってかわられた。古王国時代までに、石棺の宗教的象徴性は確立された。これは、ピラミッド・テキストのある行文から明らかである。

ネフチスは「セシャト、建造者の女王」という名の中に、御身の身体の全部分を集めた。彼女はその全部分を御身のために健《すこや》かにした。御身は御身の母ヌトに渡され、「石棺」という名の彼女の中にはいった。彼女は「柩」という名の彼女の中に御身を抱いた。御身は「墓」という名の彼女の中に運ばれた(1)。

柩として最初のものである初期王朝時代の木製柩は、屈身葬と伸展葬のそれぞれに合うように短い形と長い形の両方で作られ、後者が次第に標準形となった。これらの柩は小さな木の棒と板を車知《しらち》接ぎによって接合された。この方法は最末期の時代に至るまで存続した。この国に木材が比較的乏しいために、エジプト人は木工作業には大いに節約をした。大形の木材に浪費的な彫りこみをするのではなしに、小さな木片を継ぎあわせて柩を作るほうを、彼らは望んだ。初期王朝時代の柩はそれ自身の象徴性を持っていて、それはこの時代の煉瓦のマスタバに見られるように、いわゆる「王宮正面」に窪み仕切りをつけた側面によって示された(図61)。これはまぎれもなく家の正面であって、原始期の葦の茎で作った建物に由来している。それが柩にあらわれたことは、柩と死者の住

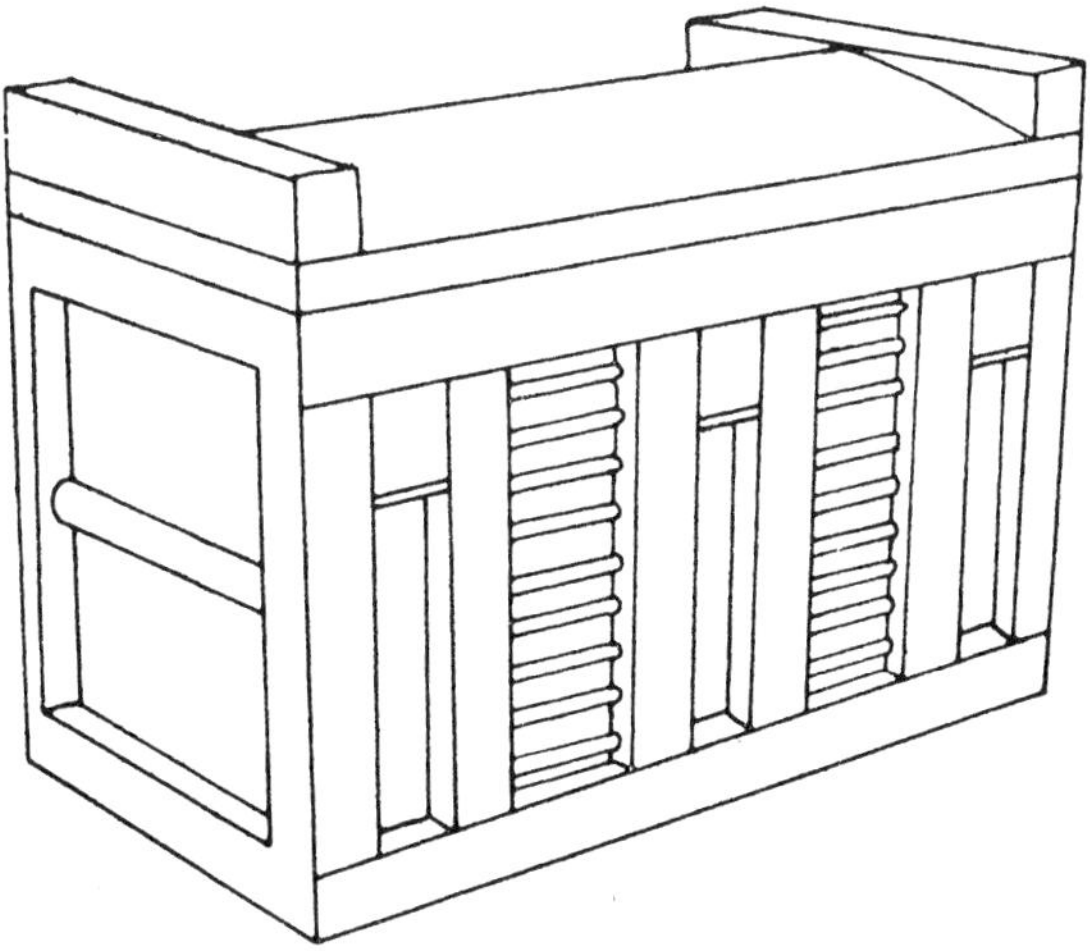

図 61　初期王朝時代の，外表面に窪み仕切りをつけた柩

家を同一視したことの表現である。窪み仕切りのついた外表面は初期の柩に限られていたわけでは毛頭ない。それはあらゆる時代の木製柩と石棺のいずれにも散発的にあらわれている。このタイプの装飾はやや中高の上部をもつ蓋を使うことにしばしば結びついている。

この蓋の形は初期の建造物の屋根の形を模したものである。窪み仕切りのある柩の外表面のそれぞれの深い窪みは、門を表現するためのものであった。したがって門としてのそれは、被装者のカアのために出口を与えるのであった。中王国時代には、このタイプの門は柩の平らな表面に全面的に彩色して示された。

先王朝時代末期から古王国時代にかけて、多くの貧弱な埋葬は、高価な柩の代用として、大きな壺によって行われた。遺体は壺の中または逆さにした容器の下に置かれた。しかしいずれの場合も、遺体は非常に固く屈身しなければならなかった。時どき、一個の壺が埋葬体を収納するために使われ、もう一つの壺がその覆いとして上に置かれた。古王国時代には、壺埋葬は日干煉瓦の、持ち出しのある構造物によって守ることができた。最も貧弱な墓のいくつかの場合は、収納壺器は省略され、遺体は煉瓦工作物だけで覆われた。

第三王朝に属する最古の石棺は、私人の墓ではやや粗雑な作りである。それは白色石灰岩の長方形の箱であって、平らな側面とやや中高の上部をもつ蓋をそなえている。いくつかのもっと上質の例は王の埋葬所から得られている。その中にはジョセルとセケムケトのピラミッド複合がふくまれる。ジョセルのピラミッドの東側の地下通廊からアラバスターのよくできた石棺があらわれた。それは通常の方法で

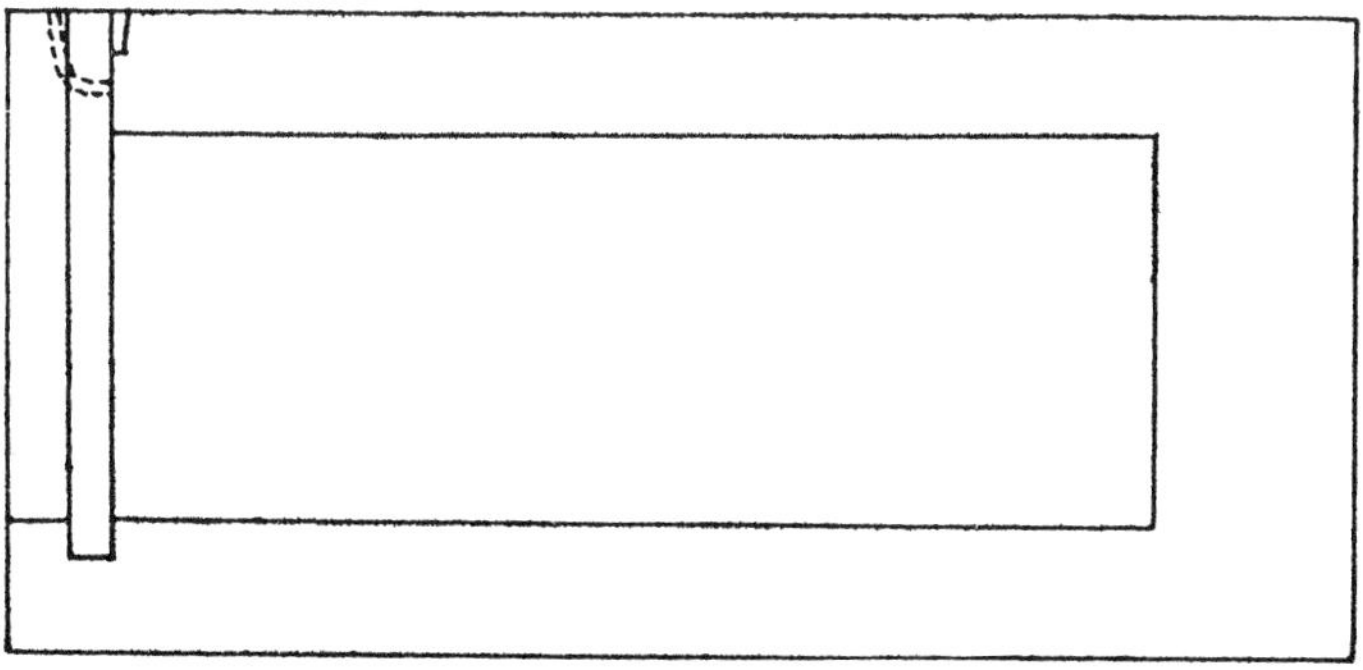

図 62　セケムケトの石棺の断面図（Z. ゴネイムによる）

ただ一個の岩塊に彫って作ったもので、またしても天井は丸みを帯びている。セケムケトの石棺は非定形で、慣習的な蓋ではなしに、一方の端に盛りあがった仕切板をそなえている（図62）。古王国時代には、王家と裕福な私人の墓はきまって非常に美しい石棺をそなえており、彼らの富は材料の持久力ある性質あるいは装飾の質に反映している。装飾はしばしば王宮正面外装板の形をとっている。上位の貴族は、もちろん王家の慣習にならって精巧な石棺を用いたのであるが、美しい石棺の準備は王が恩恵として命ずることのある重要なことであったということを示すいくらかの証拠がある。第六王朝期に生きた貴族ウニは自伝記録に次のように書いている。

陛下に対して私は、ツーラから白色石灰岩の石棺を私のために運んで下さるようおねがいしました。陛下は、神の封印係とその指揮下にある乗組隊をして、私のためにツーラから石棺を船で運ぶように処置して下さいました。神の封印係は石棺とともに、「住居」という名の輸送船に乗って、蓋を伴っ

て……帰って来ました。(2)

石棺の覆いを持ちあげるのは、両端にある二つの突起部によって助けられた。この突起部は、作業終了後に削り落されるのではなしに、そのまま残されたようにみえる。突起部はきわめて大きく、古王国時代の石棺の、とりわけ美しい石棺の、きまった特徴となっている。このことは、柩の長さに等しいよい仕上りの蓋のせいであって、望みどおりに持ちあげるために特別の用意をしたということであろう。

多くの粗製の石棺には突起部はなく、蓋自体が両端でわずかに重なりあっている。貧弱な墓の石棺は引きつづき石灰岩で作られ、多くの例は粗製のままであって、外部の表面に銘文が施されず、石工の鑿《のみ》の跡が顕著に残った。古王国時代のよく仕上げられた石造柩に施された銘文は通常はきわめて簡略で、その内容は一般に被葬者の名と称号の記録に限られた。古王国時代の木製柩は、遺体をおさめたのち大きな石棺の中にはいっているのが普通であった。その木製柩は簡単な長方形の箱であって、平らな蓋をつけていた。古王国時代の木製柩は不規則な形の板でつくられた。そのため多くの不揃いの隙間《すきま》を残さないで接合するということはできなかった。それらの隙間は、正確に穴の形のままに小さな木片をつくって埋められた。それは、ジグゾー・パズルの一片のように継ぎあわせ、木の楔で固定するというやりかたであった。図63に描いてあるものは、典型的な柩の一側面におけるこの方式による製作を示している。箱の隅の板の端は四五度の合掌継ぎとなるように切られた。隅の接合を有効に行うためだった。またしても、固定は車知《しゃち》接ぎで行われた。古王国時代の柩は銘文を施されるか、彩色された。時どき、内

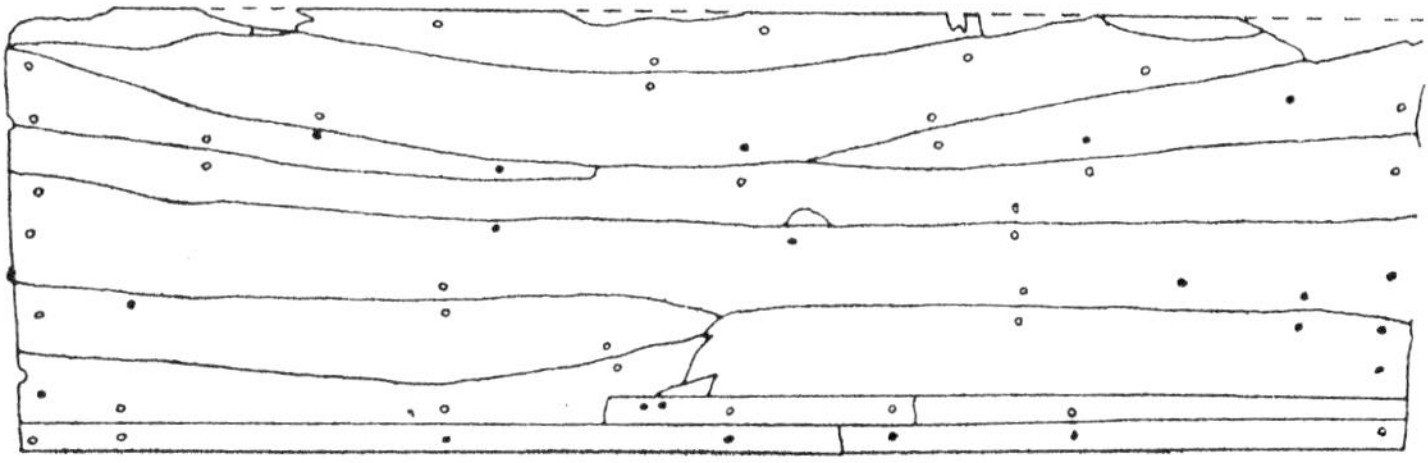

図 63　古王国時代の木製柩の作りかた

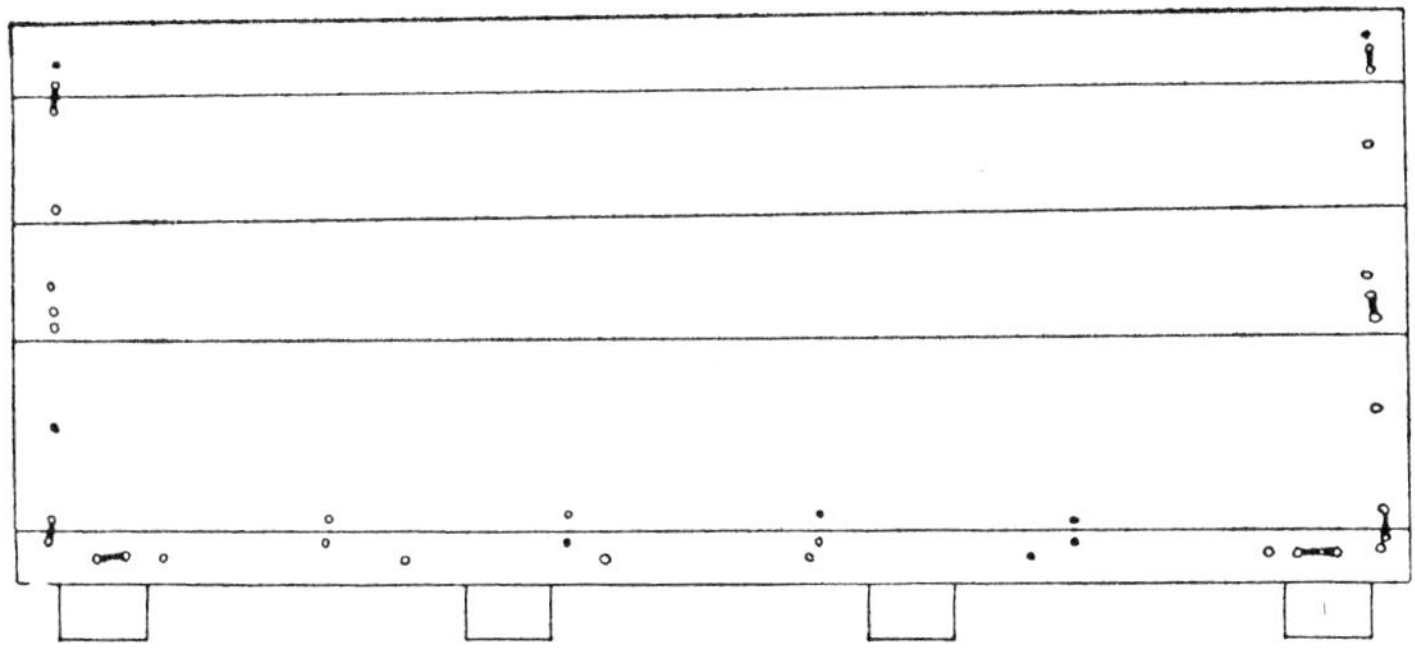

図 64　中王国時代の木製柩の作りかた

側にも外側にもそれがなされた。内側の装飾は、被葬者の名と称号のほかに、墓室壁画にあらわれるような慣習的供物リストを含むこともあった。

平らな、あるいは中高の上部をもつ長方形スタイルの柩は中王国時代においてもなお広く用いられた。もっとも、この時代に柩の製作と装飾に著しい発展があった。貧弱な例のいくつかは古王国時代の先行物と本質的に同じで、同じような粗雑な板を継ぎあわせたものであったが、裕福な中王国時代の貴族の大形柩は、はるかに秀れた製作であり、側面に沿って水平に置かれた広い輸入木材を、厳密にそろえて接合させていた。この製作形式の簡明な外観は図64に示してある。このような美しい柩は内も外も彩色で装飾され、彩色の木の面に直《じ》かに行われた。貧しい人の粗雑な柩は、しばしば外側にだけ、不揃いな製作をかくすために漆喰を塗った層の上に、装飾が施された。隅では、車知接ぎは板の端に届かないところで止められ、そこに重なりあった枘《ほぞ》がつくられ、車知接ぎをもっと堅固にした（図65）。車知接ぎとならんで、紐締めと補助的な枘接ぎが、板を結合するのに用いられた。もっとも、それらは決して頻繁にというわけではなかった。枘は木を彫って作るのではなかった。そのかわり、両方の板の端に枘穴をつくり、別個の木片を細長い孔にはめて、突出した枘とした（図66）。古王国時代の石棺の場合と同じように、大形木製柩の蓋は両端の円形突起部を用いて揚げた。木製の蓋はずっと軽いの

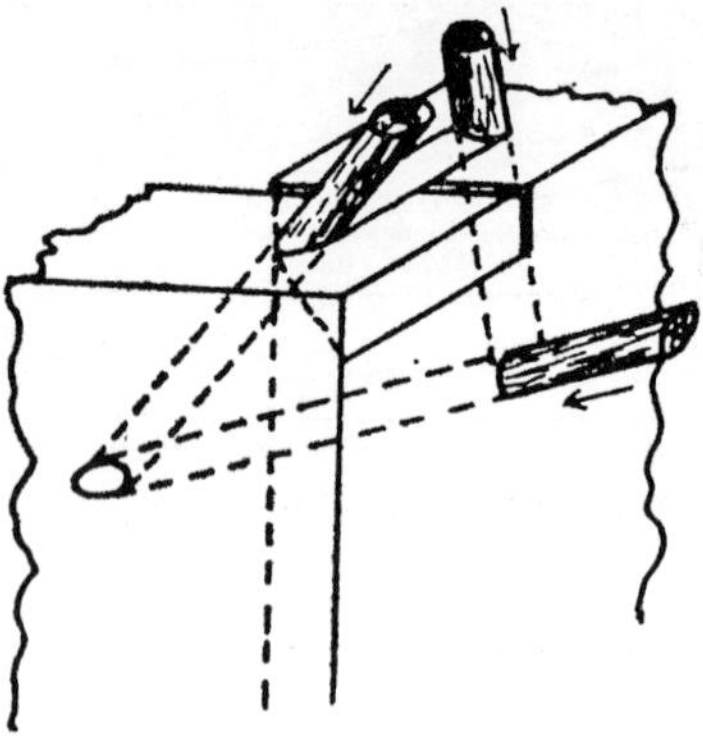

図 65　中王国時代の木製柩の隅の車知（しらち）接ぎ（P. ラコーによる）

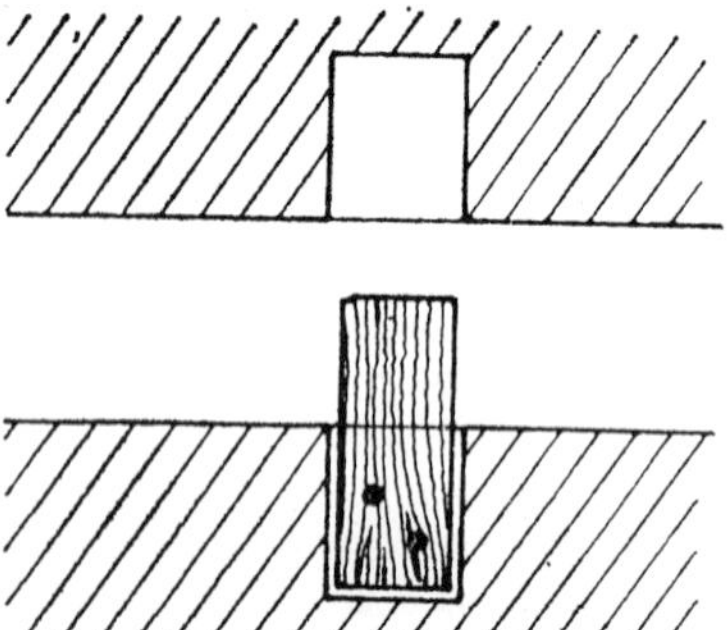

図 66　枘（ほぞ）による接合の方法

で、ただ一個の突起部をもっているだけで、石棺の場合とちがって、通常は埋葬後に切り落とされた。裕福な人の埋葬の場合は複数の柩をそなえていた。一つが他の柩の中にはいり、外側の柩は石棺の代役を果した。よくできた中王国時代の柩の装飾はきわめて重要であり、以前は墓室壁面に彫られていた要素の多くもそこに含まれていた。最も美しいタイプの外側は、図67に示してあるように、慣例的な形で水平と垂直の銘文が刻まれた。左側の面の上部には二つの神聖眼が、単独に、あるいは王宮正面タイプの精巧な門の絵と組合せて、描かれた。外部のテキストの配列は遺体の位置によって決められた。遺体は左側を下にした姿勢で置かれ、柩の彩色眼は被葬者の顔のまん前にくるのであった。この眼はホルス神の眼をあらわしていて、死者に守護を加え、死者が柩から出てゆくのを可能とし、他方、彩色された門は出入りの手段を与えるのであった。銘文の開始点は遺体の頭部であり、この隅から両方の方向にテキストは走り、下部までを覆った。それは図67に示したとおりである。上端部には長い水平の銘文が置かれ、そこに供物についての慣例的な祈りがあり、被葬者の名と称号で締めくくられ

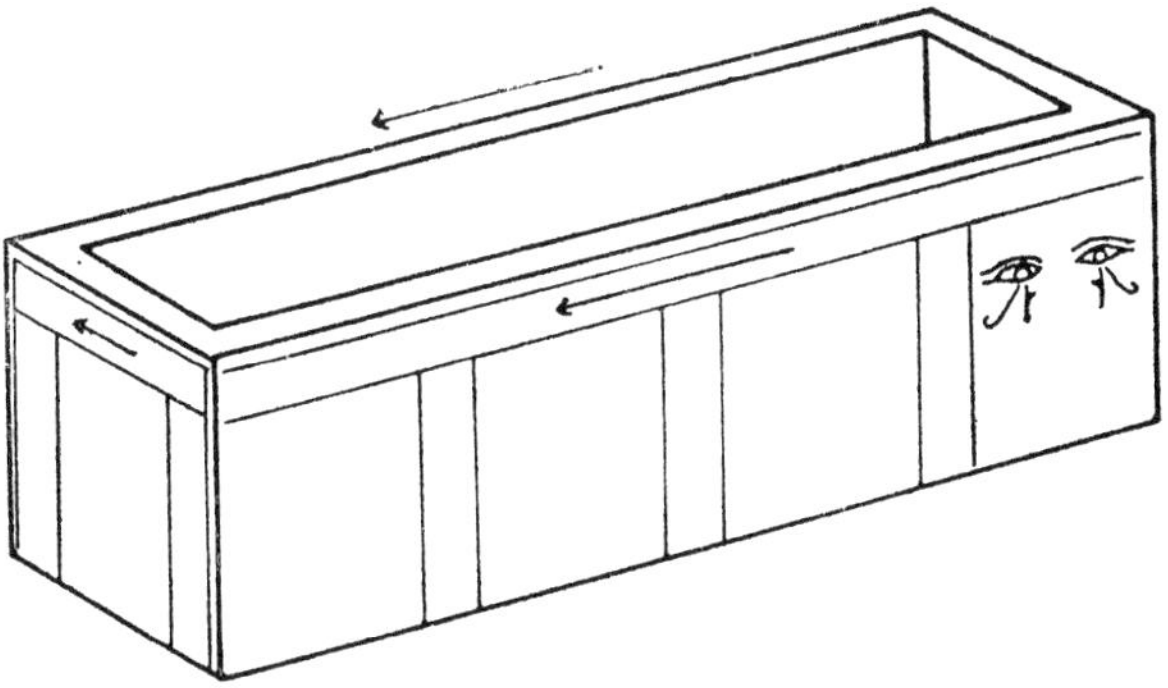

図 67　中王国時代の柩の銘文の配列

ている。各側面の垂直のテキストは二つのタイプにすることができた。死者のために神々の名を呼ぶ一行ごとに完結する一連の短文であるか、あるいは、標準的な葬祭銘文から取った、一行から他の行にまたがる連続的なテキストになるか、のどちらかであった。これらは、多くの柩に見出されるきまったテキストである。もちろん、もっと変化した複雑な銘文をもついくつかの例外もある。

大英博物館の、セニの木製内部柩は中王国時代の装飾柩の最上のタイプの好例である。写真（写真24）に示した垂直銘文の柱は単一の独立文として読むべきものであって、そこには古いピラミッド・テキストから改作した呪文が一つある。「御身の母ヌトは御身の上に彼女自身をひろげた。彼女は御身が神となるように処置した。ゆえに、御身の敵は存しない。おお、セニよ！」(3)。天空の女神ヌトはここでは、本章でさきに言及したように、柩の蓋と同一視されている。柩の蓋と天空との追加の結びつきが側面下部の装飾によって示されていて、そこでは太陽神の船が天空を渡っている。他方、柩の底面は地下世界をあらわしていて、宗教上のテキストとこの神話上の地帯のさまざまの様相をあらわす小形絵図によって彩られている。それらのテキストは、柩の内側の下段部のテキストとともに、ヒエラチックによって書かれており、コフィン・テキストとして知られる重要なグループをなしている。それは、古い王のピラミッド銘文から派生したものであり、呪文は時の経過とともにある程度改変され、今や私人の柩に用いられたのである。その目的は、すべての葬祭テキストと同じように、あらゆる意味の倖せを死者に確保すること、そして死者のあの世への参入を保証すること、にあった。

残りの内部装飾には、上部の縁のまわりに水平の線で書かれた供物のための祈りがある。これは外部

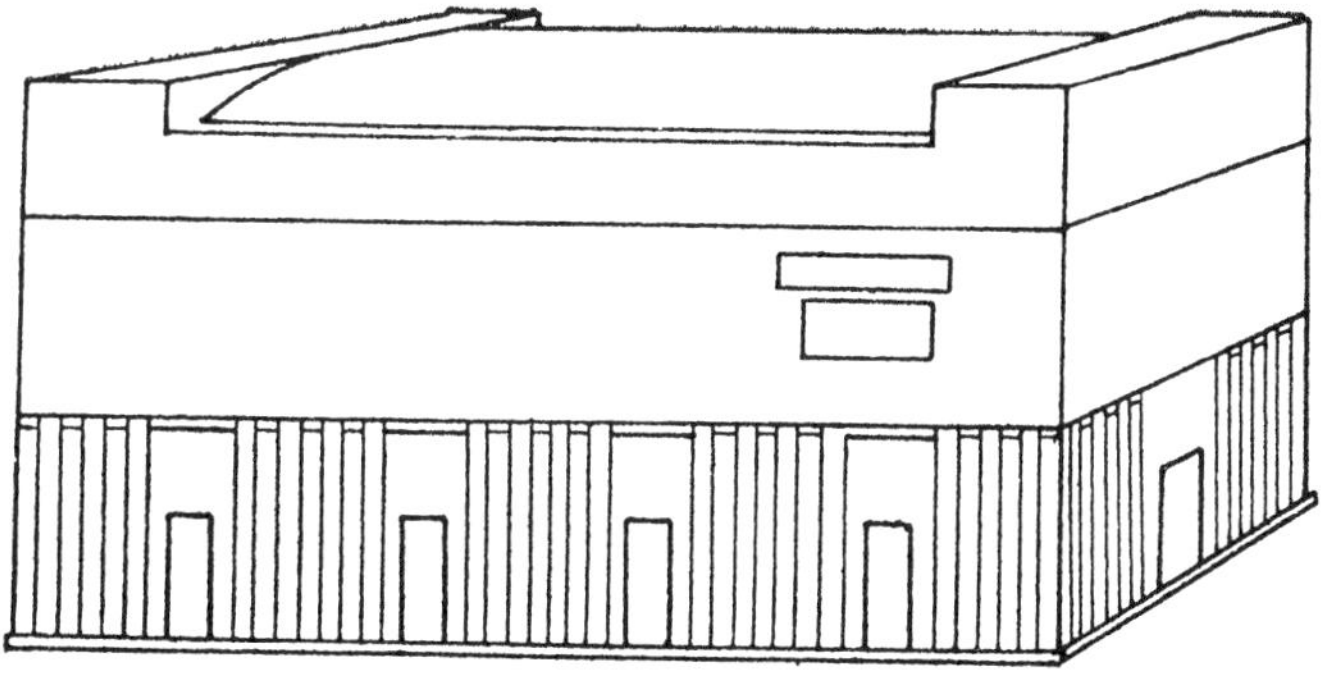

図 68　中王国時代の，外表面に窪み仕切りをつけた石棺（J.ド・モルガンによる）

のものと同じであるが、しばしば細部を美しく彩色してあり、いくつかの色がヒエログリフの一字ごとに用いられている。この線の下には、埋葬備品の絵と護符の意味をもつ他の品々の絵が一段をなしている。これらの図像は、コフィン・テキストの場合と同じように、古い王の埋葬所から得られたものであり、私人の真の所有物を正確に反映しているわけではない。最上の柩では、各品目にそれぞれの名がつけてある。

ややこれと似た装飾をもつ石棺はテーベで第一一王朝の墓から出たものによって知られている。ただし、それらは広く行きわたっていたタイプではない。この王朝の王女たちの石棺はデイル・エル・バハリの墓で発見されたが、それはいくらか違っていて、装飾に多様さがあり、日常生活風景が含まれている。これらの石棺は、一枚岩からではなくて、別々の石灰岩の板を隅々で接合して造られているという点で、慣例的ではない。堅い石で造った石棺は、第一二王朝と第一三王朝の王墓に用いられた。その多くは、中高の上部と持ちあがった端末という伝統的な形の覆いをもっている。これらの棺の側面は時どき無装飾であるが、他のものは下部のまわりに王宮正面の外装面をそなえ、上部は無装飾の面になっている(図68)。左側の頭部端末の平面部には二つの護符の眼がある。無装飾の、あるいは窪み仕切りのついた側面をもつ私人の石棺は第一二王朝の裕福な人の墓に、とりわけリッカとイラフンの墓に、見られる。いくつかの中王国時代の石棺の職人のわざは出色である。イラフンの私人の墓から出た二つの例の場合、その誤差は最も精密な計測によってしか捉えられないほどのものである。それ以上の石切りの正確さが、センウスレト二世の石棺に発見された。この場合は、真の平行線からの縁線の外《ず》れ、あるいは正確な平面からの側面の外れは非常に微小なものであり、事実上、存在しないと同じである。しかしながら、たいていの石棺は、正確度の有無を知り得るほど十分には調査されていない。

中王国時代に、ミイラの頭と肩を覆う密着する仮面をつけることが流行となった。そのさい、顔と鬘《かつら》は彩色され、あるいは鍍金された。この構造は、三次元の形で造形され、そのあとで、今はカルトナージュの名で知られるものが定着して顔の入念な肉付けが可能となり、かくして、柩の中で生きているままの肖像をミイラに密着させることができた。最初の人型棺が出現するのもまたこの中王国時代においてである。これについては、こみいった施錠の工夫を伴ういくつかの特別の例を第四章ですでに論じた。二つの美しい人型棺がリファでピートリによって発見された。それらは木製であって、精巧に彩色されている。もっとも、銘文は顔の下に垂直に書かれたただ一行のものだけである。人間の形を採ったことは、重要なステップであった。なぜなら、柩をミイラ自体に似るように造ることができ、したがって死者とミイラ型のオシリスとの同一視をよく表現することができることになったからだ。これら二個のリファ出土の柩が、またしても外側の棺の中で左を下にして横たわっており、外部の神聖眼に面するようになっている状態で発見されたというのは、興味ふかいことである。

第二中間期の後期までに、人型柩のタイプは上エジプトで十分に確立していた。しかし、第一二王朝の原型からは外見上はいくらか変ったものに発達していた。テーベ出土の第一七王朝の柩はむしろ重たく嵩《かさ》ばっていて、一般に箱を包む羽毛の翼の模様で飾られている。この装飾は非常に特徴的であるので、このスタイルの柩につけられた名は「リシ」である。この名はアラブ語の「羽毛」をあらわす単語の転訛である。羽毛は女神イシスと女神ネフチスの翼をあらわすように意図されていた。両女神は鳶《とび》の形をしていて死者の神聖葬送者と考えられているのであった。この役割をもつ女神の像はこのあとの時代の柩と石棺に頻繁にあらわれる。それらはまた葬祭パピルスにも描かれた。最上のリシ柩は王家のためのものであり、羽毛の装飾は、彩色ではなしに、完全に鍍金で覆われた。大英博物館の一例は、ヌブケペルラ・インテフ王のものであるが、本来の鍍金の実質的部分を残しており、象眼した眼がはめこまれている。この柩の覆いは、通常のやりかたのように小さな木片を継ぎあわせるというのではなしに、ただ一個のおどろくほど大きい木から切って作られている。したがって、工作中に木は著しく浪費されたわけである。この浪費的な木製棺のいくつかの例が第二中間期から得られている。テーベの私人の墓のいくつかの粗製柩は木の幹に彫って作られている。しかし、それらは普通は幹の本来の形を著しく残していて、人型柩として区分することはできない。幼児用柩もまた固い木材に切りこんで作った。それは、長方形であって、蓋として平らな板をそなえていた。普通、これらの柩は装飾をもたず、またたいして普及しなかった。もっと精巧なリシ柩は、部分ごとに作られていて、羽毛の装飾のほかに銘文を付けている。この様式は後の時代のいくつかの柩にあらわれるが、そのときはもっと発達したスタイルとなっている。第二中間期の後期のリシ柩は、いかなる場合も、人間の形を造る技《わざ》がかなり劣っているので、後の時代の人型棺とは容易に識別できる。

新王国時代に、人型柩は標準となったが、装飾は著しく広い変化をみせた。新王国時代から末期王朝時代にかけての傾向は、柩をすべて宗教上の彩色画と銘文で一杯にすることにあった。第一八王朝初期の柩はまことに単純である。それは、ミイラの最も外側の包帯の上から、正面の下部の身体部に横と縦の包帯型模様を加え、白地の上に彩色した包帯をのせたようにしてミイラを表現している（図69）。これは銘文のために好都合なスペースを与え、銘文を中央から反対方向に端に向って書くことができた。第一八王朝の最初期の柩は手を示すものを何ひとつそなえていないが、王妃アフメス・ネフェルタリと王

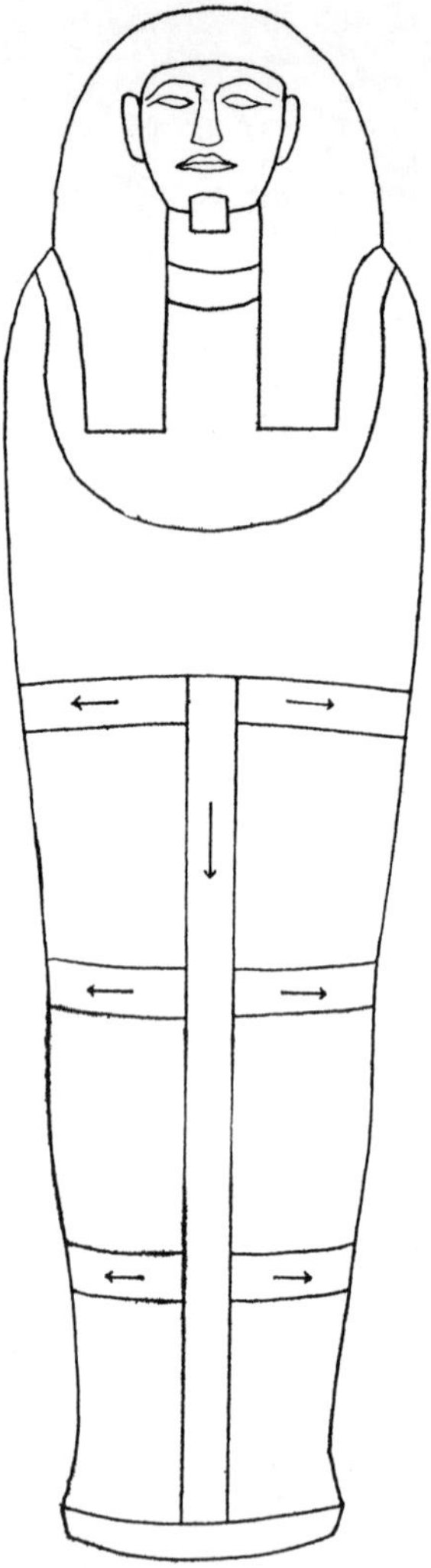

図 69　ミイラの包帯を模した銘文の帯。第18王朝

妃アフホテプの柩には、アンクのシンボルの形をした笏《しゃく》をにぎった手が、レリーフで示されている。この二つの柩はまた、肩に一種のショールをつけていることによって、興味ふかい。ショールは木に彫ってあり、本来は半貴石を象眼されていたのであった。この二つの柩は、多くの銘文の帯のかわりに、正面中央の下部にただ一行の銘文をつけているだけである。デイル・エル・バハリで発見された巨大なメリトアメンの柩もまたこのタイプのものである。ちがいは、手がアンクのかわりにパピルスの笏をもっているという点だけである。この柩はレリーフで示されたショールに青い彩色を伴っている状態で発見された。眼と眉毛にはガラスが象眼されていた。とはいえ、右のような細部は、第二一王朝期に、すでに荒された柩を補修したさいに作られたものである。本来の装飾は広範囲の鍍金に組合せて、半貴石のみごとな象眼が施されていたのであった。

第一八王朝の後期には、柩のまわりの銘文の帯のあいだのスペースが追加の銘文と画をおさめるために用いられた。柩は遺体にぴったりと合うように巧妙に作られた。したがってそれらはミイラ型のよい写しである。顔の仮面は柩の不可欠の部分であり、しばしば眼と眉に象眼が施され、全体は重たい鬘によって形づけられた。手はレリーフによって表現するのが、次第に普通になっていった。もっとも、多くの柩では手は時どき最も内側の柩では省略されていた。その一例は、王妃チイの両親、ユヤとツヤに属する入子《いれこ》の柩の一揃いに見られる。これらの特別の柩は第一八王朝後期のタイプを写す興味ふかいグループである。すでにそれらは宗教的図像がふえているのを見せている。蓋は女神ヌトの上に翼をひろげたハゲワシの像を、あるいはそのかわりに、翼をひろげた女神自身の像をそなえている。ミイラ型柩の肩のまわりには、ハヤブサの頭で終っている広いネックレスがあり、ネックレスには彩色象眼が施されている。ユヤとツヤの、それぞれの最初と二番目の柩は精巧に鍍金されている。ユヤの三番目の柩は非常に大きく、瀝青で覆われていて、ミイラの包帯に似せてつくった鍍金の帯がところどころにある。後者の柩の下半分には、銘文帯のあいだにホルスの四人の息子の姿があり、これまた鍍金されている。この柩は、第一八王朝末期と第一九王朝の石棺に外観が似ている。したがって、柩というよりは木製の棺として実際は区分すべきである。ユヤの三重の入子の揃いとツヤの二重の入子の揃いは、最終的には、それぞれ木製の巨大な長方形の棺の中におさめられ、いずれの棺も橇の台の上に置かれた。この二個の棺は、ミイラを墓に運んだ実際の容器であるということによって、まことに興味ふかい。もっとも、棺は輸送に堪えるために頑丈な橇の上にたぶん載せられたであろう。ユヤに属する棺は中高の上部と持ちあがった端という伝統的なものをそなえ、他方、ツヤの棺は違った形の蓋をもち、蓋の表は祭壇の屋根のように、一方の端から他方の端に向って斜面となっている。いずれの棺も鍍金した帯と、ホルスの四人の息子を他の神々と一緒に示す図像によって飾られている（図70と71）。

私人の埋葬の柩の大半は彩色で装飾されていたとはいえ、鍍金の使用も決して異例だったわけではない。テーベのカルナク神殿でアメン神に奉仕したヘヌトメヒトという名の女性歌手は、ほとんど完全に鍍金された非常に美しい人型柩を二つもっていた。そのいずれも大英博物館で見ることができる（写真25）。これらの柩に加えて、遺体は透かし細工のカルトナージュで覆われていて、カルトナージュは神々の像で飾られていた。カルトナージュの使用は新王国時代に大いにひろがり、顔面仮面のためだけでな

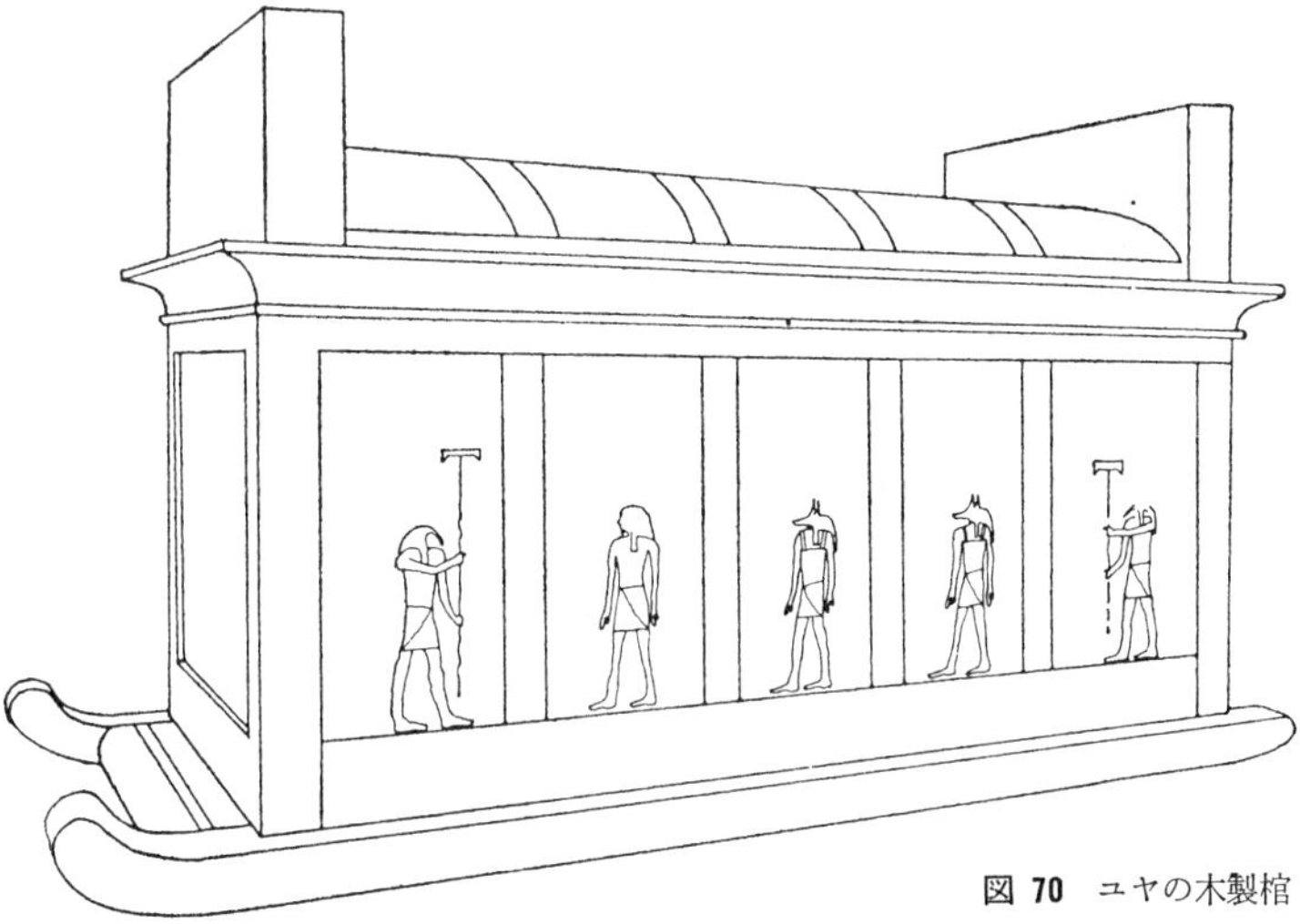
図 70　ユヤの木製棺

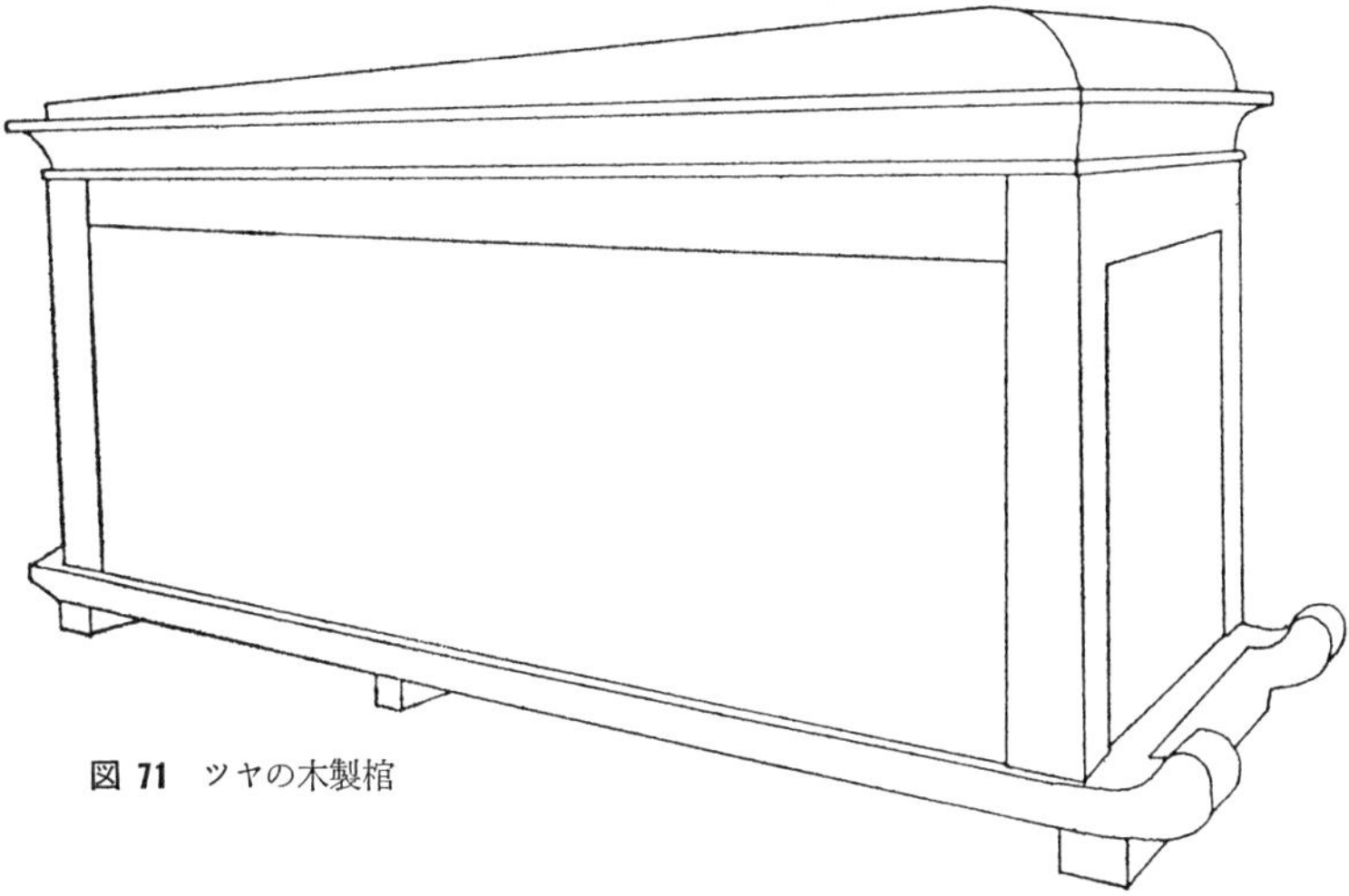
図 71　ツヤの木製棺

く、全身収容箱のためにも用いられた。このタイプの容器の人気は、値段が比較的安いということと、ミイラの輪郭によく密着するということによるのであった。さらにまた、箱の表面の白色漆喰は彩色装飾に対してすぐれた地色を提供した。カルトナージュの全身収容箱は柩のように半分ずつを作り、わきの孔を通して縛りつけるということもでき、あるいはまた背中で縛りつけるということもできた。新王国時代の全身収容カルトナージュ箱の装飾は非常に精巧で、さまざまの宗教的要素を含んでいる。第二一王朝から比較的簡単な例を採ってみると（写真26）、装飾の構成は次のとおりである。

宝石をつけた頸飾りの下に、太陽神をあらわす有翼スカラベが胸の上部を横切って描いてある。この下に四段の装飾区分があり、その第一のものは、チェントムテンゲブティウという名の女性祭司であった死者を、四人の守護の女神、イシス、ネフチス、ネイト、セルキスの前に運んでゆくホルスを描いた場面を含んでいる。これらの像の上に、それぞれの名を示す短いラベルがある。次の区分段は両脇にイシスとネフチスを示し、二女神は蓋を覆う形で翼をひろげている。その上に、エジプト芸術のきわめて普通の図像である有翼太陽円盤が舞っている。第三の区分段では、イシスとネフチスが再びあらわれているが、こんどは通常の人間の形であって、オシリスのシンボルである精巧なジェドの柱の両側に立っている。第四の区分段は浄めの水を死者に注いでいるホルス神とトト神を示す興味ふかい場面をおさめている。死者は二神のあいだに跪いている。水は慣例的に、生命と支配のシンボルであるアンクとワスのシンボルの連鎖として示されている。浄めの水の再生力を図像的に示したものである。この最後の区分段の下には、一羽の大形のハゲワシのほか食糧供物のための祈りを含む水平の銘文帯がある。

他の新王国時代の全身収容箱には、右の形式のものとは著しいちがいを示しているものがある。同時に多くの形式が使われていて、最終的選択は被葬者本人の好みによってきめられた、というようにみえる。柩も全身収容箱もストックから買い求めることができた。その例は、完全装飾をし、しかし購入者の名を加えるためのスペースを残してあるというものによって、示されている。いくつかの他の柩では、名前は彩色の定着からしばらくたって加えられたということを、銘文スタイルのちがいが明瞭に示している。

新王国時代の木製柩の発展は、構造というよりは大いに装飾の変化の問題である。すでに言及したように、第二八王朝の簡単な銘文帯は、帯のあいだのスペースに追加的な銘文と絵をいれて補足された。この段階から、第二一王朝期には、本来の銘文帯は著しく幅が縮められ、個々の小形絵図のあいだにいれた区分線と大差ないものとなった。銘文の位置はますます柔軟となり、柩の顔の下におく古いただ一行の銘文は、ある間隔で離された二行の銘文と、そのあいだに入れた絵という形にしばしば取ってかわられた。これらの変化はテーベのアメンの上級祭司と女性祭司の墓から出た一連の柩によって示されている。小形絵図が数をふやしてゆくにつれて、含まれる題材のリストもこれに応じて大きくなっていた。したがって、それらすべての変化について述べるとすれば、厖大なスペースを必要とするであろう。最も頻繁に用いられた形は、神々に捧げる供物を示すいくつかの区分段から成っている。そのさい神々は立っているか祭壇の中に腰かけている。女神ヌトであれ、スカラベであれ、コブラであれ、ハヤブサであれ、ハゲワシであれ、有翼の像がきまった図である。死者の大王であるオシリスは神聖葬送者としてのイシスとネフチスとともに、神々のあいだで突出してあらわれている。これはただ蓋のためだけの装飾であって、追加的な絵とテキストは柩の横と裏を覆って描かれ、神々と女神をおさめた更に多くの祭壇を、あるいは標準的な葬祭文書から取った神話の絵図を示している。

柩の内側の絵画はしばしば外部のものとまったく同じくらい美しい仕上りである。一般に、柩の底はヌト、イシス、あるいはオシリスの大形像をそなえている。オシリス像は時としてそのシンボルであるジェドの柱で代用されている。時どきこれらの題材は脱落し、ともにテーベの墓地の守護者と考えられていた神格王アメンホテプ一世またはハトホルの図像が優遇された（写真27）。それぞれ上エジプトと下エジプトの女神であるネクベトとワジェトのような小さい神像は底面の残余の部分を占めることもできる。第二一王朝のある私人の柩は大形中央像にかえて四ないし五の区分段の絵を用い、神々に供物を捧げている姿または儀式による浄めを受けている姿の死者の小形絵図をおさめている。横面の内側はさらに多くの神々をそなえていて、その中にホルスの四人の息子が頻繁にあらわれている。蓋の底面は、ピネジェム一世の柩のように『死者の書』からの抜粋を書いた少数の例はあるものの、しばしば平板な白または黒で塗られた。この習慣は第二二王朝から第二五王朝にかけて広く行われた。

石棺は新王国時代の全期を通じて王の埋葬のために用いられたが、まれに、第一九王朝に至るまで私人の埋葬にも使われた。王でない人物のための最初の人型石棺は、第一八王朝にあらわれる。クシュの副王メリモセのためにつくられた石棺がその一例で、彼は黒色花崗岩製の内側石棺と外側石棺を与えられたのであった。前者は良い状態にあり、大英博物館で見ることができる。蓋には浅いレリーフで銘文の帯が刻まれ、第一八王朝の木製柩のような見馴れたミイラ包帯型模様として配列されている。下半分の横面にはホルスの四人の息子の像とトト神とアヌビス神とが立っていて、似合った朗誦文が書いてある。ケブセヌエフのことばはこう読まれる。

ケブセヌエフによる朗誦。「私は御身の加護を受けるために来ました。私は御身の骨を全部集めました。私は御身のために御身の四肢を集めました。私は御身のために御身の心臓をもってきました。そして私はそれを正しい位置に置きました。(4)

メリモセの石棺は真にミイラ型であり、非常に巧妙な仕上りである。第一九王朝と第二〇王朝に、多くの高官が堅石の人型石棺で埋葬されたが、それらの石棺はしばしばきわめて嵩《かさ》ばっていて、粗製の蓋をつけている。たいていの例は包まれたミイラの外観を再現することをつづけているが、わずかな非習慣的な石棺は死者を日常生活の正装姿で表現している。

新王国時代の王の石棺は多くの興味ふかい特徴を示し、漸進的な発展を物語っている。王妃ハトシェプストのために用意された石棺によく示されているように、最初の形は中王国時代の長方形の木製柩を石によって完全に模造したものであり、それを外部の護符の眼と垂直の銘文帯で完成したものである。隅はすべて、内側も外側も、シャープな直角となるように切られ、蓋は簡単な平たい厚板で、わずかに下に実接《さねつ》ぎ〔二枚の板の一方に溝を、他方に突起をつくって接合させる法〕がしてある。蓋の上面は大形カルトゥーシュ〔王名入りの楕円形の枠〕で飾られており、この大形カルトゥーシュはまたトトメス三世の治世に至るまで他の王の石棺にもあらわれる。非常に似たタイプのものは、王家の谷の第四二号墓で未完成状態で発見された、たぶんトトメス二世のために作られた石造柩である。蓋の上面には、ロープによって板石を持ちあげるために使われた四個の石の輪がある。これらの着装物は柩が完成したときには切り落されたであろう。発展は王としてのハトシェプスト〔夫トトメス二世王の死後は、称号も服装も資格も王として君臨した〕のために作られた二つの石棺という形に進み、蓋の上部側面のために凸面輪郭を作ることとなり、内側の角度に丸みをもたせることとなった。二つの柩の中の古いほうのもの——後にトトメス一世の埋葬のために改造される——では側面と底面のあいだの角《かど》だけが曲っているのであるが、後期の石棺ではすべての内側の角が丸くしてある。これはまた、頭部端末が丸くしてある王の石棺として最初のものであり、容器は王名カルトゥーシュの形の実際の写しとなっている。これら二個の石棺の別の特徴は外側の角《かど》を面取りすることであり、これはそれ以後の諸王の時代にもっと顕著になる。トトメス三世のときに、われわれは真に中高の上部をもつ蓋の最初の例に会う。これは上が凸面、下が凹面になっていて、石棺内に内側用柩をおさめるための多くのスペースができるようになっている。この時代より後の石棺の蓋は中高の型をもっと強めさえしたが、同じ理由によってである。トトメス四世は本質的にはこれと同タイプに類する非常に大きな石棺をもった。その石棺は第一八王朝の、この王より前の時代のすべての例と同じように、珪岩で作られていた。アメンホテプ三世に属する花崗岩の石棺の蓋だけが保存されていて、その上部表面に護符の眼がついているのは興味ふかい。たぶんこれらの眼は、これ以前のすべての石棺で標準的な位置であったところの柩の左側面から、遺体がもはや左に面していないで背中を下にして上を見ているという事実にいささか遅ればせながら適合させるために、移されたのである。他の点について見れば、ハトシェプストの治世からアメンホテプ二世に至るまでの石棺の装飾は、個々の神々とテキストの位置について驚くほどの一致を見せている。左側面は眼の仕切外装をそなえ、その右にホルスの四人の息子の一人であるハピの像がある。護符の眼の他の側にアヌビスとケブセヌエフが立ち、銘文の柱がこれに伴っている。石棺の右側面はイムセト、アヌビス神のもう一つの形ドゥワムテフの像がこの順序で上部から下部にまでつづいている。柩の丸みをつけた頭部端末には女神イシスがあり、他方、足部には女神ネフチスが示されている。銘文は漸進的な発展を示している。最初期の石棺、すなわち王妃としてのハトシェプストの石棺にあらわれた銘文は、古いピラミッド・テキストまたはコフィン・テキストからの抜粋改作のみである。そのあとの石棺では、『死者の書』として知られる新しい葬祭文の使用がふえてゆき、『死者の書』は新王国時代の最も行きわたった死者用テキストとなった。

アマルナ時代に、石棺の着実な発展は狂わされ、その結果としてわれわれはツタンカーメン、アイ、そしてホルエンヘブの墓に違ったタイプを見る。これは、祭壇の上に見られるような、頂上の縁に沿った軒蛇腹をもつ長方形の箱である。この新スタイルは装飾の変化に機会を与えた。女神像は四隅のそれぞれにレリーフで彫られ、側面に沿って翼をひろげた。女神は伝統的な四人の死者守護女神、イシス、ネフチス、ネイト、セルキスであり、それぞれの鍍金された像はツタンカーメンの墓で発見された。

第一九王朝と第二〇王朝に、テーベの王墓はもっと重い外側石棺をそなえた。それらは普通は花崗岩製で、時どき蓋の上に高いレリーフで王の像が飾られた。ある墓では、長方形の石棺が玄室の床に掘った竪穴の中に置かれ、その竪穴はそのあとで花崗岩製の蓋で閉ざされた。内側用石棺としてアラバスター製のものが用いられた。セティ一世に属するその種の石棺が良い保存状態で発見されている。ただし、蓋はこわされて断片となっていた。この石棺はベルツォーニ〔ジオバンニ・ベルツォーニ、イタリア人、一七七八―一八二三〕によってイギリスに運ばれ、今日ではリンカーンズ・イン・フィールドのサー・ジョン・ソーヌ博物館にある。それは美しい人型箱であって、『死者の書』からのテキストと絵でおおわれている。刻まれたヒエログリフには、もともとは青色顔料がはめこまれていた。基部内側には宗教的銘文にかこまれた女神ヌトの大形像がある。蓋は銅の枘《ほぞ》によって固定された。銅の枘は柩の縁の細長い溝にはまっているのであった。メルエンプタハ王は類似のアラバスター製人型石棺をもったように見える。もっとも、残存したものは脚部の一小断片だけである。第一九王朝と第二〇王朝の王の石棺の上の銘文は、それ以前の王朝の場合よりも変化に富んでおり、多くの宗教上の編集テキストからの抜粋を含んでいる。これらのテキストによって示されているいくつもの違ったタイプの神話信仰に関する解説は第六章に示してある。

石棺は第二一王朝と第二二王朝に引きつづき使われた。実例の大半はタニスの墓地から出ている。しかし、第一九王朝と第二〇王朝の裕福な墓に相応に行きわたっていた私人の石棺は消える傾向に変り、木製柩に取ってかわられた。王の石棺でさえも第二一王朝または第二二王朝の統治者のもとでは新造されず、古い墓から奪われて新しい所有者のために銘文が書き直されるのであった。その結果、タニスの石棺の形はこのタイプの持続的発展の代表ではなく、種々の出所から集めて作った雑多な新王国時代またはそれより古い時代の石棺を例証する。タニス出土の一三個の石棺のうち八個はすでに早い時代に使われていて、本来の銘文は必ずしも全面的に除去されなかった。本来の所有者の名の中には、第一九王朝のメルエンプタハ王、中王国時代のアメニという名の私人、新王国時代にテーベで埋葬されたアメンホテプという祭司の名がある。他の場合には、石棺は付近の神殿の種々の建築物に掘って作られていた。付近の神殿は既製石材の有益な出所として活用されたのであった。シェションク三世の柩は第一三王朝の台輪から切って作られ、その他の三個の石棺の蓋は彫像に再工作して仕上げられた。タニスの石棺の中には、平板な長方形の箱、人型の形、丸みをつけた頭部端末をもつ新王国時代の王の柩のスタイルの実例がある。これらの石棺の中に置かれた美しい銀の柩については、すでに第四章で言及した。新王国時代全期を通じて、王墓における石棺は一揃いの柩をおさめるために設計され、時どき石棺は低い棺台の上に置かれた。人型柩は鍍金した木または貴金属で作られた。その完全な揃いは有名なツタンカーメンの柩によって例証されている。

第二二王朝から第二五王朝までの私人の埋葬は新王国時代に流行した木製人型柩とカルトナージュを使いつづけた。スタイルに、いくらかの変化が生じている。たとえば、手は第二一王朝までは柩の上にレリーフで示されているが、そのあとの時代ではこれは普通ではなくなり、柩の正面は滑らかな外観に戻る。彩色装飾は第二一王朝期よりも頻繁にひしめきあい、細部が描かれ、『死者の書』からのテキストを内側に加えることがきまった慣行となる。この時代に属する柩の一つの共通な特徴は、大形彩色のジェドの柱が背面にあらわれ、中央部の大半を占めるということである。もっとも、この人気のある意匠も時としてテキストの行に取ってかわられた。柩の正面はしばしば、棺台の上に横たわるミイラが有翼のバアすなわち魂の訪れを受けている図をそなえている。寝台の下に、四個のカノプス壺が通常は示されている。加えて、正面の表面は有翼のヌトの姿が箱を横切って描かれ、中央下部に銘文の柱がいくつかあり、補助的銘文が両端に向って水平に走っている。後者は通常は神々の姿に結びついていて、銘文はそれらの神々に言及している。内側では、蓋の裏側の『死者の書』は女神ヌトの像のまわりに書くことができた。あるいは、同じ女神が柩の底面にあらわれてもよかった。後者の位置では、女神ヌトは時どきハトホルによって、あるいはもっとまれにオシリスまたはソカルによって取ってかわられた。第三中間期の柩では、わずかなきまりのテーマが発見されているだけである。多くの変形があり、いくつかの柩は新王国時代のスタイルを維持し、単にテキストの帯をつけているだけである。入子の柩の場合、外側ケースの装飾は内側ケースのものよりも著しく違っていてもよかった。個人的趣味に帰するところが多大であったように見える。注目に値する一点は、ラ・ホラクティ・アトゥム神に与えられた重要性が増大していることであり、この神は、以前にはその位置をもっていたオシリスにかわって、供物経文の中でかならず呼びかけられている。

第二二王朝から第二五王朝までの柩の製作はほとんど発展を見せていない。一般的な規則は、せまい木の板を求められたような形にし、それらを継ぎあわせる、ということであった。いくらか難しい部分は、頭部を覆う中高の上部であった。もしただ一個の石塊からこれを作るとすれば、著しい浪費を伴う作業となった。その結果として、中高の部分は通常は小さな部分をまたしても車知《しゃち》接ぎで結合して作られた（図72）。蓋は人型柩の発展の開始期いらい使われている方式で柩に付けた。すなわち、蓋につけた細長い溝に枘を固定させ、その枘を下部の別の細長い溝にはめこみ、側面から木釘でロックする、という方式である。柩の設計の重要な変化は第二五王朝になってはじめて生じた。ついで、変化は第二六王朝にも続いた。多分に、その時代の思慮深い古拙主義のせいである。最も顕著な発展は外側柩の形の変化である。外側柩は以前には内側遺体ケースの大形版であり、すなわち形において人型でありながらいささかサイズが大きすぎて重たいものであった。新しい様式は、この外側柩のかわりに、中高の上部と高い四隅の棒をそなえた長方形の箱を用いるのであった。実際、それは中王国時代のある柩に酷似していた（写真28）。このスタイルは古拙主義の昂揚に大いにアピールした。なぜなら、それは最古の時代にまでさかのぼるものであって、窪み仕切りをした側面が省略されているということのほかは、本質的に第一王朝の柩と同じものであったからである。この形は第一王朝のマスタバ墓の上部構造の形にもまた見られるものであって、墓を住処《すみか》として象徴化している。これらの新スタイルの柩の中に置かれる内側容器としては、木またはカルトナージュの人型遺体ケースが引きつづき用いられた。

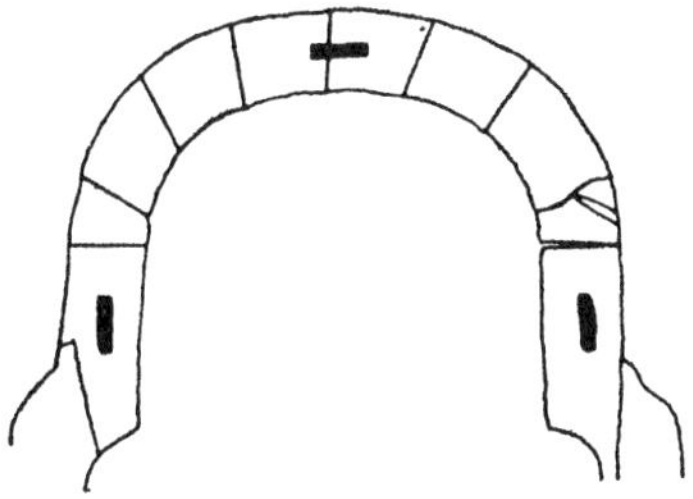

図 72　人型柩の天蓋の作りかた

古い慣習の復活に対する関心は、柩の発展という限られた分野をはるかに越えて、宗教上ならびに葬祭上の芸術の全領域にひろがった。窪みをつくる煉瓦の建築がテーベで復活し、彫刻とレリーフは古い時代の原型をモデルとして作られ、古い宗教テキストが再び写された。この時代に、サッカラのジョセルの階段ピラミッドの竪穴は清掃され、埋葬所は修復された。これは注目すべき事業であって、ピラミッドの南側から本来の第三王朝の竪穴に至るまで、岩の中に新しいトンネルを掘るという仕事を含んでいた。その段階では竪穴は瓦礫で埋まっていたので、ピラミッドの石工作物を支えるために竪穴の頂上に木製の枠をつけ、瓦礫のすべてを運び出し、その後で玄室に達することができたのである。今日、参観者が階段ピラミッドにはいるとき、彼らは第二六王朝のこの通路を通ってゆくのであって、危険で崩れかかっている第三王朝のトンネルを北から進んでゆくのではない（もっとも後者の入口は特別許可によってのみだが接近できる）。

復活した箱型柩の上の絵と銘文は、その内容は全面的に宗教的なものでありつづけた。しばしば、両側面にそって中高の神殿の中に神々の列があり、『死者の書』からの銘文を伴っている。一つの古拙的特徴は外面に神聖眼が再びあらわれていることである。それは時どき左側面の古い位置にあり、しかし頻度の多いのは柩の頭部端末である。蓋の絵は神話的性格のものであり、しばしばラアの船の前進を示す小形絵図を含んでいる。

この時代に、私人の墓でも王の墓でも、石棺の使用が顕著に復活した。ともにナパタの統治者であるアンラマニとアスペルタの石棺は、その発想において純粋にエジプトのものであり、ホルスの四人の息子の像で飾られ、全面的にエジプトのヒエログリフで銘文が施されている。これらの石棺はいずれも長方形であって、中高の蓋と高い隅柱をそなえ、側面の下部にそって王宮正面のきわめて簡略化した写しをつけている。エジプトにおける私人の墓から出た石棺はもっと頻繁に人型であり、灰色または黒色の片岩で作られている。それらはしばしば重たい蓋をそなえ、蓋にはむしろ平らな外観をもつ顔の仮面がついている。わずかな数のものがもっと美しく彫られたが、新王国時代の最上のスタイルをモデルとしたように見える。二つの異なる形はそれぞれ下エジプトとテーベの所産であることを示すと説かれたことがある。下エジプトのタイプは広い顔をもち、通常は重たい鬘をつけ、男性用石棺の場合には偽りの髭《ひげ》をそなえている。ハヤブサの頭を端末としている広いネックレスが肩のまわりにひろがり、時どき下に女神ヌトの有翼像を伴っている。銘文はしばしば蓋の残余の部分を覆い、垂直の柱にして配列され、時どきホルスの四人の息子または他の葬祭の神々の像が側面にある。しかしながら、柩の下部では、ただ一行だけのテキストというのが頻繁であり、テキストは唇のすぐ下にある。蓋と柩の銘文はともに古王国時代のピラミッド・テキストからのものであり、ピラミッド・テキストの写本が古拙趣味を満足させるために作られた。もっと美しいテーベ・スタイルの石棺は人型あるいはミイラ型に巧みに作られ、もっと写実的な顔の仮面をつけた。鬘、髭、広い胸飾りがつけられ、手は時どきレリーフで彫られ、護符であるジェドの柱とチェトのシンボルを持っている（写真29）。箱を横切って、銘文を伴ったヌトの像があり、銘文は下のほうに蓋一杯にひろがっている。箱は装飾を全く持たないこともあり、背面下部に銘文を施されることもある。

木またはカルトナージュの内側遺体ケースは、必ずしも第二六王朝の人型石棺に結合して使われたわけではない。サッカラの二カ所の埋葬所はいずれも内側柩をもっていない状態で発見された。包まれたミイラは重たい下エジプト・タイプの石棺の中に直接に横たえられていた。たぶんこのスタイルの石棺は追加の柩なしにいつも用いられた。なぜなら、内側の掘りかたはしばしばきわめて制限されたものであって、横と底に厚い石の肉を残しているからだ。第二六王朝のすべての石棺が人型あるいは半ば人型であったわけではない。数個のものは新王国時代の王の石棺の形に、すなわち、頭部端末に丸みをもたせた深い長方形の箱に似ている。しかしながら、これらの後期の例には、平行する側面をもつのではなく、わずかに脚部にゆくほど近づいてくる側面をもつという傾向があった（図73）。この特徴は、第三〇王朝とプトレマイオス王朝の石棺ではさらに強調された。大英博物館にある第二六王朝の一つの石棺はこのタイプに属し、ハプメンという名の役人のものである。この記念物は、新王国時代の形だけでなく同時代の装飾をもっていることによって、格別に興味ふかい。もっと古い時代の石製柩とテキストを比べてみると、全部の石棺が第一八王朝の王トトメス三世の石棺を入念に模したものであることは明らかである。テキストと絵の配列は、それ以前の時代の柩と同じであるが、同時代の石棺の場合とは完全に違っており、このことは、トトメス三世の墓が第二六王朝期に接近可能であったに違いないということ、そして石棺を模写するという特別の目的で墓に入ったということ、を示している。末期王朝時代の私人の石棺は、それ以前の時代の王の特権を銘文という部分で盗み、それを石棺に刻ませた

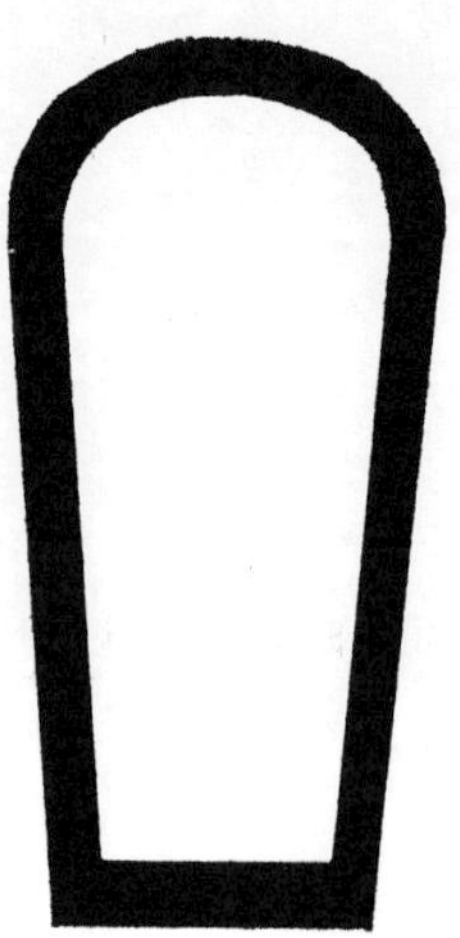

図 73　第26王朝の石棺の型を示す図

のであるが、過去の統治者の石棺を直接に模した、これほど見えすいた流用はまれである。末期王朝時代の他の非人型石棺はテーベのアメン神の「神聖修道女」に属する石棺であって、知られている例は長方形の形をもっている。ニトクリスとアンクネスネフェルイブラの石製柩は蓋の上に所有者の表現をそなえ、前者は非常に高いレリーフによって全面にわたって像を示し、他方、後者は横顔の低いレリーフとして彫られている。アンクネスネフェルイブラの石棺はピラミッド・テキストに由来する銘文で覆われている。

中高の上部をもつ長方形の木製柩は末期王朝に復活し、この時代の最後の王朝からプトレマイオス王朝期に至るまで引きつづき用いられた。後者の時代に、それらは時どきいくぶん修正されて、丸みをおびた中高の天井のかわりに、切妻形の蓋をそなえた。しかし基本形は同じままであった(図74)。このスタイルは決して人型柩にかわるものではなく、人型柩はいかなる場合も内側の柩として維持された。しかしながら、一部の私人は、二つないし三つの入子の柩の中に埋葬されることをなおも好み、最も外側の柩は時どき石棺の外観を模倣した。一揃いの柩の場合、外側の柩は常にきわめて大きいものでなければならなかった。だから、第三〇王朝のいくつかの例は極端に重たく、嵩ばっている。それらは『死者の書』に由来する絵と銘文で覆われているが、絵はそれ以前の時代の作品に比べると貧弱である。伝統的な装飾テーマはプトレマイオス王朝期に入っても引きつづき存続したが、絵の真の意味が忘れられたために、表現はますます質の低いものになっていった。グレコ・ロマン時代には人型柩も長方形柩もともに用いられた。後者は時どき神殿を模して作られ、一方の側の高い隅柱のかわりに、回り縁で飾った

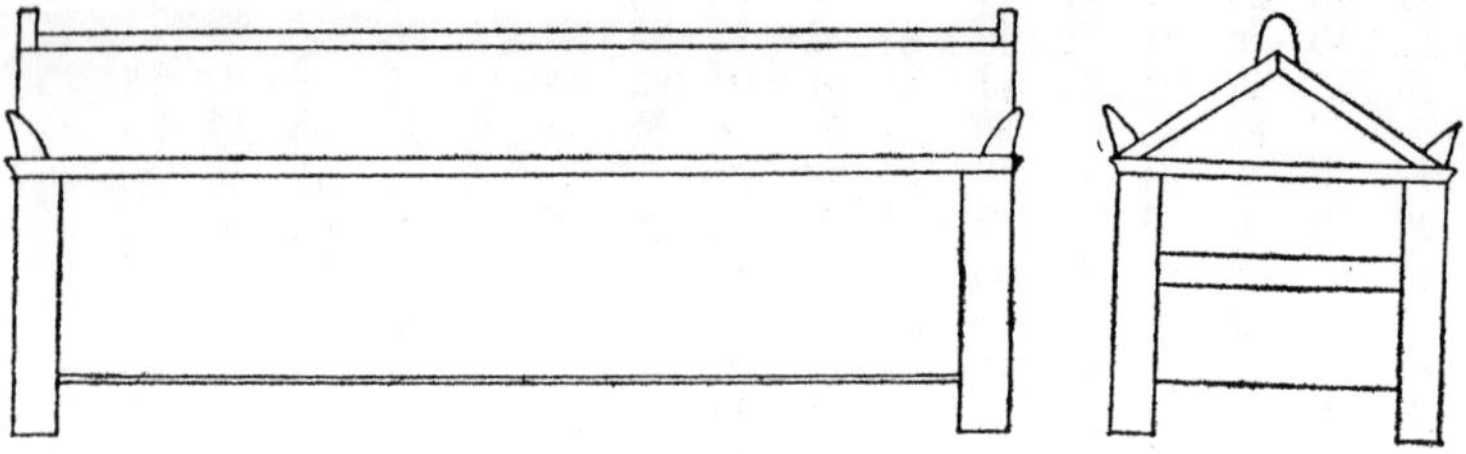

図 74　グレコ・ロマン時代の，切妻形の上部をもつ柩

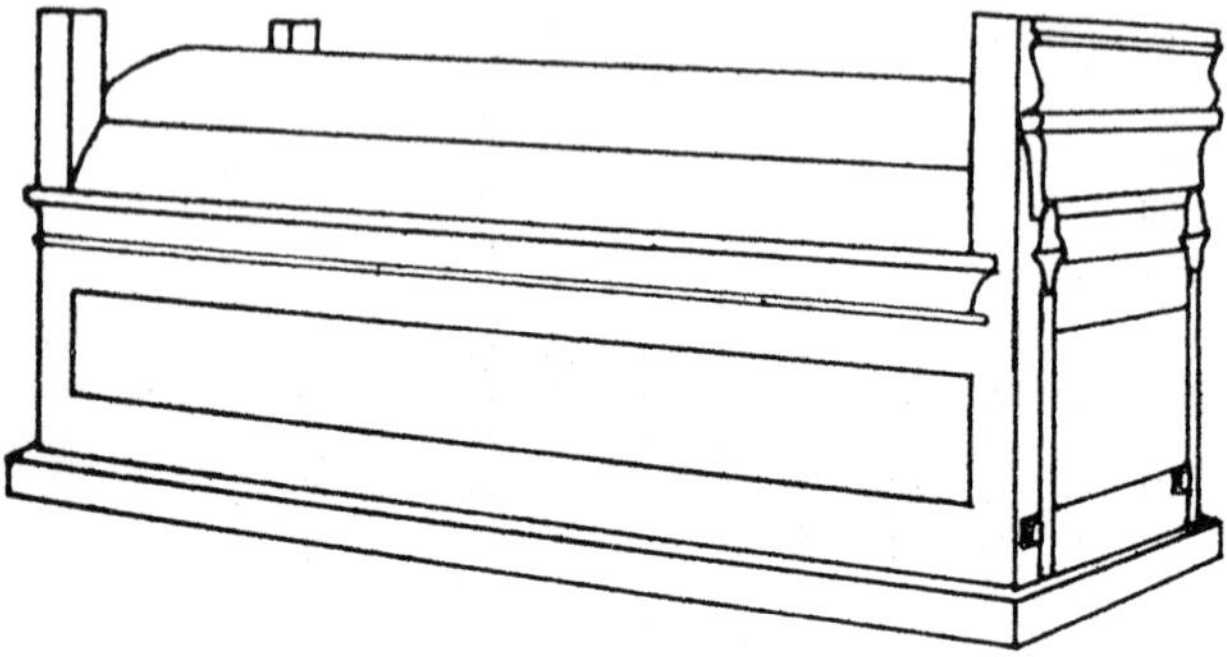

図 75　グレコ・ロマン時代の，一方の端を祭壇形にしてある柩

木製蛇腹を上に頂く装飾外板が置かれた。どちらの側にも、神殿正面の記念柱をまねるために模型柱が置かれた（図75）。ローマ時代には、紀元一〇〇年ごろ、これらの柩は蓋と下部の分離線をつけて作られた。下部はそれ以前の時代のものよりもはるかに低いものとなり、その結果、本来の蓋が構造の本体となり、柩の残りの部分は遺体を置くことのできる平らな板同然のものとなった（図76）。下部の板と蓋にはともに伝統的なエジプトの絵が当時の解釈によって描かれた。しかし、それらは今やこの国を襲っている異国の影響のせいでそれ以前の時代のスタイルとは著しくかけ離れたものであった。このタ

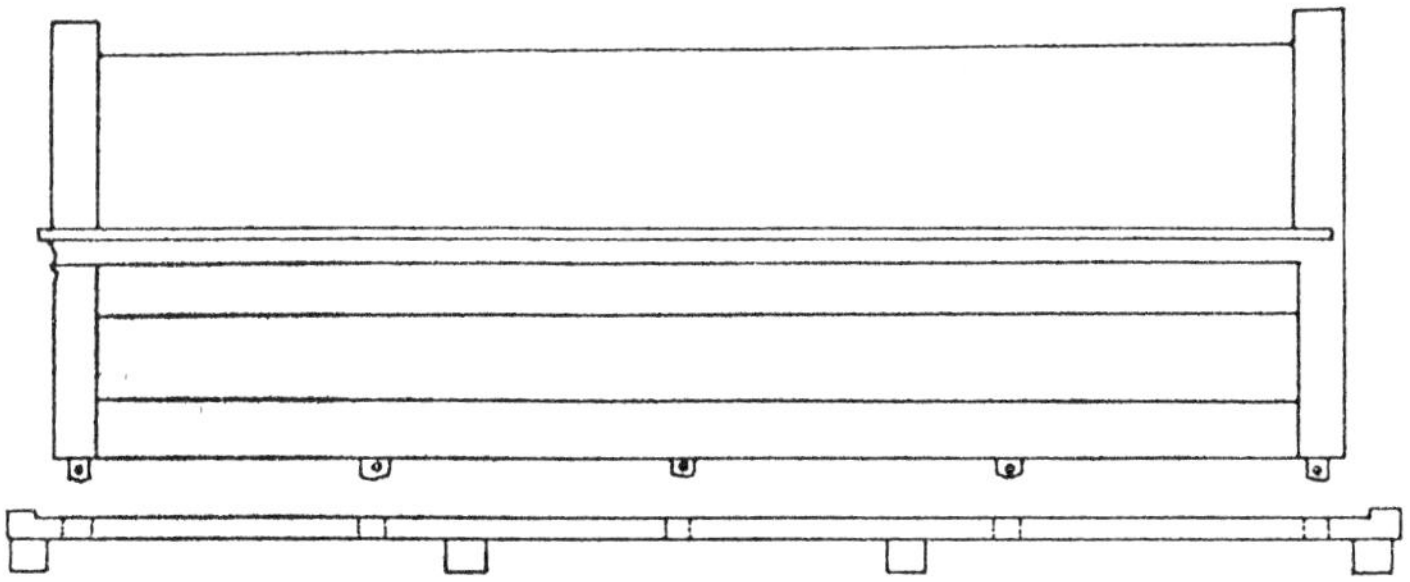

図 76　台板と覆いからなるローマ時代の柩

イプの柩の外面の絵の中に、われわれはラアの船、さまざまの葬祭に関与する神々、ミイラを訪れる鳥バアを見る。内部の絵は時どきもっと印象的であり、エジプトとグレコ・ロマンの伝統の大きな混合を示している。ソテルの柩（大英博物館蔵）に属する蓋の裏側には、グレコ・ロマンの女性の様式をした注目すべき女神ヌトがある（写真30）。その像のまわりには、一二宮の記号がある。これがあるということは柩の蓋と天空の円天井とのあいだにある象徴的な関係を反映し、他方、同じ柩の床は銘文にムトと名付けられている木の女神の絵をつけている。ミイラは、柩の中でこの時代の典型的なものであるリンネル布で覆われていて、リンネル布は他の神々とともにいる神オシリスの像をつけていた。これらのグループの全体はテーベ出土であり、紀元後二世紀の初期の富裕階級によって用いられた柩のスタイルの好例である。

末期の諸王朝とプトレマイオス期には、石棺使用がひろがり、石棺は最も人気のある人型またはミイラ型であった。第二六王朝の非常に重たい半ば人型の石棺はピラミッド・テキストからの短い抜粋をつけていたが、これは玄武岩、片岩、または石灰岩によるもっと小さいミイラ型柩に取ってかわられ、石灰岩製のものが他を引きはなして行きわたった。これらの柩には『死者の書』からの銘文が刻まれた。貧弱な石棺の場合には、数行の銘文が蓋の下部に置かれただけだった。ただし、プトレマイオス時代の裕福な石棺は追加の銘文と神々の図像をつけている。人型石棺はミイラに全く密着するように作られ、両半分は蓋と柩がよく接合するのを確実にするために、しばしば実接《さねつ》ぎの縁をもっている。その製作は、それ以前の時代よりもずっと安上りとなった。なぜなら、石灰岩の棺は今や大量に製作され、高位でない者に、とりわけアクミンとアビドスのような中心地で用いられたからだ。密着する石棺は木製の内側柩とは無関係に用いられ、ミイラは装飾されたカルトナージュの各部分によって覆われただけであった。

この時代に用いられた石製柩の別のクラスは、ずっと大きい多角形の柩のグループから成る。これらは花崗岩または同じような堅い石の一枚岩から作られた。このタイプのほとんどの例は第三〇王朝とプトレマイオス朝初期に属し、王または高官の墓にのみ見られる。これらの石棺は、形においても装飾においても新王国時代の王の石棺に由来する。それらは基本的に長方形であって、丸みをつけた端末を頭部に持っている。しかし反対の両側面は脚部にゆくほど相近づいている。この多角形の効果は蓋の形によって高められた。蓋は普通、ちがった角度に立つ三枚の板をそなえ、脚部へゆくほど先細りとなり、時どき丸みをつけた頭部に窪みを複雑に配列してあった。長い板は、図77に示したように、平らでもよく窪み形でもよい。これらは通常のスタイルであるが、少数の石棺は単純な中高蓋を用いることによって、古い時代の習慣を持続している。このタイプの石棺は広範囲に銘文を施されている。銘文は普通は

『地下世界にあるものの書』として知られる葬祭文書であり、蓋には『死者の書』からの抜粋があらわれることもある。このタイプの最大の例の一つはネクタネボス二世のために作られた緑色角礫岩《かくれきがん》の石棺で、これは今日大英博物館にある。この石棺は一度として使われたことはなかった。なぜなら、ネクタネボスはエジプトを去ってペルシア人から逃れたからだ。こうして、壮大な石棺は後代に至ってアレクサンドリアで礼式用浴槽として用いられた。

堅い石で石棺を作ることは、孔をあけること、鑿を使うこと、そしてたぶん何よりも多く岩に打撃を与えることによって進められたので、長時間を要する仕事であった。いくつかの石棺は、装飾を加えるより前に製作途中の初期段階で損傷を受けたしるしを見せている。石工はこの段階で仕事をやめる気にならなかったように見える。こうして、われわれは、その石に銘文が時どき粗い切りこみで施されてあるのを見る。この種の重たい石棺はプトレマイオス期に絶え、そのあとは神聖動物の埋葬のためにだけ、とくにアルマントの牡牛と牝牛の埋葬のために作られた。人型の石製柩はやや長くつづいたが、次第に使われなくなっていった。

木製柩はグレコ・ロマンの全期を通じて使われた。それらはカルトナージュの遺体ケースによって補足された。カルトナージュはこの時代に広く用いられ、頭、胸、腹、

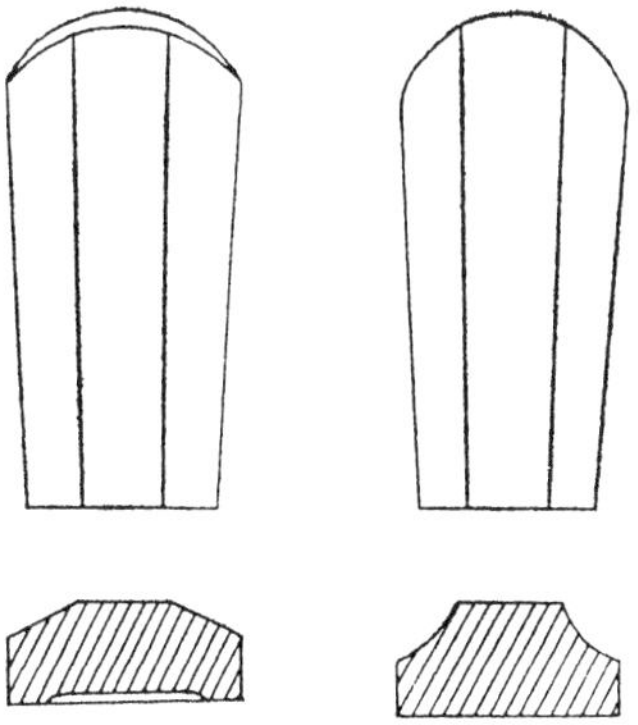

図 77　末期王朝時代の，石棺の蓋の平面図と断面図

脚、足、を個々に覆うものとなり、各部分は宗教画によってこってりと装飾された。完全な遺体ケースもまたあらわれ、普通はかなりの量の鍍金を施されていた。エジプトのギリシア人定住者のあいだに新しい習慣が生れ、カルトナージュの顔の仮面のかわりに死者の平たい肖像を使うことになった。この肖像は木の板に彩色ワックスを施して作られた（写真31）。これらのいわゆる「ミイラ肖像」は純粋にギリシア・スタイルであり、大半の数のものはファユムのグレコ・ロマン墓地の出土である。これらの遺体ケース自体はエジプトの模様をそなえ、アヌビスの手で用意されている遺体とかバアの訪問を受けている遺体とかの場面を含んでいる。神聖葬送者としてのイシスとネフチスの像は、ホルスとトトといったような他の主要な神々とともに、必ずあらわれている。ワックス肖像の代替として、紀元後の最初の三世紀のあいだは漆喰の頭部が用いられた。初期の例は内部をくりぬいて頭にかぶせたが、のちには堅固に作って顔の上に置き、やや高くなった顔の印象を与えた。ピートリは、この時代のミイラは、肖像または仮面をつけたあと、埋葬前のしばらくのあいだ肉親の家に安置されたと信じた。この見解は承認し得ないが、少くとも、大規模な埋葬が時どき行われたように見える。

これらのローマ時代の遺体ケースに見られる贅沢な鍍金とは対照的に、同時代の貧弱な墓は美化について何の手当てもしていない。最も貧弱な埋葬所の多くは共同の地下室に置かれ、ピッチに漬けたミイラは屋根まで積みあげられ、柩もいかなる種類の保護装置もなかった。メディネト・ハブのローマ時代の埋葬地のような他の墓地では、ミイラは木にかわる経済的な陶器の柩に納められた。陶器の柩は、家庭用の大形壺を埋葬に用いたのとははっきり違っていて、第二一王朝と第二二王朝のときから、とくにナイルのデルタで知られている。ローマ時代の陶器はいくつかのタイプに分れていて、あるものは平たく蓋のついた慣習的な箱であり、他のものは頭から下半分までしかひろがっていない蓋をつけている。遺体は頭を先にして下に辷りこませたのであろう。この形は一般に「スリッパ型柩」と呼ばれている。ある柩はただ一個の木材から長く狭い箱として作られ、頭部にだけ開口部をもち、遺体を入れたあとに封印されていた。別の墓では、柩は三つの部分で作られていた。中央の管状部と両脇の陶器のいれものという三つの部分であり、すべて紐で縛ってあった。

この時代すなわち紀元後三世紀と四世紀に、エジプトの古い伝統がゆるやかに捨てられてゆく最終段階を、われわれは見る。ミイラの包帯はアヌビスと他の神々の彩色図をなおもつけてはいるが、日常衣裳姿の死者の埋葬あるいは遺体を平たい板に載せる埋葬といったような新しい習慣が、最後の多神教の埋葬と初期キリスト教墓地とを結ぶ特徴となった。新しい宗教の普及はエジプトの古い埋葬習慣の持続に対して最後の打撃を加えた。かくして、三千年以上にわたって発達してきた柩と棺の大連続は終りを告げた。いうまでもなく、その時代の多くの墓の極度の貧弱化ということに影響されてのことだった。

第八章　神聖動物の墓地

一般の観察者にとって、古代エジプト文明の最も特殊な様相の一つは動物姿の、あるいは人体に動物の頭をつけた神々がレリーフや絵にいつもあらわれていることである。動物神の存在の理由を理解するためにはエジプト人の宗教の起源を簡単に調べてみる必要がある。統一国家が生れるよりずっと前の初期エジプト人の信仰は、ナイルの谷に定着した個々の共同体の迷信と伝統から生れた。それぞれの村または町はそれぞれの固有の地域神をもっていた。そして、神々の大群をある種の秩序の中に合理化しようとするいくつかの試みにもかかわらず、エジプト宗教の地域性は最後の時代まで一貫して存続した。参観者は墓碑に「あなたがあなたの地域の市神を愛するほど確実に」という供物のきまり文句を頻繁に見る。これらの神々を融合して一つの国家宗教に仕上げることは、幾多の困難に突き当ったが、いくつかの神と女神を結びつけて家族グループにすることによって、普通は三人組として、すなわち一人が他の二人の子であるという仕組みで、ある秩序が作りだされた。たとえば、われわれはテーベでアメン、ムト、コンスを、あるいはメンフィスでプタハ、セクメト、ネフェルテムを持っている。しかし、神々の中の多くは非常に早い時代の崇拝の形に由来しており、他方、他の神々はもっと新しい時代のものであるという事実は、エジプトの神々は思想の発展におけるさまざまのレベルにわたるものであり、早い観念と遅い観念とが並びあって存在する、ということである。違った諸段階は神々のタイプによって明確に捉えることができる。動物神は最も原始的な層に属する。その後の発展は体軀を人間の形にし頭だけを動物にすることであった。アメンやプタハのように完全に人間の姿をした神々はさらに発達した哲学を表現している。他の神々は宇宙神として区分することができよう。太陽、月、大地、ナイルがこのカテゴリーにはいる。多くの文明はその神の概念をその時の発展中の知性に合致させるという同じ経過をたどった。エジプトにおける特殊な特徴は、初期の信仰が新しい信仰によって取ってかわられるのではなく、両者を単に合体させただけである、ということである。古いものを捨てて新しいものを優遇するということに対する嫌悪の念は、地域の神々の存続した原因であった。たとえば、重要な神ホルスはいくつもの違った神々の形を混成した民族神であったが、それらの神々に取ってかわったことは決してない。それゆえに、あらゆる時代にベヘデトのホルス、ペのホルス、ネケンのホルスその他といった形の言及をわれわれは見るのである。

動物崇拝の起源は、被造物が宗教的礼拝の対象であったころの、そしてさまざまの動物が地域の物神《フェティシュ》または個々の地方の動物標章《トーテム》であり得たころの、非常に早い時代にさかのぼるにちがいない。のちに、動物は個々の神々をのみあらわすものとして役立ち、それ自身の権利としてではなく、神との関係で神聖となる。したがって、王朝時代のエジプト人が動物を崇拝したと言うのは正しくない。実際、彼らは個々の神々と女神を崇拝したのであって、それらの神々と女神々がたまたまある動物の種類と関連をもったのである。完全に人間の形で表現されることが普通となっている神々といえども、それぞれの神聖動物をもっていた。アメンはその好例である。アメンは動物表現としては羊と鵞鳥となるが、その妻である女神ムトはハゲワシと結びついている。多くの神殿で、神の動物を神域の中で飼うために設備が設けられた。ある神殿では、メンフィス神殿における牡牛アピスのように、ただ一頭だけの動物が飼われたが、他の信仰は多数の動物のための、たとえば朱鷺《トキ》、猿、鷹、鰐、羊あるいは猫のための設備を必要とした。大英博物館にある一つの祭式用青銅容器には、ホルという名の男の名を刻んであるが、彼はテーベのコンス神殿の「生ける猿」の祭司だった。神殿が一頭の動物を飼うかあるいは多くの動物を飼うかは、二種類の動物信仰のあいだの重要な違いによることであった。なぜなら、ある場合には、ただ一頭の動物だけが種《しゅ》の特徴を基礎として神聖な代表者として選ばれ、他の場合には同一種のすべてのメンバーが特別の崇敬に値すると考えられたからである。両者の違いは、前者の例として牡牛アピスをとれば、このアピス信仰と数千という数で飼育されたにちがいない神トトの朱鷺と比べてみると明瞭に示される。もちろん、信仰によるこの動物の数の違いは動物に関して用意される埋葬の形に直接的な作用を及ぼした。ある場合には、ただ一基の埋葬所が大いに崇拝された被造者のために用意された。他の場合には、多数の個体のためにもっと地味な安息所を与える必要があった。ただ一つの動物が神聖な代表者として選ばれる信仰は、きわめて重要であった。その重要性はその動物のもつ特別な性能によってであり、そのことのゆえに同種の他のメンバーとは別個の位置を与えられたのであった。このような被造物の埋葬は贅沢なものであり、王家の指揮のもとに用意された。他方、同種全体への信仰に立つ動物の埋葬は、はるかに簡単であって、しばしば個々の私人の経費によって営まれた。

疑いなく、すべての信仰の中で最も重要なのは牡牛アピスの信仰であった。このことはサッカラの牡牛の墓の精巧な性格の中に反映している（写真33）。知られている最古の牡牛の墓は新王国時代のものであるが、アピス信仰は第一王朝にまでさかのぼるということが知られている。したがって、早い時代の墓がなおも発見を待っているということも可能である。牡牛の墓として知られているものは一八五一年と一八五二年にマリエット〔オギュスト・マリエット、フランス人、一八二一—一八八一〕によって発見されたものであって二つのタイプに分れる。早いほうのものは個々の構造物であり、遅いほうのものはラムセス二世の治世より後のものであって、岩の中で通廊によってつながっている。今日、通廊の西区だけが立入りでき、ここでは聖牛が第二六王朝からプトレマイオス期に至るまで埋葬された。この墓所は一般に「セラペオン」と呼ばれている。この用語は、牡牛アピスに結びつけられたギリシアの神セラピスの名に由来する。しかしながら、死んだ牡牛の全体称号である「オシリス・アピス」と「セラピス」とのあいだにある外見上の類似にもかかわらず、二つの名は語源的に関係があるとは思われない。セラペオンはサッカラの最も印象的な古代記念物の一つであり、ツーリストのコースのきまった見物《みもの》である。しかしながら、古代における通廊の外観は今日よりもはるかに感銘を与えるものであっただろうということを記憶しておかねばならない。石棺が開かれて掠奪されただけでなく、埋葬所の中高天井の内側表面を覆っていた美しい石灰岩の外装の壮大な量もまた取り外されたのである。

後期の通廊の主通廊は砂漠の地表の下に約二〇〇メートルにわたってつづき、中高天井自身は低い線

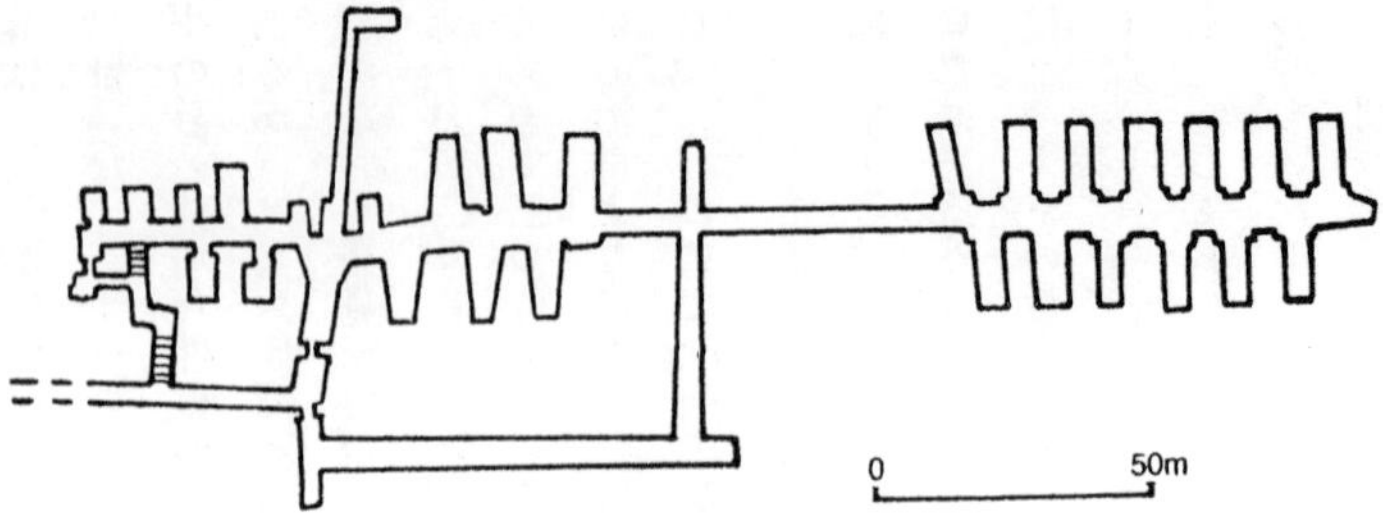

図 78　セラペオンの末期王朝時代埋葬所の平面図
（B. ポーターとR. L. B. モスによる）

で両脇に並んでいる。そのため、人は石棺の蓋を見おろすということになる（図78）。これらの壮大な石の箱は神に適わしい最後の安息所を作るために一個ごとに花崗岩の石塊から作られた。第一九王朝から第二六王朝に至る埋葬所を含むセラペオンの初期通廊および古い時代の個々の墓では、柩は同じように高い費用をかけて鍍金木材によって作られた。孤立した墓の一つが無傷でマリエットによって発見された。それは二頭の牡牛の柩をおさめていて、いずれもラムセス二世時代のものであった。室の南壁には王と王子カエムワセがアピスに供物を捧げている場面を示す彩色画があった。柩からはさまざまの黄金製の装身具と護符があらわれ、その中のいくつかには、ラムセスまたはカエムワセの名が数個の牡牛の頭をもつ小彫像とともに彫ってあった。王子カエムワセはメンフィスの墓地に大いなる関心をもっていた。彼はとくに牡牛アピスの信仰に専心したように見える。彼は第五王朝のウナスのピラミッドの修復を計画し、その事業を記録するために碑文を記念物の上に残した。そして結局、彼はセラペオン自体の中におのれの墓を用意させたのである。この埋葬所はマリエットによって発見された。ミイラは鍍金した仮面と装身具の諸品目をつけていた、と彼は記した。しかし、彼は墓について十分にくわしく書くことを怠った。
セラペオンから多くの王または私人の碑板があらわれた。それらはアピスへの単純な信仰表現からもっと格式ばった牡牛の死の日付に関する記録に至るまでさまざまな内容にわたっていた。ラムセス二世の治世の美しい一碑板は次のように始まっている。

二つの国の主ウセルマアトラア・セテプエンラ、王冠の主ラムセスの三〇年、夏の三月、二一日、王にラアのごとく生命が与えられんことを。至高のものアピスは天に向って去り、アピスの遺体をミイラとするためにミイラ製作の場にいるアヌビスの保護のもとに、ミイラ製作の家に憩うこととなった。ホルスの息子たちは彼を上に差し上げて持ち、読経祭司は栄光のことばをくりかえす。(1)

このテキストの後の部分では、ミイラ製作の場でアピスが七〇日間を過したことについて言及がなされている。これは、この作業に許された時間の長さが人間のミイラ製作と同じであったことを示している。実際、牡牛の埋葬礼式は人間の場合と同じなのであった。このことは、碑板から明らかであり、問題にしている例は二人の役人が読経祭司とセム祭司としてのお勤めをしているのを示している。前者は、死んだ動物に生きた感覚を取りもどさせる「開口の儀」のためにパピルスの巻きものの経文を読み、他方、後者は必要な儀礼上の行為をなすのである。ウィーンのデモチック〔民衆文字〕のパピルスは、牡牛アピスのミイラ製作に伴う手順を記していて、作業が高度に礼式化されて行われことを確証している。手順の中の始めの段階では、牡牛は特別の小室におさめられ、祭司たちはすべての正しい儀式を執り行うためにそこに入った。この一時的な隠れ場から、遺体はミイラ製作の手順にはいるために「ミイラ製作の場」に移された。パピルスの訓令は、祭司たちの哀悼の声にあわせて遺体は砂の寝台の上に置かれねばならぬと述べている。ミイラのための包帯は入念に準備され、特別の指示どおりに巻かれた。その特別の指示は遺体の各部の包帯の正しいやりかたを次のように述べている。

彼らはもう一つのネブティの包帯を持参し、それを好みのままに分割しなければならない。彼らは板の上の締め具に足と脚をしっかりつけなければならない。彼らは神の上にリンネル布を置かねばならない。そして、板の下に織物スクルをいれなければならない。その幅は二掌長でなければならない。彼らはそれを、神の上部に向って、臍《へそ》の前と後を三回にわたって巻かねばならない。(2)

ミイラを木の板に縛りつけるという記述は、アルマントで神聖牡牛ブキスの墓の発掘のさいに発見されたものとまさに一致する。その墓はセラペオンと同じような地下墓所であるが、構造はもっと地味であった。これは発掘者によって「ブケオン」と命名された。ミイラの残存物の中に、図79に示したような多くの青銅または鉄の締め具が発見された。それらはパピルスに言及された「板の上の締め具」以外ではあり得ない。そのテキストの他の部分は「背中の締め具」または「二つの正面の締め具」にいろいろの包帯をしっかりつけるということについて言及している。ブケオンの墓の証拠から、前もって板に装着された締め具の輪を通して包帯を巻くことによって遺体が板の上に固定されたということは明らかである。アピスのミイラ製作に関するテキストとブキスの墓の実際の残存物とのあいだのこの密接な一致は、どちらの種類の牡牛についても手順が本質的に同じであったにちがいないということを示している。包帯巻きを別とすれば、動物に対して行われた実際のミイラ製作の処置の量はかなり限られたものであったように思われる。ウィーン・パピルスとブケオンの発掘の証拠は、内臓除去のために切口をつけるということはなかったことを示している。内臓除去の方法は、肛門から注入した液体によって内臓を溶かすということに限られていたのだった。これは、ヘロドトスが人体のミイラ製作に関する解説の中で述べた第二の方法と同じである。サッカラの初期のアピスの墓のいくつかにカノプス壺があることは、ある埋葬がもっと入念な処置を受けたことを示すかもしれない。しかし、他方では、カノプス壺が純粋に祭儀的なものであったという可能性がある。マリエットは、壺が中身をおさめていたか否かについては述べていない。

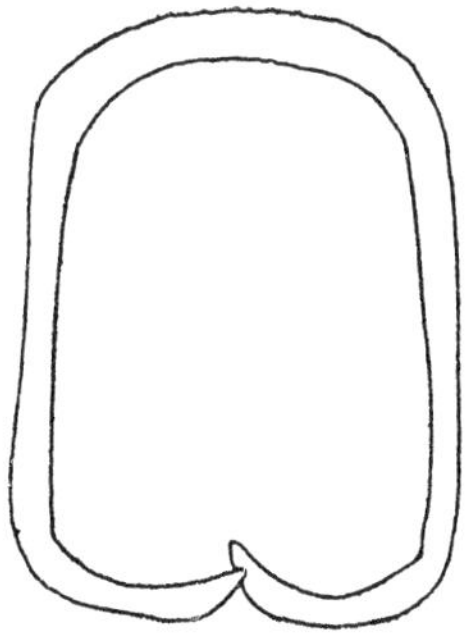

図 79　牡牛のミイラのための締め具

古代都市メンフィスの地に、第二六王朝に牡牛アピスのミイラ製作の場となっていた構造物の残存部がある。この建造物の最も印象ふかい特徴は、低い寝台の形をしていて、聖獣の遺体がミイラ製作のあいだ置かれていた巨大なアラバスターの台である。これらの台は斜面をなしていて、作業中に使われた液体が末端の出口から流れ出るようにしてあった。この建造物でミイラ製作が終ったのち、包帯に巻かれた遺体はサッカラの砂漠の台地に運ぶために、そして遺体をセラペオンの中に用意された墓に安息させるために、棺台に載せられたであろう(図80)。砂漠の斜面の低部に到着すると、葬送の列は高台の東端にそって位置する宗教的ならびに行政上のセンターに着いたであろう。そこからセラペオンに向う道は堂々たる外観のスフィクス通りによって(少くとも第三〇王朝以降は)区別されていた。これは発掘作業中、一八五一年にマリエットによって発見された通りで、それがついに彼をセラペオンそのものに導くこととなるのである。道の西端のほうに、ネクタネボス二世によってオシリス・アピスに捧げて建立された神殿があった。しかしその構造物は完全に破壊された。神殿の石材のいくつかは後になってサッカラのコプト教のエレミアス修道院の建立のために再使用された。その中にはネクタネボス二世の治世二年に属する一枚の大きな砂岩の碑板があり、その上に神殿の建立と設備に関する細部のいくらかが記されている。この建造物は「生けるアピスの場」と呼ばれていた。それは豪華に装飾されていたにちがいなく、その扉には金と銀がかぶせられていたにちがいない。神聖動物の主要な墓の多くは、もともとその近くに神殿をもっていたであろう。そしてその神殿の中でそれぞれの固有の神の信仰を持続し得たであろう。しかしながら、一般的にこれらの崇拝の場は、それに奉仕されるために作られた埋葬設備とども

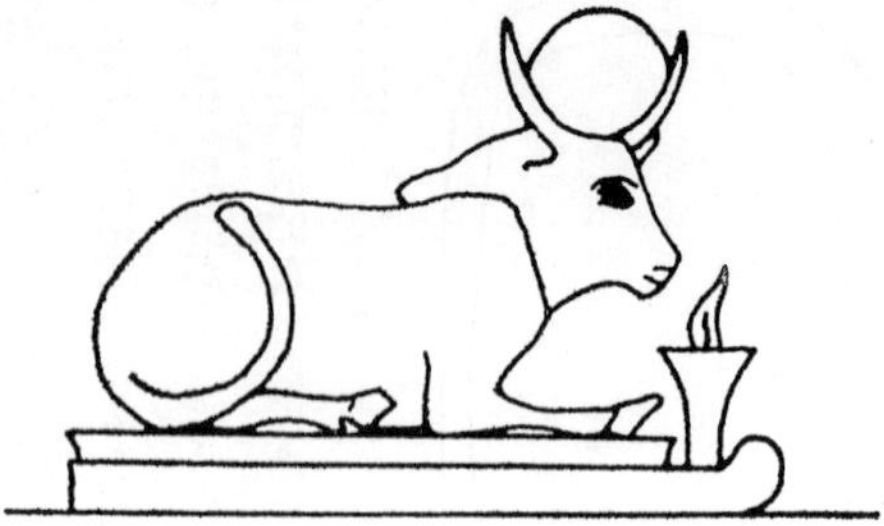

図 80　台に乗った牡牛アピス

に、時の経過に堪えて残ることはなかった。

アルマントおよびその周辺地域の神聖牡牛であるブキスの埋葬は、動物のミイラ製作とその包帯巻きに関連してすでに言及した。ブキスはエジプトのいろいろの神々に結びつけられた。最も密接に関係づけられたのは太陽神ラアとアルマントの神モンツーであった。牡牛ブキスの墓は、岩の中に掘った墓というよりは、あるものは中高天井をかぶせた構造物という形で建てられたという点で、アピスの墓とはちがっていた。埋葬はすべて遅れた時代のもので、第三〇王朝からローマ時代にまたがっている。墓の豪華さの程度はさまざまであった。あるものは著しい量の副葬品をもち、他のものは石棺なしでさえ埋葬された。最末期のいくつかの埋葬所の場合は、新しい中高天井を用意するという試みはなされなかった。そして、ミイラは古い時代の墓と結びつく通廊にただ置かれただけだった。アピスの埋葬と同じように、碑板には神聖牡牛の誕生、叙任、死亡年月日を示す文章が刻まれた。プトレマイオス四世の碑板からの抜粋は次のとおりである。

……この日、最高の威厳のこの高貴な神、慈悲深いバア、生きているラアのバア、ラアの顕現、タ・アメンから生れたもの、は天に昇っていった。その生命の長さは一八年、一〇カ月、二三日であった。彼の生れた日は上下エジプトの王、プトレマイオス、オンボスの地方において永遠に生きるもの、イシスに愛された者の、存命中の一三年、エペプの二〇日であった。彼は二五年のトトの一五日、アルマントにおいて叙任された。その玉座に永遠に〔居ますように〕。最高の威厳のこの高

貴な神は八年パオニの一二日……天に昇っていった……。(3)

これらの碑板のテキスト上部は、普通は牡牛に供物または香を捧げる王の姿をレリーフで示した情景をそなえていた。そのさい牡牛は高い壇に立つ姿、あるいは台に乗せた寝台に立つ姿で示されている(写真32)。埋葬のために、牡牛は晴着で飾られ、ガラスを象眼した木製鍍金王冠が二本の角《つの》のあいだに置かれた。青銅の枠にはめた石またはガラスの人工眼が顔に付けられ、頭部全体は漆喰を塗った上に鍍金された。同じような、いやもっと豪華な装飾さえも、メンフィスの牡牛アピスに与えられたであろう。しかし、セラペオンの発掘に関する考古学上の報告はブキスの埋葬所ほどに完全ではない。

別の重要な神聖牡牛は、下エジプトのヘリオポリスで崇拝され、埋葬されたムネヴィスであった。ムネヴィスの墓として発見されたものはわずか二基だけで、ラムセス二世の治世とラムセス七世の治世に属するものである。しかし、これらの埋葬所の発掘はほとんど知識を与えないようなやりかたで行われた。墓は個別的な構造であり、地下に沈められた石灰岩の室と、これを覆う水平の屋根石とからできていた(図81)。カノプス壺が埋葬物と一緒に発見された。しかし牡牛アピスのカノプス壺と同じように、これらは祭式上の目的のために供えられたのかもしれない。ムネヴィスとブキスとのあいだには密接な類似がある。なぜなら、いずれもラアの化身と見なされていたからである。

神聖牡牛のための埋葬所の設備が拡大した自然的帰結として、末期王朝時代に同種の性格の墓地がこれらの動物の母のために発達した。なぜなら、牝牛もまた神聖と見なされたからである。ブキスの母は

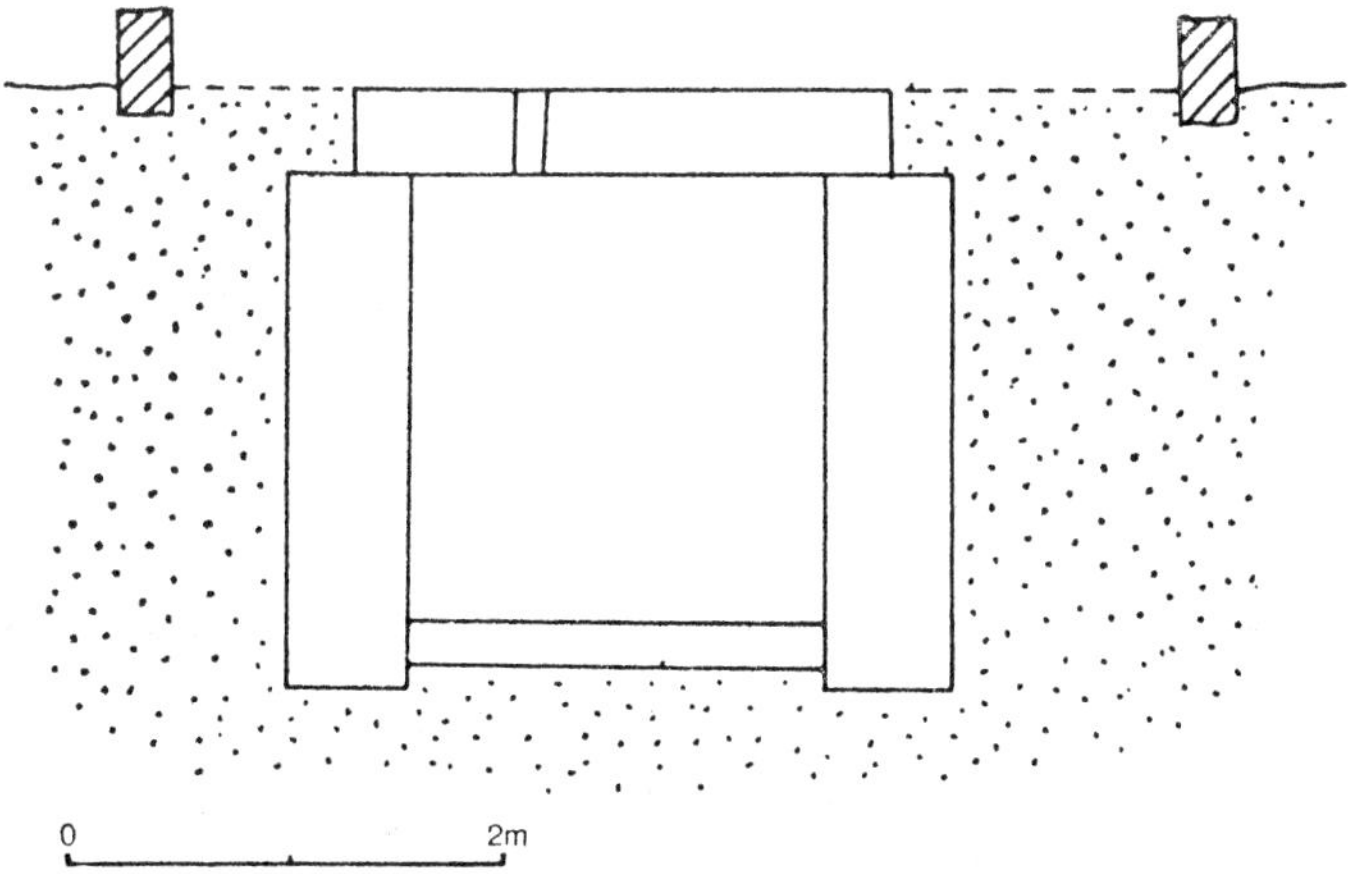

図 81　ムネヴィス牡牛の墓の断面図（G. ダレシによる）

アルマントのブケオンに近い別群の墓に埋葬された。最初の牝牛の墓所はネクタネボス二世の治世に属する。あるものは牡牛の場合と同じように石棺をそなえていたが、牝牛のための碑板としてはただ一個が発見されているだけである。これは皇帝コンモドスの時代のものである。墓の多くは日干煉瓦または焼煉瓦の中高天井で覆われていた。複合建造物の連結した通廊もまたそうであった。もっと最近の発見は、サッカラで「アピスの母」の墓を見つけたことである。この墓はセラペオンから北にいくらか離れたところに、高台の西側の地下に岩窟通廊として掘ったものであった（図82）。この場所の平面図は、はるかに規模が小さくて、はるかに大きくこわされたとはいうものの、牡牛アピスの末期王朝時代の通廊に似ている。主軸となる通廊の両側には、石棺のための沈んだ設置場所がならんでいる。石棺はコプト教の侵入者によって断片となるまで入念に破壊された。埋葬から出たものは、ミイラの

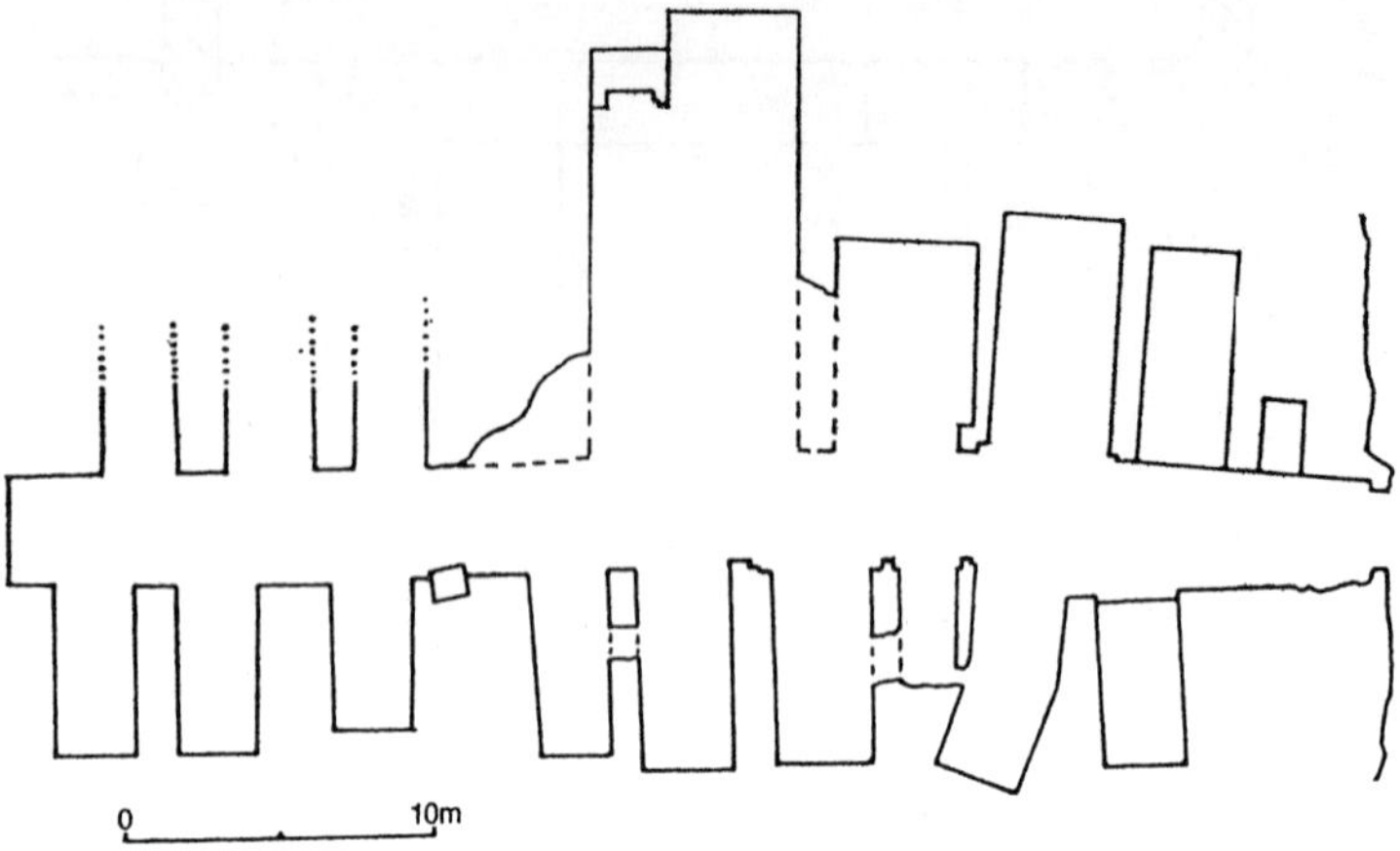

図 82　「アピスの母」のための埋葬所の平面図（W. B. エマリによる）

わずかな残存物だけで、つまりはばらばらの牝牛の骨とリンネル布の断片という有様であった。個々の中高天井は本来は美しい石灰岩で内側を覆われていた。そして埋葬が終ると、同じ材料によって主通廊の側から封鎖された。それから、この封鎖の外面は祭司の銘文で飾られ、他方、中高天井を飾った石工は通廊の岩壁の龕におのれ自身の碑板を加えた。二種類の銘文が、いずれの銘文も普通はデモチックの文字で、黒インクで書かれた。すべてセラペオンの碑板よりはるかに精巧度の劣るものであった。テキストの説明するところによれば、最初の埋葬はプサムテス（紀元前三九三）の一年に、最後のものはクレオパトラの一一年（紀元前四一）に行われた。しかしながら、牝牛はすでに第二六王朝期に礼式をもって埋葬されたということが知られているので、もっと古い墓の群がなおサッカラで発見を待っているように見える。

神聖牝牛の通廊の外にはネクタネボス二世によって

建立された神殿があった。ネクタネボス二世はセラペオンに神殿を建立した王である。建築物の中の主神殿は「アピスの母イシス」とアピス自身に捧げられたように見える。こうしてこのセンターで神聖牝牛の信仰が持続し得ることとなった。しかし、神殿の平面図は単純ではなかった。なぜなら、それは他の二つの地下神聖動物墓のための別々の神殿を含んでいたからである。サッカラ墓地のこの地区では、このような埋葬所は蜂の巣状に結びついていて、神殿前壇から二本の開かれた通廊が岩の中に入っていた。一本は神聖猿の墓のため、他の一本はハヤブサの墓のためであった。これらの墓は牡牛や牝牛の墓とはいささか違う性格をもっていた。なぜなら、猿とハヤブサは種《しゅ》のすべてのメンバーが神聖な代表になるというタイプの動物信仰に属していたからである。このタイプのある信仰では、特別の一匹（一羽）が定期的に神の化身として選ばれた。それはエドフに見るとおりで、そこでは神聖ハヤブサを選んで塔門から見せなくてはならないのであった。しかし、選ばれた動物の地位は牡牛アピスほど高くはなかった。なぜならアピスは生存中はすべての牡牛の中にあってただひとりで君臨したのであるから。一羽の鳥が君臨する神聖ハヤブサに昇格するということは、他のハヤブサの神聖性を否定するものではなかった。他のハヤブサは神殿の複合体の中に、ある数をなして飼われていた。多くの数の動物のための埋葬所を見つけなければならないということは、関係する動物の量の多さによってかなりのサイズの墓を求め、埋葬スタイルをかなり地味なものにするよう強いるのであった。サッカラでは、猿の通廊は四〇〇をこえる埋葬体を含んでいたが、ハヤブサの場合は、その数は数万に及んだ。その結果、鳥の個々の処置は猿の場合よりも入念さが劣っていた。猿の通廊は二段の水準に分れていて、低いほうは高いほうがミイラで一杯になったあとで作られた。動物はミイラにされ、木箱におさめられ、木箱は通廊の壁の中に掘った龕《がん》の中におさめられた。ミイラは、柔かい漆喰を木箱の中に詰めることによって固められた。その結果、遺骸は漆喰のケースの中で硬直した。そして、木箱は木の蓋で閉じられた。どの容器も石灰岩の小石によって壁龕の中に封じこめられていて、その外表面に猿についての簡単なデータが書かれた。埋葬体の名と埋葬の日付もその中に含まれる。残念ながら、本来の位置に残っていたのはただ一体のミイラだけで、他のものはキリスト教時代の初期に破壊された。

ハヤブサの通廊墓の入口はネクタネボス二世の神殿前壇の南の方にあり、狭くて螺旋状の階段が粗雑に掘った通廊に通じている。この通廊は曲りながら岩の中に入り、間隔を置いて両側通廊を伴っている。いずれの通廊も幅約二・五メートル、高さ約三メートルで、総延長は六〇〇メートルをこえる。両側通廊は神聖ハヤブサのミイラをおさめた陶製壺で一杯になっている(図83)。多くの鳥はいりくんだリンネル布の包帯巻きによって入念に包まれ、あるものは顔にかぶせる彩色漆喰仮面をそなえていた。陶製容

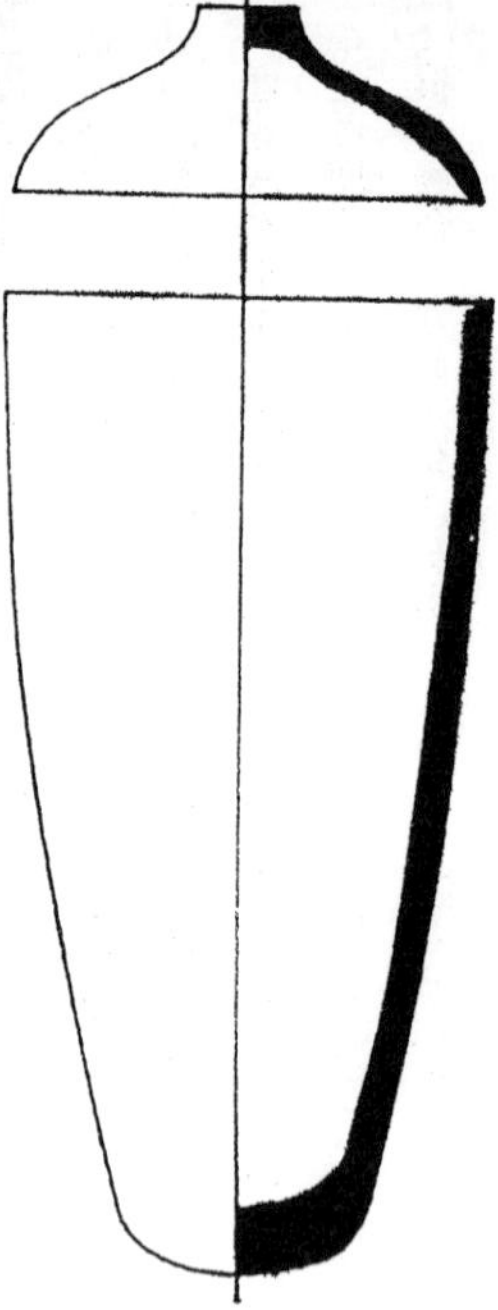

図 83　ハヤブサのミイラのために使われたタイプの陶製壺

器の中に封じこめられたのち、壺は地下墳墓内で秩序ある層に区分して置かれ、各層のあいだにきれいな砂がうすく詰められた。一つの通廊が一杯になると、石または煉瓦の壁によって、あるいは、ある場合には積みあげた壺の上部に直接に流す泥漆喰によって閉ざされ、主軸通廊から遮断された。ある鳥は特別の処置を受けた。通廊に沿って、間隔を置いて、岩壁の中に龕が掘られ、ハヤブサのミイラの残存物をおさめた木製または石灰岩製の柩が置かれた。外観はあてにならない。最も美しいミイラのいくつかは簡素な陶製壺の中で発見され、他方、もっと精巧な容器が、リンネル布に包まれて樹脂で固まった全体の中に一体化したわずかな骨をおさめていただけというのもしばしばだった。すべてのミイラがハヤブサのミイラだったわけではない。なぜなら埋葬物の中に、朱鷺の残存物と、たぶんミイラにしたハゲワシをおさめていた一個の大きい陶製壺が発見されたから。通廊の中に壺と混在していたものはさまざまであり、神々と神聖動物の青銅製または釉薬を塗った構成像、神殿の青銅製祭式具、金属製または木製の遺物箱などもあった。これらの品々を鳥と一緒に埋葬したことは、神聖性との関係から再使用不能である余剰物を処置する一方法なのであった。遺物箱はすべての主要な動物の墓につきものの興味ある特徴である。それは、青銅または木の長方形容器であって、その中に神聖動物のわずかばかりの骨をおさめることができるのであった。箱の上部には中身に対応する被造物の像が配されていた(図84)。サッカラのハヤブサの通廊墓から出た多くの例は、予期されるように、ハヤブサの像をつけていた。しかし、朱鷺、エジプト・マングース、蛇のための遺物箱も、さらに黄金虫のための遺物箱すらも発見された。

図 84　ハヤブサのためのブロンズ製遺物箱

サッカラにある牝牛、ハヤブサ、猿の墓は末期王朝時代とプトレマイオス期に特別の動物墓地として意図されたもののように見える一角に位置している。なぜなら、その近くに、もっと多くの地下通廊があり、こんどは朱鷺に捧げられているからである。これらはネクタネボス二世神殿の北と南に位置していて、非常なひろがりをもつ二つの区分された複合体をなしている。やや広いという点を別とすれば、ハヤブサの通廊に似ている。ほぼ五〇万羽のミイラ化された鳥が、一個の慣例的陶製容器に一羽をおさめるという形で、これらの埋葬所にはいった、と推計されている。通廊建設者は、この地区に蜂の巣状に岩の中に掘られた古い時代の竪穴墓のためにかなりの困難に出会った。非常に頻繁に、トンネルを掘る者は竪穴に切りこみ、竪穴を避けて別の方向に道を転換するか、あるいは竪穴を埋める支えを作ってから前進するか、しなければならなかったであろう。これらの竪穴のいくつかでは、詰めものが十分な固さをもっていて、その結果、空間を覆ったままでとどまっており、その下を掘った人びとの処置の手堅さを示しているが、多くのものは、今では瓦礫が通廊の中に落ちている。サッカラでは、砂漠の部分が突然に沈下するということが決して異例ではない。なぜなら、竪穴が崩れるか、あるいは地下トンネルの屋根が落ちるか、するからである。

サッカラは、個々の動物に結びつく信仰の中心地から遠く離れてこれらの動物のための墓が発達し得たということの、好例である。猿と朱鷺は、文字と知識の神である神聖動物トトであって、その宗教上の中心地は中エジプトのヘルモポリスにあった。ラアをあらわすハヤブサはヘリオポリスで崇拝された。牡牛アピスだけは、その母牝牛イシスとともにメンフィス地区の出自である。これらだけがこの地に埋葬されたわけではない。この台地の東側にはミイラ製作神アヌビスに結びつく神聖動物、犬またはジャッカルのための地下墳墓があり、南側には猫の墓地がある。ここでは猫はバステトをあらわす動物と考えられていたのである。他の諸動物の埋葬所はテキストから知られているだけであって、地上における位置はまだ確定されていない。これは、羊の墓を含み、そして何よりも驚いたことに、ライオンの埋葬所を含む可能性もある。ライオンの埋葬所はギリシア語のパピルスに言及されている。

サッカラの台地の場合のような地下通廊は、ヘルモポリス・マグナの墓地ツナ・エル・ジェベルで知られている。それは末期王朝時代とグレコ・ロマン時代のもので、ともにこの都市の主神トトをあらわす朱鷺と猿の埋葬に捧げられている（写真34）。ツナの通廊はサッカラの同類よりやや広く、個々の朱鷺の埋葬のためにもっと多くの壁龕をそなえている。朱鷺は木または石の小さな柩に納められた。柩はしばしば外表面に、彫刻された朱鷺の像をつけていた。ある通廊では、石灰岩製のこのような柩の列が大量の陶製壺の下から発見された。それは、各列に八個の柩を置くという形で通廊を横切って置かれていた。この数は意味ふかい。これはヘルモポリスの町のエジプト名を象徴的に示しているのである。ヘルモポリスの名は単純に数字の八であったのだから。この都市が「八の町」として知られている理由は、

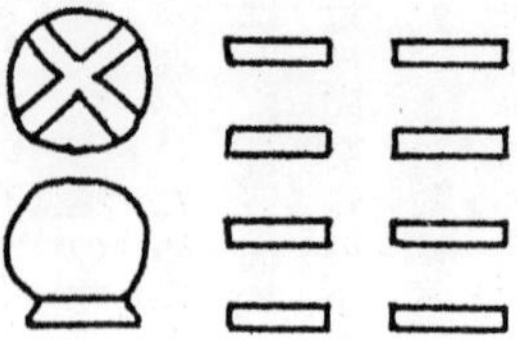

図 85 後にヘルモポリス・マグナと呼ばれる都市の名の表記

この都市が世界の創造をなしとげた八神のグループの故郷であったとする古い信仰にあった。八個ずつの列で朱鷺の柩を置くことによって、エジプト人はトトとこの町との結びつきを単純に再表現したのである。トトは古代の銘文で普通「二倍に偉大なもの、ヘルモポリスの主、トト」として言及され、都市の名は八本の棒で描かれている（図85）。ヘルモポリスというのはこの都市のギリシア名であり、ギリシア人はトトとヘルメスを結びつけたがゆえにこの名を与えたのであった。

猿はツナで朱鷺と同じような複合体の中に埋葬された。包まれた遺体は石または木の柩におさめて壁龕の中に置かれた。無傷で発見された一体のミイラは金製および鍍金構成品の護符をそなえていて、護符は包みものの外側につけてあった。墓地に近い砂漠では、生きた朱鷺が飼われていた神聖園を示すいくつかの証拠が発見された。われわれはテキストの資料によって、生きたハヤブサと朱鷺がともにサッカラで飼われていたことを知っている。一方、この地の発掘で見つかった鳥の卵はこの被造物が飼われていた区画を示しているかもしれない。すべて神聖動物の信仰中心地と墓地の行政はかなりの組織を必要とし、確実に多くの人に職場を与えた。神殿の祭司とミイラ製作人のほかに、動物のために食料を用意する仕事に携わる人びと、通廊における仕事のための石工、書記、壺製作に専念する人びとがまたいたはずである。最後に挙げた人びとはその職に大いに安心感を持っていたはずである。なぜなら、彼らは鳥のミイラの容器として必要な数万個の壺を作ることを許されていたのだから。サッカラの朱鷺信仰の行政に関するわれわれの知識の多くは、この地で発見されたデモチックの陶片《オストラカ》――陶器のかけらに書かれた覚え書き――からきている。あるテキストは六万羽の朱鷺のための食料運搬に言及している。この数字が正確であるならば、関係する鳥の数についてイメージが得られる。サッカラにおける朱鷺の埋葬体の平均は、年に一万羽台であったと推計されている。明らかに年に一度、ミイラ化した朱鷺の大量埋葬があり、このときは正式の祭事が営まれ、祭司団が通廊まで付き添ってゆく埋葬行列もあった。しかし、動物埋葬の仕事はいつも円滑に進んだわけではなかった。だからサッカラのテキストは、信仰行政における腐敗を除去するために制定された改革について述べている。阻止された一つの違法行為は、ミイラ製作人が空《から》の壺を埋葬するということであり、それは一羽の朱鷺のミイラ製作と包帯を完全に終るたびに料金を支払うことにするということで阻止されたのであった。ツナ・エル・ジェベルでは、少くとも一人の役人が神聖動物に普通以上の信仰をもっていた。トトの上級祭司であるアンクホルという人物は、おのれの墓を朱鷺の墓地に用意した。彼の石棺は、一五羽の鍍金木製朱鷺像に守られた状態で発見されている。動物墓地におけるこの異例の人間埋葬は、セラペオンにおけるカエムワセ王子の例に並ぶものである。

エジプト文明の末期段階にミイラ化されて埋葬された朱鷺の厖大な数は鳥の死をとりまく環境の問題を示している。それぞれの動物が自然の寿命を全うすることを許されたならば、このような死亡率に達することは不可能であるように思われる。したがって、鳥は意図をもって殺されたという可能性がわれわれの前にあらわれる。この可能性はひとり朱鷺に限られるものではなく、数千という被造物の大量埋葬に関係するすべての信仰にもまた及ぶであろう。もちろん、動物殺しは神々の代表者に適わしいように、ある礼式の中で行われたであろう。われわれは直接の証拠をもたないが、動物が溺死させられたというのはまことにありそうなことである。溺死によって死んだ人間に特別の敬意が払われ、神格にまで高められたということを、われわれは知っている。

エジプトの動物の墓のすべてが地下通廊であったわけではない。アビドスでは、朱鷺が大形壺におさめてあるのが発見されていて、壺はたいして深くないところの地中に簡単に埋めてあるだけだった。これらの壺は、いくつものミイラをおさめるに十分なサイズをもっていたという点で、サッカラで使われたタイプのものとはちがっていた。一般に容器の頂上は口にわたして置かれた二ないし三枚の日干煉瓦で閉ざされた。アビドスはまた犬のための地下墓地をもっている。たぶんここでは、犬はこの地域の重要な墓の神ケンタメンティウの神聖な代表と見なされていたのだった。猫は、すでに言及したサッカラの埋葬所のほかにブバスチスとスペオス・アルテミドス〔ベニ・ハッサンに在る〕で埋葬された。前者の地では猫はバステトに結びつく神聖動物であり、スペオス・アルテミドスでは猫はライオンの頭をもつ女神パシェト〔パケトとも言う〕をあらわしている。ブバスチスの墓地はエジプト調査財団のために働くエドワール・ナヴィル〔スイス人、一八四四—一九二六〕によって一八八八年に調査された。彼は煉瓦製構造部とつながるいくつもの深い竪穴が動物の残存物で詰まっているのを発見した。燃焼の証拠を発見した時、ナヴィルは遺体は焼かれたと推定した。しかし、これはありそうにないことと思われる。火葬はエジプト人にとって何らかの意味をもつ習慣ではなかった。なぜなら、エジプト人の死に関する全体の信仰は肉体の保存ということを軸に動いていたからである。また、猫が焼かれねばならぬとしたら、猫をミイラにするという労をとることにほとんど意味はなくなったであろう。いずれにせよ、燃焼の跡は動物墓地でまれなことではなく、それは偶発的な火事か掠奪者たちの意図的な破壊か、どちらかの結果なのである。上エジプトのデンデラでは、種々の動物の混合墓地が徹底的に焼かれていて、通廊を内張りしていた日干煉瓦はガラス状になっていた。この埋葬所は、砂漠の地面に切りこんで作った溝に煉瓦でトンネルを築き、そのあと、その上を砂で覆ったものであった。このようなやりかたで、地下構造はトンネルなしに造ることができた。岩質が余りに貧弱であったために直接に地下に掘ることはできなかった、ということかもしれない。墓地は第一八王朝期にはじめられ、ローマ時代に至るまでいくつかの段階で拡張された。そのさまざまの区画が鳥、ガゼル、猫、エジプト・マングース、蛇のミイラをおさめていた。もっとも、ピートリが一八九八年にこの複合体を調査したさい、トンネルの多くは空っぽになっているか、単にきれいな砂が詰められているか、のどちらかだった。

原始的信仰がもっと知的な宗教観念に取ってかわられたと期待したならば、動物埋葬所の大半がエジプト文明の後期段階に属しているのは異様に見えるかもしれない。しかし、このことは進んだ思想が存在しなかったということを意味するのではなく（そういう思想が存在したのだから）、エジプト人の保守主義のせいで、進んだ思想が古い信仰に取ってかわることがなかったということを意味するのである。本章の既述部で説明したように、動物信仰はエジプトの全史を貫いて存続した。しかし、最も注目すべき特徴は、末期王朝時代およびプトレマイオス期に動物のための神殿と墓の設備に払った過度の熱意である。エジプトの歴史のこの部分で、エジプト人はくりかえして異邦人に支配された。はじめはペルシア人に、ついでギリシア人に。この時代に動物崇拝が拡大したのは民族主義運動の部分であったかもしれないのである。それは、たぶん祭司団によって鼓舞され、エジプト文化の最も個性的な特徴を意図的に誇張するのであった。この経過のもう一つの様相は、神殿銘文に使われるヒエログリフの文字が複雑さを増してゆくことに見られる。この解釈が正しいなら、末期王朝時代の壮大な動物墓地は、エジプトの伝統的文化の優越性を主張するための、エジプト人の最後の努力と見なさなくてはならないのである。

右に論じた諸例のほかに、動物埋葬所はエジプト全土に非常に多い。全体の性格が著しく同じであるゆえに、個々の墓所を別々に描写するのは無意味であろう。とはいえ、いくつかの信仰は特別の説明に値する。エレファンチネの神聖牡羊は牡牛信仰と同じ信仰タイプに属していて、いかなる時もただ一動物のみが君臨するのであった。牡羊が死ぬと、死体はミイラにされ、包まれ、小形王冠をも含めて最も華麗に飾られ、大形の石棺におさめて埋葬された。エレファンチネの牡羊は、第一急流地帯の神クヌムに結びついて神聖であった。遠く北方では、ナイル・デルタのメンデスで別の神聖牡羊がバネブジェドの名で崇拝されていた。この名は単純に「メンデスの主、牡羊」を意味するだけである。鰐はファユムとコム・オンボで埋葬された。両地においてこの動物はソベク神をあらわすものであった。ミイラは、非常に多くの数が埋葬された。大量の卵と一緒に、あらゆるサイズの鰐がそこに含まれていた。動物の多くは、黒色樹脂の広範囲の使用により、やや簡単な方法で保存された。その結果、ミイラは非常に固い塊に変った。いくつかの例は例外的な重要性をもつものであることが明らかになった。ミイラに詰めものをするために、あるいはカルトナージュの包みを作るために、ミイラ製作人が不用になったパピルスの資料を使っているがゆえである。このプトレマイオス期の用済み紙の注目すべき再使用は、いくつもの鰐のミイラを知識の泉に変えた。ファユムの鰐埋葬所にはいくつもの偽ミイラがあった。それらは、葦の茎の束を異様な一本または二本の骨と一緒に包んだもので、サッカラの神聖朱鷺の墓地で知られているのと同じように、これはミイラ製作人の腐敗行為の証拠であるかもしれない。

個々の動物ミイラは時どき相応の木製神像の中に掘った室の中におさめられた。犬のミイラはアヌビス像の中に、猫はバステト像またはワジェト像の中に、といった具合に。この種の像のあるものは神殿で信仰像としての役を果したかもしれない。神像の中に神聖動物をいれることにより、追加の神性が得られたからである。この習慣はわれわれには異様に見えるかもしれないが、教会に聖「遺物」を保存することとたいして違ってはいないのである。たぶん、動物の最も異例の安息所は、第二〇王朝の、「アメン神の妻」マカレとともに埋葬された猿の安息所であった。女性祭司の柩の中に猿をおさめたことに動物信仰との何らかの結びつきを見るのはむずかしい。マカレは出産時に死んだのであるから、ミイラ化された猿は赤ん坊のミイラの代用として意図的におさめられた、とする説が出されている。赤ん坊のミイラのスタイルで包まれた動物の残存物のいくつかの例が、グレコ・ロマン期のものに知られているものの、これはたぶん遺体の偶発的喪失または破壊をかくすための偽りのミイラ製作の場合として説明されるべきものである。

第九章　葬祭建築

本書のこれまでの各章でエジプトの葬祭考古学の諸相を考察した過程で、考察の主題に直接結びつくという限りでのみ墓の設計の細部を扱うということができた。墓荒しにそなえる対抗措置、および墓の発展に対する供物信仰の影響ということがその顕著な実例であった。しかしながら、エジプト文明の三千年の長きにわたって作られた構造物のひろがり、およびその年代順の発達と建築の方法についてイメージをもつために、葬祭建築物をもっと深く研究する値打ちが十分にある。墓の発達に関するいくつかの一般的調査は行われたが、すべて主題を年代的視点から扱うという傾向をもっていて、最初の時代からそのあとに至る墓の設計の変化をたどるというものであった。問題の別な扱いかたは、類型学的アプローチを採り、エジプトの墓のタイプの多様性について概観し、各階級ごとの年代的および地域的な違いを列記するということである。後者の方法がここでは選ばれた。なぜなら、それは専門家でない人びとに対して理解しやすい形でさまざまの葬祭建築物を総展望するのによい機会を与えるからである。エジプトの墓を区分するさいの一つの問題は、スタイルの区別を上部構造の変化によってするか下部構造の変化によってするか、ということである。実際には、その決定はいささか恣意的とならざるを得ない。

なぜなら、多くの墓は上部構造を完全に破壊されていて、考察のためには下部構造しか残っていないからである。基本的に、次のような墓のタイプを区分することができる。

1　単純竪穴墓
2　マスタバ墓
3　岩窟祭殿墓
4　ピラミッド墓
5　建造された葬祭殿墓

これらの五つのグループの中にいくつかの下部区分があり、それは順を追って検討する。この概観は基本的に私人の墓を扱う。なぜなら、王の記念物はすでにかなりの量の記述を得ており、細部メモとして簡単な説明をつけるだけでよいからである。

タイプ1　単純竪穴墓

この単純墓は、遺体とわずかな墓用品をおさめるにぴったりの広さをもつ地中の竪穴である。これはエジプトにあらわれた最初の形であり、先王朝時代の特徴となっている（写真36）。しかし、この種の埋葬が、もっと発達した王朝時代に消えたと考えてはならない。実際、単純墓あるいはそのいくつかの変形はまさに古代文明の最終段階に至るまで存続するのである。もっとも、その寿命の長さは選択の結果というよりは貧しさの結果であった。このクラスの埋葬所は建築の質において著しく多様であり、共同体の貧しい層における富の多様性を反映している。すでに先王朝時代に、われわれは竪穴に木や煉瓦を並べることおよび屋根の設備をすることが行われているのを見る。この時代の終末期のころ、最初の地下構造があらわれる（図86）。

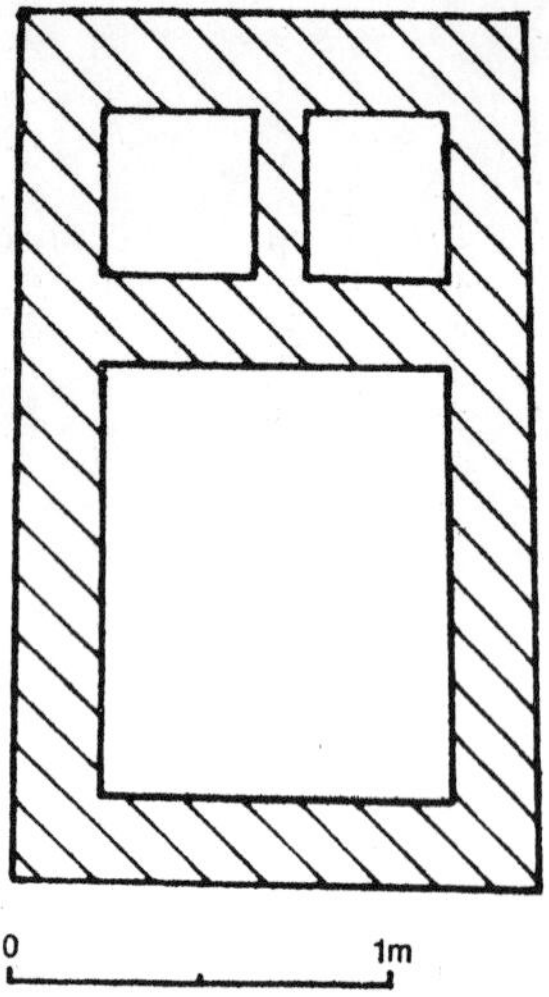

図 86　下部構造に貯蔵室をもつ先王朝時代末期の墓

非常に単純な竪穴が初期王朝時代のものに知られていて、その大部分は王族または貴族の大きな墓のまわりにつくられた衛星埋葬所である。実際、これらの墓の中のいくつかはそれぞれに煉瓦づくりの小さなマスタバ型上部構造をもっていたという証拠がサッカラから出ている。したがって、それらの墓は他のマスタバ墓と同類に区分するのが適切であるかもしれない。しかしながら、小形衛星ピラミッドの大半はその上部構造を全面的に失っているので、よく残っているほんのわずかな例を基礎としてそれら全体をマスタバ墓に位置づけるよりは、その下部構造によって分類し、単純竪穴墓としてまとめるほうが安全である。同様に、先王朝時代の墓はたぶん「塚墳墓」として区分することができる。なぜなら、上部構造が徐々に崩れ去る以前の姿と考えられるものが、これであるから。

アビドスの王墓は特別のグループであり、単純竪穴を非常に大きくし精巧に仕上げたもので、煉瓦と木の室に内部区画が作られている（図87）。デンの治世からあと、これらの墓は竪穴におりてゆく階段という洗練されたものをそなえている。

第三王朝に、多くの浅い竪穴が、サッカラのような場所で裕福な者の大きな墓のまわりに用意された。これらの墓は、初期王朝時代の衛星埋葬所とは違っていた。それらの墓が大きな墓の主と同時に埋葬される召使いのために意図されたのではなくて、後で加えられたものであるという点において、である。そのいくつかは、実際に大きなマスタバの構造の中に切りこんで造られた。大きな墓の上部構造の中またはまわりに埋葬されることは身分の低い人びとにとって魅力であったようにみえる。同じ状況が古王国時代の後期に生じ、いくダースもの浅い竪穴がギザとサッカラの石造マスタバに沿う通りに掘られた（図88）。ローマ時代に、小さい墓を大きな古い記念物の構造の中に押しこもうという同じ願いが持続し、石灰岩の柩をおさめる粗製の竪穴が古王国時代のピラミッドと神殿の構造の中に切りこんで造られた。

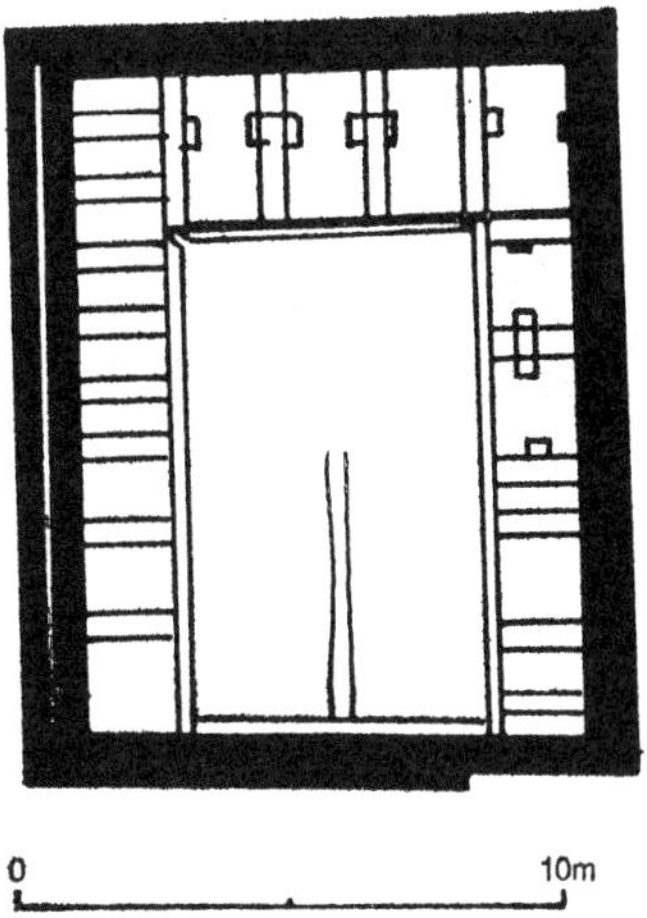

図 87 アビドスのワジの墓の平面図（W. M. F. ピートリによる）

古王国時代後期から最末期時代に至るまで、貧しい者の埋葬のための、おびただしい数の単純竪穴の例がある。それらはしばしば遺体を覆う一種

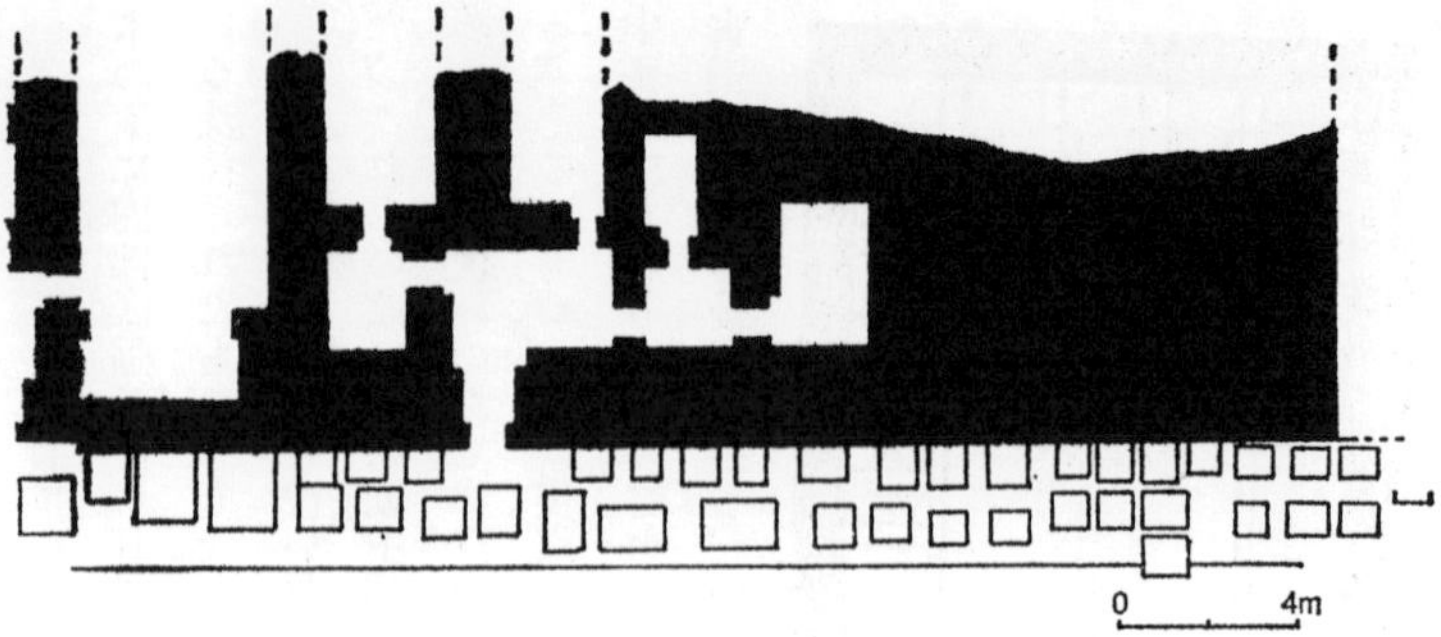

図 88　古王国時代の大形マスタバのそばに集中した小形竪穴（V. ロレによる）

の煉瓦工作物を（そして何がしかの容器が用意されるときは柩を）伴っている。煉瓦の配列はまぎれもない中高の形、持ち出しの中高天井の形、あるいは切妻構造のさまざまなスタイルの形をとっている。煉瓦の覆いは、竪穴の内壁のまわりに同じ材料で内張りした低い壁にしばしば支えられている。すべての違ったスタイルが同時にあらわれるが、これは墓が非常に単純であって、何がしかの発展に対してほとんど望みがないからであった。図89に、古王国時代後期の墓と第一八王朝の別の墓が交叉する形で示してあり、埋葬所のまわりの中高天井の煉瓦工作物が、両者のあいだの長い時間的距離にもかかわらず、建築として事実上いかに同じであるかが分る。この種の配列物は、伸展遺体のまわりと上に築かれた煉瓦柩としてほぼ区分できる。裕福な人びとの場合は、これらの煉瓦の下部構造の大形版がマスタバの下に築かれた。これについてはあとで述べる。煉瓦で内張りする単純竪穴は、地理的に限定されていたようには見えない。それらはデルタ地帯からヌビアに至るまで知られている。

この竪穴タイプの埋葬所の一つの非常に個性的なスタイルは、

第二中間期にエジプト居住のヌビア人によって用いられた「皿型墓」と呼ばれるものである。これらの墓の名はその単純な形——砂漠の地表にある浅い竪穴——からきており、先王朝時代の墓と大差はない。

竪穴墓の発展は、アビドスの王墓を特例として除けば、先王朝時代の内張りのない円形または楕円形の墓からナカダII期に煉瓦で内張りをした長方形の墓への移行、ついで初期王朝時代と古王国時代における深い竪穴の導入、そのあとは、埋葬所の上に覆いとして加える煉瓦工作物、と要約することができる。古王国時代後期に達するこの段階からあとは、それ以上の発展はほとんどなかった。なぜなら、発展は墓の主の富の不足によって制限されたからである。ローマ時代には、多数の煉瓦で覆った多くの墓が造られたが、それらは、多様な普通の日干煉瓦のかわりに焼煉瓦を時どき使うということのほかは、古王国時代後期の墓より改良されていない。変化がないということは、ずっと以前にライスナーによって表明された見解、すなわち主要な前進は裕福な者の墓に生じたことで、富の度合の劣る者はそれぞれの

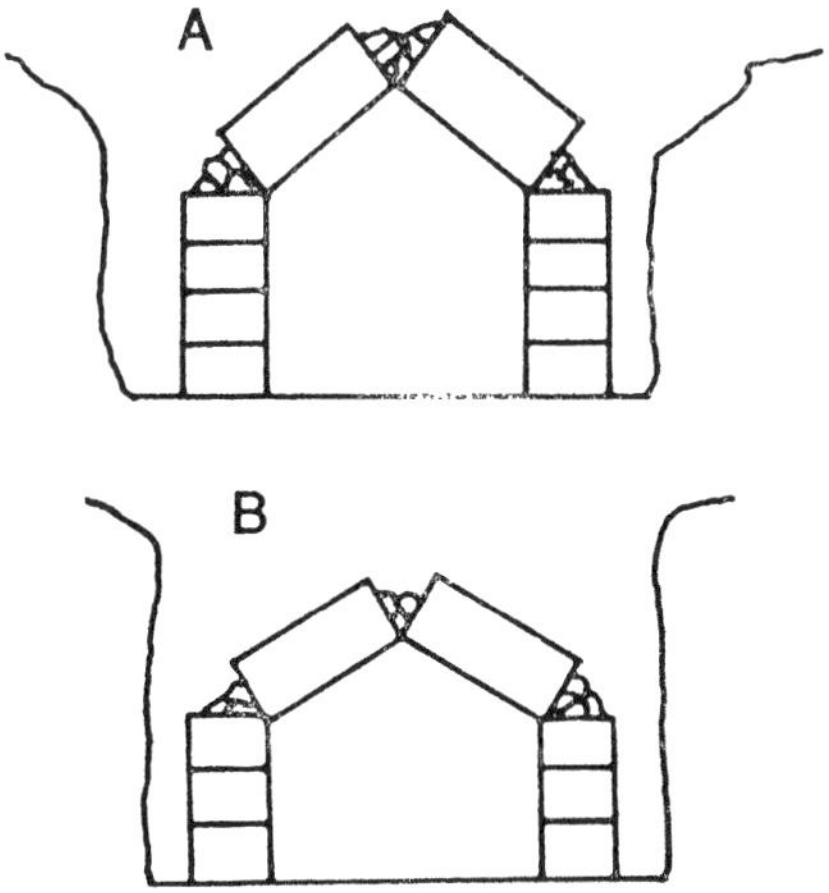

図 89 古王国時代(A) と新王国時代(B) の，切妻形の上部をもつ煉瓦造りの墓

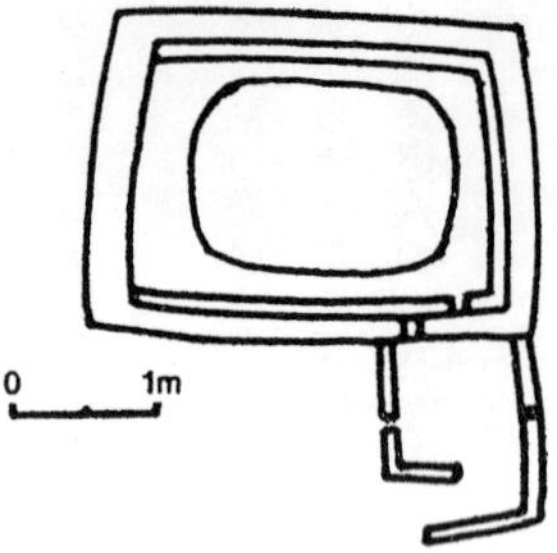

図 90　タルカンの，簡単な供物祭壇をそなえた第1王朝初期の墓（W. M. F. ピートリによる）

図 91　宮殿正面の装飾を施した外表面の一例

手段に応じて右の墓を模倣したという見解を、確証するものである。

タイプ2　マスタバ墓

「マスタバ」という名称の起源とこの用語が適用される上部構造のいくらかの説明は第三章で示した。したがって、われわれは、このスタイルの墓の発展について、もっと細部にわたる考察をすることを直ちに始めることができる。砂利を詰めた単純な煉瓦マスタバは、タルカンの第一王朝から知られている上部構造から分るように、内張りのない竪穴の上に立っていた。タルカンでは、マスタバの側面によりかかって築かれた供物祭殿の最初の例があらわれている（図90）。第一王朝のデンの治世より前は、マスタバは埋葬がおわったのち埋葬所の上に築かれた。しかし、この時代に階段の形の入口を導入したことは上部構造を前もって築くことを可能にした。第一王朝の大形の日干煉瓦製マスタバの特徴的な様相は、外部の各面に付けた王宮正面ふうの外装であり、その復活が第三王朝のいくつかの墓に見られる（図91）。第一王朝におけるマスタバの発展の主要な傾向は、第三章で指摘したように、窪み仕切りをつけた正面が次第に消えたことと、倉庫が上部構造から下部構造に移ったことである。第二王朝までに、マスタバ墓は単純化して、東側に二つの供物龕だけをもつ平らな長方形構造物となったが、下部構造は以前よりも広くなった（図8、10）。地下の室への通路は階段であった。階段ははじめは河岸の側から降りてゆくものであったが、のちには北から降りてゆくものとなった。メンフィス地方の墓と上エジプトの墓とのあいだに違いが生ずるのは第二王朝においてであり、上エジプトの方が技術上の革新はゆっくりであった。深い岩窟墓室が南にあらわれるのは、メンフィスでこれが導入されてからしばらく後のことである。そのかわり、砂漠の砂礫層に掘って、階段によって入ってゆく狭い地下構造が引きつづき用いられた。このタイプの好例がナガ・エル・デイルにあり、ここでは玄室と倉庫は地中に掘った竪穴の中に煉瓦で築かれた。これは各層の煉瓦が重なりあい、ついに屋根が室を覆うに至るという方法であった（図92）。墓のほとんどはその上部構造を失ったものの、小形の煉瓦製マスタバであったことを示す十分な痕跡が室の上に発見された。マスタバの下の、煉瓦製の中高の室もまた第五王朝と第六王朝にあらわれるが、これらの後期の変形では階段

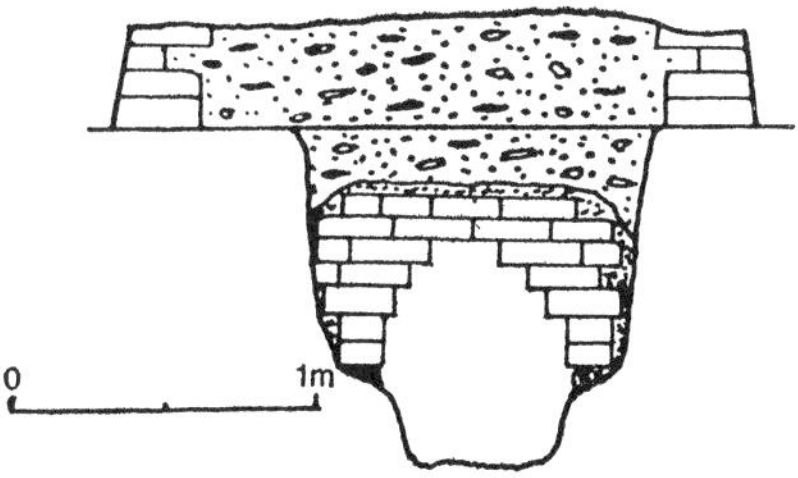

図 92　ナガ・エル・デイルの，持出積の墓室をもつマスタバ（G. A. ライスナーによる）

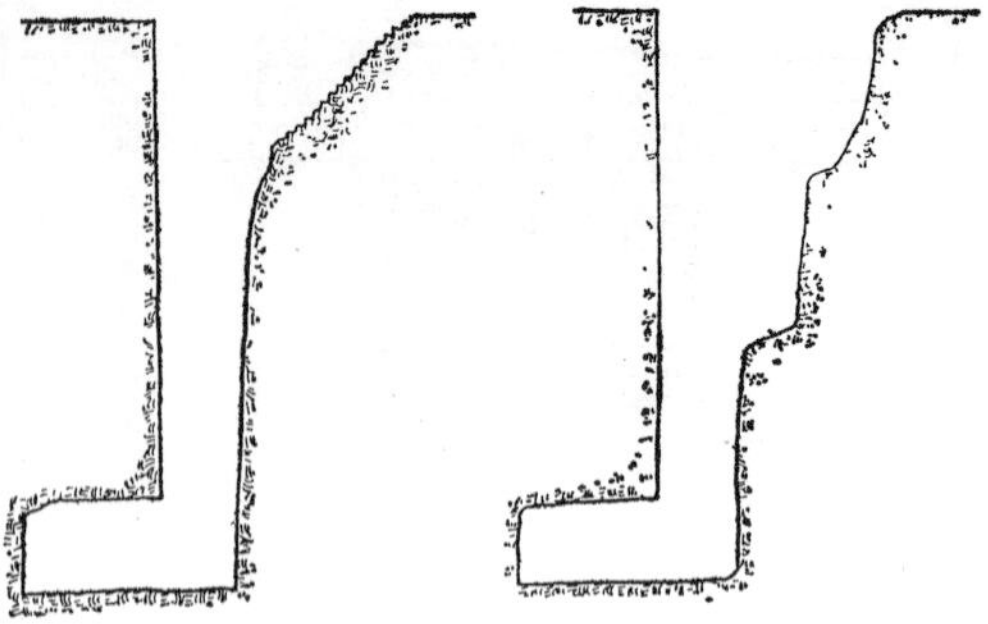

図 93　階段から下降竪穴に移行する形

による入口は欠けている。

第三王朝期に、首都メンフィスの地方ではマスタバ墓の下部構造が急速に発達し、階段のかわりに垂直竪穴によって玄室にはいる方法が採られた。移行はいくつかの段階で行われ、階段は新しい竪穴と連結して用いられるか、あるいは竪穴自身が二段ないし三段の大きな段によって降りていった（図93）。もちろん、変化は社会のあらゆる層で同時に生じたのではなかった。なぜなら、新しい方法はいち早く富める人の墓で採用されたのであり、まさに第三王朝の初期に真の垂直竪穴の例をそれらの墓にわれわれは見るのであるから。他方、小さいマスタバは著しく長くなった古い下降階段を保持しつづけた。下部構造の室の数は第二王朝で非常に多くなるが、次の王朝では次第に減ってゆき、第四王朝では岩の中の垂直竪穴の底にただ一つの室だけを造るということが

図 94　第2王朝の十字架形の祭壇の平面図

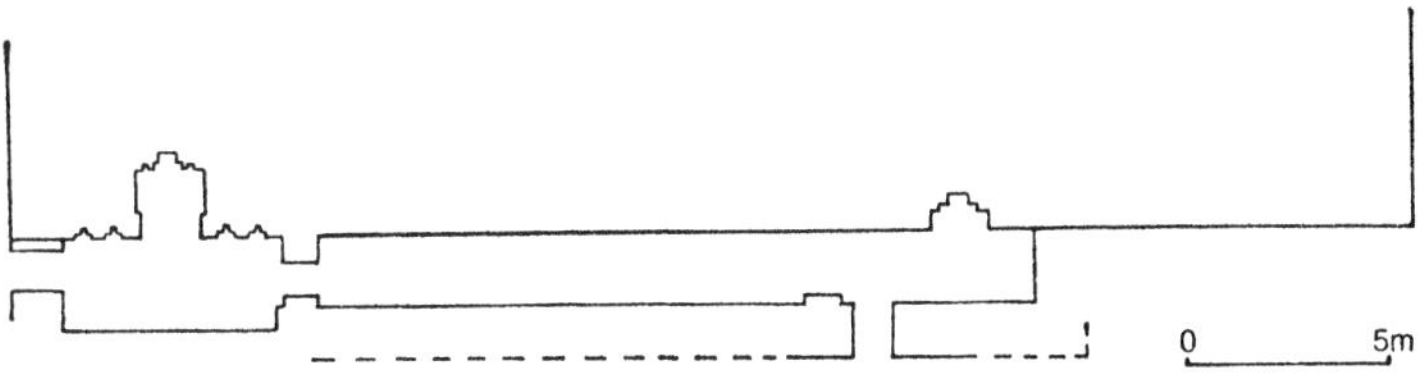

図 95　第3王朝の通廊祭殿の平面図（G. A. ライスナーによる）

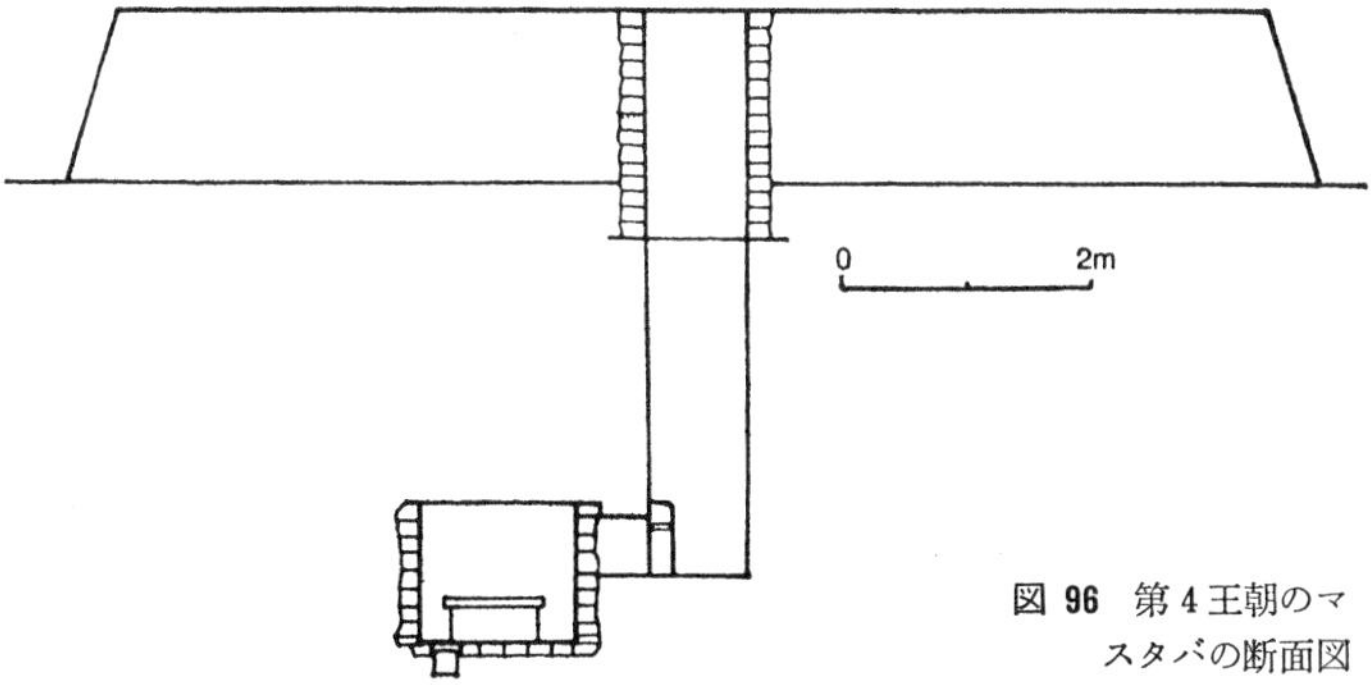

図 96　第4王朝のマスタバの断面図

通常の慣行になった。このころ、室の位置は竪穴の南側から西に移された。次第に、新しい岩窟下部構造は国全体で採用された。もっとも、階段による通路が上エジプトの墓から最終的に消えてゆくのには、いくらかの時間を要した。

　墓の地下部分の発達と平行して、マスタバの下部構造が着実な変化を受けた。なぜなら、南の供物龕は発展して複雑さを加え、真に閉ざされた祭殿、しばしば十字架型の祭壇を形成するに至ったから(図94)。いくつかの墓、とくに古王国時代初期の煉瓦製マスタバは、いわゆる「通廊祭殿」を用いた。これは下部構造の河岸側を全面的に閉ざしたが、南側の供物龕は中心部でありつづけた(図95)。このころ、マスタバ建造の材料として石がいよいよ多く用いられるのを、そして第四王朝の全面石造の上部構造に達するのを、われわれは見る。ギザのクフのピラミッドのまわりにこの王が設けた墓地のマスタバは本質的に堅固な構造であり、その外表面は上質石灰岩で覆われ、なめらかに仕上げられた。マスタバの本体を通って一本または二本の竪穴が下に向っている。竪穴は岩床の中に垂直に切りこんで作られ、基底の西側で玄室につながっている(図96)。これらの墓の祭殿はしばしば東面の南端によせて独立の建物として築かれ、今やこの場所の古い供物龕に取ってかわった偽扉の碑板を囲んで保護するようになっていた(図97)。銘文とレリーフをはるかに多く使用することが今や可能となった。墓の石造部分が彫刻のための適切な手段を与えたからである。全面的に外に出ている祭殿は、祭殿内の室が一部は上部構造の中に築かれ、また一部は外側に加えられた形で築かれるというタイプを生みだした。ここに始まった発展は、祭儀用の諸室が古王国時代後期のマスタバの中に完全に含まれるという形にまで達した(写真37)。墓の造営のために石を使うということは、やがて富者の、とくにギザの富者の記念物で標準となった。しかし、日干煉瓦は貧者の埋葬所のために古王国時代の全期を通じて一般に使われた。メイドムの第四王朝初期の墓に、興味ぶかい変形の墓のタイプがあらわれる。そこでは、玄室も傾斜参入路も、ともに地中に掘った広い溝に石工事をして築かれた(図98)。このスタイルは、岩の中に掘る竪穴と室よりも著しく大きい労働力を建造に必要とし、そのため人気は永つづきしなかった。もっとも、後期の墓に、垂直竪穴の代用として用いられた傾斜通路の例がいくつかある。

古王国の残りの時代のマスタバの歴史は、第三章で述べたように、内部の葬祭祭壇の成長と大いに結

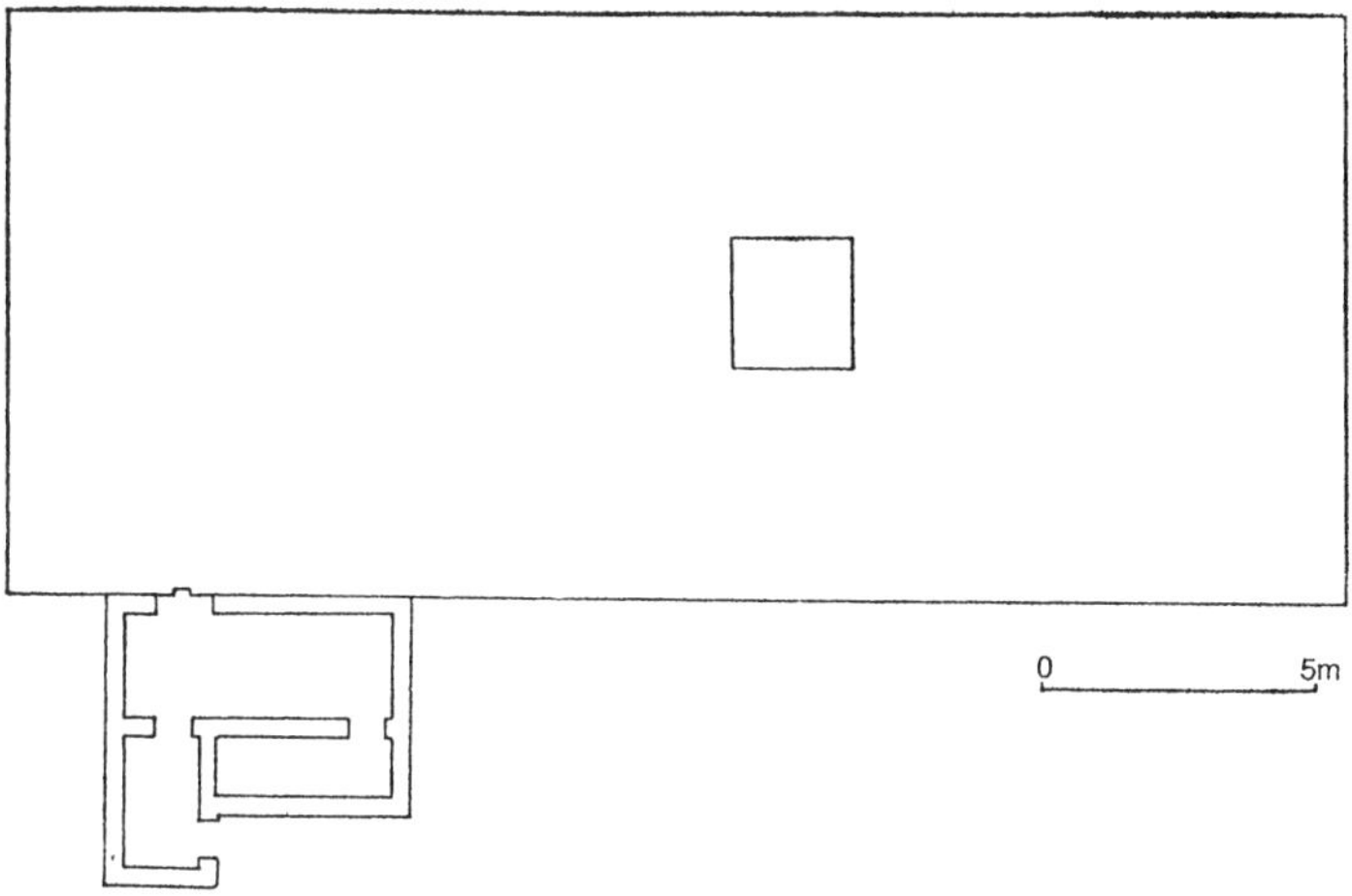

図 97 第4王朝の，煉瓦造り外部祭殿をそなえた石造マスタバの断面図（H. ユンカーによる）

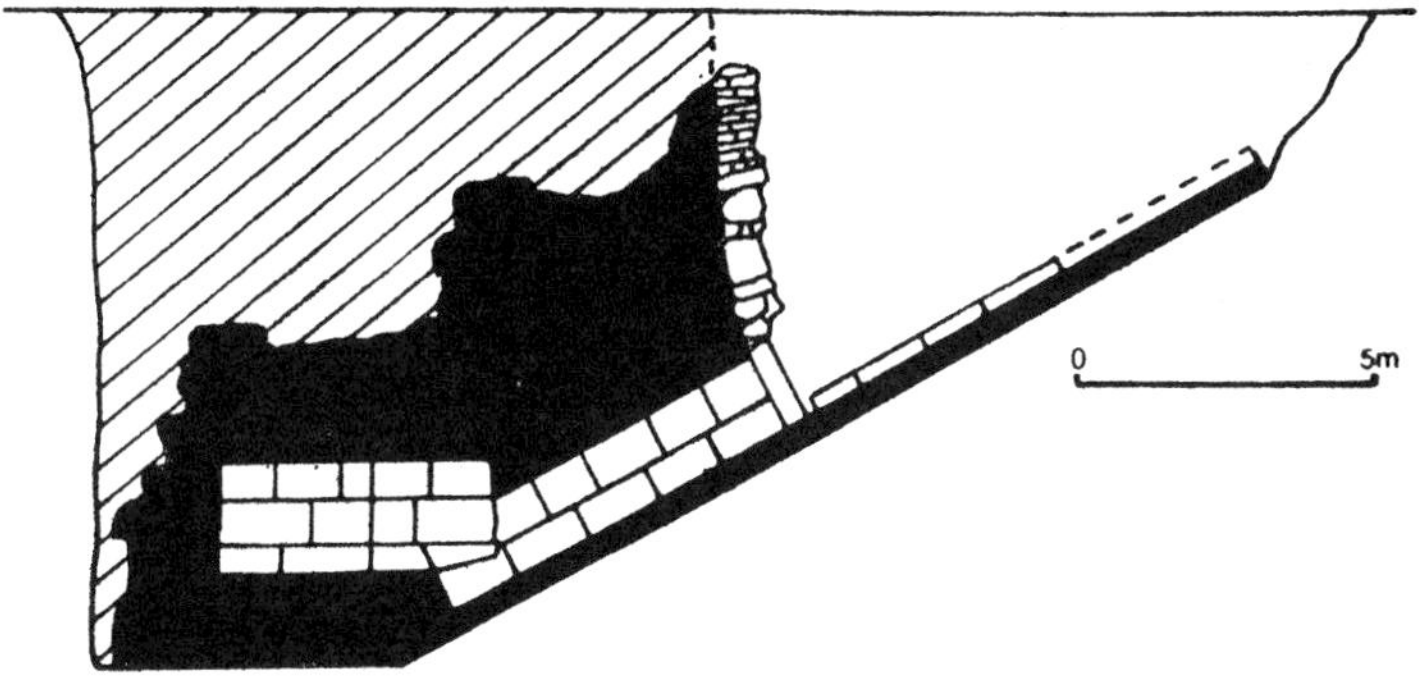

図 98 メイドムの，露天溝に築かれた第4王朝の下部構造（G. A. ライスナーによる）

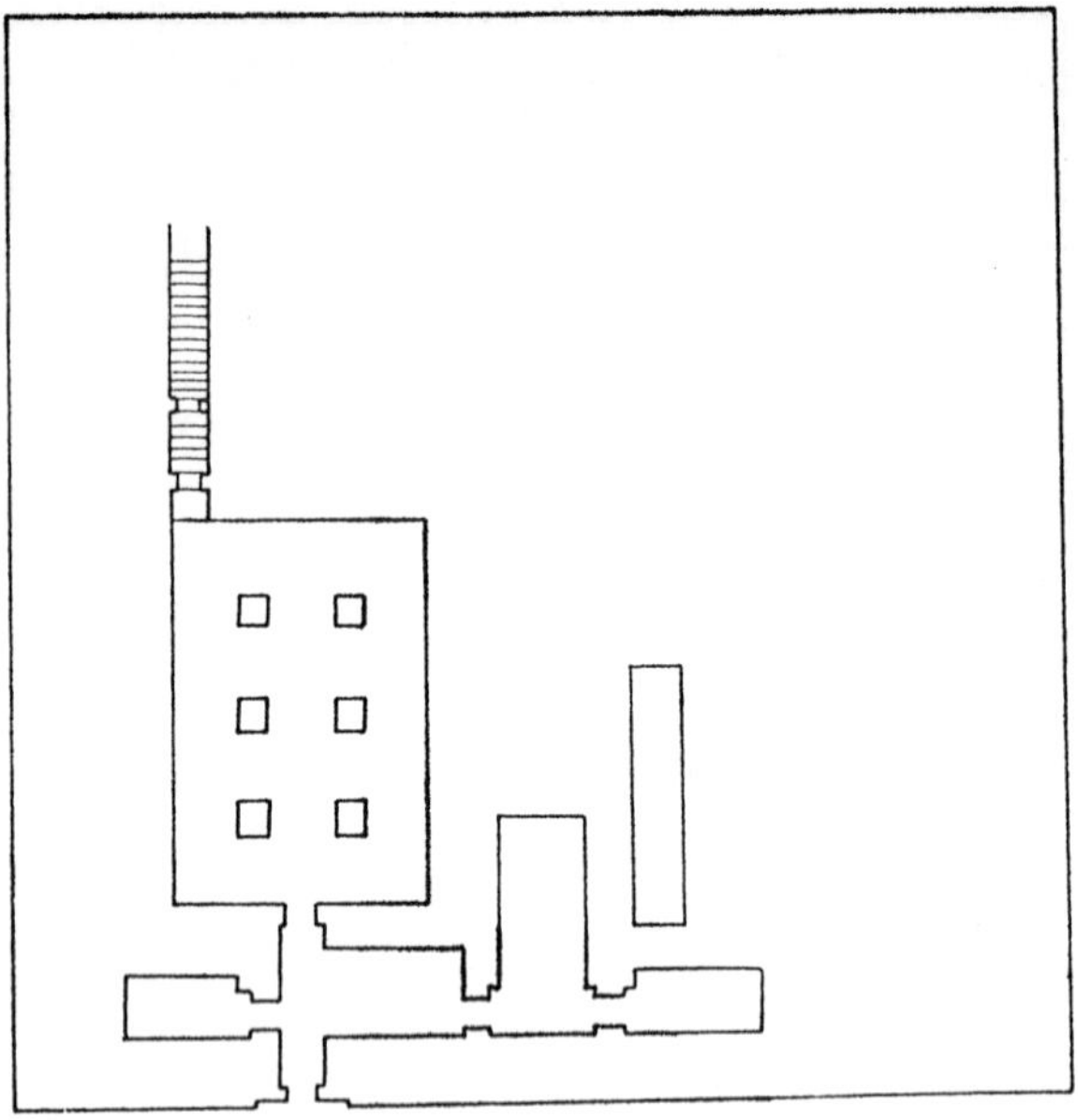

図 99　サッカラの，ネフェルセスヘムラのマスタバの平面図（V. ロレによる）

びついている。第五王朝と第六王朝の石造マスタバは、いくつものスタイルがあらわれたので、設計上にかなり大きな多様性を見せている。上部構造の中に設ける室の数を多くするという傾向はすべての墓にあらわれたわけではない。そのため、第六王朝においてさえ、なおも事実上堅固な建造物である大形石造マスタバの例がある。これの好例はサッカラにあるネフェルセスヘムラの巨大墳墓であって、これはマスタバ全体の面積に比例して小さい東面に祭殿を持っている（図99）。しかしながら、同じ時代の他の墓では、上部構造の全体がいくつもの内部の室でみたされ、その壁面は正常に装飾されている。この時代の小形マスタバは石または煉瓦で、あるいは両者の混合で築かれ、上部構造に二つないし三つの室を持っていた。これらの墓の竪穴は玄室に垂直に降りてゆき、ほとんどの場合、玄室は西側で開いて南にひろがっている。埋葬所を供物祭殿の直下に置くためである（図100）。古王国時代の日干煉瓦造りの多くの小形マスタバは上部構造の室の上に中高の屋根をつけている。石の屋根板の経済的代用としてである。これらの煉瓦製中高天井は一般に漆喰が塗られ、内側の面には彩色画が施された。もっと実質的な中高天井は煉瓦工作物をいくつかの輪の形で造ったもので、第六王朝と第一中間期では玄室あるいは大形マスタバの参入通廊に屋根をつけるために用いられた。

中王国時代のマスタバ墓は、墓の主の富の程度に応じて石または煉瓦で築かれ、内部への垂直竪穴または傾斜通廊を経て入った。後者の場合、玄室と参入通廊はしばしばトンネルの中にではなしに露天の穴に築かれた。いくつかの富者の墓の精巧な通廊は複雑な閉鎖装置と重たい石工作部をそなえ、中王国時代の王のピラミッドの通廊を模倣している。同様な模倣は、屋根をつけた玄室を覆う切妻形屋根用の石板と変化をもたせる中高部を用いることにまで進んだ（図101）。貧しい人の墓は通常煉瓦造りで、中高天井をもつ玄室をそなえ、参入路は浅い竪穴である。煉瓦造りの中高天井をもつ室は地下の真下に位置し、マスタバの上部構造で覆われているというのが非常に行きわたっていて、その例はエドフ、カッタ、アブシール、クバニヤからの出土品で知ら

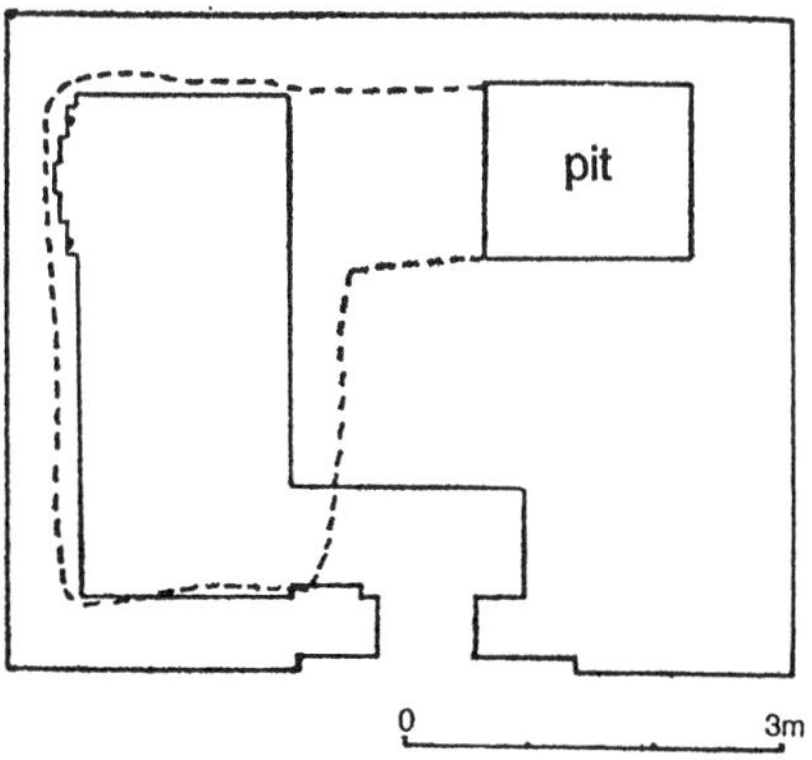

図 100　第6王朝の，下部構造の位置を示す小形マスタバの平面図

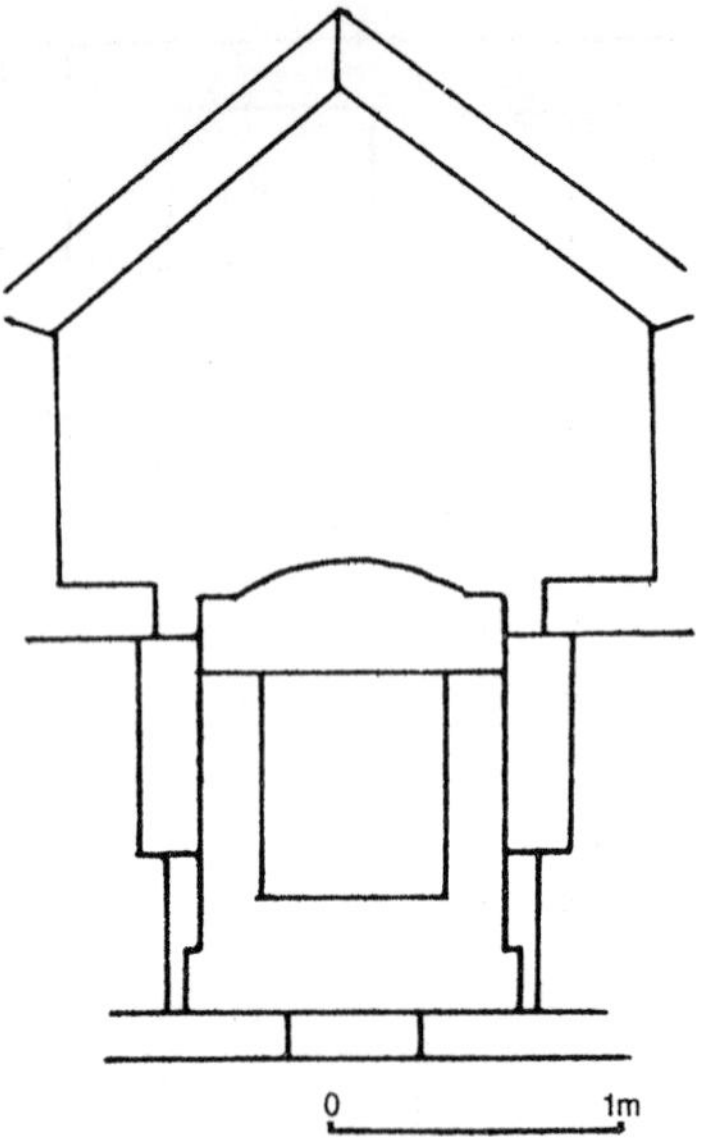

図 101　切妻形の屋根をもつ中王国時代の墓の断面図（R. E. エンゲルバッハによる）

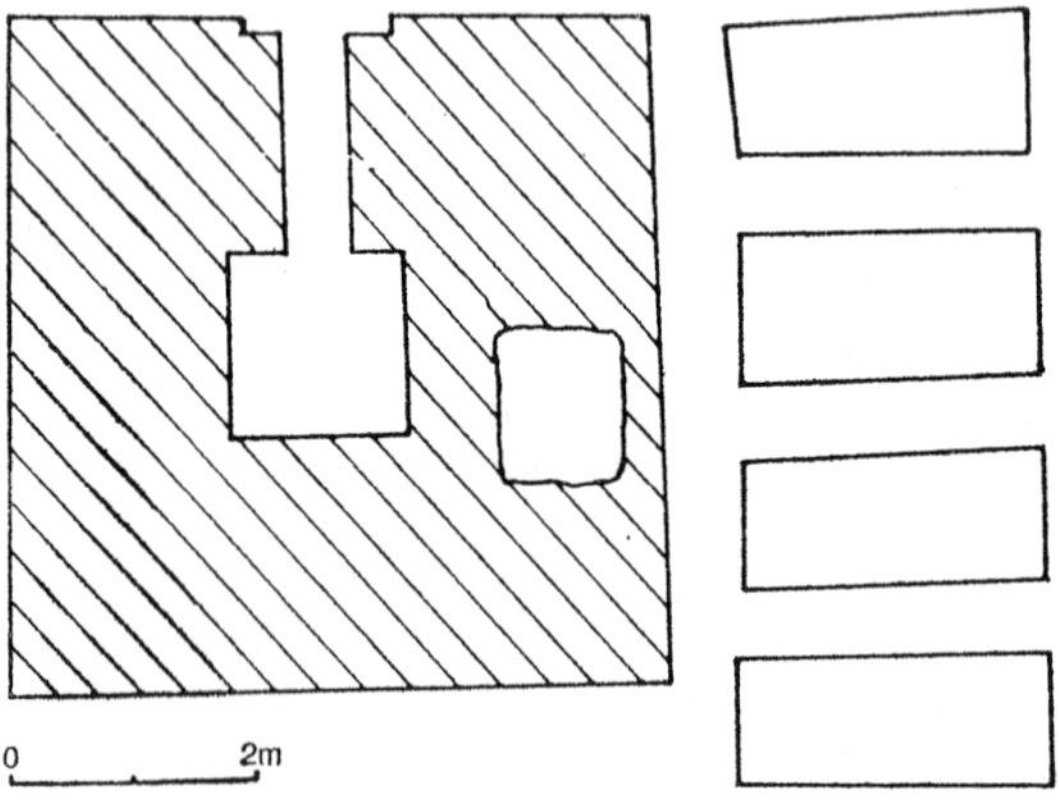

図 102　アビドスの，中王国時代の煉瓦造りマスタバの平面図

れている。岩窟埋葬室はアビドスで見られ、ほとんど正方形の小形煉瓦製マスタバから竪穴を経て内部に入るようになっている（図102）。マスタバ墓の最大の時代は疑いなく第一王朝の始めから古王国崩壊までの時代である。中王国時代のマスタバはある程度までは古い伝統をつづけたが、中王国時代の墓の発達の主たる力点は断崖岩窟墓に置かれた。新王国時代までに、マスタバは新しい形に進化した。それは

記念物の本来の設計とは非常に違っていて、もはやマスタバとして区分することは毛頭できず、むしろ祭殿墓として区分すべきものである。設計において小形神殿を模倣しているこれらの建造物は、あとでタイプ5として記述する。

タイプ3　岩窟祭殿墓

普通、岩窟墓として区分されるエジプトの埋葬所の形は実際には岩窟祭殿墓と命名さるべきである。王朝時代のほとんどすべての墓は岩床内に下部構造をもっていた。決定的要素は、供物祭礼の執行される記念物の祭礼室を岩の中に掘るかどうかという点にある。この場合、墓の二つの部分——祭殿と埋葬所——は地下に造られたのであって、玄室の上の地表に祭殿を築くのではなかった。岩窟祭殿は、多くの砂漠の断崖をもつナイル流域のこの地方に最も適したものであった。なぜなら、これらの断崖は丘の側面に直《じ》かに墓を掘るのに好都合な場所を与えたからである。

岩窟祭殿は古王国時代に起源をもつ。その時代の多くの例は大きなサイズのものではないが、多数造られた。それは中エジプトと上エジプトの断崖にあらわれているだけではなく、メンフィスの墓地の各所にもまたあり、この場合は小さな崖の端に、あるいは古い採石場の側面にさえも掘って造られた。普通、岩窟祭殿の中には偽扉があり、それに向って供物経文が唱えられた。壁面は古王国時代の墓芸術の作品群から得た絵とレリーフで飾られたかもしれない。祭殿は、床レベルより下の個々の室に埋葬されたいく人かの個人のための祭礼に時どき奉仕した。この場合、祭殿にいくつもの偽扉があった。祭殿と

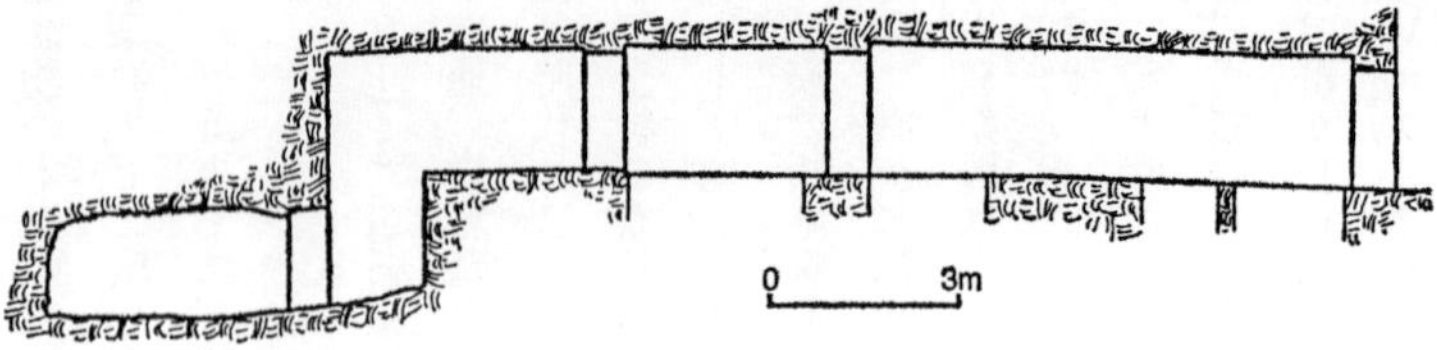

図 103　古王国時代の，岩窟墓の平面図（A. M. ブラックマンによる）

玄室との連絡は、床の垂直竪穴または祭殿背部から下降する傾斜通廊によって得られた（図103）。岩窟墓は第一中間期に人気を得た。この時代に、このタイプの記念物を含めて、相当に大きい地域的墓地の発展が見られた。祭殿が大きくなっていたので、柱は建築設計の中に吸収され、岩の部分は自立したものとなった。次第に、岩窟墓は精巧さを増し、長く狭い形を取った。墓が断崖の中にいよいよ深く入っていったからである。中王国時代になると、中エジプトと上エジプトの各地に装飾岩窟祭殿の多くの例が知られている。これらは各州の力ある知事に属するものである。各墓地はそれぞれの明確な特色をもっているが、これらの墓の一般的設計は印象的な正面（しばしば列柱前廊を伴っている）、断崖内の広い列柱ホール、墓の奥の死者の像のための祭殿から成っている（写真38）。墓の奥に祭殿を置くという設計は平面の軸線を高くし、その結果、一つの小神殿に似た祭殿の発達に至った。ベニ・ハッサンでは、第一二王朝の州知事の墓が非常に大きい祭殿をもち、その祭殿は中央軸線に沿ってシンメトリックに配列された縦溝彫りの列柱あるいは多角形の列柱を伴っていた（図104）。他方、テーベとアスワンの岩窟墓は断崖の中にかなり長い距離にわたって掘られた狭い通廊でできていた（図105）。岩窟祭殿はしばしば外の庭と進入路という設備によって飾られ、庭はその奥に列柱を伴い、進入路は崖によせて築いた煉瓦造りの

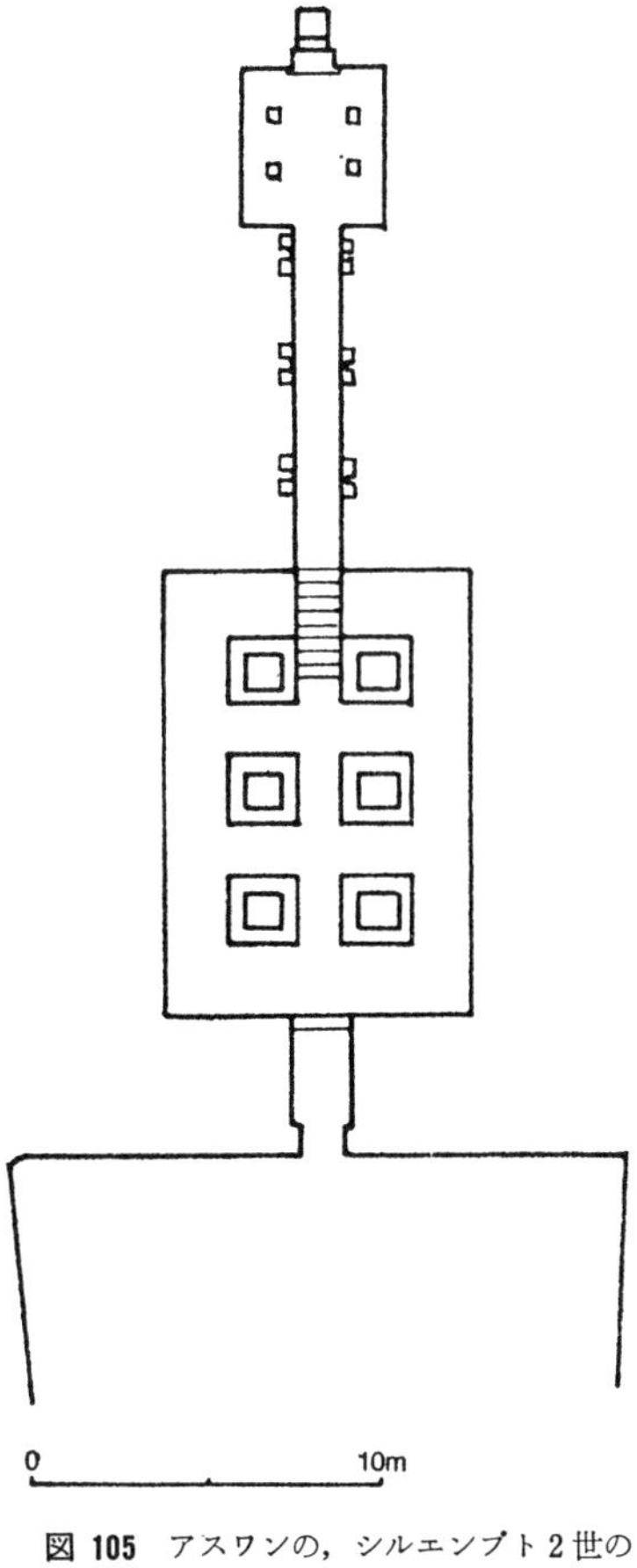

図 105 アスワンの，シルエンプト2世の墓の平面図（A.バダウィによる）

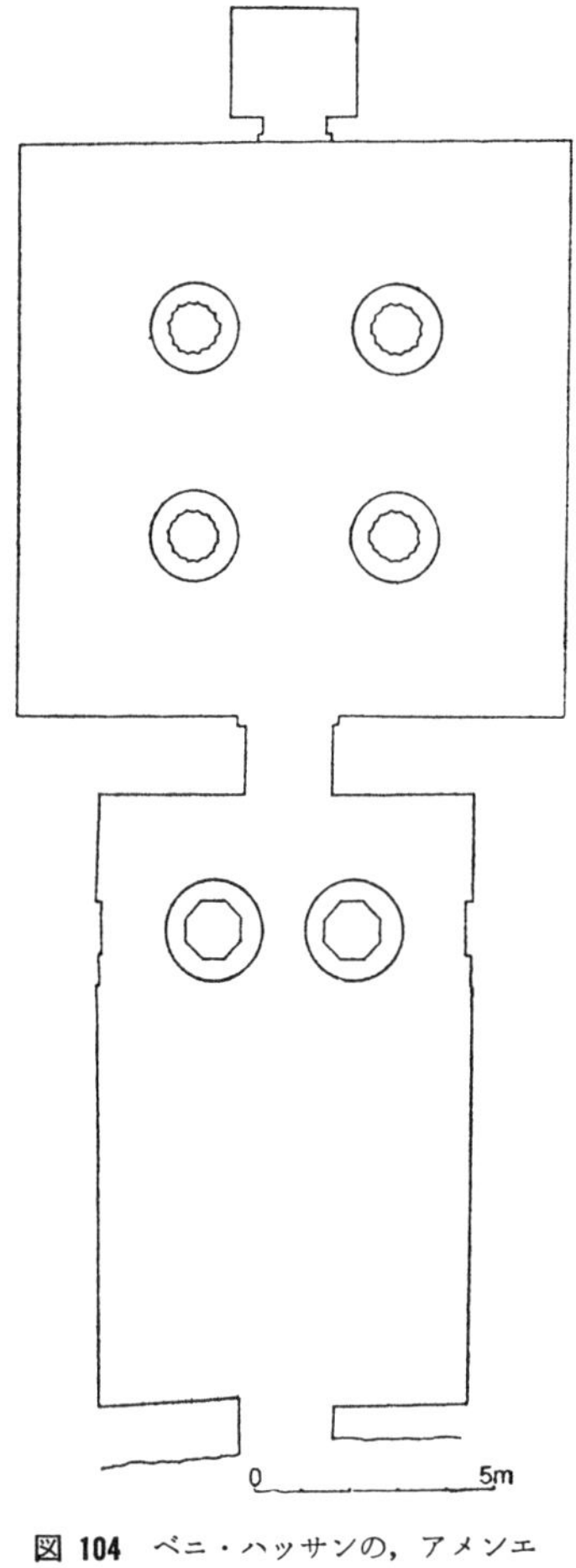

図 104 ベニ・ハッサンの，アメンエムハトの墓の平面図（P.E.ニューベリによる）

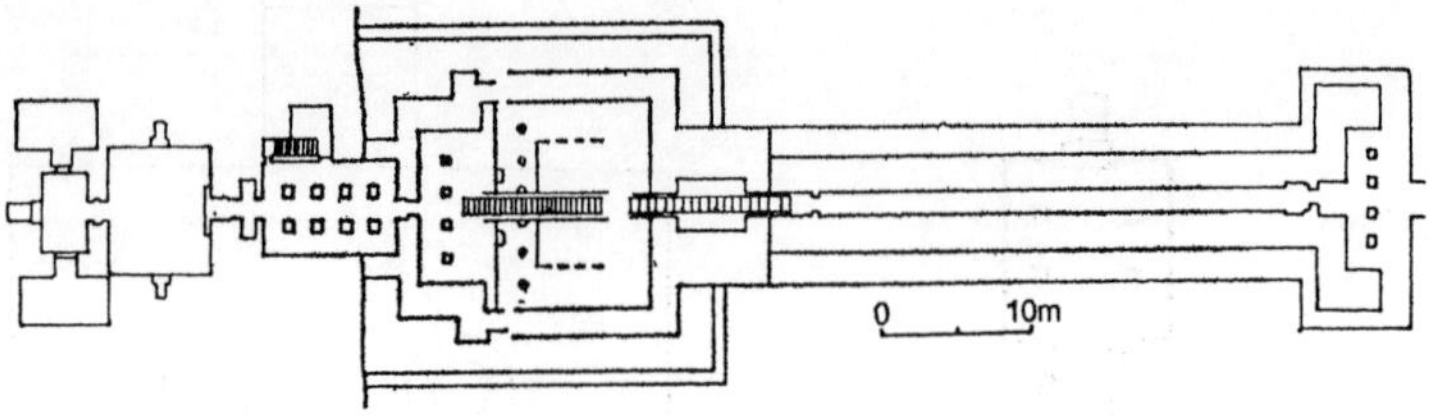

図 106　カウの，ワフカ１世の墓の平面図（A.バダウィによる）

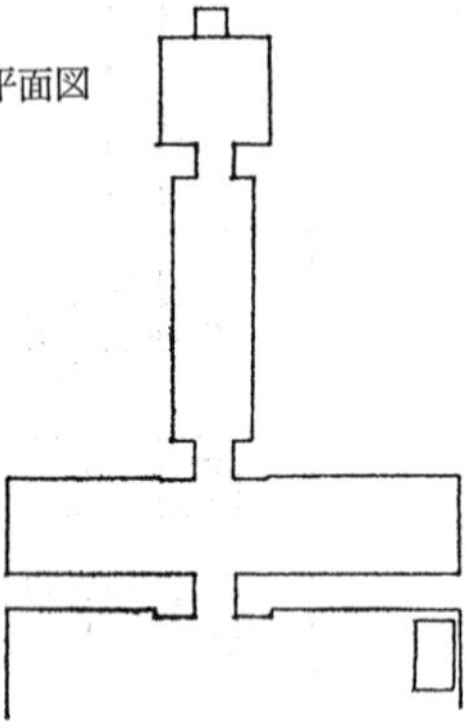

図 107　テーベの，新王国時代の，典型的な岩窟墓の平面図

塔門を墓の入口にそなえていた。最も印象的な進入路はカウ地方の領主たちのために築かれた。彼らの墓は広大な前廊をそなえ、岩窟祭殿に達する屋根つき参道をもっていた。これは、王のピラミッド複合を模倣したものであった（図106）。

中王国時代の岩窟墓は堂々としていて、数も多い。しかし、このタイプの墓が最も多く使われるのはテーベの新王国時代の墓地に見られる。この墓地の典型的な祭殿は横ひろがりのホールとそこに入る参道、そのホールのうしろから崖の中に直進する通廊、でできている。後者の通廊の奥に、墓の彫像または碑板のための壁龕があった（図107）。玄室は、通例のように、祭殿または外の庭から竪穴を通じて入るようになっていた。個々の墓は、墓の主の富を反映させるために余分の室が加えられたので、設計に著しい変化を示している。しかし、右の基本的配置は全体の墓を通じて注目に値するほどに持続している。中王国時代の場合と同じように、テーベの岩窟祭殿は精巧な参道と庭をそなえており、その庭には墓の庭という洗練された要素が加わったかもしれない。墓の上には、普通は小形の煉瓦製ピラミッド形上部構造があった。そのいくらかはディラ・アブル・ナガで見ることができる。それぞれがピラミッドを持っているにもかかわらず、墓は岩窟祭殿としてのみ区分できる。なぜなら、庭からの入口は直接に墓の岩窟室に通じていて、古い習慣にならってピラミッドの下から下降するのではないからである。岩窟祭殿墓は新王国の他のいくつもの地点にあらわれている。とくにエル・アマルナがそうであり、ここでは装飾の点を除けばテーベのスタイルに従っている。新王国時代の、もっと遠く離れた地方の墓地では、墓はもっと古い時代の旧式形を保持している。テーベの王墓は、岩窟墓であるにもかかわらず、実際に別個の種類である。なぜなら、それは祭殿なしの埋葬所でできているからである。祭殿はいくらか離れたところに、耕作地の端に沿った葬祭殿の形で位置している。したがって、王墓は高度に複雑な岩窟下部構造と見なすことができる。その発達については、すでに第四章で要約した。

エジプト史の後期段階で岩窟祭殿タイプの墓は引きつづき用いられたものの、この時代の真の岩窟祭殿はたいして多くない。第二六王朝の宰相バクエンラネフの墓はよい実例であり、サッカラの崖の中に掘った一連の室でできている(図108)。岩窟墓の初期の歴史に由来する軸線の設計はここで持続しており、最も奥の室には偽扉の碑板という古拙な特色があった。岩の中に墓の祭殿を創ることはエジプトでは論理的な発展であった。ナイル流域を縁どる断崖はこの国の支配的な特徴であって、それが墓を造るすぐれた場所を与えたからである。このような祭殿の数と、それを掘って造った者の技倆は、建造者が岩の中にトンネルを掘る技を完成したということを示している。この能力は彼らの採石技術に結びつい

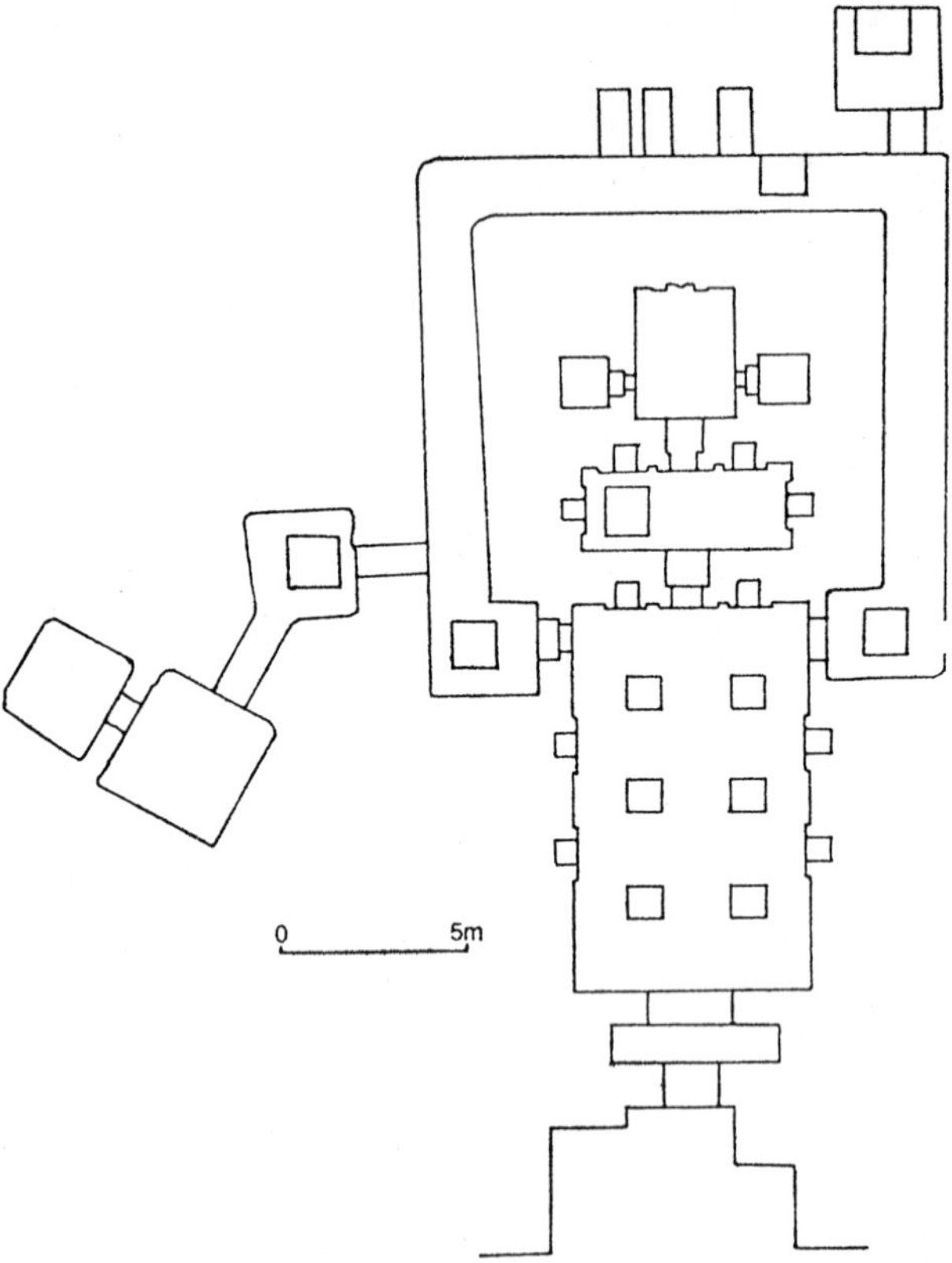

図 108 サッカラの，バクエンラネフの墓の平面図
（R. レプシウスによる）

ているのであって、その採石技術というのは、石の層に沿って崖の中に水平の通廊を掘り、ついで上から切っていって石を取りだすというものである。岩を切って墓を造るさい、岩は石のハンマーで粉砕してトンネルから運びだし、ついで壁面の仕上げを銅または青銅の鑿《のみ》で行なった。テーベの墓地のほとんどの場所のように、岩の表面の質が不良なところでは、祭殿の壁面は漆喰の層で覆ったのち彩色装飾を施した。他方、良質の石の場合は、装飾レリーフのために直《じ》かに彫ることができた。

タイプ4　ピラミッド墓

王のピラミッドの建築上の特徴のいくらかは、封印してからあと玄室に侵入されるのを阻止するために採った防衛措置と関連して、第四章で述べた。ピラミッド墓の発展、その起源、その建造法についていくらか述べる番である。最初のピラミッドであるサッカラのジョセルの階段記念物は、初期の建築技術の劇的達成を示している。この建築について、ジョセルの建築家であり宰相であるイムホテプは大きな役割をもったにちがいない。構造物ははじめマスタバとして築かれ、ついで段階的に拡張され、今日われわれが見るような六段のピラミッドになったとはいえ、それは最初からピラミッド墓として設計されていた。階段ピラミッドの起源は、サッカラの第一王朝のマスタバ三〇三八号の上部構造の中に発見された煉瓦の階段状の塚であったかもしれない、とする説が出されている。この塚はまたそれ自身、同じ地点のもっと古い時代の例に対応する。この古い時代の例は簡素な瓦礫の塚を、煉瓦の層で覆ったもので、いくつかの大きな墓のマスタバ上部構造の中に包みこまれている（図109）。王宮正面型マスタバの

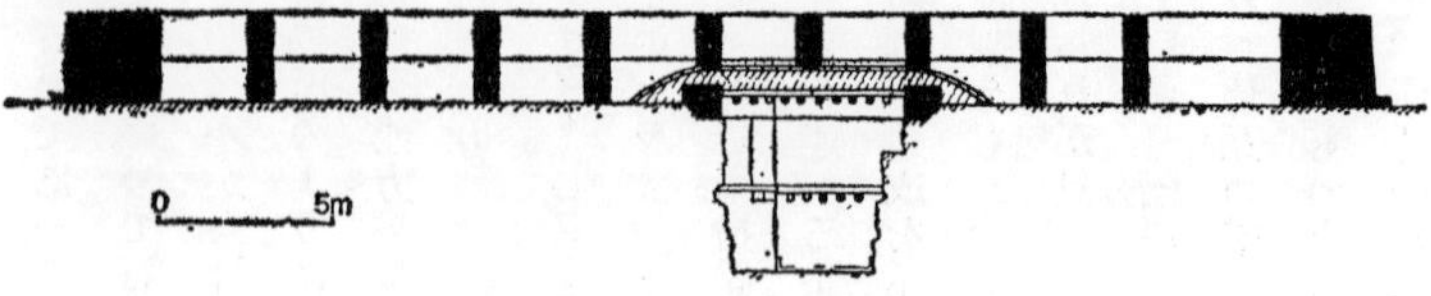

図 109 サッカラの，埋葬竪穴の上を覆う瓦礫を示す第1王朝のマスタバの断面図（W. B. エマリによる）

中にある塚の位置は、同じ平面図の囲壁の中にある階段ピラミッドに比べられた。この関連付けは正しいかもしれないが、塚そのものの起源はたいして明らかではない。塚は南の埋葬習慣と北のマスタバをあらわすとする説はきわめて疑わしいものであるとはいえ、塚の存在は二種類の上部構造をただ一つの単位に融合する試みであったように見える。二つの要素はアビドスの王墓のさまざまの特徴を、つまりはいわゆる「葬祭宮殿」の図像の中に囲った墓の上部構造をなす塚のモデルを、模倣しているというのはもっとありそうなことのように思われる。

エジプト人の建てた最初の大石造記念物であるジョセルの階段ピラミッドは高さ約六〇メートルに達し、本来はナイル対岸のツーラから出る上質の石灰岩で覆われていた。その玄室は記念物の下の深い竪穴の底に位置し、北からの傾斜道によって達することができるように設計された。しかし、ピラミッドの拡張に伴い、傾斜道をトンネルによって追加しなければならなかった(図110)。第三王朝のその後のピラミッド、すなわちサッカラのセケムケトのピラミッドとザウィエト・エル・アリアンの「一段ピラミッド」はいずれも未完成であったが、玄室に通ずるトンネルをそなえていた。前者の場合、トンネルは露出した傾斜道から掘ってあり、後者の場合は垂直竪穴の側壁から

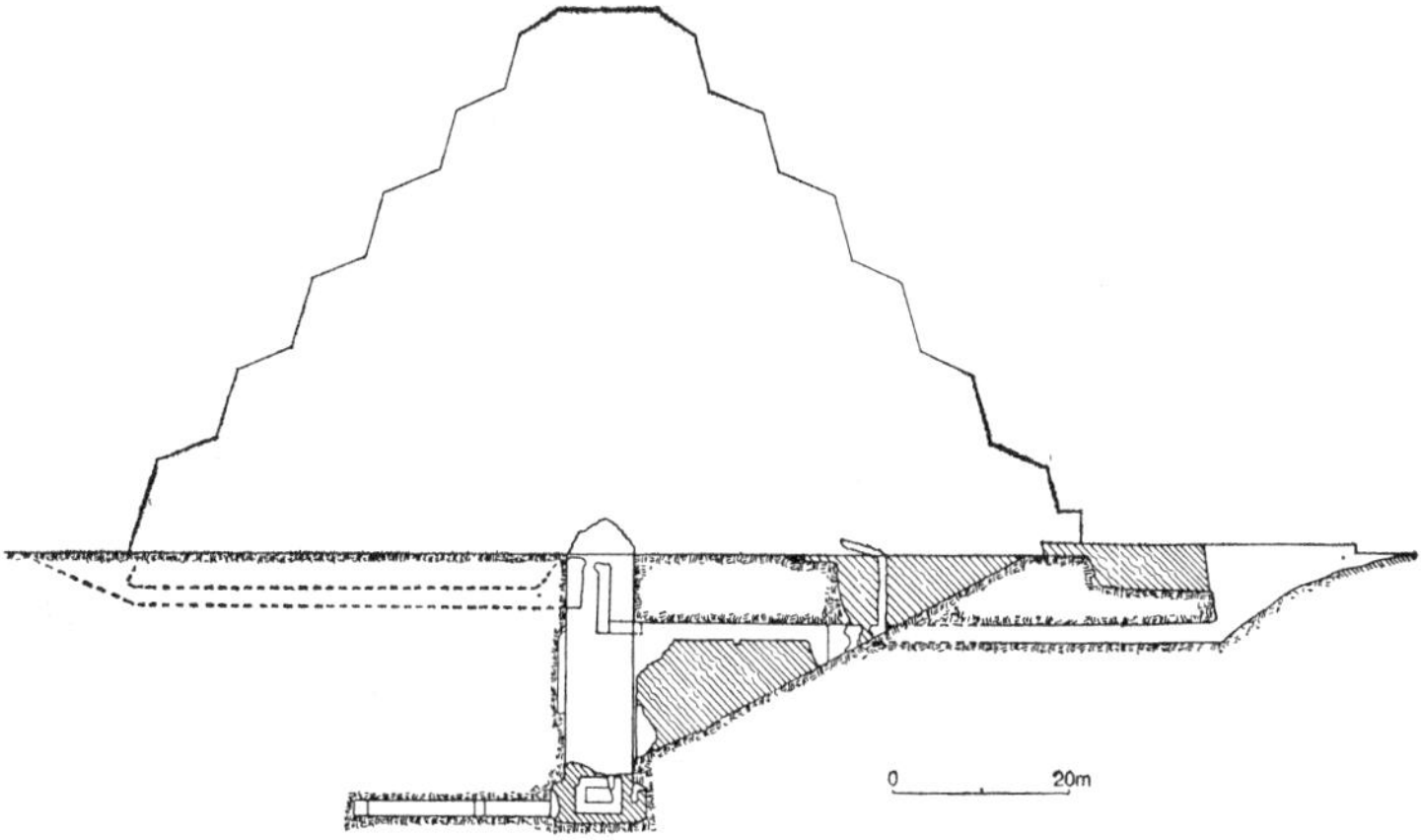

図 110 東から見た，ジョセルの階段ピラミッドの断面図（J. P. ロエールによる）

掘ってあった。階段ピラミッドの葬祭殿は北側に置かれた。その理由は第六章で述べた。第三王朝の終末期または第四王朝の開始期に、メイドムのピラミッドが階段記念物から真正ピラミッドへの移行段階を示した。もともとは七段の記念物として築き、のちに八段に拡大し、最終設計はさらに石工事を加え、階段部を埋め、最初のなめらかな斜面のピラミッドを創った。メイドムで、われわれはまた標準的な古王国のピラミッド複合の最初の例を見る。このピラミッド複合は東側の葬祭殿、参道、河岸神殿を含んでいる。メイドムのピラミッドの参入路は北面の開口部から下降し、垂直竪穴に達して終り、垂直竪穴は上に向って玄室に通ずる（図111）。この形式との類似はダハシュルのスネフルの二つのピラミッドにおいて明瞭であり、いずれの場合にもわれわれはメイドムのピラミッドと同じ持ち出し構造の天井を見る。これらのダハシュルの石造ピラミッドは相当な記念物であり、北側のものはサイズにおいてギザのクフの大ピラミッドにわずかに劣るだけである。

ギザのピラミッド群は他の出版物において非常にくわしく論じられたので、長く解説する必要はない。内部の通廊は、各記念物の建造中におきた設計上のいくつかの変更のために、配置にいくらかの違いを見せている。ギザでわれわれは、ピラミッドという上部構造が持続的に発展し、さらに大きなサイズと正確さをクフのピラミッドで達成するのを見る。クフのピラミッドは高さ一四六メートル、基辺は二三〇メートルに達したのである。この達成は古王国におけるピラミッド建造の頂点をなす。カフラのピラミッドが大ピラミッドより約三メートル低いだけであるとはいえ、クフ王後の王のピラミッドはすべてはるかに小さい。メンカウラのピラミッドはわずか六六メートルの高さしかもっていないが、かなりの数の段にわたる花崗岩の外装石によって抜群である。クフとカフラのあいだに君臨したダドフラ王はピラミッドをもっと北のアブ・ロアシュに築き、いささか驚いたことに、岩床に直《じ》かにトンネルを掘るかわりに、深い竪穴に降りてゆく旧式の露天溝を用いた。同種の下降路は、これまた第四王朝期のものと考えられているザウィエト・エル・アリアンの未完成のピラミッドに見られる。

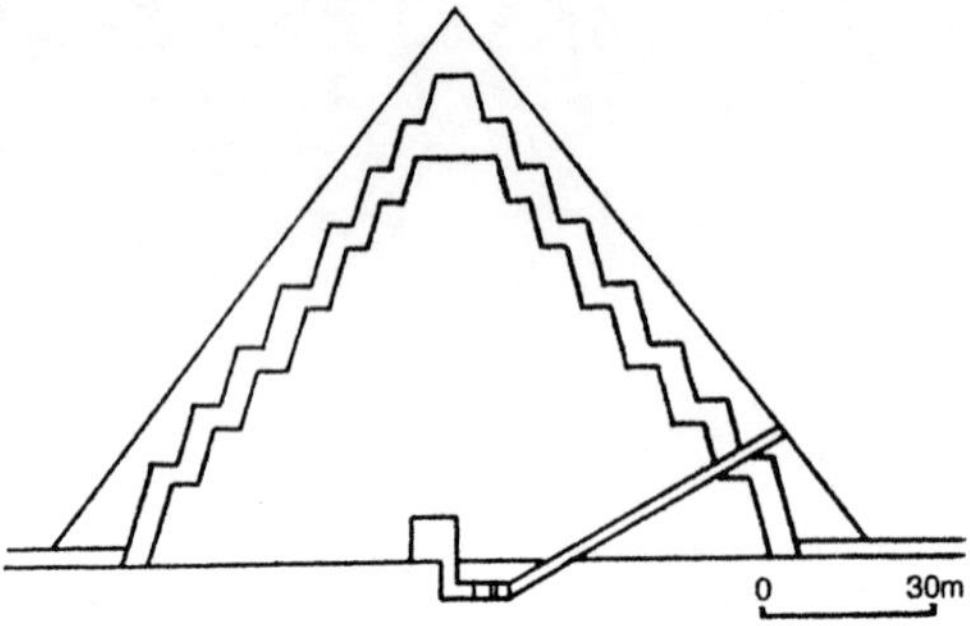

図 111 東から見た，メイドムのピラミッドの断面図（A. ファクリによる）

第四王朝のピラミッド墓に観察される、かなり多様なスタイルは、古王国時代の後期にはもっと標準的な一つのタイプにまとまってゆき、北側地表レベルからの単純な参入通廊がきまりとなる。記念物の建造は第四王朝の仕事よりはるかに劣り、非常に粗雑な石工事と、ピラミッドの外装内に含まれた瓦礫によってできている。完成された各ピラミッドはもともとはそれぞれの葬祭殿、参道、東側の河岸神殿をもっていた。例外はウセルカフの場合で、その位置は技術上の問題をもち、葬祭殿は南に移された。ウナスの治世から、ピラミッドの室にはピラミッド・テキストが刻まれた。

古王国時代を通じて、ピラミッド墓は王の特権でありつづけた。この伝統は中王国時代にもつづき、上部構造としてのピラミッドが再びあらわれる。テーベの第一一王朝の諸王の墓は、岩窟下部構造の上に築かれた小形の煉瓦ピラミッドをもっていたが、それらのピラミッドの痕跡はほとんど残らなかった。一つのもっと大きな石造ピラミッドがデイル・エル・バハリのメンツーホテプ二世の葬祭殿に立っていたと長いあいだ考えられていたが、最近になって、この記念物はピラミッドでは毛頭なくて変種の方形マスタバであったとする説が出された。この問題は完全に解決されたわけではない。ピラミッド形が第一一王朝と第一二王朝において王墓のために用いられたという事実からすれば、変種の墓の建造はメンツーホテプ二世が伝統との明確な断絶をしたことを示すかもしれない。このような出来事はエジプトの墓の発展のなかで知られていないわけではない。一例は第四王朝のシェプセスカフがピラミッドのかわりにマスタバ墓を採用したことである。

第一二王朝初期のピラミッドは石で造られ、入口を北につけて古王国時代の型を模倣している。セン

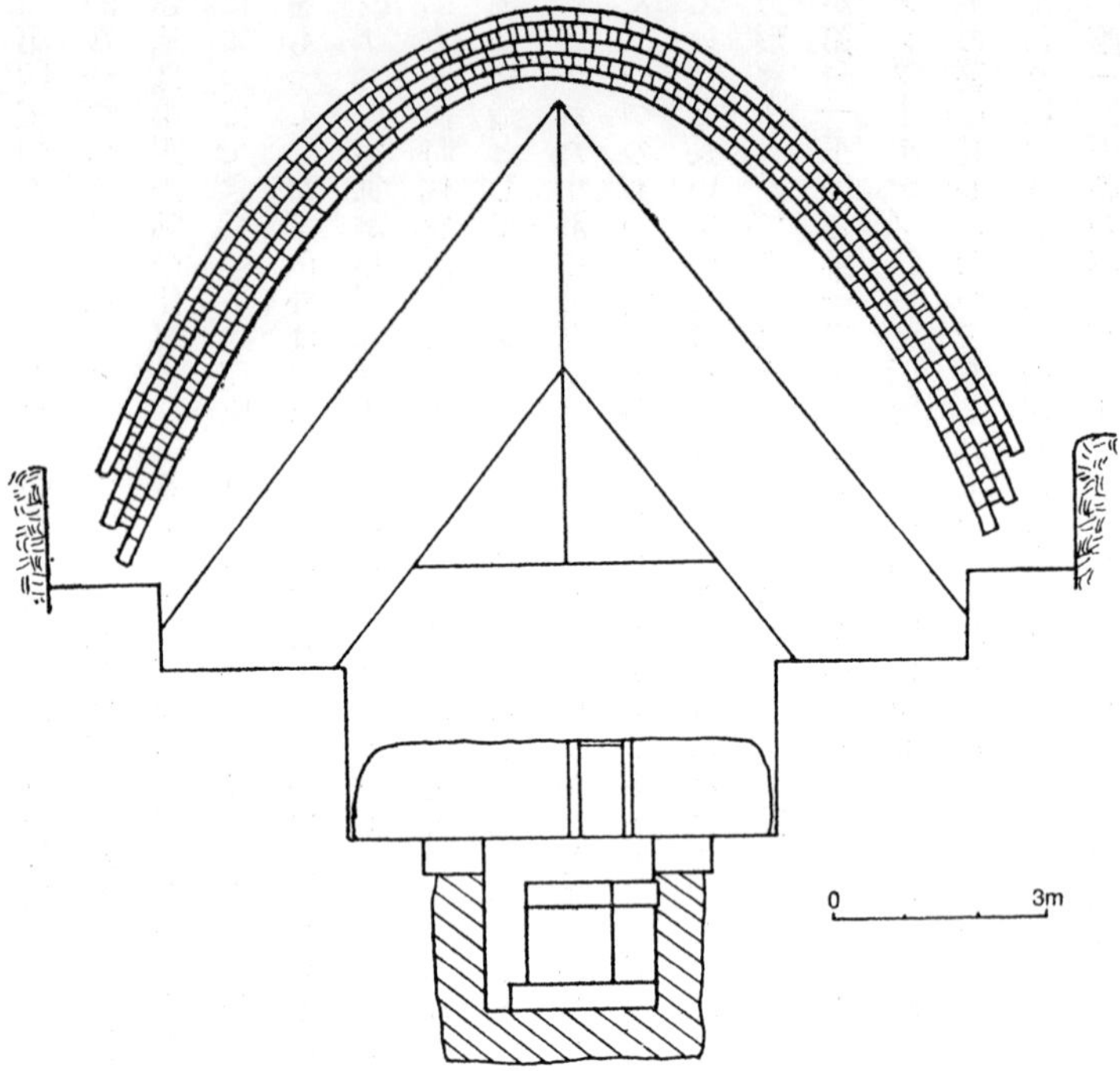

図 112 ハワラのピラミッドの玄室の断面図

ウスレト二世の治世のときから、ピラミッドはもっと経済的に日干煉瓦で築かれ、石材外装がこれに加えられ、入口は隠蔽《いんぺい》のための試みとして北から引きはなされた。この変化は複雑な内部通廊と閉鎖装置（これについては第四章で述べた）の導入と連結していた。この時代におけるピラミッド建造の意味ふかい特徴は、巨大な切妻形屋根の梁《はり》と煉瓦のアーチを用いることによって玄室にかかる重量を軽減する試みをしていること（図112）および板状の重い石を、これを支えている砂を引き抜くことによって下げていることである。

煉瓦ピラミッドは第一七王朝にテーベでなおも王墓の上部構造として用いられた。しかし、それらは非常に小さいサイズのものであり、残らなかった。新王国時代には、ピラミッド形式は私人に奪われ、テーベの墓地で広く用いられ、ヌビアのアニバでも用いられた。これらのピラミッドは煉瓦工作物に白い漆喰を施し、銘文をもつ頂上の頂点石をそなえた、小さい構造物であった。私人の墓の小さな煉瓦ピラミッドは後の時代にも見られる。とくに第三〇王朝のアビドスにおいてそうである。後者のピラミッドはテーベの新王国時代の例よりもピラミッド墓として区分する値打ちがもっとある。なぜなら、アビドスの玄室はピラミッドそのものの中に造られ、下部構造の下の岩床深く掘って造る祭殿と玄室のかわりに、外部に接している祭殿を伴っているから（図113）。これらの私人のピラミッドの多くは、約五二度の勾配をもつのが普通であった古い王の記念物よりずっと急な斜面をもっていた。急な斜面はまたエジプトのはるか南の、今日スーダンになっている地域の、ナパタとメロエの王のピラミッドにも見られる。ヌビアでピラミッド形式が持続したことはヌビア文明がエジプトから受けた多くの影響の一つである。もっともこれらのピラミッドはエジプトの初期の王のピラミッドとは大いに違っていて、それ自身の発展の型をもっている。本質的にそれらはピラミッドの下にある岩窟玄室でできており、そこへの参入は階段とトンネルによって行い、玄室の上に葬祭殿が築かれた（図114）。初期の墓ではエジプトの影響は非常に顕著で、壁面とエジプト型の石棺に『死者の書』からのヒエログリフの銘文が施されているのもその一つである。しかし、メロエの後期のピラミッドは、エジプトのテーマの特徴的な現地解釈をいよいよ増やして示している。メロエのピラミッドは、エジプトの先行者とは非常に違っているものの、この

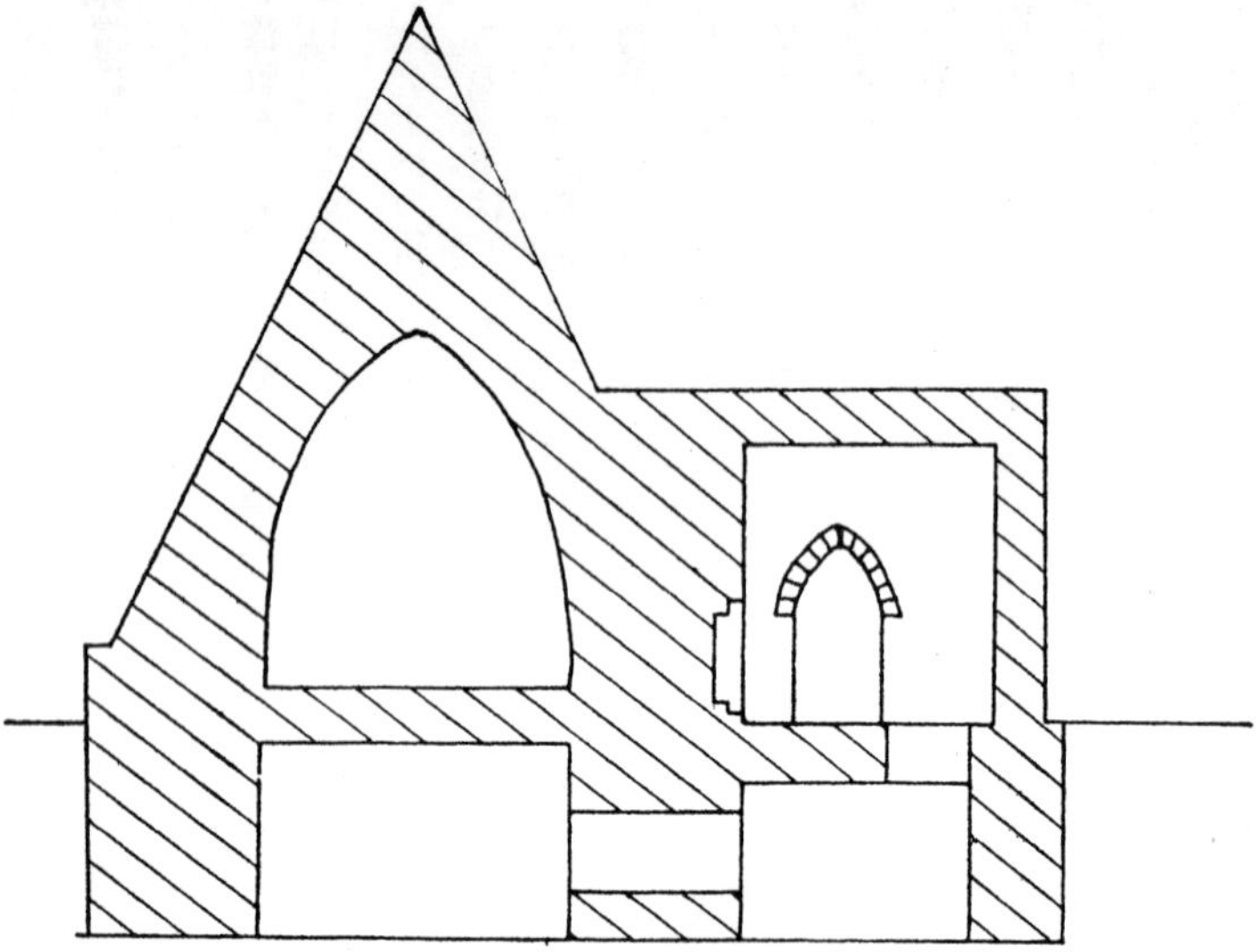

図 113 アビドスの，末期王朝時代の煉瓦造りピラミッド墓の断面図

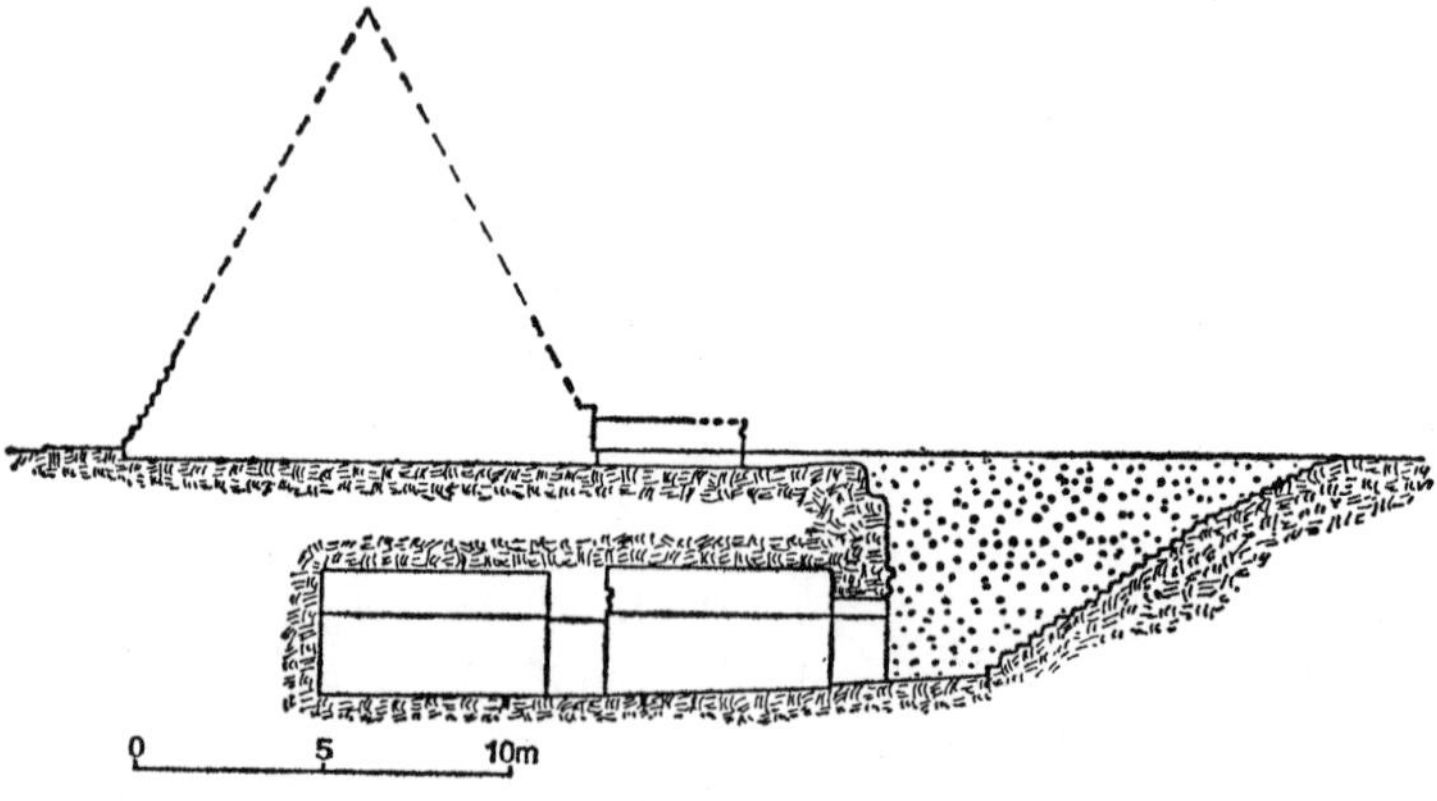

図 114 ナパタ付近の，ヌリのピラミッド墓の断面図（D. ダンハムによる）

形の王墓の長い伝統の最後の段階であり、紀元後四世紀の中葉に至るまでつづいた。

タイプ5　建造された葬祭殿墓

このタイプの墓はエジプトの墓の発達史のなかできわめて遅くあらわれる。その使用の最初の例は新王国時代に属する。エジプトの墓はすべて供物祭壇をもっていたので、「祭殿墓」という用語は全面的に満足すべきものというわけではないが、地表に築かれた上部構造が小さい神殿または祭殿の形をとる建造物のグループについては可能な最も近い表現である。タイプ2のくだりで言及したように、この墓

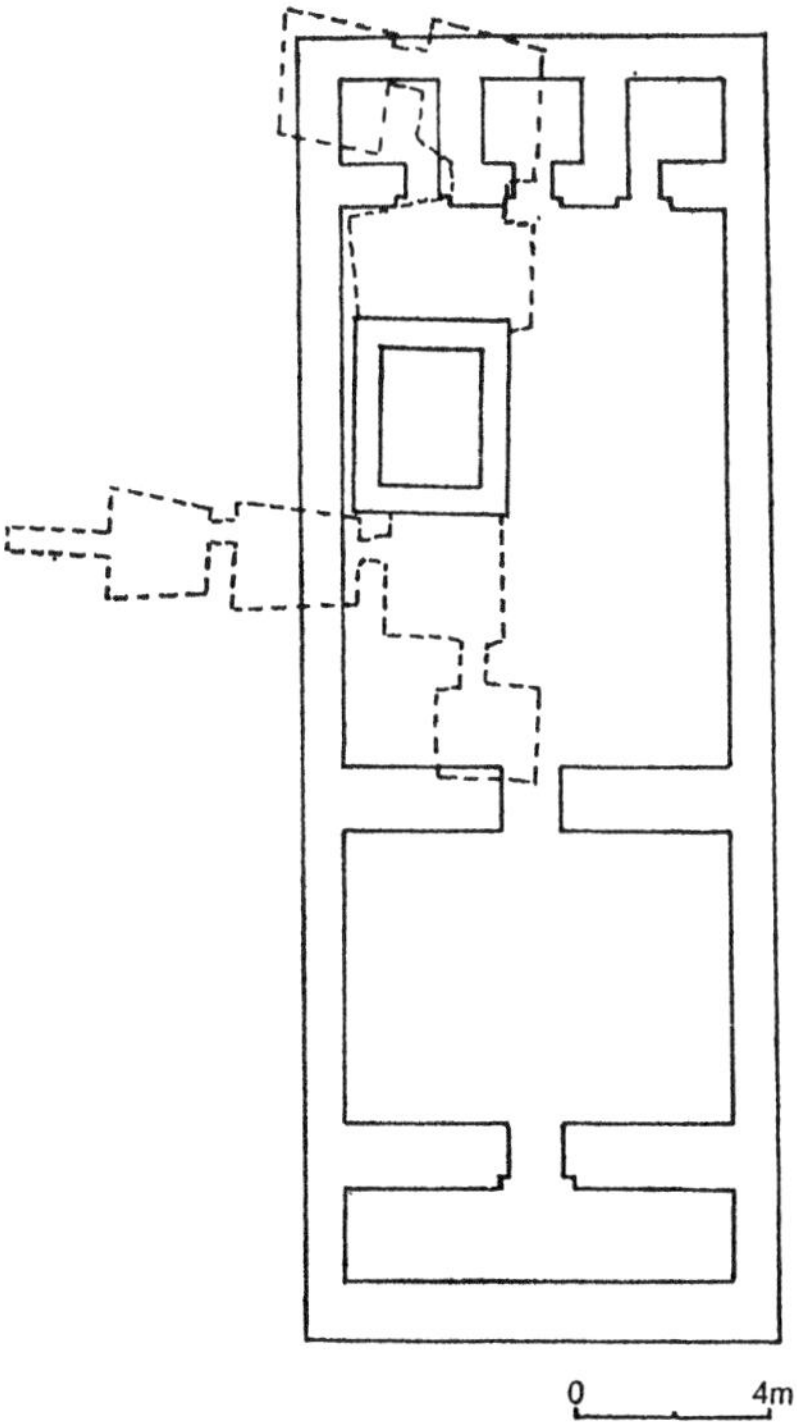

図 115　エル・アムラの葬祭殿の平面図（D.ランドール＝マクローヴァと A.C.メイスによる）

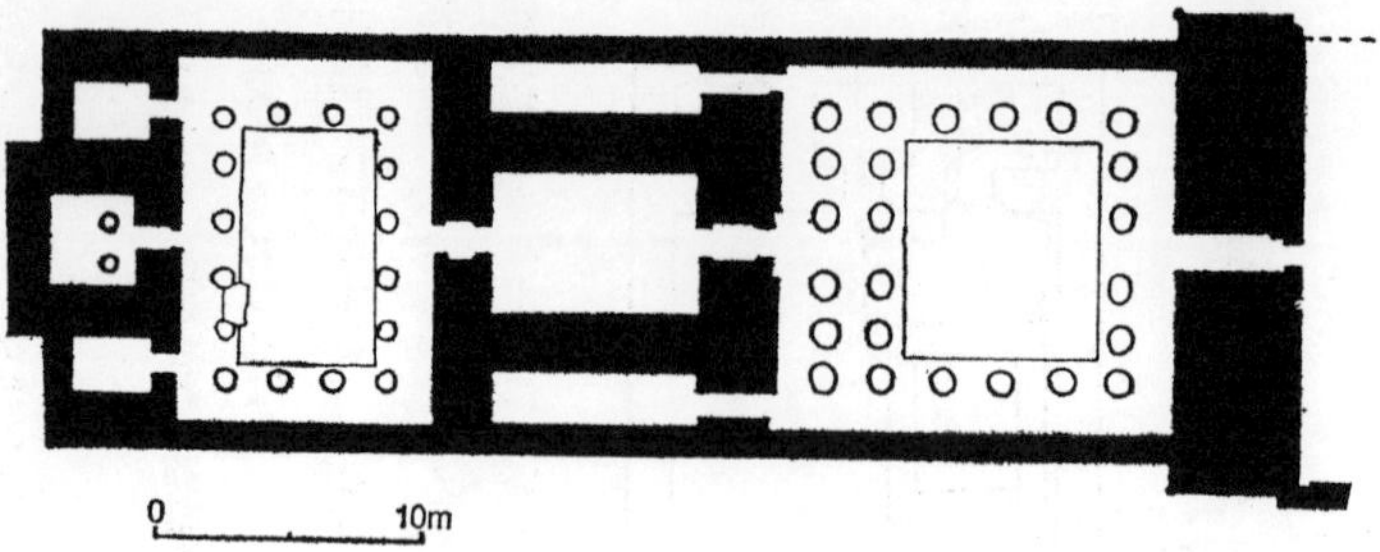

図 116 サッカラの，ホルエンヘブ将軍の墓の平面図（G. T. マーチンによる）

のスタイルはまさにマスタバの最後期の発達であるといってよく、上部構造の堅固な部分はこの墓の中で供物祭殿の諸室に完全に場所を譲り、これらの室は軸線設計にそって再配列されたのである。この設計は、だれでも考えるように、岩窟祭殿のために発達したものに似ている。なぜなら、両者は同じ役割を果したのであるから。祭殿墓の上部構造の基本的配置は、エル・アムラのこのタイプの典型的な墓の平面図によって図115に示してある。煉瓦造りの塔門によって区画された一連の庭を通ってゆく供物の場への参道は、建造物の遠い端に祭礼室をもつ神殿を明らかに模倣している。この種の墓は第一八王朝から末期王朝にかけて、エル・アムラとその近くのアビドスの墓地で、個々の構造物のあいだに基本設計上の変化を伴いつつ、引きつづき使われた。内部の室の屋根は、アニバの同じタイプのいくつかの墓に見られるように、煉瓦でアーチ型天井にして造られたようである。アーチ型天井の屋根はたしかにサッカラのホルエンヘブ将軍の祭殿墓で使われた。なぜなら、アーチ型天井の残存物がなおも見られるから。この墓は葬祭祭壇の非常に大きい立派な例であって、庭のまわりに石で内張りした壁面と石灰岩の列柱をそなえている（図116）。それは同タイプの多くの他の墓のあるサッカラの墓地の一画、新王国時代の広大で未発掘の墓地に、立っている。祭殿墓の下部構造は、庭から竪穴によって入れるようになっており、竪穴は岩床内の玄室に向って下降しているのであった。下部構造の多くは狭い面積のもので、竪穴の底のまわりに一室または二室があるにすぎない。しかし、さきに述べたホルエンヘブの墓のように非常に裕福な墓の場合は、玄室はずっと大きく、かなりの距離にわたって地下にのびていた。

祭殿墓の後期の例はメディネト・ハブにあらわれる。ここでは、ラムセス三世の神殿囲壁の中にあるアメン神の「神聖修道女」の墓が、新王国時代の先行者とはやや違ったスタイルになっているものの、このタイプと同じである。残っている祭殿は石造で、すでにこのタイプの建造物のくだりで指摘したような神殿建築の模倣であることを示している（写真39）。墓と神殿の類似は、祭殿の石壁が宗教的場面における墓の主を示すレリーフで飾られているという事実によって、高められている。祭殿は塔門形入口、屋根のない前庭、アーチ型天井をもつ至聖所をもち、その至聖所の下の浅い竪穴に玄室が位置している（図117）。同種の上部構造がタニスの第二一王朝と第二二王朝の諸王の玄室を覆っていたに違いない。しかし、それらの墓の地下部分が残っただけである。疑いなく、サイスの第二六王朝の諸王の未復原の墓は同じ形式のものであっただろう。

第二五王朝後期と第二六王朝のものには、アサシフとして知られるテーベ墓地の地域に非常に大きい祭殿墓の例がある。これらの建造物は岩窟の下部の上に巨大な塔門と庭をもっている。それらは市長兼「アメン第四予言者」モンツーエムハトを含めて、末期王朝時代のテーベできわめて高い地位にあった

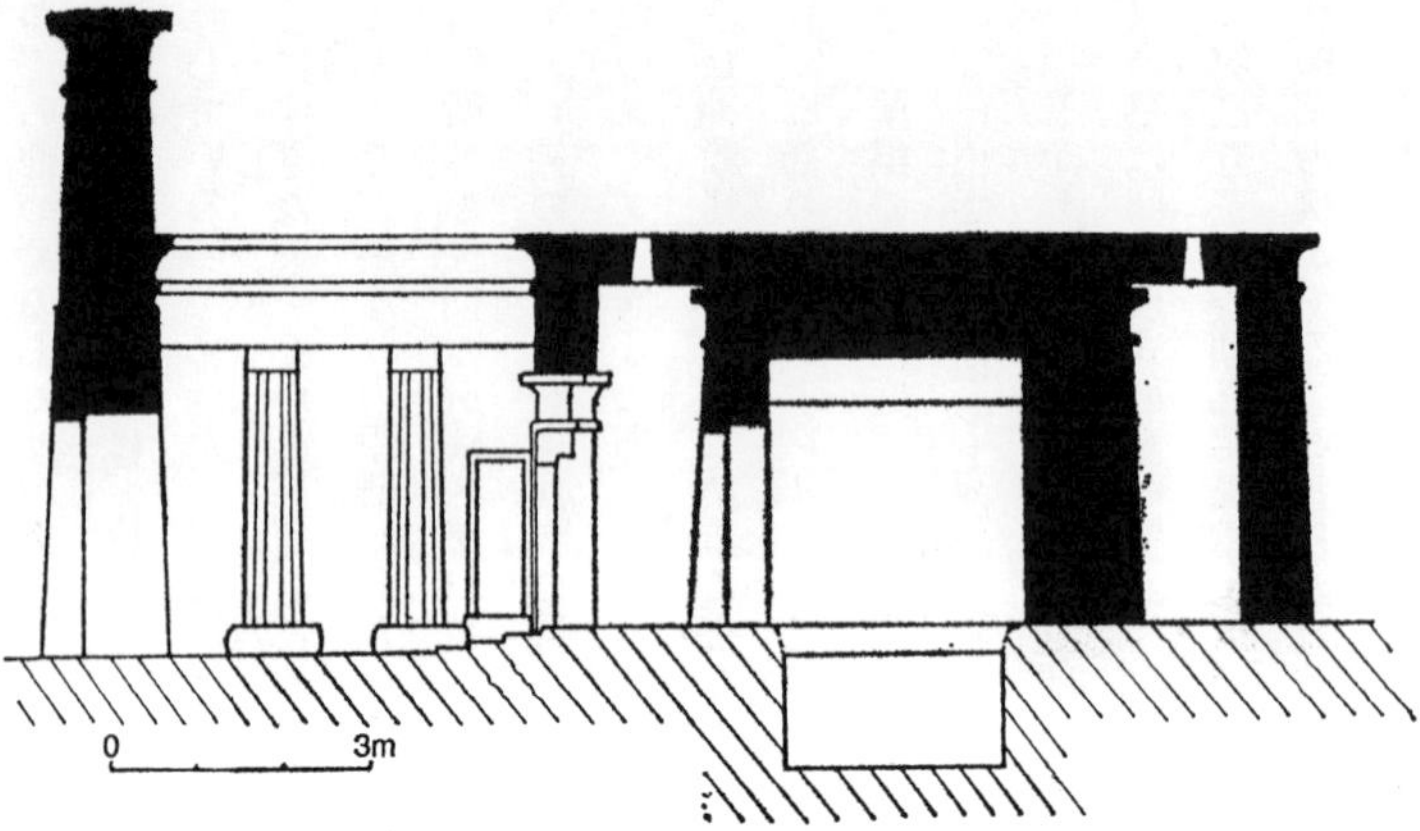

図 117 メディネト・ハブの，アメンイルディスの祭殿墓の断面図（U.ホルシャーによる）

役人に属している。祭殿墓の囲壁は、その外面に、古拙愛好の理由によって復活した古い宮殿正面図の単純化したものが描かれた。これらの墓の中のあるものに作られた地下通廊は、そのひろがりにおいても複雑さにおいても王の埋葬所に似ており、連続する通廊とホールが扉と階段で仕切られている。同じ時代のメンフィスの墓地では、一一六ページで記述したような深い竪穴墓の上部構造部もまた、利用できるわずかな証拠からすると、煉瓦造りの祭殿であったように思われる。

祭殿墓の最末期の例については、いかにこのスタイルの墓が変化し、モデルとなった神殿の発展に調和するに至ったかをとくに記すのは、興味ふかい。この経過のみごとな描写はツナ・エル・ジェベルの上級祭司ペトシリスの墓によって与えられている。この祭殿墓は紀元前三四〇年ごろの末期王朝時代終末期のものであり、その時代の神殿建築を入念に模倣している。それは全面的に石灰岩で築かれ、神像安置室《プロナノス》のスタイルで正面の列柱ホールをそなえている。この要素は非常に後の時代に至って初めて神殿建築に採用されたのである。列柱ホールのうしろには、供物祭式のための内部の室があり、その室の床から竪穴が下降し、地下の玄室に達している。

ある点では、建造された祭殿墓はエジプトの葬祭建築で最も進んだ発達と見なすことができる。なぜなら、それはマスタバやピラミッドのような伝統的上部構造なしですませており、墓の二つの要素をもっているだけであるから。これらの特徴を単一建造物の中に用意するということは、合理的な安全措置ともなり得たわけだが、そういう用意の必要性が幾世紀にもわたって建築家の工夫を促し、さきに要約したさまざまの墓のスタイルを創り出すに至ったのである。古代の墓建造者の設計がその目的に叶っただけでなく、真の建築上の傑作として賞讃し得る多くの構造物を生みだしたということは、彼らの達成の高さを示すものである。

訳者あとがき

「古代エジプト」ということばが呼びおこすものは、多くの人にとって、何であろうか。まずピラミッドがくるであろう。スフィンクスのイメージも浮ぶであろう。ミイラはもちろんあらわれる。そして、墓と神殿の壮大な建築と装飾と芸術。また、パピルスに記された宗教文書。

これらを思い浮べて、だれでもすぐに古代エジプト文明は「神殿と墓の文明」であったと思うであろう。しかし、そう捉えるだけでは不十分であり、古代エジプト人に対して相すまぬことであろう。われわれは、古代エジプト文明を「永遠を求める文明」あるいは「永遠を捉えるための努力の文明」として理解すべきなのである。

永遠！　永生！　それを求め、それを信ずることに古代エジプト人の生の意味があり、この世の営みと努力の目標が存したのであり、まさにそれが古代エジプト人そして古代エジプト文明の偉大な個性だったのである。

しかしこの問題は、これまで宗教論と芸術考察の面で論じられることが多く、一冊の本の中で埋葬をめぐる実際状況を入念に考察したものはなかった。著者自身が序文で言っているように、この領域の先人の本としてウォーリス・バッジ（一八五七―一九三四）のものがあるものの、考察は限られており、その後の注目すべき研究成果も、新しい興味ふかいデータも当然そこには欠けている。

そういう状況の中で本書は一九八二年にあらわれた。いち早くロンドンの考古学雑誌 Antiquity (LVII No.220, 1983) が書評で高い評価を与え、その評価は高まった。法政大学出版局がこれに注目したのはまことに賢明なことであった。なぜなら、欧米にも類書のない本書の内容が、わが国の読書人に有益な知識と新鮮な歓びを与えるであろうことは確実だったからである。

著者アラン・ジェフリー・スペンサー氏は一九四九年にマンチェスターで生れ、リヴァプール大学でエジプト学を修め、一九七五年に学位を得、その年に大英博物館エジプト部の職員となり、現在は同部のアシスタント・キーパーの職にある。氏はいく度もエジプトでの発掘に加わっており、本書以前の主要著作には『古代エジプトの煉瓦建築』と『大英博物館エジプト部カタログ第五巻』(初期王朝関係)がある。

本書の内容は目次に見るとおりで、まず古代エジプトの生活と思想に作用するエジプトの風土を描き、永遠・永生の観念とミイラ誕生を語り、これに伴う埋葬所の建築上の工夫と埋葬品の充実膨張の経過を述べ、最もスリリングな墓の安全と盗人の問題が当然これにつづき、古代エジプト人の来世観を集中的に考察したのち、柩と棺の構造と進歩を扱い、神聖動物のミイラと墓の話を語り、最後に葬祭建築全体のまとめで結んでいる。そのテーマの配列はまことに適切であり、魅力的である。それが新鮮なデータによって例証されているので、なおのことそうである。新鮮なデータのいくつかを挙げると——。

遺体をばらばらにして埋葬した先王朝時代の墓の話（それをめぐる論争がまた興味ふかい）。中王国時代の複雑な構造の墓の玄室（遺体埋葬室）に着くために、古代の盗人が、そして現代の考古学者がいかに無用の多くのトンネルを掘ったかという話。埋葬後に会葬者が行った会食の豪華なメニューの話。柩と棺をロックするために工夫したといういろいろの装置の話。墓盗人が仕事を終ったあとで、犬と猿の二体のミイラを向いあって立たせ、あたかも対話しているかのような状況を作り出して去ったという話。動物神の信仰あつい王子と祭司が動物墓地の中におのれの墓を築いた話。用済みのパピルス（紙）を厚く包んで鰐のミイラらしく見せたという不埒なミイラ製作者の話。そしてそのパピルスが歴史資料として活躍する話……そういう話が、固い話に混って到るところに配置されているのである。

この本を魅力的にしているもう一つの要素は、親切な図版（線図）と写真の選択と配列である。関係する文章の中で、どの図版、あるいはどの写真を見よとの注意があり、文章だけでは分りにくい内容も直ちに分るという工夫がしてある。ここにあらわれた図版と写真には、珍しいものが多い。

私自身の関心から言うと、私はここ数年、「古代エジプトの動物神」というテーマに特別に惹かれているので、第八章の「神聖動物の墓地」を最も興味ふかく読んだ。動物神は古代エジプト宗教の個性的部分であり、いかにして動物は神になるかという問題は複雑な考察を必要とする。このテーマについてもっと知りたい人は私自身の著書『古代エジプト動物記』（文藝春秋社）とM・モース／H・ユベール著、小関藤一郎訳『供犠』（法政大学出版局）を読んでいただきたい。前者は、わが国はもとより欧米でも類書のない本であるがゆえに、自著であるのにあえて示した。後者は古代エジプトそのものを扱っているわけではないが、古代エジプトにも適用し得る鋭い分析をしているので有益である。

翻訳について一言する。前半の四章を鈴木順子が、後半の五章を酒井が担当した。両者の訳がおわった段階で、責任訳者である酒井が原著に当りつつ全体を読み、訳語その他の統一をした。固有名詞の表記はエジプト読みにするのを原則とした。したがって、たとえば原著に王アメノフィス Amenophis とあるをアメンホテプとし、王セソストリス Sesostris とあるをセンウスレトとした。とはいえ、著者自身も序文で言っているように、エジプト読みの仕方が学界で統一されているわけではない。そこで私は比較的流布していると思われる読みかたを採った。註は本文中に（1）という番号だけを示し、註そのものは原著どおりに一括して巻末に掲げた。古代テキスト引用のさいの著者補足の文と語は〔 〕で示したが、文字は本文と同じ大きさである。日本の読者にとって必要と思われる訳者註も本文中に〔 〕の形でいれたが、文字は本文より小さい。

最後に、個人的なことを少し述べることをお許しねがいたい。というのは、私がエジプトの地を初めて踏んでから今年はちょうど三〇年目に当り、ある感想をもつからである。

私が二年余のエジプト滞在を終えて一九五七年八月に帰国したとき、古代エジプトに関する興味ふかい外国書を翻訳するようにと私を激励してくれたのは当時の法政大学出版局長、相島敏夫氏であった。こうしてO・ノイバートの『王家の谷』が私の最初の「古代エジプトもの」の訳書として同出版局から公刊され、L・コットレルの『古代エジプト人』、J・P・ロエールの『ピラミッド学入門』(のちに『ピラミッドの謎』と改題) がこれにつづいた。このような翻訳の仕事の中で、私は私自身の研究を進め、私自身の著書も相ついで公けにすることとなった。が、最初の激励を与えて下さった相島氏は一九七三年に永眠された。私はいま、氏への感謝をあらたにし、氏の御瞑福を謹んでお祈りする次第である。

相島氏の時代に公刊した右の三訳書はその後も広い読者を得ており、とりわけ『王家の谷』はわが国における「古代エジプト趣味」の普及にいささか貢献したと自負している。多くの古代エジプト愛好者・研究者から「あの本で古代エジプトの魅力を知りました」といわれるからである。それは私の大いなる歓びであり、そういう感想を聞くたびに、私は相島氏を想うのである。

相島氏の歿後も法政大学出版局と私との格別の関係は変ることなくつづき、編集長・稲義人氏の時代になって私はF・コクローの『ナポレオン発掘記』とJ・ルージェの『古代の船と航海』を同局から公けにした。いまスペンサー氏の興味ふかい本の翻訳が、これに加わることになった。今年はさきにも記したように私の古代エジプト研究史のなかで特別の年に当ることもあって、私は本訳書をひとしおの愛着をもって世におくる次第である。製作担当者・松永辰郎氏は以前に『ナポレオン発掘記』を担当してくれた人で、魅力的な本に仕上げるのに御尽力をいただいたことに、私は深く感謝する。

なお、原著の表題は『古代エジプトにおける死』であるが、これでは日本の読者になじみにくいかもしれないので、担当者と協議して『死の考古学——古代エジプトの神と墓』という書名にしたことをおことわりしておく。

一九八四年八月一日

酒井傳六

訳 者

酒井傳六（さかい でんろく）
1921年，新潟県に生まれる．東京外国語学校仏語部卒業．1955-57年，朝日新聞特派員としてエジプトに滞在．その後は日本オリエント学会会員として古代エジプトの研究と著述に従事．1991年8月17日逝去．著書に，『ピラミッド』，『謎の民ヒクソス』，『古代エジプト動物記』，『ウォーリス・バッジ伝』，他が，訳書に，ノイバート『王家の谷』，ロエール『ピラミッドの謎』，コットレル『古代エジプト人』，スペンサー『死の考古学』（本書），コクロー『ナポレオン発掘記』，ルージェ『古代の船と航海』，メンデルスゾーン『ピラミッドを探る』，アイヴィミ『太陽と巨石の考古学』，マニケ『古代エジプトの性』，（以上，いずれも法政大学出版局刊）などがある．

鈴木順子（すずき じゅんこ）
1953年，神奈川県に生まれる．上智大学理工学部化学科卒業．同大学大学院理工学研究科修了（化学専攻）．

死の考古学——古代エジプトの神と墓

1984年10月15日　初版第1刷発行
2009年10月5日　新装版第1刷発行

著　者　A. J. スペンサー
訳　者　酒井傳六／鈴木順子

発行所　財団法人 法政大学出版局
〒102-0073 東京都千代田区九段北3-2-7
電話03（5214）5540／振替00160-6-95814

印刷：三和印刷，製本：誠製本

ISBN 978-4-588-35407-6
Printed in Japan

索　引

ア
アイ(王)　Ay　48
　——の石棺　211
アウイブラ(王)　Aw-ib-re　183
アヴァリス　Avaris　9
アクミン　Akhmim 222
アケトアテン　Akhetaten　10
アケナテン(王)　Akhenaten　10
アサシフ　Asasif　281
アシウト　Asyut　48
葦の畑　Fields of Reeds　171–2
アシャイト(王女)　Ashayt　125
アスペルタ(王)　Aspelta　216
アスワン　Aswan　266–7
アッシリアの侵略　Assyrian invasion　11–2
アテン(神)　Aten　10
アトゥム(神)　Atum　176
アニ　Ani のパピルス　164–5
アニバ　Aniba　277, 280
アヌビス(神)　Anubis　45, 144, 165, 181, 211, 224–5, 231, 243, 249
あの世についての信仰　afterlife, beriefs about　157–178
アビドス　Abydos　6, 23, 42, 46, 50, 72, 173, 185, 188, 222, 246, 255, 264, 272, 278, 280
アピス牡牛　Apis bull　124, 228, 239, 243
アピスの母　mother of Apis　237–9
アフホテプ(王妃)　Ahhtpe　203
アフメス・ネフェルタリ(王妃)　Ahmose-Nefertari
　——の柩　202–3
　——のミイラ　131, 152–3
アフメス1世(王)　Amosis I　9
　——のミイラ　110, 130
アブシール　Abusir　263
アブ・ロアシュ　Abu Roash　274
アボット・パピルス　Abbott papyrus　100, 103
アポピス(蛇)　Apopis　176
アマルナ　El-Amarna　10, 211, 269
アミルタエウス(王)　Amyrtaeus　12
アムラ　El-Amra　5, 279–80
アメニ　Ameny の石棺　213
アメン(神)　Amun　10, 58, 65, 102, 104–5, 109–10, 113, 116, 131, 137, 204, 207, 219, 226–7, 281
アメンイルディス　Amenirdis の墓　282
アメンエムオペ　Amenemope の墓　150
アメンエムオペ(王)　Amenemope の墓　115
アメンエムハト　Amenemhatの墓　267
アメンエムハト3世(王)　Amenemhat III のピラミッド　88–91
アメンエムハト4世(王)　Amenemhat IVのピラミッド　91
アメン神の妻　God's wife of Amen　249　→神聖修道女も見よ
アメンの上級祭司　High-Priest of Amun　11, 109–10, 131, 137, 207
アメン・テフナクテ　Amun-Tefnakhte の墓　118
アメンプヌフェル　Amenpnufer

102-3
アメンホテプ　Amenhotpeの石棺　213
アメンホテプ1世(王)　Amenophis I
——のミイラ　110, 131
神としての——　181, 208
アメンホテプ2世(王)　Amenophis II
——の石棺　211
——の墓　107, 109, 136, 154
——のミイラ　132, 152
アメンホテプ3世(王)　Amenophis III　10, 107
——の石棺　210
——のミイラ　134
アルマント　Armant　150, 223, 232, 235, 237
アレクサンドリア　Alexandria　2, 223
アレクサンドロス(王) Alexander　12
アンクネスネフェルイブラ　Ankhnes-neferibre の石製柩　219
アンクホル(トトの祭司)　Ankhhor　245
アンミト(怪物)　Ammit　165
アンラマニ(王)　Anlamani　216

イ

イウリ　Iuri の墓　104
イシス(女神)　Isis　32, 44, 121, 160, 180-1, 183-4, 201, 208, 211, 224, 243
石栓　plug-blocks　82
イズ　Idu の墓　54
遺体の乾燥　dryinof corpse　18-9, 21, 25, 123-5, 143-4
犬　dogs
——のための墓地　cometries for　246
——のミイラ　mummies　249
イネニ　Ineni　106
イピ　Ipy のミイラ製作材料　127
遺物箱　relic boxes　241
イムセト(神)　Imset　182-3, 211
イムホテプ　Imhotep　271
イラフン　Illahun　85, 96, 200
インハフィ　Inhafy　65
インピ　Inpy　96

ウ

ウェインライト　G. Wainwright　31
ウェンジェバエンジェド　Wendje-baendjed　115
ウセルカフ(王)　Userkaf　275
ウナス(王)　Unas のピラミッド　84, 230, 275
ウニ　Uni　193
ウプワエト(神)　Wepwawet　48, 181
海の民　Peoples of the sea　11

エ

エジプト調査財団　Egypt Exploration Fund　246
エスペルヌブ　Espernub　65
エドフ　Edfu　239, 263
エリオット・スミス　Eliot-Smith　34
エレファンチネ　Elephantine　248
エレミアス　Jeremias 修道院　234
宴会　banquet
——葬儀で食べたもの　147-8
——墓で出されたもの　46
——墓に残されたもの　41
エンゲルバッハ　R. Engelbach　97
エンティウニ　Entiu-ny の埋葬所　112

オ

王家の谷　Valley of the Kings　58, 106-9, 112-3, 147, 173, 210
牡牛の埋葬　cow burial　236-9
王朝体系　dynasties, system of　3-5

オシリス(神)　Osiris　32–3, 47–8, 65–7, 108, 119, 159–61, 164–5, 170–1, 173–7, 181, 185, 200, 206–8, 214
——の墓　Osiris, tomb of　108, 173
オシリスのあの世　Osirian afterlife 159–60, 164–8, 170–3, 175–6
オソルコン2世(王)　Osorkon II の墓 114
落し戸式石塊　Portcullis-blocks　78–9, 82–3, 91–5
オリオン　Orion　159

カ

カア　Ka　52, 54, 58, 68, 70, 72, 192
開口の儀　Opening of the Mouth, ritual of　44–8, 55, 231
解体　dismemberment
——, 遺体の　of bodies　29–35
——, オシリスの　of Osiris　32–3, 143
階段ピラミッド　stepped Pyramids 6, 24, 39–40, 56, 79, 158, 192, 216, 272–3
カイロ　Cairo　14, 110
——博物館　110, 112, 116, 129
カウ　Qau　268
カエムワセ(王子)　Khaemwase　230, 245
カッタ　Quatta　263
カノプス壺　Canopics　26, 126, 128, 137–8, 181–5, 214, 233, 236
カフラ(王)　Khafre
——の石棺　81, 99–100
——のピラミッド　81, 274
カブ　El-Kab　187
カベクネト　Khabekhnet の墓　144
カルトナージュ　cartonnage　131, 150, 179, 200, 206, 215, 217, 222–4
カルナク　Karnak　204
岩窟祭殿　chapels, rock-cut　265

キ

ギザ　Giza　25–6, 29, 54, 71, 81, 83, 118, 253, 260, 274
キベル　J. E. Quibell　23
ギリシア人(エジプトにおける)　Greeks in Egypt　12–3, 16, 224
キリスト教　Christianity　13, 122, 155, 225, 240

ク

屈身葬　Contracted burial　20, 26, 191–2
屈折ピラミッド　Bent Pyramid　83–4
クバニヤ　Kubaniya　263
クフ(王)　Khufu　25, 260
——のピラミッド　26, 71, 83, 274
クヌム(神)　Khnum　248
供物儀礼　offering ritual　49, 69–70, 265
供物祭壇(祭殿)　offerin-chapel　50–60, 69–70, 114, 256, 258–60, 262–3, 265–6, 268–9, 277, 279–81
供物の畑　Fields of Offerings　165, 171–2
供物龕　offering-niche　50–1, 257, 259–60
供物リスト　offering list　49
クルナ　Qurna　104, 129
クレオパトラ7世(女王)　Cleopatra VII 12–3, 238

ケ

ゲブ(神)　Geb　169
ケブセヌエフ(神)　Quebhsenuef 182, 209, 211

ケペリ(神) Kheperi 176, 179
ゲルザ el-Gerza 5, 31
ケンジェル(王) Khendjer のピラミッド 91-2
ケンタメンティウ(神) Khentamentiu 246

コ
コフィン・テキスト Coffins Texts 161, 170, 198-9, 211
護符 amulets 19, 45, 91, 102, 111, 118, 120-1, 127, 143, 153, 179-80, 199, 244
コム・オンボ Kom Ombos 248
コンス(神) Khonsu 226, 228
コンモドス(皇帝) Commodus 237
昆虫(ミイラの中の) insects, in mummies 139

サ
祭司 priests 1, 11, 45-8, 57, 68, 109-10, 131, 134, 141, 145, 186, 207, 228, 231, 238, 244-5, 249
サイス Sais 12, 113-4, 185-7, 281
ザウィエト・エル・アリアン Zawiyet el-Aryan 272, 274
サッカラ Saqqara 6, 24, 28, 37, 40-1, 43, 74, 80, 82, 91, 118, 128, 184, 188, 216-7, 229, 233, 241-9, 253, 262, 269-72, 280-1
皿型墓 pan-graves 255
猿の埋葬 baboon burials 239, 242-4, 249

シ
ジェキエ G. Jéquier 92
シェションク・ヘカケペルラ(王子) Shoshenk-Hekakheperre
——の墓 114
——の柩 115
シェションク1世(王) Shoshenk I 11
シェションク3世(王) ShoshenkⅢ
——の石棺 213
——の墓 115
ジェドの柱 Djed Pillar 208, 217
ジェドムテスアンクの埋葬所 Djedmutes ankh, burial of 110
シェプセスカフ Shepseskaf 275
ジェル(王) Djer 23
樹脂(ミイラ製作における使用) resin, use in mummification 24, 27-9, 111, 128, 130-5, 138, 143, 150, 241, 248
呪術の煉瓦 magic bricks 172
死者の審判 Judgement of the Dead 164-7
シャバコ(王) Shabako 11
シャブチ像 Shabti-figures 63-5
書 Book
——, アケルの —of Aker 178
——, 死者の —of the Dead 121, 161-75, 180
——, 神聖牡牛の —of the Divine Cow 178
——, 地下世界にあるものの —of what is in the Underworld 176-8, 223
——, 洞窟の —of Caverns 176, 178
——, 二つの道の —of the Two Ways 162
——, 門の —of Gates 176, 178
食糧供物 food-offerings 48-55, 62-3, 180
ジョセル(王) Djoser 13
——のピラミッド 6, 8, 39-40, 56, 82, 192, 216, 272-3

228
太陽信仰のあの世　Solar afterlife　158–60, 171, 175–8, 188–9
竪穴墓　Pit-graves　17–22, 36, 251–6
——，先王朝時代の　Predynastic　17–22, 29–31, 35, 50, 77, 125, 251–2, 255
ダドフラ(王)　Djedefre のピラミッド　274
タニス　Tanis　11, 43, 113, 116, 212–3, 281
ダハシュル　Dahshur　83–4, 86–7, 90, 273
旅または巡礼(葬儀の)　pilgrimage, funerary　44–5, 185–9
タルカン　Tarkhan　6, 50, 256
炭素14による年代決定　carbon14-dating　4

チ
チイ(王妃)　Tiye　154, 203
チェト　Tyet のシンボル　120, 179–80, 217
チェントムテンゲブティウ　Tjentmutengebtiu の柩　206
地下世界　underworld　176–8, 198
チャネフェル　Tjanefer の墓　103
チョイ　Tjoy の墓　150
彫像(埋葬の)　statues, funerary　45, 48–9, 54–5

ツ
ツーラ　Tura　193, 272
通廊祭殿　corridor chapel　259
ツタンカーメン(王)　Tutankhamun　43, 102, 147
——のカノプス壺　184
——の人面像(マスク)　115–6
——の石棺　211
——の墓　48, 108, 115, 121, 154
——の柩　213
——のミイラ　110, 133–4
ツナ・エル・ジェベル　Tuna el-Gebel　71, 243–5, 282
壺埋葬　pot-burials　192
詰めもの(ミイラの皮膚の下の)　Packing, under skin of mummies　134, 136–8
ツヤ　Thouya
——の柩　203–5
——のミイラ　153–4

テ
ディラ・アブル・ナガ　Dira Abu'l Naga　269
デイル・エル・バハリ　Deir el-Bahri　106, 109–11, 124–5, 146–7, 149, 199, 203, 275
——の王の隠し場　royal cache　109–10, 131
デイル・エル・メディナ　Deir el-Medina　144
デゥワムテフ(神)　Duwamutef　182–3, 211
テーベ　Thebes　8, 10–11, 43, 58, 80, 100–1, 104, 113, 116, 125, 127, 131, 146, 150, 155, 173, 199, 201, 204, 207, 217, 219, 221, 226, 228, 268–9, 271, 275, 277, 281
溺死者の神格化　deification of drowned persons　140, 246
デシャシャ　Deshasha　31, 33, 151
テティ　Teti　69
テティシェリ(王妃)　Tetisheri　131
デン(王)　Den　253, 256
デンデラ　Dendera　81, 247

ト
動物墓地 Animal cemetries 226-49
頭部用護符 Hypocephali 179
朱鷺埋葬所 ibis burials 242-5
トト(神) Thoth 70, 165, 209, 224, 228, 243-5
トトメス1世(王) Tutmosis I
——の石棺 210
——の墓 106
——のミイラ 110, 131-2
トトメス2世(王) Tutmosis II
——の石棺 210
——のミイラ 110, 131-2
トトメス3世(王) Tutmosis III 104, 112
——の石棺 210, 218
——のミイラ 110, 132-4
トトメス4世(王) Tutmosis IV
——の石棺 210
——のミイラ 134

ナ
内臓摘出 Viscera, removal of 25, 27, 96, 123-33, 135, 137, 142, 153, 181-2, 184
ナイル Nile
——デルタ Delta 6, 9-10, 185, 188, 254
——流域 Valley 13-5
ナヴィル E. Naville 246
ナカダ Naqada 5, 29-30, 37
ナガ・エル・デイル Naga el-Deir 257
ナトロン Natron (ミイラ製作のさいの) natron, in mummification 123-5, 136-8
ナネフェルカプタハ Naneferkaptah 141
ナパタ Napata 11, 277-8
ナルメル(王) Narmer 6

ニ
ニアンクペピ Ny-ankh-Pepy の墓 82
偽扉 false door 52, 54, 260, 265, 269
ニトクリス Nitocris の石棺 219

ヌ
ヌト(女神) Nut 190, 198, 203, 207, 212, 214, 217, 221
ヌビア Nubia 8, 11, 105, 139, 255, 277
ヌブカアス(王妃) Nubkhass 101
ヌブケペルラ・インテフ(王) Nubkheperre Intef
——の墓 103
——の柩 201
ヌブホテプティケレド Nubheteptikered 181
ヌリ Nuri 278

ネ
ネイト(女神) Neith 121, 183-4, 186, 206, 211
ネイトホテプ(王妃) Neithotpe 37
ネクタネボス2世(王) Nectanebo II 12-3
——のアルマントの牝牛埋葬所 237
——の神殿 234, 238-9, 242
——の石棺 223
——の碑板 234
ネクベト(女神) Nekhebet 6-7, 208
猫のミイラ cat mumies 249
ネシティセト Nesitiset の埋葬 111
ネブアメン Nebamun の墓 104
ネフェル Nefer の墓 28

ネフェルイブラ・エンアケト Nefer-ibra-emakhet のカノプス壺 183
ネフェルセスヘムラ Neferseshemre の墓 262
ネフェルテム(神) Nefertem 226
ネフェルプタハ(王女) Neferuptah 90, 98
ネフチス(女神) Nephthys 44, 121, 181, 183-4, 201, 206, 208, 211, 224
ネブヘペトラ・メンツーホテプ Nebhepetre Mentuhotpe →メンツーホテプ2世 MentuhotpeII を見よ

ノ

脳髄の摘出 brain, removal of 123, 125, 129-30, 150, 153
ノジメト Nodjimet のミイラ 137

ハ

ハア(神) Ha 169
バア Ba 52-4, 214, 221, 224
墓 Tombs
——, 家としての as house 70-1, 215
——, 岩窟の rock-cut 58, 93, 104, 106-8, 110-14, 251, 265-71
——, マスタバ mastaba 36-40, 50-2, 54, 62, 71, 74, 78, 81, 93, 95-6, 188, 215, 251-4, 256-65, 271, 275, 280, 283
墓荒し Tomb-Robbery 22, 73, 75-120
墓の副葬品 grave-goods 18-9, 22, 36-67
バクエンラネフ(宰相) Bakenranef 269-70
パシェト(女神) Pasht 246
バステト(女神) Bastet 243, 246, 249
ハトシェプスト(王妃) Hatshepsut の石棺 210-11
ハトホル(女神) Hathor 169, 181, 190, 208, 214
バネブジェド(神) Banebdjed 248
ハピ(神) Hapy 182, 211
パピルスの巻きもの papyrus rolls 172
ハプメン Hapmen の石棺 218
パヘリ Paheri の墓 187
ハヤブサの埋葬 falcon burials 239-42
ハワラ Hawara 87, 89, 91, 98, 276

ヒ

ピートリ W.M.F.Petrie 5, 23, 29-31, 34, 85, 88, 151, 200, 224, 247
ピエ(王) Piye 11
ヒクソス Hyksos 9, 129
ヒルデスハイムの博物館 Hildeshheim, museum at 144
ピネジェム Pinudjem アメンの上級祭司 110, 112, 208
ピラミッド Pyramids 6, 8, 17, 56-8, 79, 81-92, 96, 118, 158, 173, 188, 251, 253, 263, 268, 271-9, 283
ピラミッド・テキスト Pyramid Texts 32, 49, 66, 119, 158-61, 170, 173, 178, 181, 190, 198, 211, 217, 219, 221, 275
ピラミッド複合の参道 Causeway in the pyramid complex 57, 273, 275

フ

ファユム Fayum 8, 87, 224, 248
フィリップ・アリダエウス(王) Philip Arrhidaes 12
ブキス牡牛 Buchis Bull 150, 232, 235-6
ブケオン Bucheum 232, 237

プサムテス(王) Psamouthes 238
プサメチコス1世(王) Psammetichus I 12
ブシリス Busiris 187
プスセンネス(王) Psusennes
——の墓 114
——の柩 115
プタハ(神) Ptah 226-7
プタハ・ソケル・オシリス(神) Ptah-Seker-Osiris 172
ブト Buto 185-8
プトレマイオス・ラグス Ptolemy Lagus 12
プトレマイオス4世(王) PtolemyⅣ 235
フニ(王) Huni 56
ブバスチス Bubastis 246

ヘ

ペウエロ Pewero(西テーベ市長) 101
ペシウル Pesiur(テーベ市長) 101
ペトシリス Petosiris の墓 282
ヘテプヘレス(王妃) Hetepheres のカノプス壺 25-6
ベニ・ハッサン Beni Hasan 266-7
ヘヌトメヒト Henutmehit の柩 204
ヘプゼフィ Hapdjefa 48-9
ベフベイト・エル・ハガル Behbeit el-Hagar 185
ヘラクレオポリス Heracleopolis 8
ヘリオポリス Heliopolis 185, 236, 243
ヘリホル(アメンの上級祭司) Herihor 137
ヘルメス(神) Hermes 244
ヘルモポリス Hermopolis 243-4
ヘルワン Helwan 6, 40, 188
ベルツォーニ Belzoni 212
ペルシア人の侵略 Persian invasion 12
ヘロドトス Herodotus 114, 123-4, 129, 141, 233
ヘントタウイ(王女) Henttawi の埋葬所 110

ホ

星信仰のあの世 stellar afterlife 84-5, 158-9
ホル(祭司) Hor 228
ホル・アハ(王) Hor-Aha 37
ホルエンヘブ(王) Horemheb
——将軍としての墓 280
——の石棺 211
ホルス(神) Horus 32, 44, 47-8, 120, 160, 165, 180, 197, 204, 206, 209, 224, 227
ホルスの四人の息子 Four Sons of Horus 136-7, 180, 182-3, 211, 216-7
ホルナクテ(王子) Hornakhte 115

マ

マアト(女神) Maat 164
埋葬式 burial ceremonies 43-6, 185-7
埋葬模型 models, funerary 38, 62-3
マカレ(アメン神の妻) Makare 249
マスタバ墓 →墓を見よ
マスペロ G. Maspero 131
マズグナ Mazghuna 91-2
マッケイ E. Mackey 91
マネト Manetho 3
マリエット Marieette 229-30, 233
マンチェスター博物館 Manchester Museum 98, 128

ミ
ミイラ肖像　mummy-portraits　224
ミイラ製作　mummification　22–35, 133–151
ミイラ製作　embalming
——の材料　materials　126–8, 148–51
——の台　table　127–8, 233
——の道具　instruments　129, 149–50
——の鍍金　gilding of mummies　140, 142–3
ミイラのX線撮影　X rays of mummies　131, 136, 151–4
ミイラの人工眼　artificial eyes in mummies　136–7, 153, 236
ミイラの病気　diseases in mummies　132, 136, 152–3
ミイラの被害　mummies, damage to　80, 131–6, 152
ミイラのラベル　mummy labels　145–6
ミンホテプ　Minhotpe　69

ム
ムウ　muu(礼式踊り手)　45, 185, 187
ムト(女神)　Mut　221, 226, 228
ムネヴィス牡牛　Mnevis bull　236–7

メ
メイドム　Meydum　25–6, 28, 31, 33, 42, 56–7, 81, 83, 260, 273–4
メケトラ　Meketre　62–3
召使いの埋葬　servant-burials　63, 157, 253
メソポタミア　Mesopotamia　6
メディネト・ハブ　Medinet Habu　114, 224, 281
メトロポリタン美術館　Metropolitan Museum of Art　104
メリトアメン(王妃)　Meritamun
——の柩　203
——の埋葬　112
——のミイラ　152
メリモセ　Merymose の石棺　209
メルエンプタハ(王)　Merenptah　135
——の石棺　116, 212
——のミイラ　135
メルトセゲル(女神)　Mertseger　181
メレルカ(王子)　Mereruka　80
メロエ　Meroe　277
メンカウラ(王)　Menkaure　99, 274
メンケペルラ　Menkheperre の埋葬　111
メンツーホテプ2世(王)　Mentuhotpe II　8, 125
——の神殿　275
メンツーホテプ3世(王)　Mentuhotpe III　126
メンデス　Mendes　185, 248
メンフィス　Memphis　8, 226, 228, 233, 236, 257

モ
木製柩　coffins, wood　20–22, 60, 80, 98–9, 112, 150, 161, 172, 181, 190–225, 241, 243–4
模型(埋葬用の)　Models, funerary　38, 62–7
モスタゲッダ　Mostagedda　19
モルガン　Jacques de Morgan　86–7
モンツー(神)　235
モンツーエムハト　Montuemhat の墓　281

ユ
ユーフラテス　Euphrates　9, 15

ユヤ　Iuya の柩　203-5

ヨ
ヨーロッパ　Europe　2

ラ
ラア(神)　Ra　33, 158-9, 161, 164, 170-1, 176-7, 188, 216, 231, 235, 243
ラア・ホラクティ・アトゥム　Ra-Horakhty-Atum　214
ライスナー　G. A. Reisner　28, 255
ラネフェル　Ranefer
——の墓　25
——のミイラ　28
ラムセス2世(王)　Ramesses II
——のアピス埋葬　230-1
——の葬祭殿　106
——のミイラ　110, 135, 153
——のムネビス埋葬　236
ラムセス3世(王)　Ramesses III
——の神殿　281
——のミイラ　110, 136
ラムセス4世(王)　Ramesses IV のミイラ　135-6
ラムセス5世(王)　Ramesses V のミイラ　136
ラムセス6世(王)　Ramesses VI
——の墓　109
——のミイラ　136
ラムセス7世(王)　Ramesses VII のムネビス埋葬　236

リ
リシ柩　rishi coffins　201-2
リシュト　El-Lisht　9, 93, 98, 128
リッカ　Riqqa　97, 200
リファ　Rifa　128, 200

ル
ルクソール　luxor　14

レ
レクミラ　Rekhmire の墓　186
煉瓦，銘文つきの　bricks, inscribed　172

ロ
ロック(施錠)　locks
——，落し戸の　93-6
——，柩の　98-100
ローマ　Rome　13

ワ
ワジ(王)　Uadji　253
ワジ　Wadji の護符　179
ワジェト(女神)　Wadjet　6-7, 179, 208, 249
ワジェト　Wadjat の眼　179
鰐の埋葬　crocodile burials　248-9
ワヒブラ　Wahibre　150
ワフ　Wah のミイラ　126
ワフカ1世　Wahka I の墓　268

註

省略表記

BM	British Museum (followed by collection number of object in Egyptian Antiquities Department)
Lebensmüde	A. Erman, *Gespräch eines Lebensmüden mit seiner Seele*, in *Abhandlungen der königl. Preuss. Akademie der Wissenschaften*, Berlin, 1896.
Pyr.	K. Sethe, *Die altaegyptischen Pyramidentexte*, 3 vols., Leipzig, J. C. Hinrichs, 1908–22.
Urkunden	K. Sethe and W. Helck, *Urkunden des Aegyptischen Altertums*, Leipzig, J. C. Hinrichs and Akademie-Verlag, 1906–59.

第２章　ミイラ製作の初期

1 W. M. F. Petrie, *Seventy Years in Archaeology*, London, Sampson Low, 1931, 175.
2 Petrie, *Naqada and Ballas*, 32.
3 Petrie and Wainwright, *The Labyrinth and Gerzeh*, 14, 15.
4 *Pyr.*, 735–6.
5 ibid., 1683–5.
6 ibid., 722.
7 ibid., 1500–1501.

第３章　死者のための用意

1 Gardiner, *The Tomb of Amenemhat*, 56.
2 *Lebensmüde*, 52–3.
3 Sethe, *Aegyptische Lesestücke*, Leipzig, J. C. Hinrichs, 1924, 93.
4 BM 10800. See Edwards, *Journal of Egyptian Archaeology* 57 (London 1971), 120–24.
5 *Pyr.*, 134a–b.
6 ibid., 1610a–b.

7 A. H. Gardiner, *Hieratic Papyri in the British Museum*, 3rd series, London, 1935, II, pl. 18.
8 P. E. Newberry, *Beni Hasan*, I, pl. XXVI.
9 Sethe, op. cit., 98.
10 ibid., 88.
11 Peet, *Cemeteries of Abydos*, II, pl. XXIII, 5.

第4章　墓の安全性

1 A. H. Gardiner, *The Admonitions of an Egyptian Sage*, Leipzig, J. C. Hinrichs, 1909,2,8–2,9.
2 Papyrus BM 10052, 11,7–8.
3 *Pyr.*, 878.
4 J. de Morgan, *Fouilles à Dachour 1894–5*, Vienna, Adolphe Holzhausen, 1903, 97.
5 Papyrus BM 10221, 4,1–4,4.
6 Papyrus Leopold-Amherst, 2,4–3,2.
7 Papyrus BM 10054, recto 1, 3–7.
8 ibid., recto 2, 11.
9 Papyrus BM 10052, 13, 15–21.
10 ibid., 14, 23–4.
11 *Urkunden*, IV, 57, 3–5.
12 Herodotus, Book II, 169 (Heinemann 1920 edition).
13 *Pyr.*, 775.

第5章　永遠のための保存

1 Quoted in E. Amélineau, *Étude sur le Christianisme en Égypte*, Paris, E. Leroux, 1887, 141–3.

第6章　エジプト人のあの世

1 *Pyr.*, 1171–2.
2 Papyrus BM 9900.
3 Book of the Dead, 125a, Introduction.
4 W. Budge, *Book of the Dead, Text, II*, London, Kegan Paul, 1910, 144, 27–30.
5 ibid., 145, 33–6.
6 Hornung, *Das Amduat*, I, 126.
7 R. Lepsius, *Totenbuch*, Leipzig, G. Wigand, 1842, pl. 76.

8 J. de Morgan, op. cit., *mars-juin 1894*, 106, fig. 247.
9 BM 36627.

第7章　柩と石棺

1 *Pyr.*, 616.
2 *Urkunden*, I, 99, 10–16.
3 BM 30842.
4 BM 1001.

第8章　神聖動物の墓地

1 M. Malanine and others, *Catalogue des stèles du Serapeum de Memphis*, Paris, Imprimerie Nationale, 1968, no. 5, 1–3.
2 Spiegelberg, *Zeitschrift fur Ägyptische Sprache und Altertumskunde*, 56 (Leipzig 1920), 16–17.
3 Mond and Myers, *The Bucheum*, III, pl. XXXIX, no. 6.

参考文献

C. Aldred, *Egypt to the End of the Old Kingdom*, London, Thames & Hudson, 1965. (屋形禎亮訳『エジプト古王国』創元社)
T. G. Allen, *The Book of the Dead*, Chicago, University of Chicago Press, 1974.
C. A. R. Andrews and J. Hamilton-Patison, *Mummies*, London, British Museum Publications and Collins, 1978.
A. Badawy, *A History of Egyptian Architecture*, I–III, Cairo, Urwand Fils, 1954, and Los Angeles, California University Press, 1966–8.
G. Brunton, *Matmar*, London, Quaritch, 1948; *Mostagedda*, London, Quaritch, 1937; *Qau and Badari*, I–III, British School of Archaeology in Egypt, 1927–30.
Cambridge Ancient History, I–II, rev. ed., Cambridge, Cambridge University Press, 1970–75.
H. Carter, *The Tomb of Tutankhamen*, 3 vols., London, Cassell, 1923–33: new single volume edition, London, Sphere Books, 1972. (酒井傳六・熊田享訳『ツタンカーメン発掘記』筑摩書房)
G. Caton-Thompson, *Badarian Civilisation*, London, British School of Archaeology in Egypt, 1928.
J. Černy, *Ancient Egyptian Religion*, London, Hutchinson, 1952.
W. R. Dawson, *A Bibliography of Works Relating to Mummification in Egypt*, Cairo, Institut Français d'Archéologie Orientale du Caire, 1929; 'Making a mummy', in *Journal of Egyptian Archaeology* 13 (London 1927).
W. R. Dawson and P. H. K. Gray, *Catalogue of Egyptian Antiquities in the British Museum: I, Mummies and Human Remains*, London, British Museum Publications, 1968.
D. E. Derry and R. Engelbach, 'Mummification', in *Annales du Service des Antiquités de l'Égypte* 41 (Cairo 1942).
D. Dunham, *Naga ed-Dêr: IV, The Predynastic Cemetery N. 7000*, Los Angeles, University of California Press, 1965.
I. E. S. Edwards, *The Pyramids of Egypt*, rev. ed., London, Michael Joseph and Penguin Books, 1972. See the detailed bibliography on

pages 227–34.

W. B. Emery, *Archaic Egypt*, Penguin Books, 1978; *A Funerary Repast in an Egyptian Tomb of the Archaic Period*, London, Nederlands Instituut voor het Nabije Oosten, 1962; *Great Tombs of the First Dynasty*, I–III, Cairo, Service des Antiquités de l'Égypte, 1940, and London, Egypt Exploration Society, 1949–58.

R. E. Engelbach, *Introduction to Egyptian Archaeology*, Cairo, Service des Antiquités de l'Égypte, 1946.

R. O. Faulkner, *The Egyptian Coffin Texts*, I–III, Warminster, Aris & Phillips, 1973–7; *The Egyptian Pyramid Texts*, Oxford, Oxford University Press, 1969.

A. H. Gardiner, *Egypt of the Pharaohs*, Oxford, Oxford University Press, 1961; *The Attitude of the Ancient Egyptians to Death and the Dead*, Cambridge, Cambridge University Press, 1935; *The Tomb of Amenemhat*, London, Egypt Exploration Society, 1915.

J. Garstang, *Burial Customs of Ancient Egypt*, London, Constable, 1907.

H. Gauthier, *Cercueils anthropoides des prêtres de Montou*, Cairo, Service des Antiquités de l'Égypte, 1913.

J. E. Harris and K. Weeks, *X-Raying the Pharaohs*, London, Macdonald, 1973.

J. E. Harris and K. Wente, *An X-Ray Atlas of the Royal Mummies*, Chicago, University of Chicago Press, 1980. See the bibliography on pages 26–8.

W. C. Hayes, *Royal Sarcophagi of the Eighteenth Dynasty*, Princeton, Princeton University Press, 1935; *The Scepter of Egypt*, I–II, Cambridge, Mass., Harvard University Press, 1953–9.

E. Hornung, *Das Amduat*, I–III, Wiesbaden, Otto Harrassowitz, 1963–7.

T. G. H. James, *An Introduction to Ancient Egypt*, London, British Museum Publications, 1979.

K. A. Kitchen, *The Third Intermediate Period in Egypt*, Warminster, Aris & Phillips, 1973. (蒲田耕二訳『甦えるミイラ』レオ企画)

P. Lacau, *Sarcophages antérieurs au Nouvel Empire*, I–II, Cairo, Service des Antiquités de l'Égypte, 1904–6.

J. P. Lauer, *Saqqara: The Royal Cemetery of Memphis*, London, Thames & Hudson, 1976.

A. B. Lloyd, *Herodotus, Book II, Commentary 1–98*, Leiden, Brill, 1976. Especially pp. 351–66 with the bibliography there quoted. (ヘロドトスの『歴史』の全訳は松平千秋訳『歴史』全3巻 岩波文庫)

A. Lucas, *Ancient Egyptian Materials and Industries*, 4th ed. revised by J. R. Harris, London, Edward Arnold, 1962.
A. C. Mace, *Early Dynastic Cemeteries of Naga ed-Dêr*, II, Leipzig, J. C. Hinrichs, 1909.
G. Maspero, *Sarcophages des époques persane et ptolémaiques*, I–II, Cairo, Service des Antiquités de l'Égypte, 1914–39.
R. Mond and O. H. Myers, *The Bucheum*, I–III, London, Egypt Exploration Society, 1934.
P. Montet, *Eternal Egypt*, London, Mentor Books 1964; *La Nécropole royale de Tanis*, I–III, Paris, Centre National de la Recherche Scientifique, 1947–60.
S. Morenz, *Egyptian Religion*, London, Methüen, 1973.
A. Moret, *Sarcophages de l'époque Bubastite à l'époque Saite*, Cairo, Service des Antiquités de l'Égypte, 1913.
E. Naville, *Cemeteries of Abydos*, I, London, Egypt Exploration Society, 1914.
E. Otto, *Egyptian Art and the Cults of Osiris and Amon*, London, Thames & Hudson, 1968.
T. E. Peet, *Cemeteries of Abydes*, II–III, London, Egypt Exploration Society, 1913–4; *The Great Tomb-Robberies of the Twentieth Egyptian Dynasty*, Oxford, Oxford University Press, 1930.
W. M. F. Petrie, *Amulets*, London, Constable, 1914, reprinted Warminster, Aris & Phillips, 1972; *Deshasheh*, London, Egypt Exploration Society, 1898; *Diospolis Parva*, London, Egypt Exploration Society 1901; *Medum*, London, D. Nutt, 1892; *Naqada and Ballas*, London, Quaritch, 1896; *Royal Tombs of the Earliest Dynasties*, I–II, London, Egypt Exploration Society, 1900–1901; *Shabtis*, originally published 1935, reprinted Warminster, Aris & Phillips, 1974.
W. M. F. Petrie and G. A. Wainwright, *The Labyrinth and Gerzeh*, London, British School of Archaeology in Egypt, 1912; *Meydum and Memphis*, III, London, British School of Archaeology in Egypt, 1910.
A. Piankoff, *Le Livre des Portes*, I–III, Cairo, Institut Français d'Archéologie Orientale du Caire, 1946, 1962; *Le Livre des Qererets*, Cairo, Institut Français d'Archéologie Orientale du Caire, 1946; *The Pyramid of Unas*, Princeton, Princeton University Press, 1968; *The Tomb of Ramesses VI*, New York, Pantheon Books, 1964.
G. A. Reisner, *Amulets*, Cairo, Service des Antiquités de l'Égypte, 1907; *Canopics*, Cairo, Service des Antiquités de l'Égypte, 1967; *The Development of the Egyptian Tomb down to the Accession of Cheops*, Cambridge,

Mass., Harvard University Press, 1936; *Early Dynastic Cemeteries of Naga ed-Dêr*, I, Leipzig, J. C. Hinrichs, 1908; *History of the Giza Necropolis*, I, Cambridge, Mass., Harvard University Press, 1942; *A Provincial Cemetery of the Pyramid Age, Naga ed-Dêr*, III, Oxford, Oxford University Press, 1932.

H. Schneider, *Shabtis*, I–III, Leiden, Rijksmuseum van Oudheden, 1977.

G. E. Smith, *Egyptian Mummies*, London, Allen & Unwin, 1924; *The Royal Mummies*, Cairo, Service des Antiquités de l'Égypte, 1912.

H. S. Smith, *A Visit to Ancient Egypt*, Warminster, Aris & Phillips, 1974.

E. Thomas, *The Royal Necropoleis of Thebes*, privately printed, Princeton, 1966.

J. Vandier, *Manuel d'archéologie égyptienne*, 6 vols., Paris, A. and J. Picard, 1952–78.

H. E. Winlock, *Excavations at Deir el-Bahari 1911–31*, New York, Macmillan, 1942; *Materials used in the Embalming of Tutankhamun*, New York, Metropolitan Museum of Art, 1941; *Models of Daily Life in Ancient Egypt*, Cambridge, Mass., Harvard University Press, 1955; *The Slain Soldiers of Neb-hepet-re Mentuhetep*, New York, Metropolitan Museum of Art, 1945; *The Tomb of Queen Meryetamun at Thebes*, New York, Metropolitan Museum of Art, 1932; *The Tomb of Senebtisi at Lisht*, New York, Metropolitan Museum of Art, 1916.